唐文治集

唐文治 著

鄧國光 輯釋

上海古籍出版社

歐陽艷華 何潔瑩 輯校

唐文治經學論著集

第三册

第三册目録

禮記編

禮記大義

卷二

卷三

卷四

大學編

大學大義

中庸編

中庸大義

禮記編

整理説明

本編收録唐先生禮學專著《禮記大義》四卷，并附録《禮記》相關講義數篇於各卷篇目之下。

《禮記大義》乃綱目與大義兼具之《禮記》學專著，成書於一九三四年二月，其時先生已届七十。一八七六年先生十二歲，始讀《禮記》；一九二二年正月，先生於無錫國專開館講課，承擔四門課程，其中三門是《禮記》《大學》及《中庸》，中間垂五十年人生閲歷之累積、學術之深造，先生猶爲重視《禮記》之傳授，足見學術文化道義擔當之切至。自一九二七年開始，先生着手編撰《禮記大義》，歷時四年，至一九三一年方成數篇以示諸生。其後於一九三三年十二月進行全面整理與繕校工作時，全書四卷共四十六篇〔一〕，「類别

〔一〕謹按：《禮記大義》全書四卷，篇數實際上爲四十九篇，唐先生謂四十六篇者，乃《小戴禮記》原本篇數，而《禮記大義》將《郊特牲大義》附列於《禮器篇大義》之中；此外，《檀弓篇大義》《禮運篇大義》《樂記篇大義》及《中庸篇大義》皆分上篇與下篇，以故實際篇數比《小戴禮記》總篇數要多三篇。

提要表」等卷首之架構亦基本完成，迄至翌年二月竣工，編撰歷時七年。先生雖於《自訂年譜》記載是書於一九二七年開始撰述，惟考查所録篇章，其中《中庸篇大義》之上篇實是一九一七年所撰之《中庸大義》，收入《十三經讀本》之《禮記讀本》中，只是舊本未加圈點。此外《大學篇大義》開篇引介早年所概括之《大學》四義，則來源於一九一六年所成之《大學大義》一文。以此推之，先生有關《禮記》之成熟學術撰作，實始於更早時期。

《禮記大義》是唐先生力作，先生《自訂年譜》基本記録了此書的結撰經過：「丁卯（一九二七年），六十三歲。正月……初編《禮記大義》，從《祭義》篇始。」乃本鄭玄注《祭義》云「因祭之義而泛説禮」之義，闡明禮教基礎所在。故《祭義》乃其禮學義理之核心。《年譜》又載：「己巳（一九二九年），六十五歲。正月二十日，行開院禮，余因病未能往……病十餘日始瘳……課諸生《禮記》，作《禮記大義並研究法》。」「庚午（一九三〇年），六十六歲。正月二十日，行開校禮。余仍教授《論語》及《禮記》諸經。」又「辛未（一九三一年），六十七歲。正月二十日，行開校禮，余編《禮記大義》數篇示諸生。」又「癸酉（一九三三年），六十九歲。十二月，放寒假……寒假後，整理《禮記大義》。助余繕校者，高君涵叔也。共四十六篇，分四卷，而以類別、提要、表等別爲首卷。」足見《禮記大義》撰作有年，邊教邊編，是先生長期講學累積之成果。

先生門人馮振於《自訂年譜》癸酉譜下按云：「治《禮記》者多，多重考據名物，而不知修己治人乃其基本。先生此書，掃盡支離，獨標真諦，專以反躬實踐爲主。其中如《曲禮》《内則》《樂記》《學記》《大學》《中庸》《哀公問》《孔子閒居》《儒行》諸篇，尤爲廣大精微，允救時之良藥矣。已刊入《茹經堂全書》及《無錫國學專修學校叢書》中。」此可説明《禮記大義》精神之所在。

先生在編撰《禮記大義》期間，仍舊講習《禮記》，並將課程命名爲「禮記大義」，正是明確「大義」之發揮乃是其研治《禮記》的核心精神。歷經世變，唐先生從《禮記大義》全書反覆申明人禽之辨之要義，一再表達中國社會務須提倡《禮記》修身之學，以拯挽岌岌可危之世道人心，甚至根據其親睹歐美「凡有血氣，莫不尊親」的風尚，指出「行政者當設禮學館，續訂祭法，則政治未有不盛隆者也」之主張，説明國力之强弱關乎禮義之存廢。凡此莫不顯示出先生所發揮《禮記》之大義，正是其向所强調救心救世之道。根據馮振於《自訂年譜》按語所述，先生之治《禮記》，以修己治人爲基本，專注於反躬實踐，貫徹其「欲救世，先救心」的經學理念，故馮振稱許先生所撰《禮記》多篇大義爲「救時之良藥」。《禮記》大義之發揮，一出於先生追求太平而産生的强烈道義感。因此，其研讀《禮記》之初所撰文章，例如二十一歲時所作《〈禮記·月令〉「習五戎」義》雖收入《茹經堂文集》，《禮記大義》未採録，表現出此時期一心以淑世精神重建《禮記》義理體系之意圖。《禮記大義》誠爲先生學術觀念成熟之果證。

《禮記大義》除卻開示修己治人之大義，作爲課程教材，卷首之各篇提要、源流義例考以及應讀書目等篇章，皆爲門人提供學習門徑。其中源流義例考一篇叙述關於《小戴禮記》之傳授源流與其篇次、各篇作者以及記、傳、義、問四例。此三部分是參考邵懿辰《禮經通論》的論述條目而爲之。

先生對於前代名儒之著作不乏資借，於四十九篇大義中更爲明顯，可謂博採衆説。其中較多徵引者爲明代黄道周與王船山，清代則多引姚際恒與邵懿辰；桐城學者方苞、姚鼐等之説亦有採録；桐城劉開、太倉顧抱桐雖學譽未及名家，亦兼而取之。此外，先生亦多徵引友人曹元弼《儀禮》之觀點以解説《禮記》。是以《禮記大義》既是闡發大義之作，亦是涵攝禮學研究論題之學術論著。

先生另一種單行《禮記》選章講義，合刊爲《茹經堂新著·〈禮記〉講義》，未著序跋及出版信息，唯内文提及「君子教育」，此觀念先生於一九三八年寓居上海時正式提出，故可按斷爲此時期所結集。蓋《禮記大義》已於一九三五年梓行，未及補入，故單行刊出。其中六篇《禮記》講義，以「附録」例，載於相應篇章大義之後。

先生全面疏解《祭義》篇，成《祭義章句》，充分體現鄭玄「因祭之義而泛説禮」之治禮家法。而編輯《禮記大義》時，因其非總論之體裁而未收録，今附録於《祭義篇大義》後，以反映唐先生治經精神。其實事求是，攝納訓故於義理之中，而義理之闡發，一本學道愛人之精神，充分體現經學所涵之人文關懷與實踐。又唐先生於一九三九年在上海交通大學發表《禮記儒行篇爲氣節根本（通於《易》學之精微）》之演講稿，已載《唐文治文集》「學志類」，互參爲是，不贅録。

此次整理，據無錫國學專修學校一九三五年印行四卷本爲底本（列爲《無錫國學專修學校叢書》之二）；校對書中引文，差異處出校注明。《茹經堂新著·〈禮記〉講義》據抗戰時初刻本，凡引文皆爲詳校。兩書乃先生碩果僅存之本，民國時期禮學之菁華，珍貴之至。先生門人謝鴻軒於上世紀七十年代收集先生經學遺著，欲補入《十三經讀本》中，以未能及見，而遺憾不已。今得以完整保存與流佈，無乃文運復興之兆乎？此先生時刻不忘，以勉勵國人者也。整理自二〇〇五年始，何潔瑩博士據底本輸入細校，歐陽艷華博士精校引文，並撰寫「整理説明」初稿；全稿覆校補充無間斷，並處理搜集所得之《茹經堂新著·〈禮記〉講義》，方始克成。前後閲數年，辛勞難以筆墨宣，道義擔當，未嘗言悔。謹志此事，以見正學之傳，未嘗中斷，文明興復，斯可斷言。編中任何不當之處，大雅方家指正爲盼。

禮記大義

禮記大義自序[一]

【釋】唐先生自序，宣示禮教救國，端正「人心」，重建「國體」。是以本孔子三代損益之義，闡明禮有「經」「制」二層之義：「經」爲禮之本，建基於良知良能之由衷天德本性，是爲禮之意，人在則意在，萬世不變；「制」屬禮之用，制度儀文，是謂禮之體，通變適宜，隨時而變改。人心正則禮教興，禮教興而國體立。先生概括《禮記》四十九篇大義，乃人道之根本，禮經之本誼，總歸人性善德之培養。

國體何以立？禮而已矣！禮者體也，相鼠有體，人而無禮，不死何俟？國而無禮，是戕國也。國性何以善？禮而已矣！天命爲性，禮義威儀之則，所以定命。能者養以之福，不能者敗以取禍。國而無禮，是滅性也。天叙天秩、人綱人紀何以定？禮

[一] 此《禮記大義》自序並載《茹經堂文集》三編中。

而已矣！悖典庸禮，明德討罪之制隳，何有于秩叙？名不正則言不順，言不順則事不成，何有於紀綱？故曰：「安上治民，莫善於禮。」無禮義則上下亂也。春秋時，晉文公與楚子玉戰而勝，惟恃乎少長有禮；魯國弱小而後亡，在秉周禮。有禮則安，無禮則危，此中外之常經，古今之國鑑也。

昔者周公知非禮無以定國也，爰成文、武之德，作爲禮典，蓋非一代之禮，所以明人倫而詔萬世也。孔子承周公之統緒，曰：「周監於二代，郁郁乎文哉！吾從周。」又曰：「夏、殷文獻不足徵，吾學周禮。」其教門弟子則曰「好禮」、曰「約禮」、曰「執禮」、曰「復禮」。《周官》《士禮》之删訂，備哉燦爛！其在斯時乎？游、夏紹述，訖於子思，贊之曰：「優優大哉！禮義三百，威儀三千，待其人而後行。」敦厚崇禮，德性尊矣！戰國時，諸侯惡其害己，皆去其籍，雖有孟、荀，狂瀾莫挽。秦政焚書，禮壞樂崩，彝倫攸斁，痛矣夫！然而國體不容裂，國性不能泯也。

漢興，魯高堂生傳《士禮》十七篇。訖孝、宣世，后倉最明，戴德、戴聖、慶普皆其弟子，三家列於學官，而慶氏學漸微。東漢盧植、馬融於大、小《戴記》，皆有著述。高密鄭君，大昌禮教，注《小戴記》四十九篇，考覈三代典章制度，研求古今文、聲音、訓詁，學者得知所歸，可謂山涵海納，日月不刊之作。

唐孔穎達作《正義》，貫串羣經，詳審精密。宋朱子作《儀禮經傳通解》，以《儀禮》爲經，《禮記》作傳，黄榦成之，有功禮學甚鉅。厥後衛湜、吴澄，代有纂述，宗旨各異，衛説特優。迨《禮記義疏》作，遂集漢、宋諸家之大成，致廣大，盡精微，立天下之大本。禮教盛則民氣靖而國强，豈不信夫！

而説者曰：「自殷、周迄今數千年，宫室異度，器械異制，衣服異宜，車涂異軌，田疇異畝，文字異形，古道不宜於今，其禮當廢。」嗚呼誤矣！蓋禮有禮之經、禮之制。禮之制者，文質遞嬗，風俗變遷，典章號令，因時制宜，此可得與民變革者也。禮之經者，尊卑長幼，入孝出弟，與奢寧儉，與易寧戚，威儀容貌，恭敬温文，此不可得與民變革者也。因禮制之不同，併欲舉禮經而廢之，誤哉誤哉！

今有童子，幼穉罔知，一登禮堂，舞蹈揖讓恐後；今有武夫，赳赳粗厲，一聞禮教，山立時行，暨暨詻詻，盛氣爲之歛抑。何也？禮根於天性，先王因人性之固有而導之，是良知也，是良能也。故雖武夫童子，亦莫能踰其範圍也。乃欲拂人之性而掃除之，誤哉誤哉！

抑又聞之，隆禮由禮，謂之有方之士；不隆禮不由禮，謂之無方之民。無方者，游氓也。一國多游氓，則體辱而國性乖，國焉有不危殆者哉？是故昏姻之禮廢，則夫婦之道苦，刑辟之罪多，而自戕者衆矣；家庭之禮廢，則父子之恩絶，囂陵之風熾，而犯上作亂者衆矣；尊卑之禮廢，則君臣之位失，而倍畔侵陵之敗起矣；鄉飲酒之禮廢，則長幼之序失，而爭鬥之獄繁矣；喪祭之禮廢，則骨肉之恩薄，而倍死忘生者衆矣。人倫喪而國本摇，痛乎悲夫！

《召旻》〔一〕之詩曰：「昔先王受命，有如召公，日闢國百里。今也日蹙國百里。嗚呼哀哉！維今之人，不尚有舊。」本經〔二〕曰：「以舊坊爲無所用而壞之者，必有水敗；以舊禮爲無所用而去之者，必有亂患。」〔三〕舊禮之廢，甚於舊坊，大害卒至於此。孔子删《詩》至變雅末篇，有餘痛焉。

文治秉聖教以學禮，乃所願，厥有兩端，曰救民命，曰正人心。凡生於天地之間者皆曰命，故人莫不樂生而惡死。竊觀自古太平之世，民生熙皞，康樂和親，物無不得其所，何其盛也！壹循乎禮也。洎乎末造，運會寖阨，或夭札凶荒，或夷狄兵革，生

〔一〕「《召旻》」，原誤作《小旻》。
〔二〕指《禮記》。
〔三〕見《禮記·經解》。

民憔悴，哀呼以死者，動輒數十萬人，或數百萬人。天待盛世之民何其厚，待衰世之民何其酷歟？《周禮》曰：「國有鳥獸行則獮之。」本經曰：「人化物者，滅天理而窮人欲者也。」滅理窮欲，害及百姓，造物者遂以禽獮獸薙之法處之，豈不哀哉！何以救之？惟在於禮。

人者，天地之心也，喜怒哀樂未發謂之中，中理中氣，悉寓於心；而此心爲血氣嗜欲所使，即不免放蕩而失其常。惟能治七情、明十義、修七教、慎九容，内外交養，表裏無違，夫然後爲禮以教人，夫然後遠於禽獸，夫然後殺機泯、劫運消。救民命而正人心，一切貫之者也。

夫禮本於太一，分而爲天地，轉而爲陰陽，變而爲四時。人生天地間，一日不能違乎陰陽四時，即一日不能踰乎禮。

是故吾讀《禮運》而知元、會、運、世之必歸于大道也。

吾讀《樂記》而知政治隆污，壹根于性情也。《禮運》傳自子游，《樂記》傳自子夏，千古學術治道，未有能外之者也。

吾讀《大學》而知「八目」以修身爲本也。吾讀《中庸》而知「九經」以至誠爲基也。《大學》傳自曾子，《中庸》傳自子思，千古治平學、性理學，未有能外之者也。

吾讀《曲禮》《少儀》《玉藻》，而知養正之在主敬也。卑高以陳，貴賤以位，動靜有常〔一〕，能修己而後能治人也。

吾讀《檀弓》《喪大記》《問喪》《奔喪》，而知喪禮哀戚之至也。

吾讀《大傳》《間傳》《服問》《三年問》《喪服四制》，而知服制隆殺之等、「窮理盡性」〔二〕之極也。

吾讀《祭義》《祭法》《祭統》，而知「報本反始」〔三〕之精義也。啓發良知，「民德歸厚」〔四〕，未有外於喪祭之禮者也。

吾讀《内則》《哀公問》，而知倫紀之大防也。

吾讀《冠義》《昏義》，而知人道之極則也。物恥足以振，國恥足以興〔五〕，正家而天

〔一〕《周易·繫辭上》文「卑高以陳，貴賤位矣。動靜有常，剛柔斷矣」。

〔二〕《周易·説卦傳》「窮理盡性以至於命」。

〔三〕《禮記·效特牲》句。

〔四〕《論語·學而》載曾子曰：「慎終追遠，民德歸厚矣。」

〔五〕《禮記·哀公問》述孔子言曰：「内以治宗廟之禮，足以配天地之神明；出以治直言之禮，足以立上下之敬。物恥足以振之，國恥足以興之。」

下可定也。

吾讀《王制》《文王世子》《學記》，而知三代學校、貢舉、養老之典，規模宏遠而精詳也。「强不犯弱，衆不暴寡」〔一〕，孝弟行乎道路，郁郁彬彬，其皆由太學來者乎？

吾讀《經解》《孔子閒居》，而知六藝源流之通治化也。「清明在躬，志氣如神」〔二〕，其性學之權輿乎？

吾讀《儒行》，而知乾坤正氣之在吾心也。近文章，砥礪廉隅，身可辱而志不可奪〔三〕，憂思其在萬世乎？

禮乎禮乎？比類以讀之，知類而通達〔四〕，其宇宙間人類之所以相生、相養、相維于不敝者乎？

先儒萬氏斯大之言曰：「《儀禮》一書〔五〕，與《禮記》相爲表裏。考儀文則《儀

〔一〕《禮記·祭義》文。
〔二〕《禮記·孔子閒居》文。
〔三〕《禮記·儒行》文。
〔四〕《禮記·學記》云：「九年知類通達，强立而不反，謂之大成。」
〔五〕「一書」，萬氏原文作「一經」。

禮》爲備，言義理則《禮記》爲精。在聖人即吾心之義理〔一〕，而漸著之爲儀文，在後人必通達其儀文，而後得明其義理。」〔二〕焦氏循之言曰：「《周官》《儀禮》，一代之書也。《禮記》，萬世之書也。必先明乎《禮記》，而後可學《周官》《儀禮》。記曰〔三〕：『禮以時爲大。』此一言也，以蔽千萬世制禮之法可矣。」斯二言也，實得三《禮》表裏精粗互用之道。然吾謂明其義理者，非託諸空言泛論也，必得乎時措之妙，「通其變，使民不倦；神而化之，使民宜之」，「觀其會通，以行其典禮」〔四〕。夫然後垂諸萬世而無弊。

今天下競言變俗矣！競言變法矣！又競言變禮矣！而不知俗可變，法可變，而禮之意不可變。變乎禮之意，則變天之道，絶地之理，亂人之紀，芸芸萬彙，將無所統屬，而不能歸于治。吾爲此懼，爰發明《禮記》四十九篇大義，以諗當世。深願吾書一出，人命於是固，人心於是正，國體於是尊，國性於是淑。庶幾尚辭讓，去爭奪，講信

〔一〕「義理」，萬氏原文作「義禮」。
〔二〕萬斯大《儀禮商》附録《與陳令升書》。
〔三〕「記曰」，焦氏《禮記補疏・叙》原文作「記之言曰」。
〔四〕《易・繫辭》之文。

修睦，大法小廉。道德仁義之説興，教訓正俗之規備，由小康而躋於大同，其在斯乎！其在斯乎！

癸酉（一九三三）秋太倉唐文治自序

卷首

《小戴禮記》四十九篇類別、提要表

【釋】唐先生此表提綱挈領，精辟遠過《十三經提綱》之《禮記提綱》，表末徵引朱澤澐《與諸生論讀禮記》一文所强調之「一原無間」之觀念，擺脱向來《禮記》學零碎無統之弊。

篇名	類別	提要
《曲禮上篇》第一、第二	制度	石林葉氏謂：「《曲禮》，周有其書，遭秦滅學，簡策不存。今《禮記》首載者，乃漢儒纂録所聞，故言『《曲禮》曰』以表之。」 愚按：曲者，委曲詳盡之義，而經禮大綱亦具其中；内外交修，下學上達，實人生之天則也。「爲人子之禮」數節，朱子采入《小學》，爲正家根本，學者更宜熟讀力行。又篇中雜記吉、凶、賓、軍、嘉禮，包括一切，故冠于四十九篇之首。

續表

篇名	類别	提要
《檀弓上篇》第三、第四	通論	或云即檀弓作，或云：「篇中多推尊子游，疑爲子游門人所作。」[一] 愚按：篇中言喪禮者居十之五；記春秋時事，文法較佳者，居十之四；雜記制度居十之一。言喪禮之沈痛者，最足以厚民德，如「喪禮哀戚之至」「顔丁善居喪」「孺子慕」數節是也。而文法之佳者，則多列國傳聞異辭，殆《春秋三傳》之亞。别有可疑之文，應辨正者，見「大義」。
《王制》第五	制度	漢文時博士所作，或云賈誼輩所作，欲以爲漢一代之制，而未及實行者[二]。彭氏絲謂：「此篇前言爵命田禄，中散言六官，末言養老，篇終又自注前段義。」[三] 愚按：此篇與《周禮》《孟子》多有不合，後儒疑之，不知《周禮》非《孟子》可比，《孟子》又非《王制》可比。《周禮》未可下儕《王制》，而漢博士之書，豈可以儕《孟子》乎？惟秦火後，三代遺制，猶賴此書以存。其最精者，則「廣谷大川異制」及「析言破律」二節是也。

[一] 此朱子意，載《朱子語類・禮四》。

[二] 此宋葉適説，載《欽定禮記義疏》卷一五。

[三] 彭絲之語，載《欽定禮記義疏》卷一五。彭絲（一二三九～一二九九），字魯叔，江西安福人，宋元之際處士，一門孝友，私謚端素。禮學有《禮記集説》四十九卷。生平行宜參元劉岳申《彭魯叔墓誌銘》，見氏著《申齋集》卷九。

續表

篇名	類別	提要
《月令》第六	明堂 陰陽	陸氏德明謂：「此本《吕氏春秋》文，後人删合爲此記。蔡邕、王肅並云周公所作。」 愚按：此篇散見於《管子》《淮南子》《吕覽》，而《吕覽》爲詳。蓋戰國策士采制雜纂而成，非不韋所能作也。其中羼雜秦制，蔡、王謂爲周公所作，實係謬説。至明堂十二室、隨月分居，煩瑣拘泥，先儒已議其非。惟其中實有精要語，如「稱兵有天殃」〔一〕及「毋變天之道」一節是也。
《曾子問》第七	喪服	陸氏奎勳謂：「曾子而外，言氏之問一，卜氏之問二，曾子獨以『子』稱，書成于曾氏門人也。」〔二〕 愚按：此篇窮禮之變，爲禮經中創造之文，非曾子不能問，非孔子不能答，所謂醇乎醇者也。姚氏際恒謂篇中有「吾聞諸老聃」及「老聃云」之語，疑爲老莊之徒所作〔三〕，謬矣。

〔一〕「稱兵有天殃」，《禮記》原文作「稱兵必天殃」。

〔二〕陸奎勳《戴禮緒言》卷二《曾子問》第一條。陸奎勳（一六六三～一七三九），字聚緱，號坡星，浙江平湖人，康熙六十年（一七二一）進士，禮學著作有《戴禮緒言》，為唐先生所重。

〔三〕語載《姚際恒文集》卷三一。

續表

篇名	類別	提要
《文王世子》第八	世子法	自夏后、殷、周繼，世子繫天安危，故教法特重，然一家教子弟，亦當如此。後半篇詳養老之典，教孝教弟，尤爲治平根本；惜後儒有羼入處，如「夢帝與齡」「周公踐阼」之屬，方氏望溪辨之綦詳。〔一〕
《禮運》第九	通論	子游作，故自稱名。此篇以天道人情作骨，共分四章。首章自「昔者仲尼」起，至「禮之大成」止，專言承天之道；次章自「孔子曰」起，至「舍禮何以」止；三章自「故人者」起，至「禮之藏」止，皆言盡人合天；四章自「夫禮本於太一」起，至末節止，專言治人之情：大意與《中庸》參贊化育之旨相合。至大同之道，在信與睦，故本篇「講信修睦」句凡四見。末又言，「士以信相考，百姓以睦相守，是謂大順」，百姓不睦，禍亂乃起，求治者當知所法。
《禮器》第十	制度	〔提要〕先儒謂《禮運》言形上之道，《禮器》言形下之器〔二〕。實則《禮器》未嘗不言道。愚謂《禮器》與《禮運》本爲一篇，蓋承禮義以爲器而言，其義有三端：一、破俗儒之固，如言「禮，時爲大」一節是也；二、窺聖學之微，如言外心、内心要在慎獨，通於《中庸》「天命之性」是也；三、糾異端之失，如言「忠信之人，可以學禮」，足以闢老子禮起于忠信之薄是也。惟言「禮之近人情者，非其至」卻有可疑，聖人因人情而制禮，非由外鑠也，若遠於人情，則禮廢久矣。

〔一〕方苞之説載《禮記析疑·考定文王世子》。

〔二〕方慤之説，載《欽定禮記義疏》卷三四《禮器第十》通論。方慤字性夫，南宋浙江桐廬人，著《禮記解》二十卷。謹按：衛湜《禮記集説》卷五四引長樂陳氏之説亦云。

篇名	類別	提要
《郊特牲》第十一	祭祀	與《禮運》《禮器》本爲一篇，後人析而爲三。其中雜記冠、昏之禮，而劉向《别録》專屬之祭祀者，蓋「禮有五經，莫重于祭」，冠、昏則因祭而及之，所謂「禮器，是故大備」也。自「庭燎」以下，痛禮之失，與《禮運》「僭君脅君，與臣同國」相應；「尊賢不過二代」，亦與「魯之郊禘非禮」相應。至謂「相貴以等，相覿以貨，相賂以利，而天下之禮亂」，尤可爲千古殷鑑。
《内則》第十二	世子法	顧氏抱桐分爲上、下二篇，共十四章，名《内則章句》，最爲精善。其大要在親父子、謹夫婦、别男女，推及養老之典、養子教子之法，擷其精義，孝、慈二者而已；中記「黍稷稻粱」及「淳熬」二節，言養老之具；末言人生自少至老自然之規則，乃天命之性也。此蓋文王、周公之遺訓，頒爲學校教法，而曾子述之。
《玉藻》第十三	通論	孫氏希旦謂：「此篇首記天子諸侯衣服、飲食、居處之法，中間自『始冠』『緇布冠』至其他，則皆從男子，專記服飾之制。始冠，次衣服，次笏，次韠，次帶，次及后夫人命婦之服。其前後又雜記禮節、容貌、稱謂之法。《禮記》中可以考見古人之名物制度者，此篇爲最詳。」[一] 愚按：此篇尤重容儀，凡記容者二十有一，容肅則非辟之心無自入，又如不中門，不履閾，瓜祭執龜玉，蹜蹜如之類，皆與《論語·鄉黨》篇相表裏，當爲七十子所傳。或疑此篇多雜湊之文。元熊氏朋來、吴氏澄，清任氏啓運皆有考定本，應參考。

[一] 孫希旦《禮記集解》卷一四《玉藻》題下。孫氏最後一句「然其中多逸文錯簡云」，唐先生不録。

續表

篇名	類別	提要
《明堂位》第十四	明堂 陰陽	陳氏澔謂：「此篇主于夸大魯國，故歷舉四代之服、器、官，以見魯之禮樂，其盛如此，不知魯之郊禘非禮也。此記所陳，適足以彰其僭而已。」〔一〕 愚謂篇中言周公踐天子位，與《文王世子》所載，均有可疑，讀者知節取焉，以稽古儀文器物之制可也。
《喪服小記》第十五	制度	朱子謂：「《儀禮・喪服》，子夏作傳，《小記》是解傳中之曲折。」吳氏澄謂：「此篇所記較瑣碎，比《喪大記》所記則爲小，又『小記』亦猶雜記，惟雜記所記之事雜，小記所記之事小，故名『小記』。」〔二〕 愚按：此篇明尊祖敬宗，分尊卑男女之别極嚴。內有父爲天子，子爲士則祭以士，及諸侯不得祔于天子，天子、諸侯、士大夫可以祔于士之文，爲夏商以來家天下時代所無之事，可見周公制禮，決無私天下之心。

〔一〕陳澔《禮記集説》卷六《明堂位第十四》。謹按：「夸大」，陳氏原文作「誇大」。

〔二〕吴澄《禮記纂言》卷一二《喪服小記》題下注。又載《欽定禮記義疏》卷四五《喪服小記》題下。

續表

篇名	類別	提要
《大傳》第十六	通論	陳氏祥道謂：「禘者，祭之大者也。追王者，孝之大者也。名者，人治之大者也。人道者，禮義之大者也。是篇言人道者三，則其所謂祭祀、追王、服術、宗族之類，莫非人道之大者，故稱『大傳』。」〔一〕 愚按：宋程子及明王氏船山皆以復宗法爲急，蓋合衆族爲大民族，中國庶幾可强。篇内其「所得與民變革者」，及「不可得與民變革者」二條，正治世之宏綱，制禮之精蘊。
《少儀》第十七	制度	方氏望溪謂：「篇中所載，如事君、承公卿、接賓客、交朋友、祭祀、朝聘、會同、軍旅、燕食、獻遺，皆成人所有事，而儀度詞令，必講習于童子時，故統之曰『少儀』。《注疏》詁『少』爲『小』，似未安。」〔二〕 愚按：此篇文多與《曲禮》合，當在威儀三千之列。其尤精者，云「事君者，量而後入，不入而後量」，與《内則》言「道合則服從，不可則去」，意義相貫，士人守此，大節立矣。

〔一〕陳氏説見《欽定禮記義疏》卷四七《大傳》通論。謹按：「莫非人道之大者，故稱大傳」句，陳氏原文作「莫非人道而已，豈非傳之大者哉？故命曰大傳」。

〔二〕方苞《禮記析疑》卷一八《少儀》題下。

續表

篇名	類別	提要
《學記》第十八	通論	《大學》言教人之道，此篇言教人之法，能審察學者心理，俾知憤悱自動，宜用爲師範學校課本。其尤精者，云「能爲師然後能爲長，能爲長然後能爲君。」師者所以學爲君，可見政治學術，聖功王道，一以貫之。學校之中，決非研究呫畢之學，亦非僅講求器物之粗，故曰「大德不官，大道不器」[一]，爲建國君民之本。
《樂記》第十九	樂記	劉向校書所得共二十三篇，或云公孫尼子次撰，今僅存十一篇。一樂本、二樂論、三樂施、四樂言、五樂禮、六樂情、七樂化、八樂象、九賓牟賈、十魏文侯、十一師乙，共合爲一篇。《樂經》早亡，幸得此篇與《左氏傳》所載《吴季札觀樂》一篇並讀，一唱三嘆，猶有遺音。而其中精理名言，深得先王作樂崇德之意，真寶書也。
《雜記》上篇第二十	喪服	王氏船山謂：「記喪禮之變及其小節，以篇策繁多，分爲上、下篇。記輯舊文，畧無次序，又兼君、大夫、士而錯記之。」[二]故謂之雜。 愚按：下篇載曾子言：「父母而賓客之，所以爲哀。」又論送喪之哭曰：「中路嬰兒失其母，何常聲之有。」皆極沈痛。自此以下，不專言喪禮。孔子言「君子有三患五耻」，又言「一張一弛，文武之道」，語意皆極精，確爲孔門弟子所記。

[一] 皆《學記》文。

[二] 王夫之《禮記章句》卷二〇《雜記》題下，原句末有也字。

續表

篇名	類別	提要
《喪大記》第二十二	喪服	王氏船山謂：「大者，備也。自始死至葬，自諸侯至士，皆備記之，所以補喪禮之未悉者。」 愚按：此篇所記，尊卑有等，男女有別，文法謹嚴，當與《儀禮·士喪禮記》參考。
《祭法》第二十三	祭祀	姜氏兆錫謂：「《祭法》《祭義》《祭統》三篇，法者，言所祭之法制也；義者，言所祭之義理也；統者，言所爲祭之統紀也。此篇首節及聖王之制以下，見《國語》展禽論祀爰居。其郊禘祖宗、廟祧壇墠之制，並見《家語》。」[一] 愚按：此篇本係漢儒雜輯而成，至後半篇論報稱功德之典，頗爲詳贍。
《祭義》第二十四	祭祀	王氏船山謂：「《儀禮》中《祭禮》三篇，蓋大夫、士之禮，而天子、諸侯禘祫享嘗之禮不傳。戴氏蒐輯舊文，推明所出之精意，以成此篇，所以不與《冠義》諸篇同附記末者，以禮莫重于祭祀也。」 愚按：此篇皆仁人孝子之言，三復之，則孝有不及之思，與愴懷霜露之感，自有不勝悲者。如論文王之祭，「思死者如不欲生」，讀之令人感泣；「仲尼嘗」一章，詞意誠摯；「宰我問鬼神」一章，乃論魂魄學之最精者。或曰此秦人所記，以「黔首」二字知之。

[一] 姜兆錫《禮記章義》卷八《祭法》題下，並載《日講禮記解義》卷四九。

續表

篇名	類別	提要
《祭統》第二十五	祭祀	方氏望溪謂：「統者，總也，緒也。篇中所論祭之大體，義理之總會也。此記惟篇首『心怵而奉之以禮』二語，似古賢遺言，其餘義近膚淺。如言祭而曰『不求其爲』，言齊而曰『不齊則於物無防，嗜欲無止』，言銘先祖而曰『知足以利』之類是。」〔一〕 愚按：篇中言「孫爲王父尸，所使爲尸者，于祭者子行也。父北面而事之，所以明子事父之道。」是以父事子，頗屬可疑。至末篇銘辭，孔悝爲人，雖不足道，而其文腴潤有味，爲曾子固與歐陽永叔書所本。
《經解》第二十六	通論	方氏望溪謂：「此記中間所述，多荀卿語，疑出于漢之中葉，傳荀氏學者爲之。經本無弊，解者失其意，而愚誣賊亂之弊生。本篇別其教，並著其失，故以『經解』名篇。」 愚按：此篇首明《六經》之教，化民成俗之大，而歸之於禮，以明其安上治民之功，必不可廢。中間「隆禮由禮」四句，及以水之堤防作喻，均極精粹，確係古禮師所傳，故邵氏位西極推重之。
《哀公問》第二十七	通論	王氏船山謂「《哀公問》與《燕居》《閒居》諸篇，文辭複縟，論者疑爲僞作，然他經所記夫子與哀公問答不一，體制亦與此篇相類，要其中正深切，非後儒所能作」云云。 愚按：門弟子所記，文義固有不同。《大戴》分問禮、大昏爲二篇，《家語》亦二篇。《小戴》以俱哀公所問合成一篇，首章論古今君子，切中春秋時弊，繼以愛身、敬身、成身、成親，而推及于愛人，歸本于天道之不已，與《大學》《中庸》相亞。人道教育，要不外是。爲政先禮，禮爲政本，尤近世之藥石也。

〔一〕方苞《禮記析疑》卷二六《祭統》説。

篇名	類別	提要
《仲尼燕居》第二十八	通論	陸氏奎勳論燕居、閒居之別，謂：「退朝曰燕，退燕曰閒。言禮，燕居之事；言詩，閒居之事。」〔一〕姜氏兆錫謂：「此篇文雖散漫，然如禮以制中，舉而錯之于政，此意殆非聖賢不能及。」〔二〕 愚按：此篇文法謹嚴，並不散漫。至其論禮，注重于凡衆之動，得宜失宜。且謂「禮之所興，衆之所治」，「禮之所廢，衆之所亂」，可見禮爲民衆教育之大本，急宜提倡者也。
《孔子閒居》第二十九	通論	此篇後儒以其與《家語》大同小異，姚氏際恒因謂：「無聲、無體、無服，皆出于老氏貴無賤有之旨。且與五色令人目盲，五音令人耳聾之説相合。」陸氏奎勳又引漢孔衍之言，詆及本經〔三〕。 愚謂：道家學出于黄帝，與儒家本屬共貫。此篇聲韵甚美，而「清明在躬」一節，開宋儒之先河，爲涵養之本，未可以其近于老氏而疑之。若必諱言無，則孔子言無思無爲，亦若異端矣。

〔一〕陸奎勳《戴禮緒言》卷四《仲尼燕居》第一條。謹按：此陸氏引述其師之説。

〔二〕姜兆錫《禮記章義》卷九《仲尼燕居》題下注文，乃就宋儒王時潛之批評而發。

〔三〕陸奎勳《戴禮緒言》卷四《孔子閒居》第二條批評云：「五至、三無、五起，以數命名，此係漢儒積習，疑非孔子本文。」

續表

篇名	類别	提要
《坊記》第三十	通論	子思子作。黄氏石齋謂：「亂患之坊，莫大于《春秋》。聖人本春以立禮，本王以立刑，本天以立命。命以坊欲，刑以坊淫，禮以坊德，三坊立而亂患息。雖其所稱引不過楚喪、晉亂、吴子三事，而于以定君臣，辨夷夏，正妃耦，《春秋》千七百餘事，其大指盡于此矣。」〔一〕 愚按：此説獨見其大，黄氏《集傳》，亟宜參考。又先師黄元同先生《坊記輯解》，分章疏釋，亦極精密，見《子思子》内篇。
《中庸》第三十一	通論	僞《孔叢子》謂子思子十六歲時所作。宋氏于庭據《史記·孔子世家》，謂子思六十二歲困于宋時所作，宋説極是。以此篇條理精密，在《坊記》諸篇之上也。先儒分章各異，當以鄭君、朱子爲正。近阮氏芸台謂：「首章至『父母其順矣乎』，《中庸》大義已止于此。自『鬼神之爲德』以下，别成一篇，乃子思專言祖德配天。鄭君注『祖述堯舜』四句，以爲《孝經》、春秋之事，此必子思微言，鄭君得之于古禮説也，所見極大。」 愚按：此篇以天命始，以上天之載終，無非欲盡人合天，彌天地之缺憾，廣大精微，遠紹《易·繫辭傳》，非後儒所能幾及。

〔一〕黄道周《坊記集傳序》，載朱彝尊《經義考》卷一五〇。謹按：《四庫全書》本《坊記集傳》黄氏序删除此相關「亂患」之内容。

續表

篇名	類別	提要
《表記》第三十二	通論	子思子作。孔氏沖遠謂：「子言之凡八。」皇氏以爲：「皆發端起義，下更廣開其事，曲説其理，則稱『子曰』。」黄氏石齋謂：「《坊記》主于禮讓，歸別于男女，以明忠孝之化，始于閨門，猶《易》之有下經。《表記》主于仁義，歸餘于卜筮，以明文質之原，達于天德，猶《易》之有上經。」 愚按：以禮坊民，民猶踰之，則必立表以自治。故此篇實爲修己接物之要旨，其精粹處，多與《論語》相近。
《緇衣》第三十三	通論	先師黄元同先生據《文選》注引《子思子》有「民以君爲心」一事、「昔吾有先正」一事，《意林》載《子思子》有「小人溺于水」一事，斷爲子思子所作。劉瓛謂公孫尼子作，不足信。 愚按：此篇重在謹好惡，而尤要在「章志」二字。蓋事事以至誠相見，《書·盤庚》所謂「不匿厥指」，《詩·節南山》所謂「俾民不迷」也。惟章志而後爲上易事，爲下易知，而君不以民亡，此千古治道之大本。
《奔喪》第三十四	喪服	孔氏沖遠謂：「此逸《禮》之正文。漢興，于魯淹中得古《禮》五十七篇，與《儀禮》同。其四十篇藏于秘府，惟此與《投壺》二篇，記者收之記中。」 愚按：此篇與《士喪禮》記文相近，慘怛不忍卒讀。奔喪爲萬不得已之事，亦處世者所不能免之事，人子既不得不遠遊，惟有及時以盡孝，懼他日孝有不及也。

續　表

篇　名	類別	提　要
《問喪》第三十五	喪服	此篇專言悲哀之情，痛切之意，足以維持世道人心。王氏船山謂：「非秦漢諸儒所能及。」 愚按：篇中有釋《孝經》「躃踊哭泣」及「祭之宗廟」二句，爲曾氏弟子所傳無疑。内「悲哀在中」，及「入門不見」，與「三日而殮，冀親復生」數語，苟有良知，皆當下淚。陳氏蘭甫所謂「使墨者讀之，亦必感動者也」。
《服問》第三十六	喪服	王氏船山謂：「記未嘗有問答之文，而言『問』者，條析疑義以待問也。」姚氏際恒謂：「『篇名『服問』，以其每章引傳文四句，作問而答之，不必文中定露問也。」 愚按：此篇文法至爲簡質，篇末「君子不奪人之喪，亦不可奪喪」二語，尤見孝弟忠恕之道。
《間傳》第三十七	喪服	姚氏際恒謂：「鄭氏云：『喪服之間，輕重所宜』，以『間』爲平聲。吴幼清謂：『當讀如「間厠」之「間」，《儀禮・喪服》正經自有正傳，此篇厠于《喪服》之正傳。以間字爲去聲。』鄭説近之，吴説甚鑿。篇中哀之發于容體、聲音、言語、飲食、居處凡五段，其格制本于《荀子・禮論》；而辨别喪服倫等，細密周詳，較《荀子》爲勝」〔二〕云云。 愚按：姚説亦可採，惟漏去本經「衣服」一段，應補正。

〔二〕姚際恒語載《禮記通論輯本・間傳》，末句約原文「較荀本但以吉凶憂愉分别爲説者，不殊天壤，於此見古人亦脱胎舊文，其妙如此」之意。

續表

篇名	類別	提要
《三年問》第三十八	喪服	此篇撮取《荀子·禮論篇》而成，陸氏奎勳謂：「其味甚淺。若云『大鳥獸』『壹使足以成文理』……立文亦甚拙。」[一] 愚謂：《荀子》本爲學者警發良心，故釋服義中，亦自寓悱惻纏綿之意。是以陳氏蘭甫有取乎此文，實屬江河不廢，豈得疑其淺拙乎！
《深衣》第三十九	制度	古者衣裳殊制，以別上下；惟深衣之制，衣連裳而不殊，若燕居之服，而應規矩、繩權衡。篇中引《易》「直」「方」義，及下氣平心之說，皆見道之言。故宋代大儒若司馬、程、張，皆祖述而製之爲服。至其制度，以朱子《集》中所載，最爲精詳。近江氏慎修《深衣考誤》，亦足資參證。
《投壺》第四十	吉禮	此篇爲古禮逸篇。王氏船山謂：「《投壺》在燕禮中別爲一節，其禮雖視射爲簡，而内正外直，比禮比樂之意具焉，可見古人斯須不去禮樂之實。」姚氏際恒謂：「《投壺》是射之餘法，盛于春秋。《左傳》『晉侯與齊侯燕，投壺』是也。其文類《儀禮》敘法，然更簡約，且饒古趣。」 愚按：《大戴禮》亦有此篇，文稍有異同。

[一] 陸奎勳《戴禮緒言》卷四《三年問》條下。

續表

篇名	類別	提要
《儒行》第四十一	通論	吕氏與叔謂：「此篇有矜大勝人之氣，少雍容深厚之風。」竊謂記聖言者，文筆各異，故辭旨攸殊，未可輕議。黄氏石齋謂：「《儒行》以宏毅爲本，以任重致遠爲務。東漢諸儒推尊《儒行》，雖梟雄如卓、操之徒，尚僶仰以畏名士，可爲正人心，勵風俗之本。」〔一〕 愚按：黄氏雖係有感于明季之事而言，而此篇實爲激勵氣節之書。《孟子》曰：「人有不爲也，而後可以有爲。」篇中「不」字凡五十四，所謂「有不爲」也；有「如此」者凡十六，所謂「有爲」也。人丁卑鄙混濁之世，當以《儒行》矯之；至於「憂思」一章，不忘百姓之病，意義更爲閎遠矣。
《大學》第四十二	通論	篇中八條目以修身爲本，而修身以誠意爲本，即明德之學，此文王所傳之心法，成、周學校以之爲教者；至治國以孝、弟、慈、仁、讓爲本，平天下以絜矩、辨義利爲本，聖功王道，一以貫之，中國之寶書也。鄭君注最精善，朱子别爲《章句》。姚江王氏主復古本，而其立説，則與鄭氏未合；王氏船山極詆姚、江，實則各有心得，不必持門户之見也。

〔一〕黄道周《儒行集傳篇》末按語。

續表

篇名	類別	提要
《冠義》第四十三	吉事	陸氏奎勳謂：「《冠義》至《聘義》六篇，皆釋《儀禮》之文。《士冠禮》篇末，本有《冠義》數條，其簡錯入《郊特牲》，此必高堂生所推演〔一〕，小戴從而記録之也。」〔二〕 愚按：此篇精義在教所以爲人之道，自「筮日筮賓」以至「行禮」，皆于廟中，尊祖如是，爲人子者，孝弟之心，油然自生。故曰：「孝弟忠順之行立，而後可以爲人；可以爲人，而後可以治人。」〔三〕明乎此義，則良知良能，不泯于天下矣。
《昏義》第四十四	吉事	呂氏與叔謂：「《序卦傳》：『物不可以苟合，故受之以賁。』……昏禮者，受賁之義。」「天下之情，敬則克終，苟則易離。賁以致飾者，所以敬而不苟也。」〔四〕 愚按：此篇本于《易》乾、坤、咸、恒、家人、漸六卦，中言「內和理，而後家可長久」，可見和氣翔洽，乃能保世滋大。此齊家之本，即立國之本，更當與《郊特牲》《哀公問》二篇並讀〔五〕。

〔一〕「演」字，陸氏原作「衍」。

〔二〕陸奎勳《戴禮緒言》卷四《冠義》條下。

〔三〕此《冠義》文。

〔四〕呂大臨語，載《欽定禮記義疏》卷七四《冠義第四十三》開卷「通論」，唐先生徵引調順上下文句，內容無別。

〔五〕唐先生並存呂大臨不苟之説，而更强調家庭內部之和理，修齊治平，大學之道以此和理心爲之基礎。

續表

篇名	類別	提要
《鄉飲酒義》第四十五	吉事	孔氏沖遠謂：「此篇有四事，一則賓興賢能，二則鄉大夫飲國中賢者，三則州長習射飲酒，四則黨正蜡祭飲酒。」 愚按：鄉飲者，教民以讓也，云「不慢不爭，則遠于鬥辨。不鬥辨，則無暴亂之禍。」其教讓德可知。今世能復此禮，則治道得矣。陳氏左海《請復鄉飲酒禮議》〔一〕，爲治者急宜實行也。
《射義》第四十六	吉事	陸氏奎勳謂「射有大射、賓射、燕射、聘射、鄉射、州射、武射、軍射之分……實則天子、諸侯之射，皆稱大射，而州射則鄉射也。射必有燕，燕必有賓，故《儀禮》止有《鄉射》《大射》二篇，足以統之」〔二〕云云。 愚按：篇中言「射以觀德」，及「爲人子者，以爲子鵠」等語，皆極精。「孔子射于矍相之圃」一段，文法與《鄉飲酒義》相近，篇末兩引孔子語作結，義極正大。

〔一〕陳壽祺《擬請郡縣廣行鄉飲酒禮議》，《擬請郡縣廣行鄉飲酒禮議》，附録於先生《禮記大義》卷四《鄉飲酒義篇大義》。並載曹元弼編《經學文鈔》卷六。

〔二〕陸奎勳《戴禮緒言》卷四《射義》條下。

續表

篇名	類别	提要
《燕義》第四十七	吉事	吕氏與叔謂：「古者君臣、賓主相接，有饗、有燕、有食。饗禮亡，獨燕食禮存……古之燕禮，有天子燕諸侯者……有燕羣臣者……有燕賓客者……有燕族人者……有養老者，皆所以示慈惠。」〔一〕 愚按：此篇當與《詩》《鹿鳴》《湛露》《彤弓》《行葦》諸篇並讀，可見穆穆棣棣之意。
《聘義》第四十八、下篇第二	吉事	陸氏奎勳謂：「言聘禮甚略，篇終言射言玉，其文頗繁，疑非《小戴》之舊文。」 愚謂不然。此篇專發明敬讓不相侵陵之道，中間如「輕財重禮」，及「勇敢强有力，不用之于禮義而用之于爭鬥，則謂之亂人」等語，與《左傳》「勇則害上，不登于明堂」之義相合，深有維持世道之功。至「問玉」一章，因聘禮用玉，故附于篇末也。
《喪服四制》第四十九	喪服	《義疏》謂：「此篇《小戴》本所無，今案其文，取之《大戴》本命篇者泰半，而因殺以爲節，上與《家語》同，蓋後人兩篇附益而成。」〔二〕 愚按：此爲後儒説經之文，如解《孝經》《尚書》皆屬傳體，類《公》《穀》筆法，惟解高宗「高」字，謂「載之《書》中而高之」。

〔一〕吕大臨語載《欽定禮記義疏》卷七六《燕義第四十七》之通論；原文「皆所以示慈惠」在「古之燕禮」前。
〔二〕見《欽定禮記義疏》卷七七《喪服四制第四十九》題下孔疏按語。

右制度六篇，通論十六篇，明堂、陰陽二篇，喪服十一篇，世子法一篇，祭祀四篇，子法一篇，樂記一篇，吉禮一篇，吉事六篇。所有類别皆據劉子正《别録》所定。王氏船山曰：「《儀禮》十七篇自高堂生五傳而至小戴氏，其間師儒講説，各有引伸以明其義。此記自《檀弓》以至《喪服四制》，明喪禮之義者十三篇；自《郊特牲》以至《祭統》，明祭禮之義者四篇；其冠、昏、飲、射、燕、聘之義各一篇，凡此三十三篇，發明推廣《儀禮》之意。或戴氏得之于先師，或戴氏集先師之講説而筆記之。雖非先聖之作，而實《禮經》之羽翼也。」而朱氏止泉《論讀〈禮記〉法》則謂：「《曲禮》《内則》《玉藻》《少儀》，得威儀定命之學；《坊記》《表記》《緇衣》《儒行》，得守身秉義之學；《冠》《昏》《喪》《祭》《鄉》《射》《燕》《聘》諸篇，得盡倫盡制之學；而《學記》一篇，可以盡聞道上達之功；《樂記》一篇，可以盡檢身淑性之妙；至于《王制》《月令》《禮運》《禮器》《郊特牲》諸篇，可以盡輔世長民之略；《檀弓》《曾子問》《經解》《哀公問》《燕居》諸篇，可以盡常變生死天人事理之藴；而《閒居》一篇，則學禮成德之極功也。程、朱于其中特提《大學》以開其始，《中庸》以要其終，使四十六篇之旨，血脈貫通，文義聯絡。體用顯微之故，不必截然分晰；而一原無間之精意，自有可以相爲始終者矣。」[一]文治即二家之説推演之。竊謂通論十六篇，括天德、王道、聖功之全；喪祭諸篇，啓發人之良知良能；而《禮運》《樂記》《中庸》三篇，則《易傳》之支餘流裔；此外制度諸篇，雖不宜于今世，要亦足供儒者之考證。鄙意已畧見于自序，爰撰爲此表，俾治禮者得所要删焉。

《小戴禮記》源流義例考

《小戴禮記》傳授源流與其篇次

《漢書·藝文志》云：「漢興，魯高堂生傳《士禮》十七篇。訖孝宣世，后倉最明。戴德、戴聖、慶普皆其弟子，立於學官[二]。」

文治按：高堂生所傳《士禮》，即《儀禮經》也。五傳而至后倉，倉並爲《曲臺記》。二戴、慶普所傳皆《禮記》，附於《禮經》以傳者也。

[一] 朱澤澐《與諸生論讀禮記》，載《朱止泉先生文集》卷六。朱澤澐（一六六六～一七三二）字湘陶，號止泉，江蘇寶應人，著有《文集》《朱子聖學考略》，唐先生極重其學。

[二] 「立於學官」，《漢書·藝文志》句首原有「三家」二字，當以《漢書》爲是。

《隋書·經籍志》云:「自高堂生至宣帝時,后倉最明其業,乃爲《曲臺記》。倉授梁人戴德,及戴[一]從兄子聖、沛人慶普,於是有大戴、小戴、慶氏三家並立。後漢惟曹元傳慶氏,以授其子褒。然三家雖存並微,相傳不絶。漢末,鄭玄傳小戴之學,後以古經校之,取其于義長者作注,爲鄭氏學。」又云:「漢初,河間獻王又得仲尼弟子及後學者所記一百三十一篇獻之,時亦無傳之者。至劉向考校經籍,檢得一百三十篇,向因第而叙之。而又得《明堂陰陽記》三十三篇、《孔子三朝記》七篇、《王氏史氏記》二十一篇,按:《漢書·藝文志》作「王史氏」。《樂記》二十三篇,凡五種,合二百十四篇。戴德刪其煩重,合而記之,爲八十五篇,謂之《大戴記》。而戴聖又刪大戴之書爲四十六篇,謂之《小戴記》。漢末馬融遂傳小戴之學,融又足[二]《月令》一篇、《明堂位》一篇、《樂記》一篇,合四十九篇。而鄭玄受業於融,又爲之注。」

文治按:此《志》叙《大》《小戴禮記》源流,較爲詳審。

邵氏位西《禮經通論》云:「漢儒所得七十子後學者所記百三十一篇,有古有今,

[一]「及戴從兄子聖」:《隋書·經籍志》「戴」原作「德」,當以《隋書》爲是。
[二]「融又足《月令》一篇」,《隋書·經籍志》「足」原作「定」,當以《隋書》爲是。

有純有雜，有完有闕。大戴取八十五篇，而删其四十六。小戴又於八十五之中，取四十七篇，而删其三十八。今《大戴》三十九篇，其篇目起三十九，止八十一，中間又闕四十三、四十四、四十五、六十一四篇，及八十二以後四篇。而《投壺》《哀公問》與《小戴》略同。去古久遠，篇第數目，偶有參差，不足深論……而近人錢曉徵遂謂《大戴》八十五〔一〕、《小戴》四十九，合之適符《漢志》百三十一篇之數，而斥晉陳劭大、小《戴》互相删取之説爲無稽……夫二戴篇數〔二〕，合之誠巧符《漢志》，然豈文整而篇長，義精而理足者，盡爲《小戴》所取？而《大戴》在前，反遺其美而録其次，棄其完而收其闕乎？必不然矣……今《小戴》四十九篇，九萬八千五百四十五字，《大戴》三十九篇，三萬七千八百六十三字，字數少三分之二〔三〕；又多殘闕錯繆，宋人雖有《十四經》之目，以學者罕習，日益榛蕪矣〔四〕。」

〔一〕「而近人錢曉徵遂謂《大戴》八十五」，邵氏原文句首無「而」字，載《禮經通論》「論大小戴傳《禮記》條下」。唐先生擷取邵氏之論，間有省略，故添「而」字以理順行文轉折之氣。

〔二〕「夫二戴篇數」，邵氏《禮經通論》「論大小戴傳《禮記》」條下句首無「夫」字。

〔三〕「三分之二」，邵氏《禮經通論》原作「三分之一」。按：《小戴》九萬餘字，《大戴》三萬餘字，則《大戴》字數爲《小戴》之三分之一，也即少於《小戴》三分之二，唐先生乃更正邵氏之失誤。

〔四〕「日益榛蕪矣」，邵氏原文句末無「矣」字。

文治按：邵氏論《大》《小戴》篇次，可稱精覈。惟宋人《十四經》之目，鄙意以爲未可厚非。蓋《大戴記》中有《曾子》十篇，及《文王官人》《武王踐阼》等篇，足與《小戴記》相埒，惜其殘缺者無可考爾。

《小戴禮記》各篇作者

《經典釋文》云：「《禮記》者，本孔子門徒共撰所聞，以爲此記。後人通儒，各有損益，故《中庸》是子思伋所作，《緇衣》是公孫尼子所制。鄭玄云《月令》是呂不韋所撰，盧植云《王制》是漢時博士所爲。」[一]

邵氏位西《禮經通論》云：「子游特受《禮運》精微之説，其徒又爲《檀弓》上、下等篇，記行禮節目甚詳。《禮運》自稱言偃，則全篇皆子游所記孔子之言也。《禮器》《郊特牲》本一篇書，以文多分之，摘篇首三字爲名……皆子游門人所記……《仲尼燕居》疑亦子游之所記。又疑《曲禮》《玉藻》並子游之徒傳之[二]。《玉藻》與《曲禮》下篇文

[一] 載《經典釋文·注解傳述人》。
[二] 「並子游之徒傳之」，邵氏《禮經通論》「論聖門子游傳《禮》」條下句末有「也」字。

相承接，引孔子之言一，子游之言一，故知子游門人就古《曲禮》而附記之也[一]……先儒見《中庸》《大學》，曾氏聖學之傳，出於《禮記》，而《曾子問》考禮綦詳，遂疑《檀弓》所記曾子失而子游得之者，爲言氏之徒自譽其師，妄爲抑揚，不足信[二]。夫曾子質本朴魯……安知不推服子游之精博而每就考訂乎？《曾子問》篇中『子游之徒，有庶子祭者』數語，亦曾氏門人附記而稱之也。」

文治按：邵氏所論精矣。此外如《喪記》《坊記》二篇，爲子思所作；《孔子閒居篇》當爲子夏所作。惟《哀公問》《儒行》二篇，精深宏毅，不知何人所記爾。

記傳義問四例

邵氏位西《禮經通論》云：「《文王世子》《學記》[三]，是記中有記也；《喪服傳》引傳[四]，是傳中有傳也，古今先後之分耳！記者，記其儀節，如大記、小記、雜記之

[一]「故知子游門人就古《曲禮》而附記之也」，邵氏《禮經通論》原句末無「也」字。
[二]「不足信」，邵氏《禮經通論》原文句首有「而」字。
[三]「《學記》」，邵氏《禮經通論》「論記、傳、義、問四例」原文「《學記》」後有「引記」二字。
[四]「《喪服傳》引傳」，邵氏原文作「《喪服傳》《穀梁傳》《韓詩外傳》引傳」。

類……義者，釋其大義〔一〕，如《昏義》《冠義》《鄉飲酒義》之類；問者，反覆辨論，設或問而已答之，如《問喪》《服問》之類……《聘禮記》已爲荀子所引，子夏《喪服傳》併記釋之，則記之由來久矣，如《世子之記》《青史氏之記》皆是。而《學記》《坊》《表記》空論其理，爲變體也。《大傳》《間傳》，疑皆子夏所爲。《大傳》則喪服之通論，而《間傳》則附論其餘意，皆本孔子所爲《易傳》也。六義之外，《小戴》又有《祭義》，《大戴》有《朝事義》，十七篇之義略備矣……蓋爲禮不本於義，則是非禮之禮；爲義而不講之以學，則是非義之義。此諸義之〔二〕所由作也，而後世義疏、正義之體本此矣。《文言》《繫辭》多舉爻詞爲問，《問喪》稱『或問者五』，蓋意有不盡，加以駁詰，所謂『辨説得其黨』〔三〕也。而後世『或問』之體視此矣。故記、傳、義、問四者，爲説禮之通例；漢人説經，或曰故，曰通，曰微，曰章句，曰注，曰説義，曰詁訓，曰訓旨，曰解詁，曰箋，曰内

〔一〕「義」，邵氏原文作「意」。
〔二〕「之」，邵氏原文無。
〔三〕《禮記·仲尼燕居》「辨説得其黨」孔穎達疏云：「謂分辨論説《詩》《書》《禮》《樂》之等，各得其黨類，不乖事之義理。」

傳、外傳，皆四者之支流餘裔也。」〔一〕

《小戴禮記》文法之精美

劉氏孟塗〔二〕云：「七十子之徒，傳受〔三〕先王之道以爲《禮記》，不獨義理之明備而已〔四〕，其言固古今之至文也。」

陳氏蘭甫云：「古者記言之體有三：其一聞而記之，所記非一時之言，記之者非一人之筆，彙集成篇，非著書也，尤非作文也，《論語》是也。其一傳聞而記之，所記非一時之言，記之者則一人之筆，伸説引證而成篇，此著書也，《坊記》《表記》《緇衣》是也。其一亦傳聞而記之，記之者一人之筆，所記者一時之言，敷演潤色，駢偶用韻而成篇，此作文者也，《禮運》《儒行》《哀公問》《仲尼燕居》《孔子閒居》是也。」〔五〕

〔一〕邵氏《禮經通論》「論記、傳、義、問四例」文。

〔二〕劉開（一七八一～一八二一），字方來、東明，號孟塗，桐城人，著有《論語補注》《大學正旨》《中庸本義》《孟子廣釋》《劉孟塗詩文集》《駢文》《廣列女傳》。

〔三〕「傳受」，劉氏《孟塗文集·與阮芸臺宮保論文書》原文作「各推明」。

〔四〕「不獨義理之明備而已」，劉氏原文「不獨」作「豈獨」，「而已」作「云爾哉」。

〔五〕載陳澧《東塾讀書記·禮記》。

文治按：《小戴記》文法簡質精美，無體不備。先儒推《檀弓》篇爲傑作，以其文近于三《傳》也。然吾謂《禮運》《樂記》二篇，義藴深奥，聲調鏗鏘，實爲千古極至之作。《哀公問》《孔子閒居》篇精微閎遠。此外如《王制》《月令》《内則》《問喪》《投壺》《儒行》各篇，章法亦極謹嚴。至《冠義》篇，曾文正選入《經史百家雜鈔》，以其爲説經體也。往者吴摯甫先生語余云：「凡讀經，未有不明文法而可得其義理者。」學者即此語求之，參考施刻《十三經圈點劄記》。自能掇其菁華矣。

禮記應讀書目表

書名	作者時代、姓名	刊本
禮記注疏	唐 孔穎達疏	阮刻本、通行本
禮記集説	宋 衛湜撰	《通志堂經解》本
禮記集説	元 陳澔撰	通行本
禮記纂言	元 吴澄撰	明正德間刻本
禮記章句	明 王夫之撰	《船山遺書》刻本

欽定禮記義疏	清　乾隆時奉敕編纂	前浙江書局刻本
禮記述注	清　李光坡撰	清光緒間刻本
禮記訓義擇言	清　江永撰	《皇清經解續編》本
禮記章句	清　任啓運撰	清光緒間蓤蔭堂家刻本
續禮記集説	清　杭世駿撰	前浙江書局刻本
禮記集解	清　孫希旦撰	清咸豐間瑞安孫氏家刻本
禮記補疏	清　焦循撰	《皇清經解》本
禮記訓纂	清　朱彬撰	清咸豐間宜禄堂刻本
禮記質疑	清　郭嵩燾撰	清光緒思賢講舍刻本

右全書類凡十四種，内以《禮記注疏》《禮記義疏》二書爲最要。鄭君注善説禮意，得人心之所同然。其於大典章制度，貫穿羣經，網羅衆家，折衷一是，可謂執聖之權。至於記文可疑之處，往往引而不發，以待學者自覺，而不輕啓蔑古疑經之弊。《孔疏》薈萃六朝以來鄭學之徒精義閎論，指深言大，後有作者，莫之能尚。故《欽定義疏》以《注疏》爲主，而兼采宋以後諸儒之説，網絡宏富，精研義理，示後世治經之準

繩，由禮之圭臬。此外諸家途徑是非，以此定之可耳。至吴氏《禮記纂言》、任氏《禮記章句》，雖更易篇第，割裂經文，然大意本於朱子《儀禮經傳通解》，自有條緒，未可輕議。

檀弓辨誣	清　夏炘撰	景紫堂刻本
月令明義	明　黄道周撰	《黄忠端九種》刻本
内則章句	清　顧陳垿撰	太倉顧氏味菜廬排印本
坊記集傳	明　黄道周撰	《黄忠端九種》刻本
中庸章句	宋　朱子撰	通行本
中庸或問	宋　朱子撰	前金陵書局刻本、又《四書大全》本
中庸四注	清　李光地撰	《榕村全書》刻本
中庸通義	清　曹元弼撰	復禮堂家刻本
中庸大義	清　唐文治撰	茹經堂家刻本
表記集傳	明　黄道周撰	《黄忠端九種》刻本
緇衣集傳	明　黄道周撰	《黄忠端九種》刻本

深衣考誤　清　江永撰　《皇清經解》本
儒行集傳　明　黄道周撰　《黄忠端九種》刻本
大學章句　宋　朱子撰　通行本
大學或問　宋　朱子撰　前金陵書局刻本、又《四書大全》本
大學翼真　清　胡渭撰　小西山房刻本
大學古本説　清　李光地撰　《榕村全書》刻本
大學通義　清　曹元弼撰　復禮堂家刻本
大學大義　清　唐文治撰　茹經堂家刻本

右專篇類凡十九種。夏氏《檀弓辨誣》疑經太甚，然言之有故，持之成理，亦不可廢其説。顧氏《内則章句》明孝慈之根本，立人紀之大防，自貽哲命，爲家庭教育最善之書。黄氏四傳皆抉經之心，而《儒行集傳》富貴不淫，貧賤不移，威武不屈，人生氣節由此不滅矣。朱子《中庸》《大學章句》，爲日月不刊之書。而李氏、曹氏與文治，皆主《古本大學》，非敢違朱子也；尊鄭即所以翼朱，其學理固一以貫之者也。曹氏以《易》理釋《中庸》，爲惠氏定宇家法，益以鉤深致遠；至以《易》理釋《大學》，則前儒從

未道及，實能默契聖心。胡氏《大學翼真》，於各本異同極詳。深衣制度，以江氏考覈爲精。學者悉心探討，或源或委，莫非務本之學也。

漢書藝・文志・禮記類	漢　班固撰	《二十四史》通行本
隋書・經籍志・禮記類	唐　魏徵等撰	《二十四史》通行本
經典釋文・禮記類	唐　陸德明撰	前湖北書局刻本
日知録・禮記類	清　顧炎武撰	前湖北書局刻本
經義考・禮記類	清　朱彝尊編	前浙江書局刻本
方望溪集論・禮記類	清　方苞撰	桐城戴氏刻本、又通行本
九經説・禮記類	清　姚鼐撰	《惜抱軒全書》本
經義述聞・禮記類	清　王引之撰	《皇清經解》刻本、又通行本
東塾讀書記・禮記類	清　陳澧撰	廣州刻本
禮經通論	清　邵懿辰撰	山陽丁氏刻本
羣經平議・禮記類	清　俞樾撰	《俞氏叢書》刻本
《子思子輯解・坊記》等四篇	清　黄以周輯	江陰南菁書院刻本

經學文鈔·禮記類　　清　梁鼎芬、曹元弼編　前江蘇存古學堂排印本

右參考書凡十三種，溯源瀹流，以前列三種及《經義考》爲主。顧氏《日知録》論喪服，通貫古今，獨見其大。唐李漢《序韓文》云：「《書》《禮》剗其僞。」宋朱子疑《書》而不甚疑《禮》，至方望溪始大疑《禮記》，然確有見地，非後世誣慢者可比。陳氏《東塾讀書記》禮記類特精，論鄭注亦極允當。邵氏《禮經通論》考據精詳，神思獨運。丁氏掇拾於煨燼之餘，厥功匪淺。先師黄氏《子思子輯解》釐别章句，精細縝密。梁、曹二氏《經學文鈔》採輯宏博，門徑悉備。以上所列，惟求實事，不尚舖張，極知疏陋，世有達者，尚冀理而董之。

卷一

《曲禮篇》大義

【釋】唐先生概括「精義」六項「天則」之遞進：居敬、氣節、爲學、修身、治人、事親。「微義」著於人生配天道，元亨利貞存乎天人之際，其本在元初之愛敬心。則《曲禮》本敬爲原而無間，修齊治平皆由此而實現。篇末附録唐先生一九三八年左右獨立單行之《茹經堂新著·〈禮記〉講義》中《曲禮篇經文節録》之講疏，蓋經文詮釋之爲綱領所在，然後大義有所歸也。

《曲禮》列《小戴》四十九篇之首，解之者曰：「謂其委曲繁重也。」或曰：「曲爲之防也。」約而言之，皆人生之天則也。《詩·烝民》篇曰：「天生烝民，有物有則。」《左氏傳》劉子曰：「民受天地之中以生，所謂命也。是以有動作、禮、義威儀之則，以定命也。」《中庸》篇「禮義三百，威儀三千」，《禮器》篇「經禮三百，曲禮三千」，曲禮即威儀也。禮義者，禮之經，列而爲綱；曲禮者，禮之緯，散而爲目。然小戴輯記時，已經秦火之後，三千之目，亡者多矣。故冠之以「曲禮曰」，見舊禮文之如此也。

惟經禮、曲禮，其界限亦有難以强分者。《士禮》，先儒指爲經禮，然每篇「記」文與《喪服傳》委曲詳盡，得不謂之「曲禮」乎？《周官》經禮也，體國經野，宏綱具舉，然下至酒漿、廛市、夭鳥、蠱虫，察及纖悉，得不謂之「曲禮」乎？若夫《曲禮》篇包括吉、凶、賓、軍、嘉諸禮，簡策重大，其篇首二節爲修齊治平之本原，而下文又曰：「道德仁義，非禮不成；教訓正俗，非禮不備。」得不謂之「經禮」乎？是則經禮、曲禮，固一以貫之，而爲人生須臾不可離者也。

吾嘗籀繹《曲禮》篇，知古聖賢敬畏天命，然後能恪遵天則。舉其精義，約有數端：

《孝經》曰：「禮者，敬而已矣。」《左氏傳》：「盡〔一〕禮莫如致敬。」蓋敬者執事之要樞，而「求放心」之大本也。故無論爲童蒙禮，爲事親禮，爲事長禮，爲交友禮，爲鄉黨禮，爲朝廷禮，無一不主于敬。敬則德性聚而處事精，故《曲禮》以「無不敬」冠全篇之

〔一〕「盡」，《左氏傳》原文作「勤」。

首，即以括四十九篇之旨[一]，此居敬之天則也。

《論語》孔子曰：「見利思義，見危授命。」[二]子張曰：「士見得思義，見危致命。」[三]士人講學植品，首義利關，次生死關。未有不破義利關而能破生死關者也，亦未有不破義利、生死二關而能成聖賢豪傑者也。《曲禮》「臨財」「臨難」，戒以「苟得」「苟免」，廉耻明而後禮義立，此氣節之天則也。

聖門立教，默而識之，多聞多見，擇善而從，而尤要者在學行合一。爲學而不能措之于實行，入乎耳，出乎口，空言而已。故《易·大畜》之《象傳》曰：「君子多識前言往行，以蓄其德。」蓋太上積德，積學次之。《曲禮》曰：「博聞强識而上，敦善行而不怠。」古之君子，力學即所以敦品，是爲學之天則也。

《中庸》曰：「思修身，不可以不事親。」又曰：「知所以修身，則知所以治人。」是修身、事親、治人三者始終合一者也。《曲禮》之「愛而知惡，憎而知美」，「不竭人忠，不盡人歡」，「必則古昔，稱先王」，尚已；推及于「男女有別」、「不同席」，是修倫紀之

[一] 此「一原無間」之大義。
[二] 《論語·憲問》文。
[三] 《論語·子張》文。

道。侍坐于先生，請業請益，壹是有禮，是修事長上之道。毋側聽，毋噭應，毋淫視，毋怠荒，動容貌，正顔色，出辭氣，悉中乎禮，是修動作威儀之道。更及于衣毋撥，足毋蹶，毋還羹，毋絮羹，雖一衣服飲食之細，罔不衷于法度，是修身之天則也。

「敖不可長」四者，鄭君注云：「桀、紂所以自禍。」〔一〕治天下者有桀、紂，治一國一家者，何嘗無桀、紂？誦桀之言，行桀之行，是桀而已。蓋縱欲者，一家一國之所以亡也；崇禮者，一家一國之所以治也。《曲禮》言「安定辭」、「安民哉」、「分爭辨訟，非禮不決」、「君臣上下，非禮不定」、「班朝治軍，涖官行法，非禮威嚴不行」，是治人之天則也。

凡學校之訓子弟，君長之教人民，要在訓練其心思，俾臻於精細縝密。然而揆厥所始，必本於家庭。《孝經》曰：「昔者明王事父孝，故事天明；事母孝，故事地察。天地明察，神明彰矣。」夫事父孝何以能事天明？事母孝何以能事地察？蓋言其思慮周密，於天地間萬事萬物，處置周詳，然後能先知先覺，開物而成務，故曰「神明彰」也。《曲禮》凡爲人子之禮，冬温夏凊，昏定晨省，視於無形，聽於無聲，不服闇，不登

〔一〕鄭説載孔穎達《禮記正義·曲禮》「敖不可長」至「樂不可極」一節下。

危，戒懼慎獨者至矣。故其事親也如事天，事天也如事親，宥密之至也。此事親之天則也。

然更有至微之義焉。人之生也，配乎天道。天道以百年爲元、亨、利、貞，人生亦以百年爲元、亨、利、貞。「十年曰幼學」一節，以二十五年爲元，二十五年爲亨，推至利、貞，亦各二十五年，皆有天命運行乎其中。元者，善之長也，故幼子常示毋誑，立必正方，不傾聽，皆所以端蒙養之初基，而爲養正之首務。反是則幼而不孫弟，長而無述焉；四十五十而無聞，見惡以終；或弱冠而登仕籍，驕其志，暴其氣；操刀試割，害己以害人；悖天常而壞人紀，以舊禮爲無所用而去之，必有亂患。

嗚呼！自漢唐以來，人治之不古若者，皆由不遵《曲禮》而違背乎天則也。《中庸》言致曲之功曰「曲能有誠」，推而至於形、著、明、動、變、化。先儒謂洒掃應對，可以上達天德。蓋洒掃應對，致曲也；上達天德，大而化之也，而其功實基於誠，誠則自然能敬。不誠不敬，天則乃乖。禮義既亡，人心亦死。《曲禮》曰：「今人而無禮，雖能言，不亦禽獸之心乎？」孟子生當戰國之世，所以常以人與禽獸相較者，其痛心疾首於斯乎！吾爲此懼，故曰：讀《曲禮》要在救人心。

附録：《曲禮》篇經文節録

【釋】此篇據《茹經堂新著·〈禮記〉講義》中《〈曲禮〉篇經文節録》補入，蓋經文傳注也。

曲禮曰：「毋不敬，儼若思，安定辭，安民哉！」

鄭注：「禮主於敬。」

愚按：《孝經》云：「禮者敬而已矣。」《左氏傳》云：「勤禮莫如致敬。」敬者千聖百王之「心法」〔一〕，故《小戴》以此語冠四十九篇之首。「儼若」二字連讀。君子思慮之時，儼然人望而畏之也。「安定」二字，在省察出辭氣之時，《中庸》云「言前定則不跲」是也。修己之功，造於如此，則能安百姓矣。實則皆一敬之所貫徹。

敖不可長，欲不可從，志不可滿，樂不可極。

鄭注：「四者桀、紂所以自禍。」

愚按：長敖必至遂非，從欲必至敗度。志滿樂極，放失其本心。《孝經》云「居上而驕則亡」是

〔一〕聖王心法在持敬，本朱子居敬功夫之重旨，乃唐先生禮教思想之核心觀念。陳澧《東塾讀書記》卷九《禮記》云：「毋不敬四句冠四十九篇之首，此微言大義，非但制度而已。」唐先生於下文引同篇，是所悉也。

也。治國有桀、紂，治家亦有桀、紂〔一〕。橫恣罔利，轉瞬滅亡，可痛哉！

賢者狎而敬之，畏而愛之。愛而知其惡，憎而知其善。積而能散，安安而能遷。

狎，習也，近也，與《論語》「狎大人」之狎，諂媚者不同。故交友以敬爲主。晏平仲善交久敬，可爲法式。心服曰畏。曾子曰：「吾先子之所畏。」《大學》曰：「好而知其惡，惡而知其美。」能如是，則用人壹出於大公矣。「積而能散」，散財給民也。否則多藏厚亡矣。「安安」句，蓋不懷居〔二〕之意。

臨財毋苟得，臨難毋苟免。

此二語實相連屬，蓋苟免者，必苟得者也。彼有宮室之美，妻妾之奉，擁貲累千萬，臨難時依戀徬徨，豈能不苟免？宋岳武穆言：「文官不愛錢，武官不惜死。」愚謂文官愛錢，宜處以重典；武官愛錢而惜死，貽害國家，當與民衆共棄之。

很毋求勝，分毋求多。

很謂爭訟，分謂分財。爭訟宜退讓，分財宜守廉。

疑事毋質，直而勿有。

疑事，事之是非善惡尚未明也。己未明瞭，而質證以矜我之智，或至於成人之惡，不成人之美，

〔一〕明克己功夫，由衷體現，非止施於特定場合。
〔二〕《論語·憲問》載孔子曰：「士而懷居，不足爲士矣。」

則失言而作孽矣。

直，正也。若先儒及師友之説，皆當據直告人，不可竊人之善以爲己有。若拾人牙慧，勦説雷同，可恥甚矣。二事雖細，實爲心術品行之害。

若夫坐如尸，立如齊。

朱子引劉原父云：「《大戴禮·曾子事父母》篇云：『孝子惟巧變，故父母安之。若夫坐如尸，立如齊……此成人之善者，未得爲人子之道也。』記者取此六字，而『若夫』二字失於删去。注以丈夫解之，誤。」〔一〕

禮從宜，使從俗。

此指布政而言。《王制》云：「廣谷大川異制，民生其間者異俗。」「修其教不易其俗，齊其政不易其宜。」蓋如是則號令無紛更之患，民簡而易從。使者，出使他國也。俗，謂彼國之風俗。本經云：「入境而問禁，入國而問俗。」

修身踐言，謂之善行。行修言道，禮之質也。

陳氏蘭甫曰：「讀此四句，可見講禮學者，必慎言行。若行不修，言不道，則無質矣。」〔二〕

〔一〕載《欽定禮記義疏》卷一。
〔二〕陳澧《東塾讀書記》卷九《禮記》。

愚按：《論語》「其言之不怍，則爲之也難」。大言炎炎，毫無實際，可恥甚矣！竊嘗謂今日治國者，當求實行之士，不在空言之人。

道德仁義，非禮不成。

陳氏蘭甫曰：「此又可見講道學者，必講禮學。不然，則不成矣。此尤有關於千古學術也。」〔一〕

愚按：漢宋學紛爭久矣，實則一以貫之。漢鄭君注《三禮》，爲日月不刊之作。宋朱子有《乞修三禮劄子》，又著《家禮》，又輯《儀禮經傳通解》。《禮記》云：「禮也者，理之不可易者也。」後人分門户之見，陋矣。〔二〕

教訓正俗，非禮不備。分爭辨訟，非禮不決。君臣上下，父子兄弟，非禮不定。宦學事師，非禮不親。班朝治軍，涖官行法，非禮威嚴不行。禱祠祭祀，供給鬼神，非禮不誠不莊。是故君子恭敬撙節，退讓以明禮。

鄭注：「撙，猶趨也。」

孔疏：「在貌爲恭，在心爲敬。應進而遷曰退，應受而退曰讓。」

愚按：本經《學記》云：「君子如欲化民成俗，其必由學乎？」學者，學禮也。近世人心風俗，如

〔一〕陳澧《東塾讀書記》卷九《禮記》。

〔二〕此以漢宋代表人物之鄭玄與朱子皆重視禮學，而知本質不異也。足成陳澧之意。

江河之日下，非禮無以正之，故儒者必先學禮。

鸚鵡能言，不離飛鳥；猩猩能言，不離禽獸。今人而無禮，雖能言，不亦禽獸之心乎……是故聖人作，爲禮以教人，使人以有禮，知自別於禽獸。

古人嘗以禽獸二字連文，猩猩系獸，此「不離禽獸」，亦連文互義也。《孟子》曰：「人之所以異於禽獸者，幾希，庶民去之，君子存之。」又曰：「旦晝所爲，梏亡平旦之氣，則其違禽獸不遠。」〔一〕蓋人與禽獸同生而異類，人而無禮，雖其貌儼然人也，而其心則禽獸之心也。聖人作，爲禮以教人；守「禮教」者，人也；破壞「禮教」者，非人也，禽獸也。人欲自別於禽獸，可不凜凜〔二〕乎？

太上貴德，其次務施報。禮尚往來。往而不來，非禮也；來而不往，亦非禮也。人有禮則安，無禮則危。故曰：禮者不可不學也。

太上者，先人而後已，施而不望報。《左氏傳》曰：「報者倦矣，施者未饜。」計較報施往來者，非樂善之君子也。

禮以倫常爲最重，蔑棄禮教，而破家亡國相隨屬者，史書所載比比也。即以余所見，蔑人倫而其家蕩然無存者，亦夥矣！是故凡在人類必先學禮。

〔一〕取《孟子·告子上》文大意，非原文。
〔二〕凜凜，嚴肅對待之意。

夫禮者，自卑而尊人，雖負販者必有尊也，而况富貴乎？富貴而知好禮則不驕不淫，貧賤而知好禮則志不懾。

《易·謙》卦傳曰：「謙謙君子，卑以自牧也。」牧者，養也，行禮即所以養道德也。「負販必有尊」有二解，一則負販亦知推讓，亦尊人也；一則負販亦知敬其尊長。二説皆可通。《中庸》云：「素富貴，行乎富貴；素貧賤，行乎貧賤。」此乃處境之適然。若驕與淫或志懾，則淺鄙之甚矣！

人生十年曰幼，學；二十曰弱，冠；三十曰壯，有室；四十曰强，而仕；五十曰艾，服官政；六十曰耆，指使；七十曰老，而傳；八十、九十曰耄，七年曰悼。悼與耄雖有罪，不加刑焉。百年曰期頤。

余遊美國時，西人嘗語余歐美學説：「人生百年，皆有當爲之事。」余告以中國亦有之，即舉此經爲證。《易·乾》卦彖辭曰：「乾，元亨利貞。」大抵人生有一日一歲之元亨利貞，即有一世之元亨利貞。以百年計之，二十五歲爲元，學善之時也；至五十歲爲亨，通達而盡力行善之時也；七十五歲爲利，積善收效之時也。七十而傳者，傳善因善果於子孫，俾善理善氣不絶於家國也；若老而戀棧，則失人格矣。百歲爲貞，貞下起元，見人生無可以怠荒之時也。故《乾》三爻曰：「君子終日乾乾，夕惕若。」此即一日之元亨利貞也，積之則終身若斯矣，故曰：「積善之家，必有餘慶。」又曰：「善不積不足以成名。」《孟子》發明之曰：「雞鳴而起，孳孳爲善，舜之徒。」又曰：「仁義忠信，樂善不倦，此天爵也。」實則皆本心之良知也。

《論語》「君子有三戒：少之時，血氣未定，戒之在色；及其壯也，血氣方剛，戒之在鬥；及其老也，血氣既衰，戒之在得。」此即一世之元亨利貞也。而三戒人當終身守之，亦不必限定歲時。《周易》卦序，《頤》卦居《大畜》之次〔一〕。大畜者，爲善而畜德也，故《彖傳》曰：「日新其德。」《大象傳》曰：「君子多識前言往行，以畜其德。」惟能樂善積德，故能享期頤之福。若庸惡而作孽，貪於飲食貨利，則爲世界之蠹而已，烏足享期頤之福哉？《易·頤》卦初爻曰：「觀我朵頤凶。」

凡爲人子之禮，冬温而夏清，昏定而晨省，在醜夷不爭。

吕氏大臨曰：「孝子以親之心爲心，以親之體爲體〔二〕……冬温則當體其温之之理，如古人置密室之類是也；夏清則當體其清之之理，如古人扇枕之類是也。」〔三〕

愚按：父母之於人子，冬則思處之於温，夏則思處之於涼，體貼無微不至。茲幸而親在，亦不過稍稍報答而已，安敢不竭其力乎？而不孝之人漠然處之，則非人也。《孝經》曰：「在醜而爭則兵。」〔四〕若動輒與人忿爭，長其囂陵桀傲之氣，則非特爲家庭之害，抑且凶於其國，犯上作亂，靡所底止，實爲人子之大戒。

夫爲人子者，出必告，反必面，所遊必有常，所習必有業，恒言不稱老。

〔一〕《大畜》（下乾上艮）爲二十六卦，《頤》（下震上艮）爲二十七卦，兩卦義理相連，故唐先生連類而述。
〔二〕原文句首有「故」字。
〔三〕吕祖謙文載衛湜《禮記集說》卷三。
〔四〕《孝經·紀孝行章》文。

出告反面，皆省親之安否也。父母之於子，出入顧復，無時不繫於心，則人子之於父母，日用起居，可不思所以安之乎？「不稱老」，恐傷親心也。

王氏船山曰：「老者，人子之心所愴怛不忍言也。」

爲人子者，居不主奧，坐不中席，行不中道，立不中門，食饗不爲槩，祭祀不爲尸。

「居不主奧」四句，爲其擅專而近倨傲也。食賓曰食，將酒曰饗。槩，量也。不爲槩，言當請命於父母。「不爲尸」者，王氏船山曰：「己爲尸而父助祭則己爲父卑。鄭氏謂尸當卜筮，父者是也。」

聽於無聲，視於無形。

鄭注：「恒若親之將有教使然。」

愚按：注語精極〔一〕。人子之心，當與父母之心融合無間，則人子之視聽，當與父母合而爲一，視無形，聽無聲，能先意而迎導之，則親心愉快矣！余常謂父母之壽與不壽，係乎人子之孝與不孝，何也？蓋能事事順親之心，則親心常愉快而安樂，焉得而不壽？若事事逆親之意，俾親心常憂鬱而不舒，焉得而壽？故事親者，一喜一懼，正慮拂親之意，而促親之年也。

此二語更當與《中庸》「視之而不見，聽之而不聞」二語參讀。曾子曰：「逝而不可追者親也。」曾

〔一〕唐先生《孝經講義（十一）：孝經翼（《禮記》論孝）》補充云：「此亦孝之儀文，而精意存焉。鄭君注『聽無聲』二句云『恒若親之將有教使然』，可謂深得經義。」載《大衆》雜誌第三十二期，一九四五年，頁七三～七四。

幾何時，已不見不聞矣！親在之時而得視無形聽無聲之樂，其幸福爲何如？竊願世之爲人子者，恪守此二語。《孝經》云：「事父孝故事天明，事母孝故事地察。孝弟之至，通於神明。」實基於此。大哉孝道也！

編者謹按：唐先生《孝經講義》補充云：「陸賈《新語》載：『曾子孝於父母，昏定晨省，調寒温，適輕重，勉之於糜粥之間，行之於衽席之上，而德美重於後世。』〔一〕是何也？以其心思之慎密也。凡教國民者，必以腦力精密爲主。而吾國聖賢之教，必肇自家庭。惟於家庭之中，能體父母之心，先意承志，而後心思日益縝密，《孟子》所謂『善推其所爲』〔二〕，『苟能充之，足以保四海』〔三〕，此之謂也。夫人必至徵色發聲而後喻，則知覺鈍而愚且拙矣。苟能訓練國民於人倫道德詳加研究，俾之先知先覺，推諸萬事，自無粗疏忽略之弊。《易傳》『通神明之德，類萬物之情』。觀乾坤生六子之象，莫非孝道也。」〔四〕

不登高，不臨深，不苟訾，不苟笑。孝子不服闇，不登危，懼辱親也。

吕氏大臨曰：「身也者，親之枝也。履不安以危之，是危親也。行不善以辱之，是辱親也。登高

〔一〕陸賈《新語·慎微》文。
〔二〕《孟子·梁惠王上》文。
〔三〕《孟子·公孫丑上》文。
〔四〕前揭《孝經講義（十一）：孝經翼（《禮記》論孝）》文。

臨深，危道也。苟訾近於讒，苟笑近於諂，是辱道也。」「服闇者，欺人所不見。登危者，行險以僥倖〔一〕。」〔二〕

《義疏》云：「不登危，比『不登高臨深』進一層。高深有形之危也，行險僥倖，無形之高深也。行未光明，皆屬暗昧；居非坦易，即屬險危，故記者特舉孝子以爲法。」

編者謹按：唐先生《孝經講義》補充云：「『不登高，不臨深』，《祭義》篇所謂『壹舉足而不敢忘父母』，『道而不徑，舟而不游，不敢以父母之遺體行殆』是也。『苟訾』者，輕詆毀人，《詩·召旻篇》所謂『皋皋訿訿，曾不知其玷』也。『苟笑』者，輕挑子弟之態，人所厭賤。或疑『不登危』句與『不登高』句意復，不知『不服闇』者言不爲暗昧之行，『不登危』者言不履危險之場。凡人干求富貴，往往蹈此二弊，一旦失足，辱及其親，不孝莫大焉。」〔三〕

幼子常視毋誑。童子不衣裘裳。立必正方，不傾聽。

視與示同。毋誑，示以誠信也。鄭、孔以常視、毋誑對言，恐非。戴氏溪謂：「『常示毋誑』，所以

〔一〕《禮記·中庸》云：「君子居易以俟命，小人行險以徼幸。」

〔二〕兩節吕大臨語載衛湜《禮記集説》卷三《曲禮》當句下。

〔三〕前揭《孝經講義（十一）：孝經翼（《禮記》論孝）》文。

養其心[一]。『不衣裘裳』，所以養其體[二]。蓋不開其詐僞之端，以育其正性；不傷其陰陽之和，以長其壽命，此古之成人所以有德也……『立必正方，不傾聽』，則敬以直内，無傾邪之患矣。」[三]

按：此説極精。近人教幼子，多出以戲謔，是導以僞也。衣服多御裘帛，是脆其筋骨而導以奢侈也。二者爲教子之大戒。

坐必安，執爾顏。長者不及，毋儳言。

安，不摇動身體也。執，守也。以心神存守其顔，而後顔從心以正也。儳，攙越也。《論語》：「言未及之而言謂之躁，未見顔色而言謂之瞽。」[四]

正爾容，聽必恭，毋勦説，毋雷同，必則古昔，稱先王。

容貌指一身而言。「聽必恭」，不傾聽也。勦説雷同，拾人之牙慧以爲已有，隨流俗之是非以爲是非，此君子所深耻，而引爲大戒者也。則古稱先，非迂也，揚子云：「羣言淆亂，折衷諸聖。」蓋古昔先王之經典，乃道德品行之根源也。經正則庶民興，故欲善國性，必先讀經。

[一] 原文句末有「也」字。

[二] 原文句末有「也」字。

[三] 戴溪語載衛湜《禮記集説》卷四《曲禮》當句下。戴溪（一一四四～一二一五），字肖望、少望，永嘉人；宋淳熙五年（一一七八）進士；官徽猷閣大學士，實録院同修、工部尚書，謚文端，封齊國公。

[四] 《論語・季氏》載孔子曰：「侍於君子有三愆：言未及之而言謂之躁，言及之而不言謂之隱，未見顔色而言謂之瞽。」

侍坐於先生，先生問焉，終則對：，請業則起，請益則起。

呂氏大臨曰：「業，謂所學於先生者，如《詩》《書》《禮》《樂》之類是也。益，謂所問未明，或欲卒學，或欲少進也。有所請必起，敬業也。敬業所以敬師，敬師所以敬道也。」〔二〕

父召無諾，先生召無諾，唯而起。

敬尊者之命也。先生同於父，敬師之至也。尊長有命，當急赴之，諾則有遲緩之意矣。

貧者不以貨財爲禮，老者不以筋力爲禮。

不重貨財，崇儉也。不尚筋力，養生也。蓋責貧以財，則禮廢於貧；責老以力，則禮廢於老矣。

父母有疾，冠者不櫛，行不翔，言不惰，琴瑟不御，食肉不至變味，飲酒不至變貌，笑不至矧，怒不至詈。疾止復故。

此皆發於中心之至誠，非矯飾而爲之也。疾者未至於病，病則當致其憂，更進一層矣！或謂言惰怒詈，即平時亦不當然。要知惰者遲緩之意，如《大學》「之其所敖惰」是也。詈者，責備之意，非謾罵也。《楚辭》云：「申申其詈余。」

博聞强識而讓，敦善行而不怠，謂之君子。

〔二〕 呂大臨語載衛湜《禮記集説》卷四《曲禮》當句下。

陳氏祥道曰：「『博聞强識』，知也；知常患於不讓[一]。『敦善行』，行也；行常患於怠。知矣而能遜，行矣而不怠，然後謂之君子。」[二]

愚按：此即「知行合一」之學也。《周易・大畜卦・大象傳》曰：「君子以多識前言往行。」即「博聞强識」也。《彖傳》曰：「剛健篤實輝光，日新其德。」即「敦善行」也。古時教育，惟勉人爲君子，參讀《論語》可見。「君子教育」始於文王，而擴大於孔子。後人讀經而措諸躬行，亦惟勉爲君子而已。近人鮮有以君子自勗以勉人者，或且笑以爲迂，可哀也。

又按：善行有二，一教人，一善舉。「誨人不倦」，孔子亦以爲難；「行斯聞之」，過勇亦難爲繼。

四郊多壘，此卿大夫之辱也。地廣大荒而不治，此亦士之辱也。

鄭注：「壘，軍壁也。數見侵伐則多壘。」

王氏船山曰：「士，邑宰。言亦者，卿大夫亦有辱，而士爲專責也。」

愚按：人生當世，貴在不失其責任。爲卿大夫而四郊多壘，爲士而地荒不治，試問伊誰之責？近世干戈滿地，野有餓莩，而鴻嗷中澤，卒亦同歸於盡。慘矣！痛矣！儻卿大夫士，能自知耻辱，而大發良心，思各盡其責任，而有以賙卹之，於國家庶有補救矣。

〔一〕「讓」字，陳氏作「遜」，唐先生改從經文。

〔二〕陳祥道語載衛湜《禮記集説》卷七《曲禮》當句下。

《檀弓篇》大義上

《小戴禮記》四十九篇，言喪祭者十之五，而喪禮居其三，祭禮居其二，制度居其三，通論居其二。其注意於「慎終追遠」者，可謂至矣盡矣！而《檀弓》言喪禮者居十之五，泛言制度者居十之一，其文章義法之精審者居十之四。顧亭林先生謂《檀弓》以喪禮爲重〔一〕，而王船山先生則謂：「夏、殷二恪〔二〕，猶修先世之事守……孔子折衷，歸於畫一，故其言曰：『吾從周。』又曰：『丘，殷人也。』〔三〕則其所傳習〔四〕，固有雜殷、周之制者焉……七十子之徒，尊聞行知〔五〕，各有所尚。而春秋以後，士大夫之行

〔一〕顧氏《日知録·檀弓》言漢以來儒士講《喪服經》以及辨喪服禮之事。
〔二〕「夏、殷二恪」：王氏《禮記章句·檀弓上》原文作「夏、殷之禮，因時創制。周公監於二代，建一王之典，而三恪之後」。
〔三〕自「孔子折衷」至「丘殷人也」，王氏《禮記章句》原文「折衷」後有「裁定」二字，「故其言曰」之「故」作「顧」，「丘」作「某」。
〔四〕「則其所傳習」，王氏《禮記章句》原文「其」作「孔子」，「傳習」作「講習」，句末尚有「而行用者」四字。
〔五〕「七十子之徒，尊聞行知」，王氏《禮記章句》原文「七十子之徒」後尚有「親聞習見，各得聖人一體」二句；「尊聞行知」句首則有「是以」二字。

禮者，或移於俗尚，或踰於軌則〔一〕……或矯枉過正〔二〕……有不得而齊者矣！」顧吾謂是篇所載有三大要義：喪禮變遷，沈摯之語，足以感發凡民；精義之學，足以範圍後世，一也。孔子作《春秋》，子夏等十四人，得百二十國之寶書，所聞異辭，往往散見於此，而晉國之文章爲尤勝，二也。本篇或謂子游弟子所記，或謂有子、曾子弟子所記，要皆聖門之支與流裔，而稱譽子游處尤多，顧其間有文詞較爲淺陋，恐爲後人所附益，三也。

爰分三類，曰喪禮，曰文法，曰辨疑。摘其要著於篇，以供學者之研究焉。

一、喪禮〔三〕

孔子曰：拜而後稽顙 至 **吾從其至者。**

按：「稽顙」，以首觸地，無容也；「拜」則爲容矣。後文云：「稽顙而不拜，則未

〔一〕「而春秋以後」之「後」，王氏《禮記章句》原文作「降」。「士大夫之行禮者」句首則有「學」字。「或踰於軌則」，原文句首無「或」字。

〔二〕「或矯枉過正」，王氏《禮記章句》原文句首無「或」字，又「正」原作「直」。

〔三〕一、二、三之序號乃編者添入。

爲後也，故不成拜。」〔二〕是稽顙而拜，當爲主人之禮。迨唐以後制禮，皆稽顙而不拜，近世居憂者通稱稽顙，似較勝于古代矣。

子思曰：喪三日而殯 至 **故忌日不樂。**

按：「必誠必信」，四字精極。竊嘗謂人生萬事，皆可更而易之，惟執親之喪，三日而殯，三月而葬；凡附身附棺者，則不可更而易之，有改葬者，深可痛之事。故重言之曰「勿之有悔」。此悔者終身之大悔，而不可追者也。曾子曰：「人未有自致者也，必也親喪乎？」孟子曰：「惟送死可以當大事。」嗚呼！可不慎哉？又曰「亡則弗之忘」，「有終身之憂」，痛之至也。此祭禮所由起，實聯屬于喪禮也。近世于喪禮、葬禮、祭禮，概從草率，揆諸良知，能無慟乎？

始死 至 **祥而廓然。**

顏丁善居喪 至 **其反而息。**

按：此兩章皆體狀孝子慘怛之誠，故並録之。蓋皆發于天性，非外襲而然。嗚呼！痛之至矣！惟一則云：「始死，充充如有窮。」一則云：「始死，皇皇焉如有求而

〔二〕見《檀弓下》所載穆公語。

弗得。」皆言其情狀。擬補其義云：「始死如刳心，如不欲生。」指孝子之心理，似更沈痛。

「顔丁」章「慨焉」句，有分兩句讀者。不及，言如從親不及之意；反，反哭；息，心與形俱息滅也。有作一句讀者，言如望親之偕反，而欲在途息以待之，所謂「反也如疑」也。兩説可並存。

曾子謂子思曰　至　**杖而後能起。**

按：本篇魯悼公之喪，季昭子問于孟敬子曰：「爲君何食？」敬子曰：「食粥，天下之達禮也。吾三臣者之不能居公室也，四方莫不聞矣，勉而爲瘠則吾能，毋乃使人疑夫不以情居瘠者乎哉？我則食食。」此蓋敬子憤激之辭。春秋時，民德偷薄，人性日漓，君臣喪禮之廢如此，則父母喪禮之廢可知。曾子豈以矯俗耶？蓋哀毁之情，有發於不能自已者矣！子思述先王制禮之意，必孔子之遺言，記禮者連類記之，非矯曾子之太過也。

孔子在衛　至　**我未之能行也。**

按：「往也如慕」，欲從親而不得也；「反也如疑」，疑親之尚在，彷彿相依也，其徬徨哀戚之情至矣！速反而虞者，禮，日中而虞，孝子不忍一刻使其親精魂無所依也。子貢之言，亦是正理，故孔子不斥其非，而惟贊送葬者孝思之不可及。

曾子弔於負夏 至 **予出祖者。**

按：本篇釋禮意，有按而不斷而其義自顯者，有明決其是非者。此章言喪事有進無退，仍是推崇子游之知禮。後世居喪者當知此義，弔喪者亦當知此義也。

喪禮哀戚之至也 至 **不殆於用人乎哉。**

按：此章自「始死」以至「葬祔」，精義悉備，居喪者之軌範也。曰喪禮，其標題也；曰復、曰拜稽顙、曰飯、曰銘、曰重、曰奠、曰辟踊、曰袒、括髮、曰葬、曰歠、曰反哭、曰虞、曰卒哭、曰祔、曰臨、曰朝、曰明器，其綱領也。而其尤沈痛者，曰：「節哀，順變也；君子念始之者也。」始之者，父母也；父母生我鞠我，其愛我爲何如，一念此而不得不節哀矣！痛之甚矣！

復於北面，求諸幽之義也〔一〕，霜露悽愴，于是始矣！至于求諸幽而不能復，則知孝于生者更急急矣！「飯用米貝，弗忍虛也」，曰「弗忍虛」，更有不忍言者矣！生前致養，

〔一〕復於北面，求諸幽之義也：《檀弓》篇原文作：「復，盡愛之道也，有禱祠之心焉；望反諸幽，求諸鬼神之道也；北面，求諸幽之義也。」

皆食道也，至此而以米貝終矣！「辟踊」、「袒、括髮」、「歠」三者，皆與首節相應，于盡哀之中，而時有以節之，蓋時時念夫始之者也。世之不哀其親者，其亦曾念夫始之者乎？「反哭升堂，反諸其所作也；主婦入于室，反諸其所養也。反哭之弔也，哀之至也。反而亡焉，失之矣，於是爲甚。」曰「所作」，曰「所養」，居處笑語，不可得而復親矣！亡也失也，不獨亡失我生之親，并亡失我死之親矣！蓋我親之形體，已入土而不可復見矣！故曰「于是爲甚」。至於「葬日虞」，則曰：「弗忍一日離也。」蓋雖以奠易虞，變而漸吉，而孝子之心，固未嘗一日離其親也。

其「喪之朝也，順死者之孝心也，其哀，離其室也」，按《儀禮・既夕禮》「遷于祖」，鄭注云：「蓋象平生時，將出，必辭尊者。」〔一〕所謂「順死者之孝心」也。《既夕禮》「正柩于兩檻〔二〕間」而設奠，蓋以賓客之禮待其親，而爲之祖餞矣，痛徹于心肺矣！故曰「反而亡焉，失之」者，併柩而失之矣！

曰「明器，神明之也」，後世之涉于迷信者，非所以神明其親也。

〔一〕鄭注載《儀禮・既夕禮》「遷于祖，用軸」句下。
〔二〕「檻」，《儀禮・既夕禮》原文作「楹」。

王船山先生謂此章：「皆率於人心之不容已……與《問喪》《三年問》諸篇，互相表裏。」〔一〕吾謂讀禮乃可以復性，考古尤可以驗今也。

曾子曰：「晏子可謂知禮也已」 至 **則示之以禮。**

按：後世行喪禮，鋪張靡麗者多矣，君子耻盈禮者，耻與世俗爲伍也。國奢則示之以儉，士君子有挽回風氣之責；況齊俗誇靡，自當有以矯之，晏子真可謂賢者矣！聖人亦曰：「禮，與其奢也，寧儉。」〔二〕

有子與子游立 至 **亦非禮之訾也。**

按：此章發明人情之不容已，而聖人爲之節文也。「人喜則斯陶」節，極哀樂之情，喜爲賓而哀爲主也。此節有脱文，詳見《禮記義疏》〔三〕。「人死，斯惡之」二句，猶孟子言「上世不葬其親」之意，所謂戎狄之道。絞、衾、蔞翣、脯醢遣奠，乃祭禮葬禮所由始，皆以故興物也。

〔一〕載《禮記章句・檀弓下》「喪禮哀戚之至也」至「不殆於用人乎哉」一章之結語。
〔二〕語出《論語・八佾》孔子語。
〔三〕《欽定禮記義疏・檀弓下》起首一節之「存疑」部分，詳述自孔穎達以來諸儒對鄭本所録此節有所質疑，蓋以爲由「舞斯愠」至整段所述之心情變化，於理不合，故疑鄭本有脱文。

然則伊古以來，由戎狄而進于文明，聖人不知竭幾許心思，幾經改革，始有此適當之制度義法。乃近世竟有惡其親而倍其親者，是由文明而反于戎狄矣！吾不知其何心也！嗚呼！

二、文法

晉獻公將殺其世子申生 至 **是以爲「恭世子」也。**

按：孟子以《晉乘》《楚檮杌》與《魯春秋》並舉，蓋春秋時晉國之文，盛矣美矣！凡文章之極沈痛者，最妙在半吞半吐，中間咽住。如《尚書・微子》篇「殷遂喪，越至于今」是也。此章「伯氏不出而圖吾君，伯氏苟出而圖吾君，申生受賜而死」三句，皆半句咽住，如聞其飲泣之聲。故張子《西銘》曰：「無所逃而待烹，申生其恭也。」文字至此，則百世下莫不哀之矣！

喪事欲其縱縱爾 至 **蓋猶猶爾。**

按：此爲修辭用字法，猶《論語》「申申如」、「夭夭如」、「誾誾如」、「侃侃如」之例，惟易如字爲爾字耳，疊用則句法更有趣味。

有子問於曾子曰 至 **以斯知不欲速貧也。**

按：此爲兩扇重疊法，惟中間加一問一答，則後兩節直可作前兩節之注解，可見文章有變化即不板滯。

晉獻公之喪 至 **則遠利也。**

按：此與「殺太子申生」章相類，文情鬱伊動人。穆公評論重耳之語，所見正大，故《申生章》歸結在一「恭」字，此章要旨在一「仁」字。

吴侵陳 至 **有無名乎。**

按：夫差横暴無道，而又好名，故有謂太宰嚭之辭。而太宰嚭對行人儀之言，極爲捷給；行人儀對太宰嚭之言，又極巧媚滑稽。此爲描寫人情，盡態極妍之文。

按：嚭乃吴夫差之宰，記禮者簡策參互，故更錯其名，當云「陳行人儀使于師。夫差謂太宰嚭曰」，下文應一併更正。

知悼子卒 至 **謂之杜舉。**

按：本章結處，謂「至于今，既畢獻」云云，明是晉國之文，史官記此，表章杜蕢之善諫、平公之能虚心納諫也。孫月峯評云：「鍊極無痕，乃入自然。」〔二〕

〔二〕載《孫月峰先生批評禮記・檀弓下》「知悼子卒」一節之眉批。孫鑛（一五四三～一六一三），字文融，號月峰，浙江餘姚人，著作中經史類有《評詩經》《評書經》《評禮記》《評公羊傳》《評春秋左傳》《評史記》《評漢書》等。

子路去魯 至 **過祀則下。**

按：此乃後世贈序之權輿也。子路、顔淵相與贈別，疑必有極大經綸、極大學問。乃顔淵曰「哭于墓而後行」，「展墓而入」，無非孝親之思也。子路曰：「過墓則式，過祀則下。」無非愛敬之心也。君子務本，本立而道生。古之大賢，其務本也若是。一舉足而不敢忘父母，一出言而不敢忘父母，其在斯與？後世有忘其先人者，宜三復此章而感發其良知也。然則贈序之紛華靡麗，無裨於本原者，亦可以已矣。

孔子過泰山側 至 **苛政猛於虎也。**

按：《論語》曰：「節用而愛人。」〔一〕又曰：「君子學道則愛人。」〔二〕治民之道，愛人而已。若愛情澌滅，則人道將淪於虎狼，人類幾何而不絶滅乎？乃自春秋以來，愛民之道無聞，而民生之憔悴於虐政者，奚啻獸相食，且至人相食矣！「苛政猛於虎」一語，後代文學家皆推衍其説，而人猶莫之省也。嗚呼！吾特大聲疾呼，正告之曰：「愛民！」

〔一〕見《論語・學而》。
〔二〕見《論語・陽貨》。

齊大饑 至 **其謝也可食。**

按：此章文法，形容盡致。要知戴氏記此，悲餓者激烈而輕生，亦責黔敖輕心以將事也。孟子曰：「羞惡之心，人皆有之。」又曰：「嘑爾而與之，行道之人弗受；蹴爾而與之，乞人不屑也。」曰「弗受」，曰「不屑」，皆羞惡之心所發也。然則施濟者可不設身處地，而强恕以行之乎？昔吾鄉先賢陸桴亭先生當凶年時，有《勸施米湯約》，謂餓者至於三日，祇宜飲以米湯，不宜令之食食，恐其腸之細而斷也；至於老幼、疾病者，宜擔粥送其家。其體貼人情也如此。然則施振者苟輕心以出之，雖有志於濟人，或轉致於殺人矣！可不以黔敖爲鑑乎？

趙文子與叔譽觀乎九原 至 **死不屬其子焉。**

按：此亦晉文之極佳者。因弔古而論古，文境高遠。「晉人謂文子知人」句結上生下，其後遂綴文子之行事，以見其爲人，《史記》多用此法。謝疊山〔一〕先生謂：「楚

〔一〕謝枋得（一二二六～一二八九），字君直，號疊山，遠祖居會稽，著有《詩傳注疏》《書傳注疏》《易傳注疏》《注解四書》《禮經講意》《注解章泉澗泉二先生選唐詩》《唐詩解》《文章軌範》等。

文〔一〕深雄奔放，有霸國之氣；晉文曲中肆隱，有先王之風〔二〕。」信然！

王船山先生云：「文子柔巽深隱，收人心而不亟用之，以弭怨忌而要恩譽，卒以其宗彊於晉國。子鞅承之，遂以傾荀、范而擅晉政，其所由來者漸矣！」〔三〕如王氏説，文子蓋以退爲進，深于老氏之學者。晉史家記此，實微訾也。

三、辨僞

孔子少孤 至 **然後得合葬於防**

按：此章鄭注恐有未合。《禮記義疏》云：「案《孔叢子》，此説生於魏臣李由之對魏王，當時孔子順已斥其造謗誣聖，不足據〔四〕。」王船山先生云：「合葬，謂合於先人之墓〔五〕，葬必從祖禰，示不忘本。夫子不知先墓，姑慎于殯，以待訪得而後葬耳！」然此説亦有可疑，設使訪而不得，將終于殯乎？愚謂此章宜依據《義疏》以正之。

〔一〕「楚文」，謝氏原文作「楚之文」，載其批點《檀弓》「趙文子與叔譽觀乎九原」一節之眉批。

〔二〕「有先王之風」，謝氏原文句首有「乃」字，句末有「矣」字。載謝枋得眉批。

〔三〕載王氏《禮記章句·檀弓下》「趙文子與叔譽觀乎九原」至「死不屬其子焉」一段之結語。

〔四〕「不足據」，《欽定禮記義疏·檀弓上》「孔子少孤」原文句末有「也」字。

〔五〕王氏《禮記章句·檀弓上》「孔子少孤」原文句末有「也」字。

子夏喪其子而喪其明 至 **亦已久矣。**

按：此章亦太失實。據《禮記義疏》謂：「王充《論衡》已辨子夏無失明事，而鍾伯敬〔一〕亦謂辭氣絶不似子輿。」即子夏投杖而拜之言，亦屬無聊之至，蓋後人造作之辭也。

曾子襲裘而弔 至 **夫夫是也。**

按：此雖尋常習禮之士，尚不至于大庭廣衆之中顯訐執友，況大賢乎！且稱之曰「夫夫」，抑何敖慢乃爾？聖門道義之交，豈若是乎？其爲誣也無疑。

《檀弓篇》大義下

辨古書之真僞，不綦難哉！一書真贋雜糅，辨之已覺其繁；至每篇真贋歧出，則分析尤費苦心矣！《禮記》中《檀弓》與《文王世子》二篇，其顯著者也。余作《檀弓篇》

〔一〕「鍾伯敬」，《欽定禮記義疏·檀弓上》「子夏喪其子而喪其明」原文作「鍾惺」。

大義既成，復讀杭堇甫〔一〕所著《質疑》中《孔氏三世出妻辨》，與夏弢甫〔二〕所著《景紫堂全書》中《檀弓辨誣》一書，迺歎往哲讀書之用心，有非後人所能及者。夫治經貴乎信經，而不當疑經；然苟不辨其真贋是非，則爲古人所愚，適以開非經侮聖之漸。爰亟録之，並加按語，以其有益於人心世道非淺尠也。

杭氏《質疑》曰：「夫婦人倫之始，刑於齊家之本。春秋之世，瀆〔三〕倫傷化者接踵，而出妻一事，則未之經見。至戰國，則吴起欲以求將，章子爲不得近，於義皆人類中所罕覯之事。孔氏明德之後，禮法之宗，何至刑〔四〕于之化無聞？累代皆有此事……夫婦人至於被出，則必有淫妒、多言、竊盜、惡疾、無子等過；而大聖之閨房，

〔一〕杭世駿（一六九五～一七七三），字大宗，號堇浦，浙江仁和人，著有《諸史然疑》《史記考證》《兩漢書疏證》《三國志補注》《晉書補傳贊》《北史搴稂》等，另有《道古堂文集》《道古堂詩集》《石經考異》《續方言》《經史質疑》《文選課虛》《榕桂堂集》等。

〔二〕夏炘（一七八九～一八七一），字心伯，號弢甫，安徽當塗人，著有《檀弓辨誣》《述朱質疑》《三綱制服尊尊述義》《學禮管釋》《讀詩劄記》《詩章句考》《詩樂存亡譜》《詩經集傳校勘記》《詩古韻表廿二部集説》《學制統述》《六書轉注説》《養痾三編》《漢賈誼政事疏考補》《明翰林學士當塗陶主敬先生年譜》《景紫堂文集》，皆收録於《景紫堂全書》之中。

〔三〕「瀆」，杭氏《經史質疑》「介特問孔氏三世出妻」條原文作「黷」。

〔四〕「刑」，杭氏原文作「形」。

則數者吾皆可決其必無有犯者。而合之先貧賤後富貴之義，孔子十九而娶亓官，二十而生伯魚，斯時尚爲乘田委吏，爲貧而仕，其靡室不勞可知。大聖亦在人情中，何至一事偶迕，即令伯魚絶母子之親也？其不然明矣！子思之母死於衛，子思固嘗居衛矣，後不使子上喪出母，而已復以有財無時爲辭；天性之薄，雖常人猶且不忍，而謂子思爲之乎？叔梁紇生九女，其妾生孟皮，此九女者，果何人所產耶？《家語・本姓解》不明言之，而孔安國忽有出妻之論，異矣！今之《家語》出於王肅僞作，與《漢書・藝文志》所載不同，而顔監能辨之，大概剌取《大》《小戴記》《荀子》《韓詩外傳》之文。孔安國爲《尚書序》，宋儒尚有疑其非真者；其爲《家語後序》，又焉知非後人所擬託乎？故其異同吾未暇辨，而特辨其孔氏斷無出妻之事。檀弓非醇儒也！」

夏氏《檀弓辨誣・自叙》曰：「《檀弓》一書，專爲詆訾孔門而作也。戴次君無識，列諸四十六篇之中，後儒雖有疑其説者，往往震於古書，莫敢攻詰，但以爲記禮者之失而已。余素好《檀弓》之文，誦之極熟，久而覺其誣妄，且誣妄者非一端。如以爲記禮之失，不應所失者盡在孔氏一門，及其門下之高賢弟子也。

聖人之道，造端夫婦，故《易》首乾坤，《詩》首《關雎》，王化之所以肇基也，而《檀弓》則造爲『三世出妻』以誣之。幼而無父謂之孤，瞻言松楸，其永慕也何極！而《檀弓》則造爲『不知父墓』以誣之。《士喪禮》筮宅之詞曰『無有後艱，慎終於葬』，豈宜有悔？而《檀弓》則造爲『防墓崩』以誣之。三年之喪，二十五月而畢，哀痛未盡，思慕未忘，君子若駟之過隙也，而《檀弓》則造爲『既祥彈琴笙歌』以誣之。如《檀弓》之説，則孔子之稱至聖，其能無愧乎？

不獨此也。聖門傳道之賢，莫如曾子；傳經之賢，莫如子夏；一貫與聞之賢，莫如子貢；四方禦侮之賢，莫如子路。其他有子、冉子、子游、曾點諸賢，皆聖門之選也。而《檀弓》無一不用其誣焉，於是聖人一門及其門下之高賢弟子，幾於掊擊無完膚矣！昔春秋之末，異端並起。墨子《非儒》一篇，所以詆毁聖人及其門弟子者，無所不至。荀子《非十二子篇》，於聖門高弟直斥之曰『賤儒』，若《檀弓》者，豈其流亞與？

然墨、荀二氏之非毁孔門，人皆知其爲非爲毁也。《檀弓》則託於記禮之詞、問答之語，渾然不露圭角：未嘗不以孔子爲聖，而所述之事，無一不與聖人相反；未嘗不以諸子爲賢，而所載之蹟，無一不與賢人相戾。陽予之名，而陰毁其實，其所以醜詆痛訾者，幾於無復忌憚。而自漢以來，誦法孔氏，高賢名儒，比肩接踵，爲所欺而莫之省者，蓋二千餘年於兹矣！世晚道微，異端更甚，惑世誣民之説，愈出愈奇。安知後世不更有桀黠者流，援《檀弓》爲口實，以集矢儒門者乎？余不勝杞人之憂，辨而正

之，以詔來學。知我罪我，聽諸公論而已！」〔一〕

文治斷之曰：甚矣二説之有功名教也！孔氏三世出妻之説，襲謬沿譌久矣，即如阮氏精選《經義叢鈔》〔二〕之文，尚不免有擬議迴護之詞；見《學海堂經解》第二千二百八十二卷。則震於古經之失，二子辨之，可謂嚴矣！

夏氏又辨子路之醢曰：「殺人爲之醢，惟紂於九侯有之。窮兇極惡，世所罕聞。迨漢高祖醢彭越以賜諸侯，爲再見之。且子路結纓而死，致命遂志，忠於所事，並非衛人殺之，誣以爲醢，甚矣《檀弓》之不仁也！」

又辨曾子易簀曰：「《檀弓》記此，陽許曾子之改過，陰誣曾子以僭越也。曾子平日戰戰兢兢，如臨深淵，如履薄冰，豈有卧大夫之簀，漫不加察？及童子有言而後起而易之哉？向使童子不告，則曾子之没，乃没於大夫之簀，能無遺憾乎？其詆誣曾子之意蓋如此。」

又辨孔子夢奠兩楹曰：「《檀弓》之意，以爲聖人於死生之際，宜無所動於其中；

〔一〕以上全録夏炘《檀弓辨誣》序言。

〔二〕《經義叢鈔》三十卷，乃阮元任浙江學政時之幕僚嚴傑所編。

乃夢感奠楹，輒自傷將死，殊非知命之學。聖人平日足容重，手容恭，莊敬日强，乃其常度，豈有負手曳杖之理？『逍遥』二字，見於《詩》者爲《清人》之於『河上』、檜君之服『羔裘』，皆不免恣肆自喜。莊子厭棄禮法，因著《逍遥遊篇》，聖人何得有此？泰山梁木哲人，語涉誇張，皆誣妄也。」

又辨子夏喪明曰：「聖門稱名及呼爾汝，惟師於弟子則然，朋友之間，未有不稱字、稱子者。曾子質厚養粹，各書所載言語，温和醇篤，幾與聖人無異，焉有剛暴淺露、絶無含蓄若此之甚者乎？且即以本篇記子夏而論，既除喪而見夫子，予之琴和之而不和，彈之而不成聲，其餘哀尚存於除服，豈至性不篤於居廬？誣以無聞，不又自相矛盾乎？」

竊按：以上數條，可謂精審矣，然鄙意更有可疑者。司寇惠子之喪，廢適立庶，子游爲麻衰牡麻絰以譏之。其兄將軍文子不覺也，子游又趨就諸臣之位以譏之，文子覺之，乃奉適子以拜。夫廢適立庶，失禮之大者，爲之友者，力爭之可也，婉言之亦可也，何乃爲此詭譎離奇之行乎？倘文子始終不悟，子游其若之何？又孔子之喪有自燕來觀者，舍於子夏氏，子夏曰：「聖人之葬人與？人之葬聖人也，子何觀焉？」亦不類聖門謙遜語氣。要而論之，《檀弓》所見，或不免黯淺狹小，故其所譏者殊陋也。

《王制篇》大義

孔子曰：「夏禮吾能言之，杞不足徵也。殷禮吾能言之，宋不足徵也。文獻不足故也。」〔一〕當春秋時，夏、殷二代之禮，已經散失，賴孔子修明之，尚存大略。《王制》一篇，爲漢文時博士所作，遭秦火之後，掇拾於煨燼之餘，尚能蒐輯三代之禮而保存之，俾徵文考獻者，稍稍得其緒餘。嗚呼！其功可謂盛矣！

孔子曰：「天下有道，則禮樂征伐自天子出。」〔二〕《王制》首言爵禄、禮樂、征伐，所以明王者之大權。祭祀鬱鬯之酒，必賜圭瓚，然後爲鬯；未賜圭瓚，則資鬯于天子，其恪恭也如是，其成、康時之制乎！天子出征，受成于學，反釋奠於學，以訊馘告，《詩》所謂「矯矯虎臣，在泮獻馘」〔三〕。學校之注重武備也如此。

〔一〕見《論語·八佾》。
〔二〕見《論語·季氏》。
〔三〕見《詩·魯頌·泮水》。

次則以官列綱。「冢宰制國用」，定預算也。司空居冢宰後，虞夏制也。《尚書·堯典》禹爲司空，兼宅百揆；《洪範》八政叙官，司空居司徒、司寇之先，其制可證。「量地制邑，度地居民」〔一〕，無曠土，無游民」，不肖者遠矣。「樂事勸功，尊君親上，然後興學」，洋洋乎郅治之隆，嗚呼！何其盛也！司徒立學校，「大樂正論造士之秀者，升于司馬」〔二〕，「司馬辨論官材」，疑亦虞夏之制。夔爲樂正，教胄子之法也。「司寇正刑」，「太史典禮」，「司會以歲之成，質于天子」，蓋百官受成于天子，而天子實受成于百官，上下相維，無稍侵越，然後休老勞農，成歲事，制國用，歲功成而庶績咸熙矣。

又次以養老之禮，與上學校相應，敦孝弟也。《孟子》曰：「人倫明于上，小民親于下。」〔三〕又曰：「謹庠序之教，申之以孝弟之義。」〔四〕蓋古者大學之道，孝所以事君，弟所以事長。立教本原，所以興萬民之觀感，故言之纖悉詳盡也。然則《王制》本文，當至庶人耆老不徒食爲止。

〔一〕「量地制邑，度地居民」，《禮記》原文作「量地以制邑，度地以居民」。
〔二〕「大樂正論造士之秀者，升于司馬」，《禮記》原文作「大樂正論造士之秀者以告于王，而升諸司馬」。
〔三〕見《孟子·滕文公上》。
〔四〕見《孟子·梁惠王上》。

後及於田畝丈尺，曰：「古者以周尺八尺爲步，今以周尺六尺四寸爲步。」云今者，漢制也。此明是後儒因首章爵禄分田之制加以注解，而戴氏附之于後。即六禮、七教、八政，亦是「司徒」章注解，戴氏附之於後也。

吾讀此篇而深有感焉。考秦始皇三十四年焚書，七年而秦亡。漢五年定天下，又七年，高帝崩。惠帝四年除挾書律。自焚書至漢定天下，相距僅十二年，即以惠帝除挾書律計之，亦僅二十三年而已〔一〕。其時諸經簡編，脱亂殘缺，學者莫得其本真。如《尚書》《周禮》《孟子》諸書，世儒僅有所聞，而不能得其全部。漢文閔古時經世之典湮没無考，故令博士諸生，就所憶習，輯而成篇，其於虞、夏、商、周宰制天下之大法，畧具于斯。夫以秦政之毒燄，漢文獨能掃除而廓清之，而興復之，其功德豈不偉且大歟？西漢經學彬彬，名儒輩出，蓋有由矣！後世考文獻而崇建設者，其以漢文爲法哉！按：《禮記義疏》載宋葉氏夢得説，於本篇分段法極精，讀者宜參考。

吾讀《王制》而更有感者。司空居民材，必因天地寒煖燥濕、廣谷大川異制。

〔一〕自「秦始皇三十四年焚書」至「亦僅二十三年而已」，出自王白田《白田草堂存稿·尚書雜考》，唐先生於《尚書大義·自叙》亦引用此段文字。「秦始皇」，王氏原文作「秦始皇帝」。

民生其間者異俗，量地以制邑，度地以居民。地邑民居，必參相得，然後知修其教，齊其政者，皆原于此。蓋惟民居各得其所，然後民生各安其業，而政教乃可得而行也。古者戎狄無城郭宮室之禮，義見《孟子》。至夏、殷時始有邑制，而邑之大小不等，有千室之邑，有十室之邑，皆因地勢以爲位置。考《周易》《乾》《坤》二卦，爲國邑之象，邑之關係，豈不重且大哉？《訟卦》九二「邑人三百户」，乾爲邑，此鄉邑也。《比卦》九五「邑人不誡」，坤爲邑，鄉邑也。《泰卦》上六「自邑告命」，坤爲邑，此國邑、城邑也。《无妄、卦》六三「邑人之災」，乾爲邑，此村邑也。《晉卦》上九「維用伐邑」，坤爲邑，此國邑、城邑也。《升卦》九三「升虚邑」，坤爲邑，此城邑也。《井卦》彖辭「改邑不改井」，井由泰變，坤爲邑，故云改邑，此鄉邑、村邑也。國邑皆有城郭，鄉邑無城郭，惟有里門、閭門、黨門，皆利用五行之材以相捍衛，如後世碉樓、土堡、土圍、木栅之屬，皆其遺制，所以防寇盜，備不虞也。《周官》有匠人之職，而城郭之禮乃大備。洎乎季世，泰轉爲否，城復于隍，隍，池也。而其命亂矣，周公、孔子有餘痛焉。蓋民生無形之保障，禮義也；有形之保障，城郭也。去其無形之保障，而人心亡；去其有形之保障，而人心亂矣。加以四方多故，盜賊横行，如是而求其外户不閉也，豈非闊于事情哉！夫百年後之氣運，先覺者可以前知；而

百年後之事實，固不可行之于今日也。于是嘆司空量地制邑之法，能因時以制宜也。〔一〕

吾讀《王制》至司寇用刑之典，不禁廢書而歎也。曰：嗟乎！古者道一風同，其由于斯乎！曰「析言破律，亂名改作，執左道以亂政者〔二〕，殺。」此蓋破壞國典者也。又曰「行僞而堅，言僞而辨，學非而博，順非而澤以疑衆，殺。」此蓋破壞學術者也。其所以嚴重如此者，實與司空修教齊政，司徒上賢以崇德，簡不肖以絀惡，相輔而行。非此則賢不肖無由而分，政教無由而齊也。孟子欲正人心，息邪説，距詖行，放淫辭，又曰：「經正則庶民興，庶民興斯無邪慝。」〔三〕蓋邪説暴行，出于學術之不正。世之衰也，索隱行怪之徒，接踵而起，好新奇而背中正，尚堅僻而惡中庸，以白爲黑，以是爲非，淆亂聽聞，簧鼓社會，而禍遂中於人心而不可止。吾嘗推原禍始，四誅之法，必起於夏、殷之時。伊尹聖之任者也，放太甲於桐，其治天下必嚴而峻，于是或謂其水濱

〔一〕此段大意出唐先生一九三一年出版之《國鑑》中《論拆城壞邑之謬》一文。
〔二〕「執左道以亂政者」，《禮記》原文句末無「者」字。
〔三〕見《孟子·盡心下》。

之小子，或謂其有莘氏之媵臣，而太甲殺伊尹之謬説，因兹萌芽。厥後傅説、膠鬲諸賢，亦遭毁謗。夫侮慢聖賢，反道敗德，爲夏禹所深惡，故殷時必以有苗之刑處之。及紂之身，天下大亂，變天之道，絶地之理，亂人之紀，非聖無法，非孝無親，故《康誥》之辭曰：「天惟與我民彝，大泯亂。」曰：「其速由文王作罰，刑兹無赦。」文王仁人也，然而刑兹無赦者，治亂國用重典，所謂「四誅者，不以聽」也。殷人尚鬼而迷信，故曰「假于鬼神、時日、卜筮以疑衆，殺。」蓋亦周初之制。孔子曰：「小人不知天命而不畏也，狎大人，侮聖人之言。」〔一〕夫聖人所以管攝天下，不過天命、大人、聖言三者。大人謂正己物正，與天地合德，非指有位者言。乃非特不畏之，且至于狎之侮之，則所以析之破之、亂之改之，與夫作僞而順非者，巧説邪辭，無所忌憚，亦何所不至哉！

嗚呼！世界之治亂，視乎儒術之盛衰。而儒術之盛衰，根于學説之邪正。未有儒術盛而世界不治者也，未有學説邪而儒術不衰者也。嗚呼！可不畏哉？可不戒哉？

〔一〕見《論語・季氏》。

《月令篇》大義

咄嗟！余讀《月令篇》，不禁上下古今而有感也！夫《月令》，吕不韋之書也，而戴氏採之，其諸不以人廢言歟？抑以其載先王之經制，其中實有不可廢者而存之歟？司馬子長謂：「學者所譏盛衰大指，備承學治古文者要删。」意其倫歟？後世尚論之士，當以特識譏（譏，察也）之者也。

夫自來解《月令》者衆矣，惟王氏船山、姚氏姬傳最爲簡明。王氏之言曰：「《月令》一篇，舊云吕不韋所作。今《吕氏春秋》十二紀之首，具有此文；而《管子》《淮南子》亦皆有之，特其文小異。惟《吕氏春秋》與此異者，不過數字，是以知其所傳，自《吕氏》出也。先王奉天出治，敬授民時，蓋亦有斯義焉……不韋本以賈人，蹊蹺倖爲秦相，非能自造一家言者。且其駔儈姦詭，亦不能依附正道。而此篇所紀，亦略髣髴先王之政教。蓋戰國之時，教散説殊，八家之儒與雜流之士，依傍先王之禮法，雜纂而附會之，作爲此書。而不韋以權力襲取，揜爲己有，戴氏知其所自來，非吕氏之獨

造，而往往與禮相近，故采之於記，以備三代之遺法焉。」〔一〕

姚氏則節取「慶賜遂行，毋有不當」等二百四十一句，謂此有韻之語〔二〕：「與單襄所引《夏〔三〕》《時儆》同，注：見《國語》。《時儆》《夏令》，篇名。疑此乃三代遺文，吕氏采之，非秦人語也。蔡邕、王肅言《禮記・月令》即《逸周書》中之《月令》解者，意其是與？然吕氏所採，非出一家，以集録舊文，故春秋皆復云日夜分，仲冬再言日短至。當不韋時，七國皆稱王，王之名不足尊矣，故《月令》書内皆稱天子，惟王命布農事猶曰王。秦人既開阡陌，經界不可復正；此文猶審端徑術，先定準直，此二者於秦何以施之哉？蓋姑因前人之文，不及審去耳。」姚氏節取本篇語見《九經説》。

學者讀王、姚二家説，於此篇源流，已可得其梗概。余又特論其大義，摘其尤精要者數端：一曰符黄帝之節候，二曰得先王之仁政，三曰重農桑之本務，四曰最工商之成績，五曰寓衛生之微旨。凡此皆王道、人事之要者，别有「拘泥不可通」者一條，

〔一〕載王氏《禮記章句・月令篇》題下。

〔二〕「謂此有韻之語」，姚氏原文謂此二百四十一句「皆有韻可讀」，此處唐先生取其大意，文載《惜抱軒九經説・第十二禮記説一》之《月令説》。

〔三〕「夏」，應作「夏令」。

並附論於後，用著「要删」之義云。

何言乎符黄帝之節候也？夫二十四節氣曷昉乎？或曰：「此篇有立春、立夏、立秋、立冬與雨水，二分二至[一]，蓋即始於此。」其實非也。古者黄帝命伶倫吹管，以測氣候。大撓作律，即本伏羲十言之教。消息之微，蓋已有二十四氣之目，唐堯命羲和以閏月定四時，特整理之爾。中國以農立國，以建寅爲最宜。大禹聲教遠訖，執玉帛者萬國，而頒律特重建寅。以十二辟卦推之，於卦爲《泰》，「天地交而萬物通」，「后以財成天地之道」也。周代建子，而周公作《邠風・七月》之詩，陳王業[二]則取夏正，重民事也。孔子曰：「行夏之時。」又曰：「吾觀夏道，吾得《夏時》焉。」《夏時》者，即今《夏小正》也。春秋列國，三正並用，秦以建亥爲歲首，而不韋此篇，獨用夏正，亦以民事爲重，所謂符黄帝之節候者此也。邇來世界大同，頗採用建丑之制。竊謂君子治曆明時，「禮，時爲大，順次之」[三]，自當從大同爲主。惟夏時歲首當改爲令節，庶幾合

[一]「二分二至」，春分、秋分爲二分，夏至、冬至爲二至。
[二]《詩・豳風・七月》之《序》云「陳王業也」。
[三]《禮記・禮器》文。

吾國所宜，有以順民情爾。況乎息蜡吹豳，農民終歲勤動，所以得休逸而娛樂者，惟在此時；而工商亦與之爲轉移，閭閻因之爲歲計。熙熙皞皞，當順民之自然也。

何言乎得先王之仁政也？天道好生而惡殺，人情好安居樂業而惡用兵。戰國之士曰：「我能爲君約與國，戰必克。」孟子痛惡之曰「民賊」〔一〕。又曰：「善戰者服上刑。」〔二〕「先王有不忍人之心，斯有不忍人之政。」〔三〕當以非戰爲急務。此篇孟春之月，大書特書曰：「不可以稱兵，稱兵必天殃。兵戎不起，不可從我始。」嗚呼！不韋而能爲是言歟？「稱兵必天殃」，豈特在孟春之月歟？蓋古先王不忍人之言，而不韋勦襲之也。仁人君子讀之，有流涕而唏嘘者矣！矧暴秦之時，人綱人紀，掃地無餘，而此篇獨曰：「毋變天之道，毋絶地之理，毋亂人之紀。」天之道，歲、月、日、時無易是也；地之理，高、下、原、隰，五穀所宜是也；人之紀，君臣、父子、夫婦、兄弟、朋友是也。若夫布德和令，行慶施惠，下及兆民，聘名士，禮賢者，春養孤子，秋養耆老，皆與

〔一〕見《孟子·告子下》。
〔二〕見《孟子·離婁上》。
〔三〕見《孟子·公孫丑上》。

古制相合，庶幾乎老老、長長、恤孤，而民孝弟不倍矣！嗚呼！不韋而能爲是書歟？何其言行之相悖歟？

何言乎重農桑之本務也？《夏禹》六府，以穀爲殿〔一〕；《洪範》八政，以食居先。食者，民之天也；農者，食之本也。此篇孟春「王命布農事，命田舍東郊」，仲春「毋作大事，以妨農之事」，孟夏「命農勉作，毋休於都」，季夏「毋發令而待，以妨神農之事」，「水潦盛昌，神農將持功」，「可以糞田疇，可以美土疆」，孟秋「農乃登穀」，仲秋「乃勸種麥，毋或失時」，季秋「乃命冢宰，農事備收」，孟冬「勞農以休息之」，季冬「命農計耦耕事，修耒耜，具田器」，「數將幾終，歲且更始，專而農民，毋有所使」。凡此農事之整飭，以時申儆不忒，所以爲民計慮者，無微不至矣。而其尤要者，「天子親載耒耜」，「躬耕帝籍」；后妃「親東鄉躬桑」，「禁婦女毋觀，省婦使，以勸蠶事」。嗚呼！古人重農桑本務如此。迨其衰也，不昬作勞，罔有黍稷；婦無公事，休其蠶織，而農民皆變爲游民矣！饑饉流離，救死不贍，有心人讀《月令》，追維先王之經制，不禁掩卷而太息也！

〔一〕《尚書·大禹謨》「地平天成，六府三事允治」，六府者，「水、火、金、木、土、穀，惟修」。

何言乎最工商之成績也？《周官》有考工之記，《孟子》曰「通功易事」〔一〕，司馬遷《貨殖傳》曰：「農而食之，工而成之，商而通之。」〔二〕農、工、商相依爲命者也。此篇仲春「日夜分，則同度、量，鈞、衡、石，角斗、甬，正權、概」，仲冬略同。是爲工商營業之根本。季春「命工師令百工審五庫之量：金、鐵、皮、革、筋、骨、齒〔三〕、羽、箭、幹、脂、膠、丹、漆，毋或不良」，「毋或作爲淫巧，以蕩上心」；仲秋「易關市，來商旅，納貨賄，以便民事」；季秋「霜始降，則百工休」；孟冬「命百工效功」，「物勒工名，以考其誠。功有不當，必行其罪，以窮其情」。或疑不韋商人之巨擘也，何以商政略于工政？不知古之商人，大半皆工，故懋遷有無者，一切可聽其自由。《周官》之司市，《孟子》所謂「有司者治之」，皆保商而非以征商也。此篇所載，易關市、來商旅、納貨賄，四時皆當行之，決無於三時斷絶商旅之事，此亦不韋勦集成文，故限於仲秋爾。然考工商之成績，舉足爲法式矣。今也欲因工人之衆以脅商〔四〕，藉商人之富以壓工，此自斃之道也。

〔一〕見《孟子·滕文公下》。
〔二〕《史記·貨殖列傳》「農而食之」後有「虞而出之」句。
〔三〕「骨齒」，《禮記》原文作「角齒」。
〔四〕此指現代工會運動。

何言乎寓衛生之微旨也？《易傳》曰：「復見其天地之心乎？」程子曰：「安靜以養微陽也。」〔一〕是爲順天時以衛生之奥旨。《論語》「不多食」，「食不語，寢不言」〔二〕，實皆衛生之法。此篇仲夏「日長至，陰陽爭，死生分。君子齊戒，處必掩身，毋躁。止聲色，毋或進。薄滋味，毋致和。節耆〔三〕欲，定心氣，百官靜事毋刑，以定晏陰之所成」；仲冬「日短至」，「諸生蕩，君子齊戒」以下，意義畧同；末則曰「事欲靜，以待陰陽之所定」，然則復見天地之心，惟定心氣而已。衛生家精理名言，孰踰於此？《老子》曰：「專氣致柔。」《莊子》曰：「氣也者，虚而待物者也。」〔四〕是定心氣之方也。《内經》「至人服天氣而通神明」〔五〕；《淮南子》「服氣〔六〕者神明而壽」。服氣之説，于古有之。今人謂之飲空氣。余謂空氣者，天地至善之氣也，惟心性定靜者能知之而服之。《大學》曰：「定而后能靜，靜而后能

〔一〕見《朱子語類・易七・復》引程子之論。《周易程氏傳》程子論復卦則云「安靜以養其陽」。

〔二〕見《論語・鄉黨》。

〔三〕「節耆欲」，《禮記》原文「耆」作「嗜」。

〔四〕見《莊子・内篇・人間世》。

〔五〕此語出自清喻嘉言《華太夫人餌術方論》引《黄帝内經》語。《黄帝内經》原文則云：「聖人傳精神，服天氣，而通神明。」

〔六〕見《淮南子・墬形訓》，原文「服氣」作「食氣」。

安。」天下未有不定不靜而可以修己者，亦未有不定不靜而可以安人者。余讀《月令》衛生之法，而得治國之道焉。

何言乎其拘泥而不通也？蓋《月令》屬明堂陰陽，故雜以陰陽家言。漢司馬談曰：「夫陰陽四時、八位、十二度、二十四節，各有教令，順之者昌，逆之者不死則亡，未必然也，故曰『使人拘而多畏』。」〔一〕自西漢時固已疑陰陽之説。王氏船山曰：「明堂十二室，王者隨月居之以出政，立説舛異，與《五經》不合。而後世公玉帶〔二〕之流，創爲欹側零星非法之屋，謂之明堂。蔡邕祖而爲之，施及拓拔宏、武曌，緣飾猥媟，蓋自此始。其爲戰國游士，設立虚名，以驚聽覩無疑〔三〕。」余謂王氏之説，通人之論也。十二室之制，非涉於委瑣，即流爲鋪張，而迷信即因之而起。甚矣，是非真僞之不可不辨也！

咄嗟！余讀《漢書·藝文志》、許氏《説文解字叙》載秦始皇時丞相李斯作《倉頡篇》，中車府令趙高作《爰歷篇》，竊怪僉壬〔四〕之好著作也。當時不韋作《春秋》，其名

〔一〕見《史記·太史公自序》。
〔二〕「公玉帶」應作「公王帶」。《史記·孝武本紀》及《封禪書》均載：「濟南人公王帶上黄帝時《明堂圖》。」
〔三〕「以驚聽覩無疑」，王氏《禮記章句·月令篇》題下原文「無疑」作「既無足疑」。
〔四〕僉壬謂小人、奸人。

或出《倉頡》《爰歷篇》之上；迨不韋死，始皇、李斯定天下，惡先王之籍害己，一切焚而去之，而《月令》一書，亦且曲高和寡，格而不得行矣！然不韋雖奸人，因其頗採先王之遺制，而其書得行於世，居然列於《禮記》，豈其倖歟？李斯爲荀卿弟子，誦習禮學，而乃違背師法，視先王先聖之教若寇讐，而埽除之惟恐不盡；一旦身被五刑，與趙高同受萬世之唾罵，併吕不韋之不若。奸人之曲學阿世，豈非可爲殷鑑者歟？明黄氏石齋氣節道學，冠絶一時，獨好此篇，以爲與《易》卦消息相通，作《月令明義》〔一〕。鄭氏開極爲之序，謂其以「二十四氣歸於中五，雒書以九，律吕以八，歲閏以成，曆象以定，爰〔二〕有氣候生合之圖。禮樂之作，本於五行；行政施令，本於《易》象。中星既定，四方爲訓〔三〕，爰〔四〕有中星卦體之圖」云云。此其精義也。然余所心折者，

〔一〕《月令明義》中有《月令氣候生合圖》，即以《易》卦説明《月令》義理，其中有云：「臣觀《月令》一書，皆以財成天地之道，輔相天地之宜。蓋以建寅首取於《泰》，而上六一爻又致戒用師，又明著焉。」是黄氏以爲《易》卦消息與《月令》相通的説明。

〔二〕鄭序《石齋先生經傳九種・月令明義》原文「爰」作「故」。

〔三〕「訓」，鄭序原文作「則」。

〔四〕「爰」，鄭序原文作「故」。

在每月之末，皆引歷史事實，以爲後世法戒。蓋石齋先生之心苦矣！惜乎其欲修德以回氣運，而不能救明社之屋也！咄嗟悲夫！

陳氏《東塾集》云：「《月令》之作，賈、馬之徒咸謂出自周公。而〔一〕鄭君以爲禮家鈔合《吕氏春秋·十二月紀》之首章，其所舉證，若太尉秦官及孟冬爲來歲受朔日，由秦以建亥爲歲首，其非出周公明矣。」

文治按：《月令》本係鈔掇舊典而成，安知非周公所作而爲後人增益？猶《爾雅》首篇爲周公所作，其後爲子夏、梁文等所增補也。

《曾子問篇》大義

吴氏幼清〔二〕曰：「此篇『曾子問曰』三十八，而孔子答之凡三十四，故摘『曾子問』

〔一〕「而」，陳氏《東塾集·月令考》原文作「自」。
〔二〕吴澄（一二四九～一三三三），字幼清，號草廬，宋元間撫州崇仁人。

三字名篇。孔子自言者四，子游問者一，子夏問者一，記人自記者一，通四十一章。

應氏〔一〕曰：『曾子以篤慤醇至之資，而爲潛心守約之學。其於身也，反觀内省，而益加以傳習講貫之功；其於禮也，躬行實踐，而又不廢乎旁搜博考之力。證〔二〕之以耳目之所見聞，隱之於心思之所防慮，知天下之義理無盡，而事物者亦日新而無窮〔三〕。其或講明之不素，而猝然遇之，則其處之未究其精微，而應之必無以中其肯綮，故歷舉喪祭吉凶，雜出不齊之事，而問於聖人。其變故似異而可駭，其節目似同而不必辨，其纖悉〔四〕又似細而不足憂。夫子隨事剖析而決其疑，遂使千百載之下，遇變事而不〔五〕知其權者，亦如處約事而不失其經焉，此皆其問答講明之功也。其後真積力久，夫子語以一貫，隨聲響答，畧無留難，其見益高矣。』」

〔一〕應氏，衛湜《禮記集説・曾子問篇》末所引應氏論述與吴澄相同，《集説》稱「金華應氏」。據《集説》序言云：金華應氏名鏞，字子和，南宋蘭溪人，著有《禮記纂義》二十卷。

〔二〕「證」，吴氏《禮記纂言・曾子問》作「訂」，衛氏《禮記集説》引亦作「訂」。

〔三〕「知天下之義理無盡，而事物者亦日新而無窮」，唐先生引用吴本。衛氏《禮記集説》本前句句首有「深」字，後句又無「者」字，其後尚有「有非夫人意料之所可及者」一句。

〔四〕「其纖悉又似細而不足憂」，此處唐先生所引同吴本。惟衛本「纖悉」後尚有「曲折」二字。

〔五〕「遇變事而不知其權者」，吴氏與衛氏原文皆無「不」字。按：行文有通變之意，「不」字當誤衍。

芮氏城〔一〕曰：「通論冠、昏、喪、祭、諸侯所遭之變〔二〕，吉凶雜出，擬議〔三〕無從。際會雖不可知，而典禮必不可〔四〕闕。曾子圖其變而豫爲之問，夫子因其問而豫爲之處〔五〕。曾子所問，或事所有，或所不必有〔六〕……雖虚位也，而實理寓焉。夫子所答，或禮所有，或未有而以義起〔七〕……雖權制也，而經常在焉。非曾子不能問，非孔子〔八〕不能答。《易》曰：『至賾而不可惡，至動而不可亂。』〔九〕此之謂也〔一〇〕。」

〔一〕芮城，生卒不詳，字嚴尹、蒿子，又改名長恤，江蘇溧陽人；明末諸生，清初歸隱；著有《禮記通識》《禮記篇目》《通鑑綱目分注補遺》《滄浪亭集》等。

〔二〕「通論冠、昏、喪、祭、諸侯所遭之變」，芮氏《禮記篇目·曾子問》原文「喪」作「喪葬」，「祭」作「祭祀」，且無「諸侯」二字。謹按：《曾子問》非獨言諸侯事，「諸侯」二字似誤衍。

〔三〕「議」，芮氏《禮記篇目·曾子問》原文作「義」。

〔四〕「際會雖不可知，而典禮必不可闕」，芮氏原文前句起首有「然」字，後句「可」作「容」。

〔五〕「曾子圖其變而豫爲之問，夫子因其問而豫爲之處」，芮氏原文前句「豫爲之問」作「豫爲設問」，後句「豫爲之處」作「悉有以處之」。

〔六〕「或事所有，或所不必有」，芮氏原文前句「事」後有「之」字，後句「或」後有「事之」，「不必有」則作「必不有」。

〔七〕「或禮所有，或未有而以義起」，芮氏《禮記篇目·曾子問》原文前句作「或禮之所本有」，後句「未有」則作「禮未之有」。

〔八〕「孔子」，芮氏原文作「夫子」。

〔九〕《易·繫辭上》曰：「言天下之至賾，而不可惡也；言天下之至動，而不可亂也。」

〔一〇〕「《易》曰」至「此之謂也」，此段芮氏原置於「夫子因其問而悉有以處之」句後，又，「此之謂也」原作「其斯之謂歟」。

文治按：此篇自曾子而外，言氏之問一，卜氏之問二。曾子獨以子稱，則此篇當成於曾子之門人也。《禮記義疏》云：「必如曾子所問，纔可當『格物致知』四字。非如此精察，則力行處總是粗疏，不見聖人權度精切處。」〔一〕按：此論極爲精切。子思子曰：「行前定則不疚，道前定則不窮。」凡能學道行禮，要在先清其心，惟清心而後能明理。禮也者，理之不可易者也。儒者窮理盡心之功，有所未至，則因應即有錯誤，而不能合乎中庸。要知孔子之所答，或仍推周公之禮意，或據前代之傳聞，或以己意斷之，此所謂「大而化之」「不踰矩」者也。故友人曹氏叔彦謂：「此篇窮極《禮經》之變，直通天律之本，醇乎醇者也。」〔二〕若夫貞女之辨，奪情之非，詳見於曹氏《禮經校釋》及所輯《經學文鈔》中，不復著。

〔一〕載《欽定禮記義疏·曾子問篇》題下按語。

〔二〕曹氏《復禮堂述學詩·述禮記》「《曾子問篇》窮禮變」條下云：「曾子時，《禮經》在魯，篇弟必十倍於今，而《曾子問》一篇，皆窮極變禮，非曾子不能問，非孔子不能答。則正禮無不學習可知，此博學可窺之一端。」

《文王世子篇》大義

王船山先生謂夏后氏「傳子」而後「其子之賢不肖，不能必之於天[一]。於是聖人相天之事起，豫建世子，而教之以孝友中和之道，以育其德[二]。大戴氏及賈生皆推言三代有道之長，莫不本此[三]。是篇大[四]旨，亦以是爲有天下國家者平治之本圖，蓋與大戴、賈生之所稱述，同其歸趣；而以孝弟爲立教之本，禮樂爲成德之實，尤爲宏深而切至」云云。余謂王氏之言善矣，雖然，猶未達聖人大公之意也。

竊謂自古以來，惟有「傳賢」而已。《孟子》明言「啓賢，能敬承繼禹之道。」[五]其後

[一] 「其子之賢不肖，不能必之於天」，王氏《禮記章句·文王世子篇》題下原文云：「孟子曰：『其子之賢不肖，天也。』聖人不能取必於天。」「必之於天」應從王氏原文作「取必於天」。

[二] 「於是聖人」至「以育其德」，「於是聖人相天之事起」，王氏原作「而相天之事起」。「豫建世子」句首有「故」字。「而教之以孝友中和之道」，原文「而教之」作「而夙教之」。

[三] 「莫不本此」，王氏《禮記章句·文王世子篇》題下原文句末有「旨哉」二字。

[四] 「大」，王氏原文作「之」。

[五] 見《孟子·萬章上》。

至於湯，謂之傳賢可也；由湯至于文王，亦謂之傳賢可也。其間雖有不肖者雜出，擾亂天下，然治統終必至傳賢而後定。故聖人以教世子之法，推行于學校之中，豈非大公而無我哉？

且國者家之所積也。一家有良師，而後一國有良師；一家有善士，而後一國有善士。然則喻諸德而歸諸道者，固當推之於國人矣。人第知一國之盛衰興廢，以師保爲命根，而不知一家之盛衰興廢，亦以師保爲命根。師保賢而天下治矣，師保不才而天下亂矣！養老者，養師保之賢而老者也。然則此篇之教法與其精意，所謂德成教尊，温文恭敬，彬彬乎風俗之馴良，人心之純懿，豈私之于世子一人哉？

夫舉一事而數善備焉者，其惟「養老」乎？此其制，《檀弓》《王制》篇已言之，《内則》篇又言之，然皆不若本篇之精。曰：「慮之以大，愛之以敬，行之以禮，修之以孝養，紀之以義，終之以仁。」古之君子，舉大事必慎其終始，而衆安得不喻焉？嗚呼！何其廣大而精微也！蓋孝弟之行所以深入人心者，惟在於此矣！《孝經》曰：「敬其父則子悦，敬其兄則弟悦，敬一人而千萬人悦。」先王有至德要道以順天下，使民好讓而不爭，和睦而無怨。握其樞機，必於學校中先觀感焉。《孟子》言：「所謂西伯善養老者，制其田里，教之樹畜；導其妻子，使養其老。」〔一〕此蓋經畫之法，爲庶人之老言。而本篇所載發咏乞言，合德音之致，禮之大者，則爲國中之大老言。故曰：「爲政不難，不得罪於巨室。」巨室者，舊室也，巨、舊雙聲，例得叚借。舊室必有老成人焉。是以「巨室之所慕，一國慕之；一國之所慕，天下慕之」，所慕者德音也，故「沛然德教溢乎四海」〔二〕，此蓋由家而推之于國，由國而推之于天下者也。《易》曰：「師，貞，丈人吉。」〔三〕《詩》曰：「維師尚父。」〔四〕伯夷、太公爲天下之大老，然則學校中所養之老，必係天下之經師人師，具德行道藝之全〔五〕，足以矜式人倫，而曾任師保疑丞之職者也。乞言者，蓋如今世演講之法。德教宏宣，必本于孝弟禮義。漢代去古未遠，猶有舉三老五更之典，如永平中，拜桓榮爲五更；建初中，拜伏恭爲三老之屬。豈不重且大哉？昔殷紂咈

〔一〕見《孟子·盡心上》。
〔二〕見《孟子·離婁上》。
〔三〕見《易·師卦》。
〔四〕見《詩·大雅·大明》。
〔五〕《周禮·地官·司徒》載使民興賢之原則云：「以歲時入其書。三年則大比，考其德行道藝，而興賢者能者。」唐先生用其義而尊賢爲先。

耆長而亡國，周厲王廢老成典型而流於彘，秦穆公違中壽而軍敗，詢黄髮而霸成，然則養老之禮，其可廢乎？洎乎後世，沿古時戎狄之俗，貴少賤老，而國事日益棼。是故枋政者不欲治天下則已，欲治天下，必自敬禮老成始矣！

吾嘗反覆是篇，深嘆先王教法之精，而深惜其多羼入之文也。如夢帝與齡、周公踐阼，余已于《禮記提綱》中辨之。又如「殺其身有益于君」「于其身以善其君」之類，詞意鄙俚，恐皆王莽、劉歆輩所羼入，真僞混淆，且令後之讀經者懷疑莫釋。夫秦政焚書，其罪大矣。而後世誣妄者流，誹謗聖經，實莽、歆輩貽之口實也。方氏望溪已詳論之，爰畧採其意，辨論數條于後〔一〕。

文王謂武王曰 至 **武王九十三而終**〔二〕。

按：原文云「齒亦齡也」，是九齡即九齒。武王謂：「西方有九國。」已覺傅會不倫；而文王乃曰：「我百爾九十，吾與爾三焉。」豈文王能操壽殀之柄乎？且莽、歆僞造，謂文王十三生伯邑考，十五生武王；而武王九十三而終，其時成王幼不能涖阼，

〔一〕 方氏之論載《禮記析疑·考定文王世子》，唐先生之考辨則採方氏之大旨，非直引原文。
〔二〕 以下爲《文王世子篇》析疑四則。

是尚在襁褓之中。然則文王生子何其早、武王生子何其遲歟？其爲僞可知也。

成王幼　至　**文王之爲世子也。**

按：周公攝政而非攝位，先儒已詳言之。《尚書·金縢》篇：「周公居東二年，罪人斯得。」其時距武王之喪未遠也。而下文即云「王與大夫盡弁」，「王執書以泣」，是成王非幼稚可知，豈得謂不能涖阼？至「抗世子法於伯禽」，事或有之；若「成王有過，則撻伯禽」，此何理也？據此則「文王之爲世子」句，恐亦僞作結束，非本經原文。

仲尼曰　至　**周公優爲之。**

按：抗世子法於伯禽，係學校之典，何庸以殺身爲比喻？此蓋傅會經文，欲以頌王莽功德，故加「聞之曰」三字，以見其有所依托。蓋作僞之迹，欲蓋彌彰矣！

周公踐阼。

按：上文言「養世子」之法，此句亦僞作結束。

《禮運篇》大義上

《周易》言天地、日月、四時、鬼神，《洪範》言五行之理，蓋天人相與之際，深可畏也。余讀《禮運》篇終業，歎曰：

嗚呼！是篇之精微，蓋亦在天人相與之際矣。昔儒分爲四章[一]，後人欲變更之者夥矣。余謂不必更也。首章自「昔者仲尼」起，至「是禮之大成也」止；次章自「孔子曰」起，至「舍禮何以哉」止；三章自「故人者」起，至「禮之藏也」止；四章自「夫禮本于太一」起，至末節止，意義極爲明析。蓋此篇大義，達天道、順人情而已矣。故曰：「夫禮，先王以承天之道，以治人之情。」是爲全篇提要之言。

故第一章自大同、小康後，即言祭禮之所由起。「承天之祜」，即承天之道也。「修火之利，范金合土」，用五行之精，以報本而反始，與《洪範》「九疇」首五行之義相合。是專言天道也。

次章極言禮之失。明禮者所以治政而安民，若政不正則君位危，而幽國、僭君、脅君、亂國、疵國之害，無所不至。春秋二百數十年，禍亂相尋，皆出於此。是專言人道也。

[一] 王夫之《禮記章句》析本篇爲四章，於本題下注云：「第一章皆夫子之言；第二章記者引夫子之言而推論之；後二章則記者之所撰述。」

三章言天「播五行於四時」，而人者則爲「天地之心」、「五行之秀氣」，「故聖人作則，必以天地爲本，以陰陽爲端」。蓋《中庸》所謂「參天地、贊化育之功」，周子所謂「人極」〔一〕，張子所謂「天地之塞吾其體，天地之帥吾其性」〔二〕，皆根荄乎是。是盡人道以合天道也。

四章言「聖王修義之柄、禮之序，以治人情」；而推及於身之肥、家之肥、國與天下之肥，然後謂之大順。大順者，順天下之人情而已，非嘉祥符瑞之謂也。是專言人道也。

然言人事而天命即寓其中，故曰「天人相與之際」也。任氏啓運之言曰：「在天爲天之道，陰陽鬼神、四時五行，皆天道也。其在于人，則爲天命之性；率其天命之性，則性善而情亦善焉。所謂發而中節，原不遠于未發之中也。然人氣質所賦，鮮有不偏，而物感之交，遂附于情以自汩其性，而天道之本然者失矣。聖人本天道以治人

〔一〕周敦頤《太極圖説》云：「惟人也得其秀而最靈。形既生矣，神發知矣，五性感動而善惡分，萬事出矣。聖人定之以中正仁義，而主靜，立人極焉。」

〔二〕見張載《西銘》。

之情，非與情爲矯，而與情爲安，情得而性自得矣。此聖人修道之教，所爲繼天而立極也。」〔二〕任氏此言，探七情十義之藴，而歸本于天命之性、未發之中。《洪範》言五事，本于「思曰睿，睿作聖」，其義一以貫之。大哉！天人之奥，備於是矣！俗諺以情、義二字連言，蓋本于《禮運》。

《禮運篇》大義下

或曰：「禮以運名篇，何？」

答曰：此天行之義。禮本于天，殽于地，無所不散布，即無所不運行。推而言之，有天地古今之運行，有始終本末之運行，有居民上下之運行，有一身之運行，有一家一國天下之運行；有極廣大之運行，有極細密之運行，無非理氣磅礴於兩間。故五行之運，土屬中央；五德之運，禮爲樞紐，此運行之説也。

〔二〕任啓運《禮記章句·禮運》「故聖王所以順」至「故此順之實也」一章之疏解。

約而言之,《易》之道,窮、變、通、久,《禮》之義,亦窮、變、通、久,故曰:「禮者〔一〕,義之實也。協諸義而協,則禮雖先王未之有,可以義起。」是故「本於太一」即太極也;「轉而爲陰陽」,兩儀也;「變而爲四時」,四象也。禮者,卑法地;運者,崇效天,故曰:「列而之事,變而從時。」能知時義,則禮運從而隆,世運亦從而隆;不知時義,則禮運從而汙,世運亦從而汙,此運會之説也。然則,禮運之在天下,關係廢興存亡,豈不大哉?而後人徒考求禮之本、禮之用、禮之失、禮之順,抑亦淺矣。

或曰:「老莊以禮爲忠信之薄,本篇大同、小康,先儒疑爲出於老莊者何?」

答曰:據任氏翼聖〔二〕説「是謂大同」與「是謂大順」句相應,《家語》本無「是謂小康」句,應删此四字即得〔三〕。王氏船山則謂「以賢勇知」至「兵由此起」四句,應移于

〔一〕「禮者」,《禮記》原文作「禮也者」。

〔二〕即任啓運。

〔三〕唐先生於此抽繹任氏大意,任氏《禮記章句·禮運》「故聖王所以順」至「故此順之實也」一章之疏解原云:「『是謂大順』纔與『是謂大同』相應,《家語》原文可據也。記者不解,忽竄入『是謂小康』一句,致前後全不相應,故愚謂删此四字即得。」

「城郭溝池以爲固」句下，于義較圓〔一〕。然不若先太師黄薇香先生之説爲善，其言曰：「《禮運》言大同、小康，非分皇古三代之優劣也。大同者，仁風浹也，《論語》所謂『必世而後仁』也；小康者，初平亂而範之以禮也，範亂以禮，久而仁風浹也。『禮義以爲紀，以正君臣，以篤父子，以睦兄弟，以和夫婦，以設制度，以立田里』二十九字，移于『未有不謹于禮者也』下。謹于禮，所以型仁；上之型以仁也，至于大同，則仁風浹于民也。舊説尊皇古、卑三代，是漢儒據列、莊之意，傎倒孔子之言耳！」〔二〕據此是小康進于大同，聖人應時會以行禮，有出于不容已者。惟據《家語》並無「謀作兵起」數語。若依《禮記義疏》，一併删去，則經文更無可疑爾。且更有進者，大同之道，惟信與睦，故本篇「講信修睦」句凡四；而末又言「士以信相考，百姓以睦相守」，是謂大順。惟不信故機械而變詐，不睦故爭奪而相殺，百姓疾苦，皆起於此。故惟講信而後能型仁，惟講讓而後能修睦。理無二致，事在實行。若高視大同之治，恐徒託空言矣！

或曰：「然則《禮運》無可疑之文乎？」

〔一〕王氏《禮記章句·禮運》「以賢勇知」至「兵由此起」文下小注云：「此節舊在『以立田里』之下，蓋錯簡，今定之於此。」

〔二〕黄式三《儆居集·禮運非列莊説》，載《黄式三黄以周合集》第五册。

曰：亦有可疑。《曲禮下篇》言：「君子雖貧，不鬻祭器。」《王制》言：「大夫祭器，不假祭。器未成，不造燕器。」而《禮運》言：「大夫祭器不假，非禮也。」是大夫不得有祭器矣。春秋祭享，卿大夫同時，焉得人人而假之？一可疑也。

又，「仕于公曰臣，仕于家曰僕。」「三年之喪，與新有昏者期不使。」三年之喪，焉得與新昏者同例？且新有昏者，何必期不使？即春秋時諸侯昏庸，亦不應有此定制，二可疑也。

又，「天子有田以處其子孫，諸侯有國以處其子孫，大夫有采以處其子孫，是謂制度。」然則有田、有國、有采者，皆爲子孫計，啓權謀之禍，開爭奪之端，聖人慨想大同，不應爲此語，三可疑也。

又，「君明人則有過，養人則不足，事人則失位。」然則君無教養人民之責，而大禹所謂：「德惟善政，政在養民。」孔子所謂：「明明德於天下，養賢以及萬民。」子思子所謂：「事之云乎？豈曰友之云乎？」孟子所謂：「學焉而後臣之。」皆失言矣，四可疑也。此爲後人所羼入，未可知也。

或曰：「世儒有據《胡氏春秋傳》以解大同之義，其説爲高。」

答曰：此即何劭公《春秋》張三世之説。今文家主之，僅可備一家言，非此篇閎旨。

《禮器篇》大義 《郊特牲篇》附

【釋】唐先生依據文理脈絡判斷《禮運》《禮器》《郊特牲》本屬一篇，故並論《郊特牲篇》。

先儒謂《禮運》言形上之道，《禮器》言形下之器〔一〕。余初信其説，既而熟讀經文，始知《禮運》言道，未嘗不言器；《禮器》言器，亦未嘗不言道也。今探索其精義，約有三端：一曰破俗儒之固，二曰窺聖學之微，三曰糾異端之失。而其可疑者亦有一端。

焦氏禮堂〔二〕之言曰：「《周官》《儀禮》，一代之書也。《禮記》，萬世之書也……記

〔一〕《欽定禮記義疏》卷三四《禮器篇》題下「通論」，引方慤云：「形而上者謂之道，形而下者謂之器。道運而無名，器運而有跡。則《禮運》言道之運，《禮器》言器之用而已。道散而爲器，故繼《禮運》而後有《禮器》焉。」此唐先生所考論者。謹按：南宋方慤，字性夫，浙江桐廬人，著有《禮記解》二十卷。朱子對之好評。

〔二〕焦氏禮堂指焦循，原稱理堂，而唐先生例以「禮堂」言之。

曰〔一〕：『禮，時〔二〕爲大。』此一言也，以蔽千萬世制禮之法可矣……所謂時者，豈一代爲一時哉？開國之君，審其時之所宜，而損之益之，以成一代之典章度數。而所以維持此典章度數者，猶必時時變化之，以捄民之偏，而息民之詐。」善哉斯言，得消息之理矣！孔子曰：「其或繼周者，雖百世可知也。」〔三〕可知者，時也。又曰：「唐、虞禪，夏后、殷、周繼，其義一也。」〔四〕義者，時也。本篇曰：「堯授舜，舜授禹；湯放桀，武王伐紂，時也。」此千古之通義也。《易傳》曰：「通其變，使民不倦；神而化之，使民宜之。」後儒不知損益之宜，泥古以爲禮，而禮失；俗儒更不知因時之義，以禮爲無用而掃除之，秩序於是乎大亂。故《禮運》篇曰：「壞國、喪家、亡人，必先去其禮。」本篇曰禮者「衆之紀也，紀散而衆亂。」夫天叙有典，天秩有禮，道在與時爲變通。泥禮者，拘也；廢禮者，謬也。此所謂破俗儒之固者也。

本篇曰：「禮之以多爲貴者，以其外心者也。」「故君子樂其發也。」「禮之以少爲

〔一〕「記曰」，焦氏原文作「記之言曰」。載《禮記補疏·叙》。
〔二〕「禮，時爲大」，焦氏原文作「禮以時爲大」。載《禮記補疏·叙》。
〔三〕見《論語·爲政》。
〔四〕見《孟子·萬章上》引孔子語。

貴者，以其內心者也。」「故君子慎其獨也。」內外合一，表裏相成，與篇首之「釋回，增美質」相應，惟有外心而後增美質，此顏子之「復禮」，所以謹於視聽言動之間也。惟有內心而後釋回邪，此《中庸》之「崇禮」，所以本於「喜怒哀樂未發之中」也。慎獨之功，始於祭祀。夫微之顯，誠之不可掩如此夫！此所謂窺聖學之微者也。

篇首以「大備，盛德」起，繼之曰：「忠信，禮之本也；義理，禮之文也。無本不立，無文不行。」而後篇則曰：「甘受和，白受采，忠信之人可以學禮。」而末即記子路爲宰事，蓋必忠信如仲子，而後可以行禮，此禮之準則也。苟無忠信之人，則禮爲虛器矣。故《論語》以「主忠信」爲根本，聖門四教之「忠信」，實與雅言之執禮相輔而行。而老子乃謂禮者起於「忠信之薄而亂之首」，雖説者以爲杜塞亂源之意，然終不免曲爲之解。此所謂糾異端之失者也。

至其可疑者何也？曰：「禮之近人情者，非其至者也。」按：《禮運》篇言聖人必達於人情。又曰：「先王[一]修義之柄、禮之序，以治人情。故人情者，聖王之田也。」本篇云：「爲高必因丘陵，爲下必因川澤。」夫聖人因人情以制禮，而爲之節文，夫豈

[一]「先王」，《禮記》原文作「聖王」。

遠於人情乎哉？鄭君注謂：「近人情者褻，而遠之者敬。」〔一〕可謂補偏救弊之言。然後世恐禮之遠于人情，而因之遠於禮者多矣。此其不可解者也。

《郊特牲》與《禮器》，本爲一篇，後人析而爲二，因《禮器》以首二字名篇，故《郊特牲》亦以首三字名篇。劉向《别録》以《禮器》屬制度，《郊特牲》屬祭祀，恐有未合。按：《郊特牲》雜記五禮之大端，而著其義理之所主，其所發明，皆即《禮器》所云時、順、體、宜、稱之五義〔二〕。間有與《禮器》重複者，蓋記者各有所授，互相爲徵爾。

《義疏》謂：「廣記祭禮，而原本考始，使習禮者不狃于〔三〕器數之末，正承忠信禮之本來。故首揭之曰貴誠、曰貴質、曰交於旦明、曰不同於安樂，明仁人孝子之用心，而先王制祭之精意藉以傳矣。」愚嘗謂《禮運》《禮器》《郊特牲》本屬一篇，玩其文法脈絡，自可知微之顯。蓋《禮器》標題，承《禮運》「禮義以爲器」而言；故如「居山以魚鼈爲禮，居澤以鹿豕爲禮，君子謂之不知禮」，實與《禮運》「山者不使居川，不使渚者居

〔一〕鄭注載《禮器篇》「禮之近人情者，非其至者也」句下。
〔二〕《禮器》云：「禮，時爲大，順次之，體次之，宜次之，稱次之。」
〔三〕原文無「于」字，載《欽定禮記義疏・郊特牲篇》題下按語。

中原」義相合。而「禮不同，不豐、不殺」〔一〕，兩篇互見，文亦遥應。至《郊特牲》謂：「天子承二代之後，尊賢也〔二〕，尊賢不過二代。」此與《禮運》孔子嘆「魯之郊禘，非禮」，正相發明。而《論語・八佾》篇言不欲觀禘〔三〕，義自瞭然矣。自「庭燎」以下，痛失禮之事，惡作始之人，大書特書。《春秋》之旨，亦與《禮運》斥言「憂〔四〕國」、「僭君」、「君與臣同國」相呼應；曰：「天子微，諸侯僭；大夫强，諸侯脅。於此相貴以等，相覿以貨，相賂以利，而天下之禮亂。」《禮運》篇首曰：「仲尼之歎，蓋歎魯也。」而《郊特牲》之言「僭禮」，兩書「由三桓始」，意更可知。嗚呼！僭竊與黷貨，相因而致。俯仰千古，禮之亂也，世運之衰也，有感慨同深者矣！

余撰此篇既成後，得邵位西先生《禮經通論》，内「論聖門子游傳《禮》」一條，適與鄙見相合，而議論尤爲通博，亟附録之如左。

〔一〕兩篇文字略有不同，唐先生此處所引出自《禮器》。《禮運》則云：「故禮之不同也，不豐也，不殺也，所以持情而合危也。」

〔二〕「天子承二代之後，尊賢也」，《禮記》原文「承」作「存」，「尊賢也」前有「猶」字。

〔三〕《論語・八佾》載孔子曰：「禘自既灌而往者，吾不欲觀之矣。」

〔四〕「憂」，《禮記》原作「幽」。

邵氏曰：「聖門子夏傳《詩》，子游傳《禮》，此學者之恒言也……而子游特受《禮運》精微之説，其徒又爲《檀弓》上、下等篇，記行禮節目甚詳。《禮運》自稱言偃，則全篇皆子游所記孔子之言也。《禮器》《郊特牲》本一篇書，以文多分之，摘篇首三字爲名。或以《郊特牲》專論祭者，非也。《注疏》已謂與上篇聯屬矣。皆子游門人所記，以釋《禮運》之意。何以知之？以引『不同，不豐、不殺』之語而知之。所稱『君子曰』，即子游之言。觀子游曰：『君子何歟？』稱其師爲『君子』，其例可見，又以别於孔子之言也。『禮器』名篇，固摘篇首二字，亦本前篇『禮義以爲器』而釋之也。『禮，時爲大。』時即運也。稱者不同，不豐、不殺也。陰陽運命及倫常大體，上篇詳之。惟義之宜稱，未嘗晰指，故舉其凡而備陳之，要歸於『忠信，禮之本』，所以上達天道；『義理，禮之文』，所以下順人情。大同者，治之成也；不同者，禮之别也。《荀子》曰：『君子既得其養，又好其别。』禮以别異爲義，不豐所以貴本，不殺所以親用。外心萬殊而一本，内心一本而萬殊，歸於慎獨而已。故居人曰養，禮之仁也；察物之致，禮之智也；各有宜稱，禮之義也；致敬而誠，禮之信也。禮者，七情之檢制，十義之模範，五性之歸宿，而六藝之經緯蹊徑，萬事萬物之規矩、權衡、繩墨也。優優大哉！三千三百，待其人而後行。行之者，禹、湯、文、武、成王、周公、孔子也；學之者，亦必如子路之忠信而後可。『孰謂由也而不知禮』，夫子之言；『忠信之人，可以學禮』，則子游之言也。《仲尼燕居》疑亦子游之所記，又疑《曲禮》《玉藻》並子游之徒傳之也。《玉藻》與《曲禮》下篇，文相承接，引孔子之言一，子游之言一，故知子游門人就古《曲禮》而附記之，猶《内則》全篇本古《禮經》。内『養老章』記曾子之言一段，乃曾氏門人所附益，其初必有標誌，如後世書籍之或爲細志，或低一字以相識别，而後乃混焉耳……大抵二《戴記》中，子游門人所爲約有九篇，曾子自著十篇外，又有《王言》等篇。子夏《喪服傳》外，有《大傳》《閒居》等篇。宰我有《五帝德》等篇。子貢有《衛將軍》《文子篇》。子張有《問入官篇》。而《三朝記》諸篇〔二〕與《哀公問答》，不知何人所記。惟子游諸記，皆爲《小戴》所取，故曾子、子思，聖學之正傳，而子游則禮學之正傳也；子夏兼通《五經》，而子游則禮學之專門也。」

〔二〕邵氏《禮經通論》「論聖門子游傳《禮》」條下原文無「篇」字。

《内則篇》大義

【釋】此篇末附録唐先生一九三八年左右獨立單行之《茹經堂新著·〈禮記〉講義》中《内則篇經文節録講義》，蓋經文爲綱，大義其目。

内者，門以内之行；則者，民彝物則之則也。其禮始于親父子、謹夫婦、别男女，推及于養老之典、養子教子之法，又推及于男子、女子畢生之行爲，靡不有一定之規矩。

或曰：「《易·序卦傳》：『有男女然後有夫婦，有夫婦然後有父子。』故《家人》卦之《彖傳》曰：『男正位乎外，女正位乎内〔一〕。男女正，天地之大義也。家人有嚴君焉，父母之謂也。父父，子子，兄兄，弟弟，夫夫，婦婦，而家道正；正家而天下定矣。』《内則》者，正家道、定天下之書也，是其通于《周易》學也。」

或曰：「詩人頌周文王《天保》之詩曰：『民之質矣，日用飲食。羣黎百姓，徧爲

〔一〕「男正位乎外，女正位乎内」：《易傳》原文「女正」句在前，「男正」句在後。

爾德。』《内則》所詳，皆日用飲食之事，至纖至悉。惟其降德于衆兆民，故能徧爲爾德也。是其通于《詩經》學也。」

或曰：「《周禮》師氏以德行教國子，曰孝行，曰友行，曰順行。其節目之詳，著于此篇。蓋孝友之德，根于天性而行諸事實，故朱子以此篇爲古學校教民之書〔一〕，是其通于《周禮》學也。」

余謂是數説者盡美矣！竊嘗推《内則》之精義，兩言以蔽之：曰孝、曰慈而已！蓋是篇者，《儀禮》之支與流裔，周公之遺文也。其開宗明義曰：「后王命冢宰，降德于衆兆民。」后王孰謂？謂文王也。冢宰孰謂？謂周公也。何言乎降德？「明明德於天下」〔二〕也。何言乎衆兆民？「以天下爲一家，衆兆民爲一人」〔三〕也。文王者，「爲人子止于孝，爲人父止于慈」〔四〕者也。然而盡一己之孝，未足爲大孝也，必使天下皆盡

〔一〕朱子《儀禮經傳通解·篇第目録》云：「此（指《内則》）必古者學校教民之書，宜以次於《昏禮》，故取以補經而附以傳記之説云。」
〔二〕《禮記·大學》文。
〔三〕《禮記·大學》文。
〔四〕《禮記·大學》文。

其孝，而後謂之大孝；盡一己之慈，未足爲大慈也，必使天下皆盡其慈，而後謂之大慈。惟「降德于衆兆民」，而孝慈之道，推暨于天下矣！故孟子論王政曰：「老吾老，以及人之老；幼吾幼，以及人之幼。天下可運于掌。」〔一〕即引《思齊》之詩曰：「刑于寡妻，至于兄弟，以御于家邦。」《思齊》之詩，文王所以爲聖〔二〕，即推孝慈之恩也。故其論文王善養老曰：「制其田里，教之樹畜；導其妻子，使養其老。」〔三〕又曰：「諸侯有行文王之政者，七年之内，必爲政于天下矣。」〔四〕行文王之政，即行孝慈之政，實即行《内則》之法也。蓋文王視民如傷，天下有不孝者，則老者失其所，吾心不忍也；天下有不慈者，則幼者失其所，吾心不忍也。故《内則》屬子法，《文王世子》屬世子法，其教曰：「養老幼于東序。」此即成周學校之教也。而其中記曾子之言，何也？曰：「《内則》蓋周公之書，而曾子述之，故記其言；猶《大學》爲孔子之書，而曾子述之，亦記曾子之言也。」

〔一〕見《孟子・梁惠王上》。
〔二〕《詩・大雅・思齊》之《序》。
〔三〕見《孟子・盡心上》。
〔四〕見《孟子・離婁上》。

《大學》「治國」章曰：「孝者，所以事君也。」「慈者，所以使衆也。」又引《康誥》之文曰：「如保赤子。」而釋之曰：「未有學養子而后嫁者也。」《康誥》，文王之家訓也。孝出于天性，慈亦出于天性也。愛民之道，不獨如慈父，實當如慈母，故曰「未有學養子而后嫁」。「上老老而民興孝」，「上恤孤而民不倍」矣[一]。曾子之言曰：「孝子之身終。」終身也者，非終父母之身，終其身也。蓋傳家之道，不外乎繩繩繼繼，更相遞嬗。苟爲人子者能守孝慈以終其身，綿延于弗替，則一家可以長久，推而至于一鄉、一邑、一國亦可以長久。人心和睦，風俗純懿，皆基于此。

故本篇自「子事父母」起，至「終事而後敢私祭」，共分五章，皆言事親之道也。此下言分章，皆本顧氏玉停說。自「飯：黍，稷，稻，粱」起，至「士於坫一」爲一章，言養親、祭親必先備物也[二]。自「凡養老」起，至「皆有惇史」爲一章，言養老之政、錫類之仁也[三]。

[一]《禮記・大學》言「絜矩之道」文。

[二] 顧陳垿《內則章句》「飯：黍，稷，稻，粱」一節之義解，原文云：「惟養與祭必先備物。」

[三] 顧陳垿《內則章句》「凡養老」一節之義解，原文云：「備言養老之政，以齒爲紀而望之，以父母之在爲孝子之老幸也。重言養老之制以四代爲故，而極之於孝子之終身，爲孝子之老悲也。乃卒言養老之精意，以帝王爲歸，擴而引之至天下後世而無人非孝子矣。」

自「淳熬」起，至「以與米酏〔一〕」爲一章，世子法所謂養老之珍具，非編食譜也〔二〕。自「禮，始於謹夫婦」起，至「不入側室之門」爲二章，言夫婦有別也〔三〕。自「子生」起，至「必循其首」爲二章，言養子、教子之道，慎之于初也〔四〕。

余嘗紬繹數四而嘆曰：《内則》之訓，文理密察，制度精詳，豈不善哉！故家遺俗，流風善政，令人穆然深思而不置矣！且夫人者，天地之心也，陰陽之端也，故聖人作則，必以天地爲本，以陰陽爲端，以四時爲柄，以十二會、二十四節爲更迭次序。天道有自然之運行，人生即有自然之紀綱，此根于天命之性，而達于人倫之至者也。故

〔一〕「以與米酏」，《禮記》原文作「以與稻米爲酏」。

〔二〕顧陳垿《内則章句》「淳熬」節之義解原文云：「古者以爲八珍也……皆極旨甘柔滑之致，而爲養老之所珍。八珍而二羞，以繫諸養老之後也。老不必親，親無不老，繫養親之後者，不盡施於衆老；而繫養老之後者，無不奉於吾親，雖謂皆繫養親之後可也。」

〔三〕顧陳垿以「禮，始於謹夫婦」至「咸如之」爲一章，章節義解云：「承上文謹夫婦之則而溥之，起下文育子教子之則而飭之。三十而娶，二十而嫁，少事長，視此矣。夫天而尊，婦地而卑；賤事貴，視此矣。」自「夫婦之禮」至「不入側室之門」又立爲一章，此章義解云：「重其人，體天地之位；重其事，觀萬物之育。」

〔四〕顧氏以「子生」至「他人無事不往」爲一章，此章義解云：「子甫生而教隨之矣。或寓教於其無所知，動以天也；或陰教於其將有覺，習以人也。」自「三月之末」至「必循其首」又立爲一章，義解云：「生三月，而爲人之道發軔於此矣。母見之示以有所尊，父名之示以有所禀；然必食之三年而後能自食，能自食而後教可施也。」

本篇自「子能食食」起，至「七十致事」止，女子自「十年」起，至「二十三年而嫁」止，與《曲禮》「人生十年曰幼」章例相類，蓋天道人事相合之規則也。《周易》大義言陽道者必兼陰道，本篇男女自十年以前，其則相同；而自十年以後，「學書計，衣不帛襦袴」，「朝夕學幼儀」，學樂，誦詩，學禮，「惇行孝弟」，博學無方，皆男女共之者也，而學校之教法寓于其中矣。《思齊》之詩曰「肆成人有德」，大學也；「小子有造」，小學也。《葛覃》之詩曰「言告師氏」，女學也。

或曰：「然則本篇男不言内，女不言外；《曲禮》『内言不出于梱，外言不入于梱』〔一〕，非與？」

曰：所謂「不言」者，男不言閨闥之瑣事，女不言士大夫之瑣事耳。若必謂男不言内，其言不入于梱，則文王不能有刑于之化矣！若必謂女不言外，其言不出于梱，則姜女不能相周宇、太姒不能嗣徽音、邑姜不能與亂臣之列矣！故曰男女之則同，男女之學同也。讀經宜觀其會通，此之謂也。自是而《周禮》師氏之教可知矣！自是而《詩》所謂「偏爲德者」乃無不偏矣！自是而《易》所謂「家道正」者，乃無不正矣！故曰

〔一〕「内言不出於梱，外言不入於梱」，《禮記》原文「外言」句在前，「内言」句在後。

此文王之教，而周公之遺文也。

或曰：「先儒釋此篇者多矣，以何爲最？」

曰：當以吾鄉顧氏玉停所定《章句》爲最。義理既精，釋文法尤縝密，特著之，以諗來學。

附録：《内則篇》經文節録講義〔一〕

后王命冢宰，降德于衆兆民。

「后王」者何？謂文王也。「冢宰」者何？謂周公也。「降德」者何？降孝德也。文王、周公，大孝人也。《詩・天保》篇曰：「羣黎百姓，徧爲爾德。」爲德者何？爲衆兆民徧爲孝德也。故下文即言子事父母、婦事舅姑之法則。此二句爲上下篇之提綱，通篇雖祇養親、教子兩大端，而精觕雜陳，洪纖畢舉，包括靡遺矣。

子事父母，雞初鳴，咸盥漱，櫛、縰、笄、總，拂髦，冠，緌纓，端，韠，紳，搢笏。

縰所以韜髮，笄、總所以束髮，拂髦謂振去塵垢。緌纓之飾，端玄，端服。紳，大帶。搢，插也。

〔一〕本講義據《茹經堂新著・〈禮記〉講義》補入。

笏，所以記事。

婦事舅姑，雞初鳴。咸盥漱，櫛，縰，笄，總，衣紳。以適父母、舅姑之所，及所，下氣怡聲，問衣燠寒，疾痛苛癢而敬抑搔之。出入則或先或後，而敬扶持之。進盥，少者奉盤，長者奉水，請沃盥，盥卒，授巾。問所欲而敬進之，柔色以温之，饘、酏、酒、醴、芼羹、菽、麥、蕡、稻、黍、粱、秫唯所欲，棗、栗、飴、蜜以甘之，堇、荁、枌、榆、免、薧，滫瀡以滑之，脂膏以膏之，父母舅姑必嘗之而後退。

饘，乾飯。酏，粥也。芼，菜也。雜肉爲羹。蕡未詳，或云煎熬之品。免，新生者。薧，乾也。滫瀡，調和其味也。

《義疏》云：「此皆養口體之事，而養志自在其中。『饘酏』而下皆問所欲而敬進之之節目〔一〕。曰『問所欲』，曰『必嘗之』，則其養父母舅姑之志可知矣。」

愚按：《中庸》曰：「父母其順矣乎！」本經所言，皆先意承志，曲體父母舅姑之嗜欲，而盡其歡心也。

子婦孝者敬者，父母舅姑之命，勿逆勿怠。若飲食之，雖不耆，必嘗而待；加之衣服，雖不欲，必服而待；加之事，人代之，己雖弗欲，姑與之而姑使之，而後復之。子婦有勤勞之事，雖甚愛之，姑縱之，

〔一〕此句原脱，據《欽定禮記義疏》卷三九補。

而寧數休之。

應氏鏞曰：「自『子婦孝者敬者』而下，勉子婦之孝於父母舅姑。自『子婦有勤勞之事』而下，勉父母舅姑之慈於子婦。」〔一〕

愚按：慈與孝常相因。惟家庭之中，不宜有計較之意耳。

父母雖没，將爲善，思貽父母令名，必果。將爲不善，思貽父母羞辱〔二〕，必不果。

人生天地間，以爲善爲最要之務。孝子終身不忘其親，即終身在行善之中。惟果不果，則在臨時之取決耳。思者，心術之微也，理欲交戰之時，可不懼哉？

編者謹按：唐先生《孝經講義（十一）：孝經翼（《禮記》論孝）》補充云：「『將』者，且然而未必之辭。爲善爲不善在游移未定之時，一思及父母而果不果遂定。此思也，發於良知而不容泯滅者也，於是一家之積善大矣。」〔三〕

子婦無私貨，無私畜，無私器，不敢私假，不敢私與。婦或賜之飲食、衣服、布帛、佩帨、茝蘭，則受而獻諸舅姑，舅姑受之，則喜，如新受賜；若反賜之，則辭，不得命，如更受賜，藏以待乏。婦若有私親兄弟，將與之，則必復請其故，賜而後與之。

〔一〕宋儒應鏞語見引於《欽定禮記義疏》卷三九。
〔二〕「羞辱」原誤爲「惡名」，據經文爲正。
〔三〕載《大衆》第三十二期，一九四五年，頁七四。

此皆不敢自專也。貨，謂所儲財之物。畜，謂所養牲畜之物。佩，謂雜佩。帨，謂帨巾。凡處家庭之中，最忌一「私」字。心理公，則其家興盛。心理私，則其家衰替矣！

顧氏抱桐云：「身内之物，肝腦爪髮，皆親所遺，況身外之物乎？」[一]此語極沈痛，足以警醒世之爲子婦者。

曾子曰：「孝子之養老也，樂其心，不違其志；樂其耳目，安其寢處，以其飲食忠養之，孝子之身終。終身也者，非終父母之身，終其身也。是故父母之所愛亦愛之，父母之所敬亦敬之。至於犬馬盡然，而況於人乎？」

「樂其心」二句，所謂先意承志也。「樂其耳目」二句，如冬温夏凊，昏定晨省是也。愚常謂父母之壽與不壽，係於人子之孝與不孝。若父母之心常在安樂之中，自然克永其天年矣。忠者誠也，以至誠養其親，然後能養親之志也。「孝子之身終」，言終其白華潔養不愧不怍之身，非終貪鄙齷齪不肖之身也。「父母所愛」三句，不以細故拂親之心也。曾子大孝之人，後世爲人子者，當日復斯言。

編者謹按：唐先生《孝經講義（十一）：孝經翼（《禮記》論孝）》補充云：「此孝之精意也。引曾子之言，不啻自道其心理與其經歷。孟子言『樂則生矣』[二]，是生機之所萃也。父母樂，則一家

[一] 顧陳垿《内則章句》「子婦無私貨」注文。
[二] 《孟子·離婁上》文。

俱樂矣。曾子千古孝子之模範，能以己之心與父母之心志，欣合無間，則何違之有？『忠養』者，盡心之謂，隨時隨處出以至誠也。『孝子之身終』，《祭義篇》『父母既殁，慎行其身，不遺父母惡名，可謂能終矣。』故終其身者，終不辱之身，非終不肖之身也。顧抱桐先生謂：『父母之志不終於父母之身，孝子之身必終於父母之志。孝子之志〔一〕雖終，孝子之心寧有終乎？』〔二〕其言痛絶。《孝經》云：『治家者，不敢失於臣妾。』〔三〕凡家庭間之口舌，胥由臣妾造作是非。倘父母之所愛敬，即人子之所愛敬，安有離間之弊哉？」〔四〕

凡養老，五帝憲，三王有乞言。五帝憲，養氣體而不乞言。有善則記之爲惇史，三王亦憲。既養老而後乞言，亦微其禮，皆有惇史。

孔沖遠謂：「此論五帝三王養老之禮。五帝養老，法其德行。三王時又乞善言。老人有善德行，則紀録之，使衆人法則，爲惇厚之史。」

愚按：養老之典，詳於本經《文王世子》篇「大昕鼓徵」以下各節。以養老之禮行於學校之中，所以示學者之矜式也。「乞言」若後世演講之屬，前人嘉言懿行皆紀録之，以爲「惇史」。今此禮之廢久

〔一〕謹按：《内則章句》「志」作「身」字。
〔二〕顧陳垿《内則章句》文。
〔三〕《孝經·孝治章》文。
〔四〕載《大衆》第三十二期，一九四五年，頁七四。

矣！《孟子》論西伯善養老謂：「諸侯有行文王之政者，七年之内，必爲政於天下。」三王之政，養老教孝是也。爲政於天下，德教溢乎四海也。《孝經》曰：「孝弟之至，通於神明，光於四海。」其孰能本身以作則者，令人神往於三代之世矣！

顧氏抱桐謂此「言養老之精意，以帝王爲歸，擴而引之，至天下後世而無人非孝子矣！」〔一〕諒哉斯言！

〔一〕顧陳垿《内則章句》凡養老節注。

卷二

《玉藻篇》大義

王船山先生曰：「此篇備記冠服之等章，而交接、容貌、稱名之儀附之……《易》曰：『黄帝、堯、舜垂衣裳而天下治，蓋取諸乾坤。』[一]衣裳之義，繫於三極之道，亦甚重矣。人之所以爲人，而别於禽獸者，上下之等，君臣之分，男女之嫌，君子野人之辨，章服焉而已矣！否則君臣混處，男女雜穢，而君子之治野人也，抑無以建威而生其恭。故曰：『天尊地卑，乾坤定矣。』『方以類聚，物以羣分，吉凶生矣。在天成象，在地成形，變化見矣。』[二]衣裳者，乾坤之法象，人道之紀綱。寒而毛，暑而裸，於人亦

[一] 見《易·繫辭下》。
[二] 見《易·繫辭上》。

便安矣；而君子甚惡其便安者，唯其裂法象而乾坤且以毁也。習於禽獸，便而安焉；乃以疑先王之法服，繁重侈博，寒不足温，而暑不足清，則人道之僅存者，澌滅瀕〔一〕盡，不亦悲乎〔二〕？」

文治玩本經及船山先生之言，不禁喟然而嘆曰：嗟乎！此誠考古通經者急宜注意者也。孟子告曹交曰：「子服堯之服，誦堯之言，行堯之行，是堯而已矣！子服桀之服，誦桀之言，行桀之行，是桀而已矣！」〔三〕夫堯與桀之辨，在服、言、行三者，而服居其先焉。本篇敘天子諸侯下達于士之冠，而終之曰：「垂緌五寸，惰游之士也；玄冠縞武，不齒之服也。」曰惰游，曰不齒，如此其嚴。然則冠服之于人，不綦重哉！《詩·彼都人士》〔四〕篇曰：「彼都人士，狐裘黃黃。其容不改，出言有章。行歸于周，萬民所望。」蓋萬民所仰望者，在衣服與容、言矣！《尸鳩》篇〔五〕

〔一〕「瀕」，王氏《禮記章句·玉藻》原文作「濱」。
〔二〕「不亦悲乎」，王氏《禮記章句·玉藻》原文句首有「而」字。
〔三〕見《孟子·告子下》。
〔四〕「彼都人士」，篇名當爲「都人士」。
〔五〕「尸鳩」，《詩》篇名當爲「鳲鳩」。

曰：「淑人君子，其儀一兮。其儀一兮，心如結兮。」又曰：「其儀不忒，正是四國。」又曰：「其帶伊絲，其弁伊騏。」此言内心之所爲如結，而四國亦於是乎正矣！周室東遷之後，不復見人物儀容之美，沐猴而冠，譸張異服，一切等差，皆歸廢棄。于是惰游不齒之士，接迹于天下。此廢禮者之禍，可爲後世殷鑑者也。而其時自好之儒，方且服美不安，闇然韜晦。本篇曰：「國家未道，不充其服〔一〕。」此豈非提倡世道者之責哉！

余少時讀此篇，見其載子游之言，疑爲皆七十子之所傳。逮後考邵氏位西之説，信其爲子游之徒所作〔二〕。蓋此篇義多有與《論語·鄉黨》篇相合者，如云：「若有疾風迅雷甚雨，則必變。」即《論語》所謂「迅雷風烈，必變」也。又云：「羔裘豹飾，緇衣以裼之；狐裘，黄衣以裼之。」即《論語》所謂「緇衣羔裘」、「黄衣狐裘」也。又云：「瓜祭上環。」即《論語》所謂「瓜祭，必齊如」也。又云：「賓入不中門，不履閾。」即《論語》

〔一〕「不充其服」，《禮記》原文作「則不充其服焉」。

〔二〕邵氏《禮經通論》有「論聖門子游傳《禮》」一條，唐先生於《禮器篇大義》已謂邵論「適與鄙見相合，而議論尤爲通博」，邵氏有關《玉藻》爲子游之徒所傳之論，唐先生已具引於《禮器篇》之中。

所謂「立不中門，行不履閾」也。又云：「執龜玉，舉前曳踵，蹜蹜如也。」即《論語》所謂「執圭，鞠躬如也」，「足蹜蹜，如有循」也。凡此皆聖人之容儀，而《玉藻》特詳之，豈非孔門之師法歟？

容者，修身之範也。此篇自「行容惕惕」起，記容者凡二十有一，而足容、手容等「九容」尤重，先儒以爲與《論語》君子「九思」[一]互相表裏。蓋九思所以治內，九容所以治外，内外交相養，然後非辟之心無自而入。若夫「趨以《采齊》，行以《肆夏》，周還中規，折還中矩，進則揖之，退則揚之」，動容周旋，俯仰揖讓，既聲爲律而身爲度矣！而所謂「山立時行，盛氣顛實揚休」者，則又與《周易・艮》卦「時止則止，時行則行」之義，息息相通。由是而威儀定命之符，乃有以踐形而盡性。至德凝道，基于是矣！故劉子政《别録》不以此篇屬制度而屬于通論，洵卓識也。

又考此篇前後掇拾，或有不甚條貫之處，已詳「提要表」[二]，故不復著。

[一] 君子九思見《論語・季氏》。

[二] 《提要表》即唐先生《〈小戴禮記〉四十九篇類别提要表》。

《明堂位篇》大義

王船山先生曰：「《明堂位》者，取篇首之辭以爲篇目，蓋魯之後儒張魯而爲之侈大之詞。原本周公總己之事，以紀其禮樂之盛，其後班固《典引》、柳宗元《晉問》之類，皆迹此而爲之者也。顧不知魯僭天子之爲非禮，則欲張之而祇以損之，後儒不察，益從而附會焉。加之周公負扆之説，以厚誣聖人，則傷名義而啓僭亂，尤爲世道人心之大害。讀者知節取焉，以稽古儀文器物之制可爾，若侈其説以淫泆而入於亂，則所謂盡信《書》不如無《書》者也。」〔一〕

《禮記義疏》曰：「《大戴禮》《逸周書》俱有《明堂》篇，而文迥別。《大戴》言營建之制，《小戴》删之。此篇取《逸周書》畧加删改，以爲周公生踐天子位，建不世之功，殁用天子禮樂，備歷代之制，故魯以侯國而用王禮，周公故也。殊不知周公輔成王〔二〕

〔一〕 載王夫之《禮記章句·明堂位篇》題下。
〔二〕 「成王」，《欽定禮記義疏·明堂位篇》題下按語原文無「成」字。

以踐阼，未嘗自踐阼也。魯用郊禘，其爲成王所賜，及後所僭者，考諸經傳自明。此必周末魯陋儒爲之。或以爲馬融所增，但鄭親受業馬氏而不言……惟是〔一〕魯畢竟勝似他國，孔子言一變至道〔二〕，齊仲孫言魯秉周禮〔三〕，晉韓起言『周禮盡在魯』〔四〕，則天下以爲有道不妄。夫以惠、僖之僭天子，三家之僭諸侯，已失禮樂之本。而周公、魯公之化，猶漸於人心，藉此區區禮樂之文，猶足以緜延其國；況以仁人而用禮樂，若子所云一變至道，更當何如邪〔五〕！」

文治讀《明堂位》篇而歎曰：痛乎！僭禮之亂世而學說之誤人也！《孟子》曰：「夫明堂者，王者之堂也。」王者孰謂？謂文王也，故下文即申言文王治岐之制。《孝

〔一〕「惟是」，《欽定禮記義疏》原文作「然」。
〔二〕《論語·雍也》載孔子曰：「魯一變，至於道。」
〔三〕《春秋左傳》閔公元年記齊仲孫謂魯「猶秉周禮」。
〔四〕《春秋左傳》昭公二年韓宣子云：「周禮盡在魯矣。」
〔五〕「邪」，《欽定禮記義疏》原文作「耶」。按：此段所録自起首至「但鄭親受業馬氏而不言」句載於《欽定禮記義疏·明堂位》篇題下按語。自「惟是魯畢竟勝似他國」至文末，載於篇中「凡四代之服」至「天下資禮樂焉」一節之按語。

經》言周公「宗祀文王于明堂，以配上帝」[一]，是明堂實文王之廟。天子于是焉負斧扆，朝諸侯，已屬疑義；而記者迺以爲「周公踐天子之位」，則于《文王世子》篇所載周公踐阼之文，同爲失實矣！孔子明言「魯之郊禘，非禮也，周公其衰矣！」而《郊特牲》篇言「尊賢不過二代」，信如《明堂位》之說，則孔子之言爲過矣！豈莽、歆輩之所竄改歟？

吾獨怪《公羊傳》釋「春，王正月」，明指王者爲文王，而何休墨守公羊家法，偏以爲黜周而王魯，其上誣孔子，下且誣公羊高也。斯言一出，後世狂妄之徒，且以「王魯者，王孔子」，無識者從而附和之，其迷謬不省，至于今而未已[二]。誠以僭竊之念，中于人心，故臆決唱聲者併爲一談，尤而效之者不可勝數。此則學說之爲禍于世道者大也，豈不重可歎哉！至于明堂制度，後儒聚訟紛紜。船山先生一掃而空之，可謂通論矣。

[一] 見《孝經·聖治》。
[二] 唐先生批評何休《公羊》義理，具載《十三經提綱》之《公羊傳提綱》。

《喪服小記篇》大義

朱子謂《儀禮·喪服》子夏作傳，《小記》是解傳中之曲折〔一〕。吴氏幼清申之曰：「『喪服』者，《儀禮》正經之篇名，正經之後有記，蓋以補經文之所不備。此篇内所記『喪服』一章，又以補《喪服經》後記之所未備者也。其事瑣屑，故名『小記』，以别於經後之記。記『喪服』一章外，又廣記喪禮雜事，亦皆瑣碎，比《喪大記》之所記則爲小也〔二〕。小記亦猶雜記，小記所記之事小，雜記所記之事雜。《喪大記》之所記，視二篇則爲大也；但《雜記》中記喪服者鮮，故承《喪大記》之後，止稱『雜記』。此篇記喪服

〔一〕此乃孫希旦《禮記集解》概括朱子之説，而唐先生則直引孫氏原文。詳細校訂見於《〈小戴禮記〉四十九篇類别提要表》「《喪服小記》第十五」條内朱子引文之脚注。

〔二〕「比《喪大記》之所記則爲小也」，吴氏原文「《喪大記》」前有「前篇」二字，載《禮記纂言·喪服小記》篇題下。此因《禮記纂言》一書篇次不因循鄭玄，四庫館臣稱其「三十六篇次第亦悉以類相從，凡通禮九篇、喪禮十一篇、祭禮四篇、通論十一篇，各爲標目」，是以篇次「非如小戴之舊」，即不從鄭氏，而《喪服小記》篇正列於《喪大記》之後。唐先生按小戴之舊序列篇次，故删「前篇」二字。

者詳，故以『喪服』二字冠『小記』之上而名篇。」

文治按：此篇所記，誠屬纖悉，然掇其大義，提綱挈領之處，有可得而言者。曰：「親親，以三爲五，以五爲九。上殺，下殺，旁殺，而親畢矣。」鄭君注：「己、上親父、下親子，三也。以父親祖，以子親孫，五也。以祖親高祖，以孫親玄孫，九也。殺，謂親益疏者，服之則輕。」[一]按：此條足括喪服之大指，後世論服制者多宗之。近陳氏蘭甫《東塾集》，嘗發明其義，特録之以示研究喪服之要。

陳氏蘭甫《喪服説》曰：「喪服之大限三：期也，功也，緦也。其三年者，期之加隆焉者也。其大功、小功者，功之分焉者也。上治、下治，皆至三而止。旁治則有大功，有小功，至四而止也。《三年問》曰：『至親以期斷。』所謂至親者何也？《喪服》傳曰：『父子一體也，夫妻一體也，兄弟一體也。』此所謂至親也。子於父至親，本以期斷，其服三年者，加隆也。父本以期斷，則祖父當服功，其服期者，傳曰：『何以期也？至尊也。』則亦加隆者也。曾祖當服緦而服齊衰三月，加隆其服不加月數也。父於子至親，本以期斷，而爲長子三年，亦加隆也，爲衆子則仍以期斷也。子以期斷，則

[一] 鄭注載《喪服小記篇》「親親以三爲五」至「而親畢矣」一節下。

孫當服功，而爲適孫服期者，亦加隆也，爲庶孫仍服功也。曾孫本當服緦，此則無加隆而嫡、庶無異矣。此上治、下治皆以三爲限，故服上至曾祖，下至曾孫，而無高祖、元孫之服也。若夫旁治者，則分功服爲大功、小功，至四而止。昆弟至親以期斷，不加隆也，由是旁殺。故從父昆弟大功，從祖昆弟小功，族昆弟緦也。父至親，本以期斷，加隆乃三年。世父、叔父本當服大功，以其與尊者一體，陳澧注：《喪服傳》文。加隆而服期也。從祖父小功，族父緦，則不加隆也。祖父本當服功，加隆故服期；從祖祖父小功，族祖父緦，亦不加隆也。曾祖父加隆齊衰，而本當服緦；族曾祖父可以無服，然齊衰旁殺而遂無服，不可也，故服緦也。子服期，昆弟之子當服大功，而服期者，傳曰『報之也』，以彼加隆於我，我不可不加隆於彼也。然本當服大功，故從父昆弟之子小功，從祖昆弟之子緦也。孫服大功，故昆弟之孫小功。然則從父昆弟之孫當服緦，而無服者，曾孫緦，故昆弟之曾孫無服也。其間參差不齊者有二焉：昆弟之曾孫無服，而族曾祖父有服；族祖父有服，而從父昆弟之孫無服，故學者疑焉。余竊推求《禮》意，而知族曾祖父本可無服，其有服者，以曾祖齊衰而非緦故也；從父昆弟之孫本可有服，其無服者，以昆弟之曾孫無服故也。此其參差不齊之故也。其所以旁治限以四，而上下治則限以三者，旁治之人必相見，而上見高祖、下見元孫者少也。

後世於上治增高祖之服，下治增元孫之服；又於旁治因族曾祖父有服而增昆弟之曾孫之服，又因族祖父有服而增從父昆弟之孫之服，使無參差不齊，然而非禮意矣。上治、下治之三限，旁治之四限，程易疇已得其解〔一〕：而參差不齊之二事，則易疇未解〔二〕，故説此以明之。」

《大傳篇》大義

《孝經》曰：「天地之性，人爲貴。人之行，莫大於孝。孝莫大於嚴父。嚴父莫大於配天。」〔三〕此篇首言：「禮，不王不禘。王者禘其祖之所自出，以其祖配之。」下即繼

〔一〕「程易疇已得其解」，陳氏原文「程易疇」作「程易田」，載《東塾集·喪服説》。謹按：程易疇即程易田，名瑶田（一七二五～一八一四），字易田，一字易疇，號讓堂，著有《宗法小記》《儀禮喪服足徵記》《考工創物小記》《磬折古義》《溝洫疆理小記》《九穀考》《通藝録》等。

〔二〕「則易疇未解」，陳氏原文「易疇」作「易田」，載《東塾集·喪服説》。

〔三〕《孝經·聖治章》文。

以武王追王大王、王季、文王之事，所謂「孝子之至，莫大乎尊親」〔一〕也。篇中言「人道」者三，言「人治」者一。蓋禘者祭之大，追王者孝之大，名者人治之大，人道者禮義之大，故篇終曰：「親親故尊祖，尊祖故敬宗，敬宗故收族，收族故宗廟嚴，宗廟嚴故重社稷，重社稷故愛百姓，愛百姓故刑罰中，刑罰中故庶民安。」蓋聖人體天地之性，其心專主於愛百姓，故常欲以敬宗收族之道，擴而充之於四海，夫然後和親康樂，而庶民安。此人治之大本也。

人治莫急于禮治，而禮治莫貴于因時。故篇中又曰：「立權、度、量，考文章，改正朔，易服色，殊徽號，異器械，別衣服，此其所得與民變革者也。其不可得變革者則有矣：親親也，尊尊也，長長也，男女有別，此其不可得與民變革者也。」《禮器》篇曰：「禮，時爲大，順次之，體次之，宜次之。」中外古今治道，悉賅於此，舉莫能外焉者也。乃後世輕言變禮，豈不妄哉？

文治嘗謂：人情天理，一以貫之。天理外之人情，非人情也；人情外之天理，非天理也。此篇斟酌人情、天理之宜，爲今世所急應講明興復之者，厥有二端：曰服

〔一〕見《孟子·萬章上》。

術，曰宗法。

嘗讀曹氏叔彦、馮氏敬亭〔一〕二家之説，實足羽翼此篇，而爲人治、禮治之根本，特録于左。

曹氏叔彦論《儀禮・喪服》大義，引《大傳》文而釋之曰：

服術有六：「一曰親親」。制服之本，至親以期斷。父子首足，夫妻牉合，昆弟四體，母同父，姊妹同昆弟，是謂一體之親。其生也恩愛深篤，其死也哀痛無窮。制服之始，法天地四時變易之節度，其服皆齊衰期。親親以三爲五，以五爲九，上殺、下殺、旁殺而親畢，至親之服爲隆，其餘由此而殺。由父母而上殺之，爲父母期，則爲祖父母大功、曾祖父母小功、高祖父母緦；由子而下殺之，爲子期，則爲孫大功、曾孫小功、玄孫緦；由昆弟而旁殺之，昆弟期，則從父昆弟大功、從祖父昆弟小功、族昆弟緦：是謂四世而緦。且由父而旁殺之，則爲世叔父大功、爲從祖祖父小功、族父緦；由祖而旁殺之，則爲從祖祖父小功、族祖父緦；由曾祖而旁殺之，則爲族曾祖父緦；由

〔一〕馮桂芬（一八〇九～一八七四）字林一，號敬亭，江蘇吴縣人，著有《校邠廬抗議》《説文解欄位注考證》《顯志堂詩文集》等。

子而旁殺之，則爲昆弟之子大功、從父昆弟之子小功、從祖昆弟之子緦；由孫而旁殺之，則爲昆弟之孫小功、從父昆弟之孫緦；由曾孫而旁殺之，則爲昆弟之曾孫緦。昆弟，同出於父者也；世叔父、從父昆弟，同出於祖者也；從祖祖父、從祖父、從祖昆弟，同出於曾祖者也；族曾祖父、族祖父、族父、族昆弟，同出於高祖者也。是故父之族服如父，祖之族服如祖，曾之族服如曾，高之族服如高。尊者於卑者，即以此報之，此制服之本也。然而創巨者其日久，痛甚者其愈遲，人子於父母，哀痛思慕，終身無窮，而謂期可以已乎哉？子生三年，然後免於父母之懷，故加隆而倍之爲再期；二十五月而大祥，二十七月而禫，入三年之限，故曰再期之喪三年也。既加其期爲三年，於是又加其服爲斬衰，所謂「三年之喪如斬」〔一〕，哀痛之至也。父母親同，然家無二主，尊無二上，故父在爲母，屈而爲杖期，心喪三年，父卒則齊衰三年。既加父母爲三年，於是加祖父母之服爲期，則曾祖當大功，高祖當小功。然小功者兄弟之服，大功亦非至親之服，不敢以之服至尊；而曾祖與曾孫恩較殺，故重其衰麻，減其日月，而爲齊衰三月。高祖與玄孫及見者鮮，故空其文，明及見則與曾祖同。正尊雖遠，無無

〔一〕 語出《禮記·雜記》。

服之道，高祖以上若及見，皆當以曾祖之服服之。此上殺之制所由定也。父母於子期，正也，然爲父後者正體於上，其長子將代己傳祖之重，故加隆爲斬衰三年；母亦爲長子齊衰三年，重祖禰之正體也。長子死，則立嫡孫加隆爲期，重嫡也。非嫡孫則從其正大功，爲孫大功，則爲曾孫當小功。然祖爲孫之月數，不可反多於孫爲祖，故殺而爲緦。此下殺之制所由定也。自昆弟以及族昆弟，皆如本服，無加降。世叔父與父一體，故推父之親而加隆爲期；然旁尊不足以加尊，故世叔父於昆弟之子亦期，其餘皆如本服。此旁殺之制所由定也。婦人未嫁從父，既嫁從夫。父者子之天，夫者妻之天，故爲夫亦加隆三年。而夫爲之杖期，至親且爲主也；父在則爲妻不杖，以父爲之主也。妾爲君與妻爲夫同，以不得體之特尊其名而君爲之貴者不過緦，以絶上僭正嫡之禍。至於姊妹未適人者、姑未適人者、女子子未適人者，其服如世叔父、如昆弟、如衆子，是謂親親之服。

「二曰尊尊」。親親父母爲首，尊尊君爲首，資於事父以事君而敬同。父子之道天性也，君臣之義所由起，天下君君臣臣，而後人人得保其父子。孝子事君必忠，故爲君亦斬衰三年。諸侯爲天子，大夫爲諸侯，大夫有地者之臣爲大夫，其服同，服君如父也。庶人爲國君齊衰三月，如曾祖也；爲舊君齊衰三月，致仕及在外者與民同也。寄公爲所寓齊衰三月，亦與民同也。古者不降，上下各以其親，然殷道親親，兄終弟及，禍亂易作。周初管、蔡流言，亦因殷世兄弟相及而然。周公痛其失兄弟相承順之道，至於被誅，故其制禮以尊尊統親親，天子諸侯盡臣諸父昆弟，旁期以下皆絶服，大夫降一等，惟諸侯大夫尊同者不降。是故君大夫以尊降，公子大夫之子以厭降，公之昆弟以旁尊降；所以别嫌明微，正倫理，篤恩義，保全親親之大者也。君所以統臣民，宗子所以統族人，尊祖故敬宗，故丈夫婦人爲宗子齊衰三月，而大宗無後，得以族人之子後之。爲人後者爲之子，有宗而族不亂，有君而國不亂，其服皆稱情而立文也，是謂尊尊之服。

「三曰名」。同姓從宗合族屬，異姓主名治際會，名著而男女有别；凡異姓來嫁者，與夫黨相爲服，皆主乎名。自世叔母至族曾祖母，皆以母名而爲之服。昆弟之子婦孫婦，皆以婦名而報之服。蓋世叔父父行也，其妻爲母道，母則尊；昆弟之子子行也，其妻爲婦道，婦則卑。尊卑殊絶則不嫌，故相爲服。至於昆弟則己行也，兄之妻不可謂之母，弟之妻不可同於婦，更不可以妻道屬之昆弟之妻，義無可推，故分雖親而不服。記曰：『嫂叔之無服也。』蓋推而遠之也。分愈親則避嫌愈嚴，此先王制禮之精意。名者人治之大，名不正則言不順；至於刑罰不中而民無所措手足，男女之別，尤聖人正名之本。人之所以別於禽獸者在此，人之所以羣居和壹，長惠幼順，無相奪倫者，皆出乎此。服以名爲重，故舅與從母親同，而從母小功，以名加也。爲庶母緦，爲乳母緦，以名服也。凡稱父者必同姓，稱母者必異姓，故父之昆弟稱世叔父，而父之姊妹不可稱母，而謂之姑。母之姊妹稱從母，而母之昆弟不可稱父，而謂之舅。此名之至正，所以嚴同姓異姓之辨；而外親之服，且因是有輕重焉，是謂名服。

「四曰出入」。天之生物也，使之一本，入者重之，出者輕之，尊無二上，以一治之也。爲人後者爲所後斬衰三年，受重者必以尊服服之，爲所後者之祖父母妻妻之父母昆弟之子若子，於所爲後之兄弟之子若子，此入而重也。持重於大宗者，降其小宗，爲人後者爲其父母期，不貳斬也。其父母亦以旁尊自處，而報之期，因而爲小宗諸親皆降。昆弟大功，昆弟之長殤姊妹適人者小功。小宗有四：有父宗，有祖宗，有曾祖宗，有高祖宗。爲人後者所後親疏不定，有不降祖宗、曾祖宗、高祖宗，而無不降父宗者。經舉父宗有定者爲例，而此外凡屬小宗，皆可準之爲服。記曰：『爲人後者，於兄弟降一等報，不貳統也。』此出而輕也。婦人未嫁從父，既嫁從夫。父者子之天，夫者妻之天。妻爲夫斬衰三年，至尊也；爲夫之黨，尊者皆從服，視夫降一等，卑者皆報之與夫同。娣姒婦非從非報，以相與居室同室，而生小功緦之親，此入而重也。婦人不能貳尊，女子子適人者，爲其父母期，不貳斬也；爲世叔父母昆弟以下諸旁親皆降一等，諸親爲之亦如之。記曰：『姑姊妹之薄也，蓋有受我而厚之者也。』〔一〕此出而輕也。二者皆親親中之尊尊，爲人後者與太祖爲一體，必如所後者之親子。大宗尊統，永永不絶，莫敢干亂，而後族人親疏別，昭穆序，老窮不遺，鰥寡、孤獨、廢疾，皆有所養。此以尊尊濟親親之窮也。婦人不貳尊，而後夫婦之義重，貞信之教明，繫心所天，從一而終，類族辨物，而天下之爲夫婦者定。此尊尊正親親之本也。然爲人後者與女子子事類同而義異，持重於大宗者，降其小宗統於太祖之尊，故小宗正尊皆降而且報。女子子適人，則本宗正尊如故。故爲祖父母曾祖父母皆不敢降，而祖父母父母皆以出降之；惟祖父母曾祖父母不敢降，而父母之服獨降。然後既嫁從夫，夫不貳斬之義明。女子子於正尊不敢降，旁親則降，而父卒爲昆弟之爲父後者期，然後婦人雖在外必有歸宗之義明。妻道猶臣道，子之能仕，父教之忠，故女子子以父母之命而適人，則一心從所天而不敢貳尊。其或不幸而反，則出而復入，仍爲父母三年，餘親之服，各如其舊。或不反而無祭主，則本親爲之不降，而適人者惟以不

〔一〕見《檀弓上》。

貳斬之義爲父母仍服期，其餘皆報。此仁之至、義之盡也。妾服惟爲女君期，餘皆同。是謂出入之服。

「五曰長幼」，謂成人與殤也。禮重成人，將責爲人子、爲人弟、爲人臣、爲人少者之禮行，孝弟忠順之行立，而後可以爲人。人之生也，心知與血氣俱長，必二十而後可責以成人之禮。天地生人，氣化不齊，降年有永有不永，自下殤而上至成人，其付畀之厚薄，固大不同，此天道也。父母生子，自初生以至三月，以至八歲而齔，十二而一星終，十五而成童，至於滿十九之月數，入二十之限而冠，拊之畜之，長之育之，顧之復之，飲之食之，教之誨之。年愈長則劬勞之積愈久，屬望之情愈切，不幸而死，其痛之也亦愈甚。三殤與成人哀痛淺深必有差，此人情也。年之貴乎天下久矣，殤與成人之服不同。本天地生人、父母生子，自然之理與情以爲節度，而兄先弟後、長尊幼卑之序自此出焉。服主乎一本，正尊一體至親，故斬衰首父，齊衰首母，不杖期首祖父母。大功首姑姊妹、女子子適人者之降服而殤，大功首子女子，子之長殤中殤，服不殊長子衆子，未成人也。雖不殊而公大夫惟適子之長中殤降一等服之，重適也。大夫爲昆弟爲士者長殤小功，而無爲昆弟爲大夫者之殤服。丈夫冠而不爲殤，才德出衆而爲大夫，雖年未二十，必早冠之，以此知大夫禮與士異者，貴貴中皆有賢賢之意。孔子謂:「能執干戈以衛社稷,勿殤可也。」〔一〕即此意也。君無殤服,爲之後者爲之子;臣、子不殤,君、父至尊也。宗子殤大功衰小功衰三月,庶子弗爲後後其父,族人於宗子,兄弟之道也,此尊卑之等也。大功長殤九月,中殤七月,長殤中殤降一等,下殤降二等。大功之殤中從上,小功之殤中從下。妻爲夫之黨服,則齊衰之殤中從上,大功之殤中從下,親疏之殺也。是謂長幼之服。

「六曰從服」。從服者,子從母也,妻從夫也,夫從妻也,臣從君也。爲外祖父母從母舅舅之子,從於母而服之,屬從也。妻爲夫之黨,夫爲妻之父母,夫妻牉合相從,亦屬從也。臣爲君之父母妻長子祖父母,妻爲夫之君,妾子爲君母之父母從母,皆以義而從之服,徒從也。妻爲夫斬衰三年,而婦爲舅姑期,非厚夫而薄舅姑也,從夫而服,不敢同於夫也。婦必從夫而後能以夫之心爲心,以夫之所以事父母者事舅姑,故曰親夫以孝舅姑。若服舅姑與夫之服父母同,是抗乎夫專用而踰等也。婦人不貳尊,爲夫斬則爲父母期,屈乎從夫之義也。服舅姑如己之父母,因乎從夫之義也。其服適均,皆至親之服,是謂稱情而立文。蓋子爲父,臣爲君,妻爲夫,此三綱也。子爲

〔一〕見《禮記·檀弓下》:「仲尼曰:『能執干戈以衛社稷,雖欲勿殤也,不亦可乎!』」

父斬，而爲父之父母期；臣爲君斬，而爲君之父母期。由三綱至尊等而上之也。妻從夫而盡孝乎舅姑，猶子從父而盡孝於祖父母，爲舅姑期所以著其爲從服，以明從夫之本義。婦必專壹從夫，而後能一心以孝舅姑。故地道代終，夫死則守節以盡孝，是義之至也。且婦爲舅姑服雖止於期，而喪之實則必三年，家事統於尊，斷無夫猶縞素，己獨玄黄，聞樂食甘，一如平常之理。且衰麻哭泣，喪之文也。不飲酒，不食肉，不處内，喪之實也。然喪有疾則飲酒食肉，君大夫食之，不避粱肉。先王制禮，孝子居喪，惟處内一事，爲無時而可假借。故《春秋》之義，喪將終未除而納幣，謂之喪娶，賤其無人心也。婦爲舅姑服雖除，而男女居室，斷在其夫比御不入之後。特衰麻哭泣之節，以期斷耳！從服之義，繫於所從，其服宜皆視所從降一等。然先王權於尊尊親親之間，屈伸隆殺，義非一端。有從有服而無服者，公子爲其妻之父母，公子厭於君父之尊，爲妻服在五服之外，故爲妻之父母無服也。有從無服而有服者，公子之妻爲公子之外兄弟，公子以厭降，爲母黨亦無服，而舅不厭婦，則其妻自依從服之常，所謂夫之所爲兄弟服妻降一等也。有從重而輕者，夫爲妻之父母，尊本宗，抑外親，外親之服不過緦，雖外祖父母僅以尊加小功，故妻之父母止於緦也。有從輕而重者，公子之妻爲其皇姑，公子以厭降，爲母不得伸，而婦爲姑則尊厭所不及，如其常。蓋厭降之義，惟君父施於子，以嚴嫡庶之辨，絶覬覦之萌，其餘則否。故祖不厭孫，大夫降其庶子，其子不降其父。舅不厭婦，公子大夫之子之妻不降其夫，則自不降其姑。其降焉者，厭於尊尊之義。尊厭所不及，則如親親之常也。是四者從重而輕也，從有服而無服也，皆夫從妻也；從輕而重也，從無服而有服也，皆妻從夫也。此尊卑之差也，是謂從服。

服術有六，其别如此。此六者，親親尊尊以爲之經，餘四者以爲之緯。五服之制由此定，降正義隆殺之差由此出。所謂親親也，尊尊也，長長也，男女有别，此百世不與民變革者也。

馮氏敬亭《復宗法議》〔一〕曰：

三代之法，井田、封建，一廢不可復。後人頗有議復之者。竊以爲復井田、封建，不如復宗法。宗法者，佐國家養民、教民之原本也。天下之亂民，非生而爲亂民也，不養、不教有以致之。牧令有養教之資〔二〕，所謂養不能解衣推食，所謂教不能家至户

〔一〕本文載馮桂芬《校邠廬抗議·復宗法議》，並收録於曹元弼《經學文鈔》卷五。
〔二〕「資」，馮氏《校邠廬抗議·復宗法議》原文作「責」。

到，尊而不親，廣而不切。父兄親矣切矣，或無父無兄，或父兄不才，民於是乎失所依。惟立爲宗子以養之、教之，則牧令所不能治者，宗子能治之，牧令遠而宗子近也；父兄所不能教者，宗子能教之，父兄多從寬而宗子可從嚴也。宗法實能彌乎牧令、父兄之隙者也。《詩》曰：「君之宗之。」〔一〕公劉立國之始，即以君與宗並重。《左氏傳》晉執戎蠻子以畀楚，楚司馬致邑立宗焉，以誘其遺民〔二〕，正與《公劉》詩相表裏。蓋君民以人合，宗族以天合。人合者必藉天合以維繫之，而其合也彌固。

嬴政並天下，始與井田、封建俱廢。秦亡之後，叔孫通等陋儒不知治本，坐令古良法美意浸淫澌滅不可復。故漢初知徙大姓，借其財力實邊實陵邑，而不知復宗法。魏、晉知立圖譜局，而不知復宗法。唐重門第，至以宰相領圖譜事，而不相〔三〕復宗法。惟宋范文正創爲義莊，令世踵行者，列於旌典；又令甲長子没，必立承重孫二事，頗得宗法遺意，自可因勢利導，爲推廣義莊之令，有一姓即立一莊，爲薦饗合食治

〔一〕見《詩·大雅·公劉》。
〔二〕事載《左氏傳》哀公四年。
〔三〕「相」，馮氏原文作「知」。

事之地。莊制分立養老室、恤嫠室、育嬰室，凡族之寡孤獨入焉；讀書室，無力從師者入焉；養疴室，篤疾者入焉；又立嚴教室，不肖子弟入焉。立一宗子復古禮，宗子死，族人爲之服齊衰三月，其母、妻死亦然，以重其事。又有宗婦死，夫雖母在，爲之禫；宗子之長子死，爲之斬衰三年，則駭俗不可行矣。名之曰族正，副之以族約。桂林陳文恭公議。公於乾隆中年撫江西有此令，未及成而去，繼之者，以他獄連及祠户，遂一律毁祠追譜，與公意正相反。族正以貴貴爲主，安陽許三禮議〔一〕。先進士，次舉貢生監，貴同則長長，長同則序齒。無貴者，或長長，或賢賢，族約以賢賢爲主，皆由合族公舉。如今義莊主奉法，無力建莊者，假廟寺爲之，嫁娶喪葬以告，入塾習業以告，應試以告〔二〕，有孝弟節烈或敗行以告，一切有事於官府以告。無力者隨事資之，一莊以千人爲限，逾千人者分一支莊，增一族約。單門若稀姓、若流寓，有力者亦許立莊，無力者擇所附，如四〔三〕吴則同出泰伯之類，又如昌黎所謂「何與韓同姓爲近」之類。無可附者，則合數百人爲一總莊，亦領以莊正莊

〔一〕「安陽許三禮議」，原「禮議」作「議禮」。謹按：許三禮爲清初河南安陽人，「安陽許三禮議」指許氏嘗論「族正以貴貴爲主」之宗法。

〔二〕「應試以告」，馮氏原文句後尚有「經商以告，分居、徙居、置業、斥産以告」二句。

〔三〕「四」字，馮氏原文無。

約，期於億萬户皆有所隸而止。《周禮》「宗，以族得民」〔一〕，賅詞也。有謂庶人無宗者，非是，前人已辨之。立莊之後，敦勸集資，令經費充贍。另議永停捐例，惟存民爵，正可爲獎勵立莊之用。夫宗法既爲養民、教民之原本，其有功於國家甚大，膺茲上賞，不爲過也。

竊以爲今天下之大患，有可以宗法弭之者不一端：

一、宗法行而盜賊可不作。人性本善，孰不知廉耻？孰不畏刑罰？盜賊之甘於扞法網者，迫於饑寒而已。宗法既行，民無饑寒，自重犯法。《大傳》云：「愛百姓故刑罰中。」顧氏炎武爲之説曰：「天下之宗子，各治其族，罔攸兼於庶獄，而民自不犯於有司。」又云：「庶民安故財用足。收族之法行，而歲時有合食之恩，吉凶有通財之義。」本俗六安萬民，三曰聯兄弟。六行之條，曰睦曰恤，不待王政之施，而鰥寡、孤獨、廢疾者，皆有所養矣。此物此志也。

一、宗法行而邪教可不作。宗法之善，在有餘則歸之宗，不足則資之宗。邪教之宗旨，大都竊此二語，以聚無賴之民，始則濟其不足，終則括其有餘。鄉愚無知，狃

〔一〕見《周禮·天官冢宰》。

目前之利，陷于畔逆而不知悟。宗法既行，誰不願以從教主者〔一〕從宗子哉？

一、宗法行而爭訟械鬭之事可不作。今山東、山西、江西、安徽、福建、廣東等省，民多聚族而居，强宗豪族桀黠之徒，往往結黨呼羣，橫行鄉里。小則糾訟，乾隆中，江西諸大族多互訟，輒釀大獄。巡撫輔德至疏請禁止，毁祠追譜，可謂因噎廢食。大則械鬭，閩、廣最多，近來尤甚。爲害甚鉅，皆其族之不肖者號召之。夫一族中豈無賢者？無權無責，閉户不與聞而已！宗法既行，則賢者有權有責，君子道長，小人道消，即有一二不肖者，何難以家法治之哉？

一、宗法行而保甲、社倉、團練一切之事可行。宗法以人人有所隸爲主，是億萬户固已若綱在綱，條分縷析。於是以保甲爲經，宗法爲緯，一經一緯，參稽互考。常則社倉，易於醵資；變則團練，易於合力。論者謂三代以上之民聚，三代以下之民散。散者聚之，必先聚之於家，然後可聚之於國。宗法爲先者聚之於家也，保甲爲後者聚之於國也。彼商鞅什伍連坐之法，亦其時同井未盡離、宗法未盡壞之證。如後世之民無常居，五方雜處，比鄰或不相識，顧欲與以連坐，鞅雖酷亦勢不可行。鞅借

〔一〕「從教主」前，馮氏原文有「其」字。

宗法以行其令，而即廢宗法。小人舉動，往往如此。今保甲諸法之不行者，以無宗法爲之先也。《尚書》「黎民於變時雍」，始於親九族；《詩》以《關雎》、《麟趾》爲王化之始〔二〕，《孟子》「人人親其親，長其長，而天下平」，《大學》「家齊而後國治，國治而後天下平」，天子自齊其一家，爲治平之始；億萬姓各齊其億萬家，爲治平之終而已矣。

《少儀篇》大義

嗚呼！近世之弟子，性情、品行、氣象爲何如哉？不知尊卑之序，不明長幼之節，傲慢敗度，肆無忌憚，養成囂陵犯上之習，而家國受其實禍。此皆學校中不學禮、不讀《少儀》之所致也！

《少儀篇》大旨，與《曲禮・玉藻》同，其綱要在謹慎威儀言語；而其尤精者，曰：「士依於德，游於藝。」「事君者量而後入，不入而後量；爲人從事者亦然。故上無怨，

〔二〕《詩・周南・麟之趾》序云：「《麟之趾》，《關雎》之應也。《關雎》之化行，則天下無犯非禮。雖衰世之公子，皆信厚如『麟趾』之時也。」謂德化流行，爲王道之始。

而下遠罪也。」〔一〕此與《内則》「道合則服從，不合〔二〕則去」之義相應。蓋人生之大節，出處進退而已。惟謹于始者，乃能善于終。故以伯夷「聖之清」〔三〕，孟子贊之，首在「非其君不事，非其友不友」〔四〕。友人曹氏叔彦曰：「古人自居官立身以至事君報國，莫不兢兢於『廉耻』二字。而所以養其廉耻者，尤在交接之際，故能以道義友其友，必能以道義事其君。」諒哉斯言！後人於事君、交友，不知量而後入，惟利是圖，罔識廉耻；迨至利盡交疏，怨讟紛起，排擠相傾，甚且刀戈相向。倘知量而後入之義，何至喪心若此？吁，可痛矣哉！《儀禮·士相見禮》曰：「與老者言，言使弟子；與幼者言，言孝弟於父兄；與衆言，言忠信慈祥；與居官者言，言忠信。」末世之士，孝弟忠信之道絶，不言其所當言，而日言其所不當言，于是詖淫邪遁之辭，生心害政，泯泯棼棼，此皆學校中不讀禮、不習《少儀》之所致也。

〔一〕「事君者」至「遠罪也」，《禮記》原文作：「事君者量而後入，不入而後量；凡乞假於人，爲人從事者亦然。然，故上無怨，而下遠罪也。」
〔二〕「合」，《禮記》原文作「可」。
〔三〕見《孟子·萬章下》。
〔四〕見《孟子·公孫丑上》。

至此篇名義有二解，一謂「少」猶「小」，言小威儀也；一謂幼小之儀，《内則》十年「學幼儀」是也。後説近之。朱子謂「是小學之支流餘裔」〔一〕，尤精。乃姚氏際恒駁之，謂：「小學乃古人習〔二〕字之名，非如本經之謂〔三〕。」按：《周禮》：「八歲入小學，保氏教國子，先以六書。」云「先」者，蓋舉一端而言，非謂八歲入小學後，至十五歲專以學字爲事也。若如姚氏之説，則孔子所言「入孝出弟」〔四〕「行有餘力，則以學文」〔五〕者亦非矣！夫講宋學而流於迂疏，固不可也；若講漢學而固滯不通，其流弊亦豈淺鮮哉？

《學記篇》大義

【釋】唐先生概括學者與教者各四項「著義」，而綜三項「微義」，與《大學》相表裏。

〔一〕見朱子《大學章句序》。
〔二〕「習」，原文作「學」。
〔三〕「非如本經之謂」，《禮記通論輯本》「少儀」條下原文作「非上之謂也」。
〔四〕《論語·學而》載孔子曰：「弟子入則孝，出則弟。」
〔五〕見《論語·學而》。

人生天地間，所負之責任，教人與養人而已！然欲教人、養人，必先學爲人。若不知爲人之道，則芸芸者且將淪於禽獸。《大學》與《學記》二篇，皆所以教爲人之道。《大學》一書，自宋以來已表章之。而《學記》一篇，或以爲末而未及其本，然玩其旨趣，皆「格物致知」之實功，爲《大學》始教之切務。吾嘗提其要而鉤其元，蓋自學者而言，其著義有四；自教者而言，其著義亦有四；若夫擷篇中精博之蘊，其微義凡三。

所謂學者之著義何也？一曰離經。鄭君注：「斷句絶。」〔一〕謂離絶句讀，蓋即後世章句之學也。二曰敬業樂羣。《易》所謂「進德修業」〔二〕、「同氣相求」〔三〕是也。三曰親師取友。《論語》所謂「事其大夫之賢者，友其士之仁者」〔四〕，切磋琢磨之具也。四曰知類通達，强立而不反。知類，致知之事也；强立，力行之事也。知行合一，而後學問底于大成。此學者之著義四也。

所謂教者之著義何也？一曰通心理。「時觀而弗語，存其心也。」使之悱悱憤憤，

〔一〕鄭注載《學記篇》「一年視離經辨志」句下。
〔二〕《乾》九三與九四爻辭所引孔子語。
〔三〕《乾》九五爻辭所引孔子語。
〔四〕見《論語·衛靈公》。

然後啓發之。「學者有四失」，「知其心，然後能救其失」。多、寡、易、止，四者，心理之有所偏，必明瞭其心理，而後教得以順施也。二曰嚴管理訓練。「禁于未發之謂豫」，「發然後禁，則扞格而不勝」。惟管理之方，禁于未發而時孫摩三者，訓練皆得其宜也。三曰引自動力。「道而弗牽，强而弗抑，開而弗達。」道也、强也、開也，所以引其機也；弗牽、弗抑、弗達，所以導其自動力也。若發之盡，則學者之新機窒矣。四曰傳統系。「玉不琢，不成器；人不學，不知道。」古之賢者，必使吾之道統有以傳諸後人而弗替，故曰：「善教者使人繼其志」，「約而達，微而臧」，循循善誘之事，皆所以發明統系也。此教者之著義四也。

《書》曰：「天降下民，作之君，作之師。」〔一〕凡君與師皆爲民而設也，故曰：「化民成俗，其必由學乎！」孔子之設教也，四代禮樂以告顔淵，五至三無以告子夏；師道、君道一以貫之，故能博喻然後能爲師，能爲師然後能爲長，能爲長然後能爲君。師也者，所以學爲君也。政治學術，聖功王道，會歸于一。學校之中，決非研究呫畢之學，亦非僅講求器物之粗，是以建國君民，教學爲先也。君師之道德合于一而天下治，百

〔一〕此句乃《孟子》引《尚書》語，《尚書·泰誓》原文「天降下民」作「天祐下民」。

姓受其福；君師之品行分爲二而天下亂，百姓被其殃。《易·乾卦·文言傳》曰：「見龍在田，天下文明。」「飛龍在天，乃位乎天德。」夫在天之象，當以聖人而在天子之位；在田之象，則有以致天下于文明。是師道者，君道之根抵也，是故能化民成俗，近者悦服而遠者懷之也。「記曰：『三王四代惟其師。』此之謂乎！」師道之重于天下何如哉！然而模不模，範不範，揚子言之矣〔一〕！故學爲師者必先學爲人，蓋惟自尊而後人尊之，自嚴而後人嚴之也。此其微義一也。

嗚呼！學風之敝敗，學識之卑淺，至近代而極矣！試與古之學識相較，或曰不過得十之一二也。試與他國之學識相較，或曰不過當十之三四也。夫以僅至三四之學識與十倍者相較，其不相敵明矣！「君子曰：大德不官，大道不器。」德也道也，必極之于大，此務本之學也。務本者，養其道德之謂也。欲養道德，必先定其志。王子墊問孟子曰：「士何事？」曰：「尚志。」「何謂尚志？」曰：「仁義而已矣！」〔二〕仁義者，所以修大德大道之本原也。凡人有志于第一等之德行學術者，縱不能至，猶不失爲

〔一〕見揚雄《法言·學行卷第一》。
〔二〕見《孟子·盡心章上》。

中人。非然者，降于下乘矣。故學者必有志于本，記曰：「凡學官先事，士先志。」務本之謂也。此其微義二也。

《禮運》篇曰：「凡壞國〔一〕、喪家、亡人，必先去其禮。」吾謂壞國、喪家、亡人，必先廢其學。「大學之教〔二〕，皮弁祭菜，示敬道也」，禮之始也；尊師之道，「詔于天子，無北面」，禮之隆也；「三王祭川〔三〕，先河後海」，禮之本也。後世學校，至于燕朋逆其師，燕辟廢其學，非禮之尤者也。故學校之中，以禮教爲兢兢焉。王氏船山謂：「《周禮》師氏、保氏隸于司徒，大司樂之屬隸于宗伯，皆教官也。而大學之職，署無概見……蓋自州鄉庠序以及大學，必專有官師，而今亡矣。先王以禮齊民，學爲之首，則繫學于禮，道莫重焉。故此篇與《經解》《中庸》《儒行》《大學》，戴氏彙記之以爲《禮經》，亦猶《大戴記》之有《勸學》諸篇也。」〔四〕任氏釣臺謂：「朱子輯《儀禮》于《家鄉

〔一〕「凡壞國」，《禮記》原文作「故壞國」。
〔二〕「大學之教」，《禮記》原文作「大學始教」。
〔三〕「三王祭川」，《禮記》原文作「三王之祭川也」。
〔四〕載《禮記章句·學記篇》題下。

禮》後《邦國禮》前，補《學禮》十五篇，明學之於禮重矣。」〔一〕《曲禮》曰：「宦學事師，非禮不親。」《學記》曰：「師無當于五服，五服弗得不親。」二義互相發明。蓋禮者性情教育之大經，人道教育之大本。古之聖賢，知後世學紀之紊亂，必自廢禮教始，故必以禮與學相爲維繫也。此其微義三也。

《樂記篇》大義上

漢河間獻王與毛生等撰《樂記》二十四卷，其内史丞王度傳之，授常山王禹。成帝時獻入秘府，其後遂亡。劉向校書別得《樂記》二十三篇，或云公孫尼子次撰，今之所傳《樂記》是也。僅存十一篇，一樂本、二樂論、三樂施、四樂言、五樂禮、六樂性、七樂化、八樂象、九賓牟賈、十魏文侯、十一師乙。此外劉向目録，尚有奏樂十二、樂器十三、樂作十四、意始十五、樂穆十六、説律十七、季札十八、按：此當即《左氏傳》所載季札觀樂之事。樂道十九、樂義二十、招本二十一、昭頌二十二、竇公二十三，皆佚。《樂經》

〔一〕載《禮記章句·學記篇》題下注解。

早亡，僅得此十一篇者，焚香莊誦，如聞《韶》《夏》之遺音也。

嗚呼！樂之理微矣！昔衛靈公如晉，過濮水上，夜聞鼓琴聲狀似鬼神，使師涓寫習之，見晉平公奏之。師曠曰：「此亡國之聲也。師延與紂爲靡靡之樂，武王伐紂，師延自投濮水，故聞此聲，必于濮山之上。」〔一〕師曠誠知音矣哉！魯恭王欲壞孔子宅，聞絲竹絃歌之音，乃懼而止〔二〕。此豈虛無渺茫之事哉？人者天地之心也，發而爲聲，聲播於氣，聲氣入于耳而攝于心，推諸物理亦然。曲阜之宮牆、濮上之碎瓦頹垣，其間隙之中，皆吸收乎聲氣者也。故曰：「姦聲感人，而逆氣應之；逆氣成象，淫樂興焉。正聲感人，順氣應之；順氣成象，和樂興焉。」〔三〕成象者，氣之機也。西人之留聲機，有形者也；故宮舊宇，吸收聲氣，無形者也。惟其漸漬之久也，凡人終日聞鐘鼓管絃之聲，與夫謳歈嘈雜之曲，迨其靜也，餘音隱約猶在耳也，此皆耳力之所吸收也。迨歷時既久，有他音以入之，而往時之吸收者始滅。

〔一〕師曠語意，出《韓非子·十過》及《史記·樂書》。

〔二〕孔安國《尚書傳序》云：「至魯共王好治宮室，壞孔子舊宅，以廣其居，於壁中得先人所藏古文虞、夏、商、周之《書》及傳《論語》《孝經》，皆科斗文字。王又升孔子堂，聞金石絲竹之音，乃不壞宅。」載孔穎達《尚書注疏》卷一。

〔三〕「姦聲感人」至「和樂興焉」，《禮記》原文「淫樂興焉」「順氣應之」「和樂興焉」三句句首皆有「而」字。

斯理也，推諸一家亦然。終日而聞清明和樂之音，子孫吸收其和氣，有不聰明正直者乎？終日而聞詬誶乖戾之聲，子孩吸收其暴氣，有不桀驁邪侈者乎？「君子之澤，五世而斬；小人之澤，五世而斬。」〔一〕澤者，氣之所蘊蒸也。天地間善惡之氣，至繁至賾，至危至微，惟在人自取之耳。

「民有血氣心知之性，而無喜怒哀樂之常。」〔二〕苟無順氣以養之，于是有悖逆詐僞之心，有淫佚作亂之事；强者脅弱，衆者暴寡，老幼孤獨不得其所，此大亂之道也。君子審其樂，辨其善惡之氣而知之矣。本篇曰：「人生而靜，天之性也；感于物而動，性之欲也。」此聖人之致中和，所以必歸其功于慎獨也。嗚呼！樂之理微矣！

《樂記篇》大義下

樂者，天地中和之氣也，壹本於陰陽。《易大傳》曰：「一陰一陽之謂道，繼之者

〔一〕《孟子·離婁下》文。
〔二〕《禮記·樂記》文。

善也，成之者性也。」「成性存存」〔一〕者，禮樂之效也。是故不明《易》者，不足以知樂。故曰：「天高地下，萬物散殊，而禮制行矣。流而不息，合同而化，而樂興焉。」此非大化流行之德，鼓盪於無形者乎？若夫「天尊地卑」一節，則純用《易大傳》之文。《易大傳》曰：「乾知大始，坤作成物。」〔二〕而《樂記》則曰：「樂著大始，禮居成物〔三〕。」是以乾配樂，以坤配禮也，陰陽消息之始也。

昔者黃帝使伶倫吹管以候冬至之氣，中黃鍾之宫，而六律六同由是生焉。寂然不動者誠也，感而遂通者神也。一動一靜者，天地之間也。禮樂感人心，人心又應禮樂，皆中和之氣也。禮減而進，陰消之象，凝於陽也；樂盈而反，陽息之象，唱於陰也。卦象「雷入地中」〔四〕爲復，靜之位也，禮也；「雷出地奮」〔五〕爲豫，動之機也，樂也。故《豫》之象傳曰：「先王以作樂崇德。」若《中孚》之「或鼓或罷，或泣或歌」，此哀

〔一〕見《易・繫辭上》。
〔二〕見《易・繫辭上》。
〔三〕「禮居成物」，《禮記》原文句首有「而」字。
〔四〕見《易・復卦》象傳。另有版本作「雷在地中」，如李光地《御纂周易折中》及《通志堂經解》本。
〔五〕見《易・豫卦》象傳。

樂失宜而不得中和之道者也。故曰樂者，人心消息之微也。

《易傳》曰：「生生之謂易。」〔一〕《孟子》曰：「樂之實，樂則生矣；生則惡可已也。」〔二〕樂者，樂其所自生也。有此生理，而後生氣得以暢，生機得以遂；人心之流動，不知足之蹈之，手之舞之，此「天地之大德曰生」也。知崇而禮卑，崇效天，卑法地。樂者，又屬乎知者也，因良知良能以發人之至性至情，故樂率神而從天，禮居鬼而從地。《周禮》大宗伯之職曰：「以天産作陰德，以中禮防之；以地産作陽德，以和樂防之。」禮樂合天地之化，百物之産，蓋天交乎地，故以天産作陰德；地交乎天，故以地産作陽德。禮，天地之中，故以中禮防之；樂，天地之和，故以和樂防之。在《易》，二、五爲中，相應爲和，更可見禮樂之通于《易》道矣。

《中庸》者準《易》而作，爲致中和作禮樂之大原。其首章曰：「天命之謂性。」而《樂記》則曰：「人生而靜，天之性也。」蓋即未發之中也。又曰：「感於物而動，性之欲也。」蓋即已發之和也。「物至知知，然後好惡形焉；好惡無節於内，知誘於外。」則

〔一〕見《易・繫辭上》。

〔二〕見《孟子・離婁上》，原文於「樂之實」句後有「樂斯二者」句。

悖乎中和矣！然則好惡者，人道治亂之幾，而聖人所以作樂者，無非教民平好惡而反人道之正也。「好人所惡，惡人所好，是謂拂人之性。」〔一〕其害中於心術，則禮壞而樂崩，故聖人曰：「人而不仁，如禮何？人而不仁，如樂何？」〔二〕嗚呼！「《易》不可見，則乾坤或幾乎息」〔三〕，而禮樂亦幾乎亡矣！

《雜記篇》大義

陸氏奎勳〔四〕曰：「《雜記》者，所記之事甚雜，記事之人〔五〕亦雜，然皆魯禮也。觀武叔廢賤者之杖，泄柳之徒由右相，孺悲學士喪禮，可類推矣。諸儒以篇中多記孔子

〔一〕《禮記·大學》文。
〔二〕見《論語·八佾》載孔子語。
〔三〕《易·繫辭上》文。
〔四〕陸奎勳（一六六三～一七三八），字聚緱，號坡星，浙江平湖人，著有《戴禮緒言》四卷。唐先生所引一段，見《戴禮緒言》卷三《雜記》第一條。
〔五〕「記事」，陸奎勳《戴禮緒言》第三卷「雜記」條下原文作「記事者」。

事與言，遂指爲春秋書〔一〕。余謂史遷所云『諸生以時習禮於其家，洙泗之間齗齗者』此類是也。其人識高，所記者事信而言醇；若識之卑者，事訛而言駁。蓋《喪大記》《喪服小記》猶然，況以雜名篇者與！」

文治按：此篇于《别録》屬喪服，頗似後世條例之屬，當時記者逐條分纂，後乃彙而輯之。其中雜記孔子、有子、曾子、子貢、子游之言，其尤精粹者，如云「免喪之外，見似目瞿，聞名心瞿。」又，「曾申問于曾子曰：『哭父母有常聲乎？』曰：『中路嬰兒，失其母焉，何常聲之有？』」讀之皆當感泣。蓋孝子終身不忘父母，故免喪之外猶然。故諱者始於宗廟之中，非行於朝廷之内；發於本心之良知，非出於君上之專制。中國有諱，而外國無諱，此中國文明與風俗之厚，勝於外邦也。至孝子之失其親，猶嬰兒之失其母，其有求弗得，哀痛迫切爲何如！故親生膝下，孺子之慕以踊始，樂則生，生則惡可已也。而孝子之居喪，孺子之慕以踊終，如欲從親而不可得，如己身之將斬也。《孝經》曰：「哭不偯。」《孟子》曰：「大人者，不失其赤子之心。」此之謂也。

惟畧有可疑者，如云：「大夫爲其父母兄弟之未爲大夫者之喪，服如士服。士爲

〔一〕「春秋書」，陸氏原文作「春秋時書」。

其父母兄弟之爲大夫者之喪，服如士服。」按：《中庸》篇曰：「父爲大夫，子爲士，葬以大夫，祭以士。父爲士，子爲大夫，葬以士，祭以大夫。期之喪，達乎大夫；三年之喪，達乎天子；父母之喪，無貴賤，一也。」《孟子》曰：「三年之喪，齊疏之服，飦粥之食，自天子達於庶人，三代共之。」記文皆與之不合。友人曹氏叔彦《禮經校釋・喪服》篇首章釋曰：「《雜記》『大夫爲其父母兄弟之未爲大夫者之喪，服如士服』四節……大義有三：因人情之欲厚其親而勉以爲高行，一也；尊者伸，卑者屈，屈則稍畧，伸則備儀，正可以懲末世貴者尚輕畧之失，二也；子貴不爵父，可以戒末世之以貴富加於父兄者，三也。然與正經及孔子、曾子、孟子之言不其合。鄭君《喪服》注及《喪服小記》等篇注，絶不引及，此亦絶不言大夫、士服有異……則鄭不以此記爲正禮也。」〔二〕乃此注必委曲以盡其義者，以此説必有所受，雖與正經不盡合，而記人之意，焉可誣也？觀今大夫喪禮逸二語，微詞已見，應參考鄭君原注。但不欲顯駁耳！以此坊民，後猶有以辭害意，使古書受千載之誣者。

〔二〕曹元弼《禮經校釋・喪服》「附《禮記》疏」條下。

《喪大記篇》大義

黄氏勉齋〔一〕曰：「《儀禮》正經三篇：《喪》《既夕》《虞》所載，皆士禮〔二〕，國之大喪及〔三〕諸侯大夫之禮皆缺。《禮經》既亡，而身綦貴〔四〕，尤諱言凶事，故雖崩薨大變，臣子至痛，而沿襲鄙陋，反民庶〔五〕不若。幸有此篇之存，參之《周禮》，然後大略可見焉〔六〕。」

〔一〕黄榦（一一五二～一二二一），字直卿，號勉齋，閩縣三山人，編有《朱子行狀》，遺著有《黄勉齋集》。

〔二〕「《儀禮》正經三篇」至「皆士禮」，《儀禮經傳通解續·喪大記》開篇黄氏補解原文「三篇」二字原置於「《虞》」後，又「皆士禮」作「惟士禮」。

〔三〕「及」，黄氏《儀禮經傳通解續·喪大記》開篇補解原文作「以及」。

〔四〕「《禮經》既亡，而身綦貴」，黄氏原文前句「亡」作「缺」，後句「身」作「身處」、句末有「者」字，載《儀禮經傳通解續·喪大記》開篇補解。

〔五〕黄氏原文「民庶」後有「之」字。

〔六〕「幸有此篇之存」至「然後大略可見焉」，此數句唐先生取黄氏大意。黄氏原文云：「今以《小戴篇》名及本篇所述，附以《周禮》《禮記》諸書載天子、諸侯、大夫之禮，補爲此篇，列士之禮正經之後。其先後次第之大畧，並依《士喪禮》。」載《儀禮經傳通解續·喪大記》開篇補解。

芮氏嚴尹〔一〕曰：「此〔二〕通記國君、大夫、士喪禮。自疾病徹縣〔三〕，而始死，而正尸、沐浴、含襲〔四〕，小歛、大歛、殯、葬〔五〕，皆有節序。以及當時入弔之賓、拜賓之位，與夫〔六〕居喪之人所飲、所食、所廬、所次，以及〔七〕輯杖、去杖之類，事因〔八〕其會，儀稱其情，雖曲折尚未盡備，而大禮具矣。」

文治按：此篇與《儀禮·既夕禮》記相類，惟《既夕》僅係士禮，而此篇則備諸侯、卿大夫之禮，故名「大記」。大者，備也。死者生人之所不能免，而喪者孝子之所不能免。

友人曹氏叔彥作《〈儀禮·士喪禮〉篇大義》，哀慼悽愴，特採其說，並下己意，以釋此篇，曰：「『男子不死於婦人之手，婦人不死于男子之手』，蓋雖將死，亦必嚴男女

〔一〕芮城，生卒不詳，字嚴尹、蒿子，又改名長恤，江蘇溧陽人；明末諸生，清初棄諸生歸隱，著有《禮記通識》《禮記篇目》等。

〔二〕芮城《禮記篇目·喪大記》原文「此」後有「爲」字。見《禮記·檀弓上》。

〔三〕芮氏原文句首有「蓋」字。

〔四〕芮氏原文句首有「而」字。

〔五〕「小歛」至「葬」，芮氏原文作「而小歛，而大歛，而殯，而葬」。

〔六〕「與夫」，芮氏原文作「以及」。

〔七〕「以及」，芮氏原文無「以及」二字。

〔八〕「因」，芮氏原文作「應」。

之辨也。『復』，盡愛之道也。方疾之革也，奔告五祀，籲天求代，孝子固已盡禱祀之心矣。惟哭先復，嬰兒卒然中道失母，已號咷悲啼不能自止矣。然而幸生之心未已也，北面三號，捲衣投於前，庶其聞聲識衣而反乎？復而不反，則幸生之心雖切，而死事不可緩。故復而後行死事，哀哉！『始卒，主人啼，兄弟哭，婦人哭踊』，斯時何景象也，非復嘗藥祈禱之時矣！啼者痛極而不能哭也，人未有自致者也，必也親喪乎！下又曰：『凡哭尸於室者，主人二手承衾而哭。』承衾者，哀慕若欲攀援也，痛己之不得隨親而死也。哀哉！楔齒、綴足，奉體魄之始也，由是而含焉，襲焉，小斂焉，大斂焉，殯焉，葬焉。附於身、附於棺者，『必誠必信，勿之有悔焉耳矣』〔一〕。凡人作事，不可有悔，而況安父母之體魄乎！後悔其可追而改之乎！沐浴，『如它日』，『爪手剪須』，事死如生也。『濡濯棄於坎』，得尸之氣歸復於土之意也。『三日不食』，『朝一溢米』，『莫一溢米』，哀痛之至，教民無以死喪生，毁不滅性也。君子念夫始之者，則號泣更不能已，然不容不節也。此先王之所以節民性、稱民情也。『大夫之喪，將大斂，既鋪絞紟衾衣。君至，主人迎，先入門右，巫止於門外，君釋菜，祝先入升堂，君即位於序

〔一〕 見《禮記·檀弓上》。

端，卿大夫即位於堂廉楹西，北面東上；主人房外南面，主婦尸西東面。遷尸卒斂，宰告，主人降，北面於堂下，君撫之，主人拜稽顙，君降，升，主人馮之，命主婦馮之。』『馮尸不當君所。』『君於大夫疾，三問之，在殯，三往焉；士疾，壹問之，在殯，壹往焉。君弔復殯服[一]。夫人弔於大夫、士，主人出迎於門外，見馬首，先入門右。夫人入，升堂即位。主婦降自西階，拜稽顙於下。夫人視世子而踊。奠如君至之禮。夫人退，主婦送於門內，拜稽顙；主人送於大門之外。』馮尸弔奠之禮，記載特詳，君臣之情、師友之誼，恩禮可謂兼至矣。漢賈山有言曰：『古之賢君於其臣也，尊其爵禄而親之，疾則臨視之無數，死則往弔哭之，臨其小斂大斂……未斂不飲酒食肉，未葬不舉樂。古之君人者[二]，於其臣也，可謂盡禮矣！』巫止門外，祝先之，其恭敬何至也！升主人馮之，又命主婦馮之，其教孝何切也！臣於君之臨也，迎而先入，撫而先降，必俟君命而後馮之，又不敢當君所，且於男女之别亦不紊焉，細微曲折，無不合禮。觀於此者，仁愛忠孝之心，油然生矣！言念及此，雖欲不勉爲忠臣良士，以無忝所生，其可

[一]「君弔復殯服」，《禮記》原文作「君弔則復殯服」。
[二]見《漢書·賈山列傳》，「古之君人者」句首原有「故」字。

得乎？嗚呼！《孟子》言：『養生喪死無憾，王道之始。』〔一〕又曰：『惟送死可以當大事。』〔二〕死生之際，厚莫重焉。人子當親殁之後，追念『恩斯勤斯』〔三〕，對之有無窮之悲且憯者，飄風發發〔四〕，如砭吾骨。痛念平日事親，何者未竭其力？何者未嘗親心？千悔萬恨，補救無從。曾子曰：『親戚既殁，雖欲孝，誰爲孝乎〔五〕？』爲人子者，當逮事父母之日，其可忽乎哉？是故讀《儀禮·士喪禮》諸篇，與《禮記·喪大記》諸篇，而不怦然動孝思者，非人也。」

《祭法篇》大義

【釋】本篇六問六應，要在恢復祭孔之禮，此禮教之先務。

〔一〕見《孟子·梁惠王上》。
〔二〕見《孟子·離婁下》。
〔三〕《詩·豳風·鴟鴞》句。
〔四〕《詩·小雅·蓼莪》句。
〔五〕見《大戴禮記·曾子疾病》。「誰爲孝也」，原文無「也」字。

今人謂：「祭祀爲迷信，則《禮經・祭法》亦出於迷信乎？」曰：誠然。然自天地開闢以來，生人未有不迷信者也。若必掃除迷信，則必如水濱之木、山砠之石，非人類所生而後可。蓋人之生也，不能無羣，羣則必有所尊，尊則必舉功德之最崇者以作之矜式。柳下和聖之言曰：「夫祀，國之大節也，而即政之所成也。故慎制祀以爲國典……夫聖王之制祀也，法施於民則祀之，以死勤事則祀之，以勞定國則祀之，能禦大災則祀之，能捍大患則祀之。」〔一〕並舉烈山氏、共工氏、黄帝、帝嚳、堯、舜、鯀、禹、契、冥、湯、稷、文、武以爲法式。明德惟馨，昭著後世若此，此祀典之所以爲國典也，教民以爲人之則也。近世廢祭祀爲紀念，改禮節爲儀式，有其實而易其名，豈非知二五而不知十乎？且夫生民之上智者，始能言理不言數，然皆兢兢業業，常存敬畏之心；中人以下，則必範以氣數鬼神之説，使有以齊心志而歛精神。本篇曰：「凡生於天地之間者皆曰命……人死曰鬼，此五代之所不變也。七代之所更立者：禘、郊、宗、祖；其餘不變也。」孔子曰：「君子畏天命。」「小人不知天命

〔一〕見《國語・魯語上》柳下惠（即展禽）語。「而即政之所成也」，《國語》原文作「而節，政之所成也」。「能捍大患則祀之」，原文「大患」作「大肆患」。

而不畏。」[一]若破除天命之説，則昏迷不恭，侮慢聖賢，荒道敗德，其害將有不可勝言者。此《祭法》一篇，先聖所以範圍人心而納諸軌物者也。

或曰：「祭祀之禮，不宜行於大同之世。」

余曰：不然。堯舜之世，大同之世也。「命羲和，欽若昊天，曆象日月星辰，敬授民時。」「璇璣玉衡，以齊七政。」[三]是發明天文學之最先者。「肆類於上帝，禋於六宗，望於山川，徧於羣神。」[三]祀典煌煌，備哉燦爛，即祭法之權輿矣！於時又命伯夷典三禮[四]。三禮者，祭天神、地祇、人鬼也。惟有敬畏天地之心，百官於是乎戒懼，「夙夜惟寅，直哉惟清」。蓋政治官方與祀典關係若是其重也，故居今日而言治，其必自祭禮始矣！

或曰：「鯀障鴻水而殛死，冥勤其官而水死。鯀、冥豈可與堯、舜、禹並稱乎？」

[一] 見《論語·季氏》，原文載孔子語曰：「君子有三畏：畏天命，畏大人，畏聖人之言。小人不知天命而不畏也，狎大人，侮聖人之言。」

[二] 見《尚書·虞書·舜典》。

[三] 見《尚書·虞書·舜典》。

[四] 《尚書·舜典》載帝舜曰：「咨！四岳，有能典朕三禮？」僉曰伯夷，帝曰：「俞，咨。伯，汝作秩宗。夙夜惟寅，直哉惟清。」

余曰：鮌非盡無功也，惟其專己自是耳。《楚詞・天問》篇曰：「纂修前緒，遂成考功，何續初繼業，而厥謀不同。」是即言禹修鮌之功。《禹貢》「既修太原，至於岳陽。」〔二〕先儒謂太原係鮌所修，所以厥謀不同者，鮌專事築堤，而禹則改事疏瀹。堤防爲河水沖塌，則河身愈高，是以績用弗成。秦漢而後，治河者專用鮌法，水患日增，吾民常有其魚之痛。哀哉哀哉〔三〕！冥事雖無所考，然能勤其官而水死。《月令》冬神玄冥，生爲水官，死爲水神。古禮祭五嶽視三公，祭四瀆視諸侯；今四瀆之祭久廢矣，天怒雖屬渺茫，其如民瘼何？《經解》篇曰：「以舊坊爲無所用而壞之者，必有水敗；以舊禮爲無所用而去之者，必有亂患。」諒哉斯言！可爲殷鑑也。

或曰：「此篇已古矣，在今世而定祭法，當奈何？」

余曰：當先復「祭孔禮」。吾國自唐、宋以來，祭孔之典重矣！春秋二仲，釋奠釋菜，宗廟濟蹌，學校觀感。近時歐美諸邦，舟車所至，人力所通，凡有血氣，莫不尊親。蓋孔子法施於民者也，有大功德於民者也，其聰明正直之氣，禮義廉耻之説，常照臨

〔二〕《尚書・禹貢》文。

〔三〕唐先生論較禹、鮌治水之法又見於《孟子大義・滕文公下》。

於宇宙之間，舉凡以死勤事、以勞定國、禦大災、捍大患之人，莫不奉其教以爲依歸。當時身通六藝者七十有二人，其後戰國時孟子，漢董生、鄭君，唐韓子，宋周、程、張、朱五子，明薛、王二子，清初顧、陸、張、湯諸子，皆躬膺道統之寄，先後列諸祀典，而國教立，國體尊，國之重心定矣！由是推之，若郡邑先賢先達，與夫孝子、忠臣、烈婦、貞女之公祭，私家祠祭、墓祭，春秋薦新之祭，凡報本反始之禮，無敢不舉，齊明盛服，誠不可揜。民德既厚，民心焉有不固結者哉？吾嘗謂行政者，當設「禮學館」，續訂祭法，則政治未有不盛隆者也。

或曰：「此篇昔人謂爲漢儒所作，前後全襲《魯語》，何必尊崇之若是？」

余曰：此皆不讀書之陋説也。以文法而言，則《國語》固屬謹嚴；以紀載而言，則載記更爲縝密；以纂輯之例而言，則不韋《吕覽》、荀卿《禮論》，《小戴》亦皆輯録，《魯語》何不可入《禮經》乎？是故儒者必觀其會通，而後能行其典禮。

《祭義篇》大義

【釋】此篇概括《祭義》四本，而後歸於良知之啓動，乃唐先生接受王學之標誌。篇下所附

《祭義章句》，乃極用心之作，唐先生起願詮釋《禮記》之嚆矢也。章句爲綱，大義爲目，合之則《祭義》綱目兼全矣。

人生倫紀中必讀之書，曰《孝經》，曰《祭義》。《論語》言：「君子務本，本立而道生。」〔一〕《學記》言：「三王之祭川也，先河而後海〔二〕；或原也，或委也，此之謂務本。」《孝經》，務本之書也；《祭義》，反本之書也。《孝經·喪親章》言：「孝子之事親終矣。」其事雖終，而其心則靡有終也。春秋祭祀，以時思之，則當以《祭義》續之。文治讀是篇，未嘗不反覆而嗚咽也。今約舉其精義，共有數端：曰性本，曰道本，曰教本，曰治本。

何言乎性本也？仁者心之德，孝者仁之發，而其本始于良知。秋，「霜露既降，君子履之，必有悽愴之心；春，雨露既濡，君子履之，必有怵惕之心」〔三〕。何以有是心也？皆性本也，皆良知也。齊之日有五思，祭之時有四不忘，何以能思能不忘也？皆

〔一〕見《論語·學而》。
〔二〕「先河而後海」，《禮記》原文句首有「皆」字。
〔三〕《禮記·祭義》文。

性本也，皆良知也。曰「思其志意」、曰「諭其志意」，曰「先意承志」、曰「孝子之志」，無非以孝子之天性，感通祖考父母之志意。苟孝子之天性，永久相傳而不泯，即祖考父母之志意，可以永久相傳而長存。否則天性泯，志意滅，即其家道亦從此絶矣！「天之所生，地之所養，無人爲大」，即無性爲大，未有性滅而身不滅、家不滅者，故曰：此性本也。

何言乎道本也？《易傳》曰：「一陰一陽之謂道。」〔一〕又曰：「知崇禮卑，崇效天，卑法地。」〔二〕知崇，性之靈，屬於氣者也，故效天；禮卑，事之實，屬於質者也，故法地。人之形氣，秉之於天地，受之於父母，全而生之，全而歸之，戰戰兢兢，終身不敢毁傷，此之謂要道。道不可須臾離也，君子以愼獨之功歛之，是以「結諸心，形諸色，而術省之」；術省者，愼獨之旨也。君子因一時之術省，爲終身之術省，而至誠無息之功在是矣。

〔一〕見《易繫辭上》。
〔二〕見《易繫辭上》。

「夫微之顯，誠之不可揜如此夫」〔一〕，此道本也。聖人修之以爲教，因事人以事鬼，因知生以知死。因戒慎不睹，恐懼不聞，推之以對越祖考，體物而不遺。因吾心之魂魄，以感鬼神，以其恍惚與神明交，報氣所以效天也，報魄所以法地也。原始而要其終，實即報本而反乎始，以神道設教，而天下服矣。合鬼與神，教之至也，此教之本於幽者也。「立愛自親始，教民睦也。立敬自長始，教民順也。」教諸侯以孝弟，教諸侯以德養，教諸侯以臣，而天下無不觀感而化焉。盈天下皆愛敬之誠，即合天下而致中和之德，此教之屬於顯者也。文王之「惠于宗公，神罔時怨，神罔時恫」，「雍雍在宮，肅肅在廟」〔二〕，乃成人有德之基也。所以推而放諸東西海而準，推而放諸南北海而準也。故曰教本也。

聖人又推之以爲治，《大學》言：「上老老而民興孝，上長長而民興弟。」《孟子》言：「人人親其親，長其長，而天下平。」〔三〕又兩言「西伯善養老」〔四〕，一則申之曰：

〔一〕見《禮記·中庸》。
〔二〕見《詩·大雅·思齊》。
〔三〕見《孟子·離婁上》。
〔四〕見《孟子·離婁上》。

「天下之父歸之，其子焉往？」〔一〕一則申之曰：「文王之民，無凍餒之老者。」〔二〕蓋養老之禮，由事親而推之者也。吾有以事吾親，而使天下皆有以事其親；吾有以養吾親，而使天下皆有以養其親。「樂自順此生，刑自反此作」，「至孝近乎王，至弟近乎霸」，胥於是乎出焉。天下未有舍孝弟而可以爲治者也。故曰治本也。

有是四者之本，治心以治身，治身以治人，夫然後仰不愧於天，俯不怍於人。故曰：「思終身勿辱也。」又曰：「孝子臨尸而不怍。」又曰：「不辱其身，可謂全矣。」此即守身爲大之義，亦即知命復性之功，乃一篇之微意也。

而文治則更有進焉者。生死之道，聖人情性之大端也。友人曹氏叔彦曰：「未有生不能敬養，而没能敬享者；亦未有養不能致其樂，而祭能致其嚴者。蓋祭也者，事死之禮，所以補事生之不及也。行其禮，所以使天下之事生者知所法式也，亦所以使天下之事生者瞿然顧念，知事生之必有所窮，而汲汲焉不虚其愛日也。」《内則》一篇，言養老之禮，而間及於父母既没之事，爲天下之孝子警也。《祭義》一篇，言祭祀

〔一〕見《孟子·離婁上》。

〔二〕見《孟子·盡心上》。

之禮，而遂及於父母逮存之時，爲天下之孝子幸也。曾子曰：「椎牛而祭墓，不如雞豚之逮存也。」〔一〕歐陽子曰：「祭而豐，不如養之薄也。」〔二〕然則此篇之微意，更可知也。

然則事死者要有模範焉，文王、孔子是也。「文王之祭也，事死者如事生，思死者如不欲生。」「仲尼嘗，奉薦而進其親也慤，其行也趨趨以數。」此事死者之模範也。至於事生者，亦有其模範焉，曾子、樂正子春是也。「父母愛之，喜而弗忘；父母惡之，懼而無怨。」「壹舉足而不敢忘父母，壹出言而不敢忘父母。」此事生者之模範，亦此篇之微意也。嗚呼！人生而幸也，兄弟妻子，和樂且耽〔三〕。子曰：「父母其順矣乎！」〔四〕人生而不幸也，「齊明盛服，以承祭祀，洋洋乎如在其上，如在其左右。」〔五〕子

〔一〕見《韓詩外傳》。
〔二〕見歐陽修《瀧岡阡表》。
〔三〕《禮記・中庸》云：「兄弟既翕，和樂且耽。」
〔四〕「兄弟妻子」至「其順矣乎」，乃化取《禮記・中庸》載孔子語，原文云：「子曰……《詩》曰：『妻子好合，如鼓瑟琴；兄弟既翕，和樂且耽。宜爾室家，樂爾妻帑。』」子曰：「父母其順矣乎！」
〔五〕見《禮記・中庸》。

曰：「鬼神之爲德，其盛矣乎！」[一]聖人之言，所以見衆生之必死，而孝子之心不得已而有所窮也。一堂聚順，笑語融融，而吾祖考父母俱不及見焉，此祭禮所由起也。「將至[二]必樂，已至必哀」，追而溯之，一則以喜，一則以懼，此心之痛何如也！

是故篇中凡言「必有」者，皆哀樂之情所發也。曰「必有悽愴之心」，「必有怵惕之心」，「僾然必有見乎其位」，「肅然必有聞乎其容聲」，「愾然必有聞乎其歎息之聲」，此就其見聞而不可得也，哀何如也！及追溯之曰：「孝子之有深愛者，必有和氣；有和氣者，必有愉色；有愉色者，必有婉容。」此則家庭之幸事也，樂何如也！

又篇中凡言「如」者，皆恍惚之情，發而爲哀樂者也。曰「事死如事生」，「思死者如不欲生」，「稱諱如見親」，此不及見者也，哀何如也！又曰：「如執玉，如奉盈，洞洞屬屬然如弗勝，如將失之。」此兼事死事生而言者也。喜與懼半，樂與哀半者也。又曰：「如懼不及愛然」，「如語焉而未之然」，「如將弗見然」，「如將復入然」，此則不及語而不及見，恍惚想象之至也，哀何如也！若此者，皆孝子天性之所發，亦即精神魂

[一] 此《禮記·中庸》載孔子語。
[二] 「將至」，《禮記》原文作「饗之」。

魄之所寄也。

然則「思其志意，思其所樂、所嗜」，豈必待齊之日而後思之哉？惟事生時思之熟，故事死時思之尤熟也，謂爲終身之思可也。「明發不寐，有懷二人」[一]，豈必待祭之日，而後懷之哉？惟事生時懷之初，故事死時懷之更切也，謂爲終身之懷可也。嗚呼！「庶或饗之，庶或饗之」，此豈孝子之所得已哉？孝子不容不如此，亦不忍不如此。又若或使之者何也？皆天性也，皆良知也。

「父兮生我，母兮鞠我；拊我畜我，長我育我；顧我復我，出入腹我。」[二]其拊、畜、長、育、顧、復而腹我者，亦有若或使之者，慈愛之性善也。爲人子者，終身思慈愛罔極之恩，區區之祭，豈得謂之報德乎哉？幽明之際，恍惚之交，豈真能見祖考父母乎哉？嗚呼！此《祭義》一篇，所以當與《蓼莪》之詩並讀者也，能無雒誦嗚咽而不止也？

[一] 此《禮記・祭義》引《詩・小雅・小宛》語。

[二] 見《詩・小雅・蓼莪》。

附録：《祭義》章句

【釋】本文原載《茹經堂新著·〈禮記〉講義》，原題《禮記·祭義篇講義》。唐先生《自訂年譜》丁卯（一九二七）六十三歲正月載：「初編《禮記大義》，從《祭義篇》始。」蓋教孝之本，與《孝經》同歸，故先生以爲「禮教」之根本。篇末自記云：「余嘗爲《祭義章句》，尚未印行，特將分章次第録示諸生。」則本篇乃先生《祭義章句》無疑，《茹經堂新著·〈禮記〉講義》稱《祭義篇講義》，乃先生以之講授，故云。今復其本名《祭義章句》，並於此見先生曾萌撰寫《禮記章句》之想法。

孔氏穎達曰：「案鄭《目録》云：『名曰祭義者，以其記齊戒薦羞之義也，此於《别録》屬祭祀。』」

文治按：曾子曰：「愼終追遠，民德歸厚矣。」祭義者，追遠之大本也。朱子題《孝經》云：「若不如此，便不成人。」竊謂親在而不能盡其孝，固不得爲人；若祖考既没而不能盡其祭祀之誠，又豈得爲人乎？近人於中國行祭祀禮，則斥之曰迷信；於西人作紀念，則尊之曰紀念式。嗚呼！抑何迷信西人，而忍忘祖考乎？揆諸本心，毋乃偵乎？當令其熟讀此篇，以激發其良知。故勸孝爲吾儒之職分，即人生固有之性分也。祭者，所以補孝親之不及，仁人孝子不得已之心也。故讀此篇者，當知親在之時，務宜及時以盡孝。色不忘乎目，聲不絶乎耳，即「視于無形，聽于無聲」之心，所鬱積而出者也。

祭不欲數，數則煩，煩則不敬。祭不欲疏，疏則怠，怠則忘。是故君子合諸天道，春禘，秋嘗。霜露既降，君子履之，必有悽愴之心，非其寒之謂也；春雨露既濡，君子履之，必有怵惕之心，如將見之。樂以迎來，哀以送往，故禘有樂而嘗無樂。

鄭注：「忘與不敬，違禮莫大焉。合於天道，因四時之變化，孝子感時念親，則以此祭之也。春禘者，夏殷禮也。周以禘爲殷祭，更名春祭曰祠。霜露既降，《禮説》在秋。此無秋字，蓋脱爾。迎來而樂，樂親之將來也。送去而哀，哀其享否不可知也。小言之則爲一祭之間，孝子不知鬼神之期。推而廣之，放其去來於陰陽。」按：放即仿字，言依也。

方氏慤曰：「數、疏言其時，煩、怠言其事，不敬與忘言其心。君子之於祭，自外入者，因時以舉事，因事以生心；由中出者，因心以行事，因事以從時。以時對月，則時不爲近。以時對歲，則時不爲遠。然朔有告，以於禮爲小，而不嫌於數也。三年有祫，以於禮爲大，而不嫌於疏也。禘非不送往而哀也，然順陽出之義，故以迎來爲主而有樂。嘗非不迎來而樂也，然順陰入之義，故以送往爲主而無樂。一祭之間，神未嘗不來，亦未嘗不往；人未嘗不樂，亦未嘗不哀也。經之所言，特各有所主爾。」[一]

方氏苞曰：「舉霜露則秋可知，雨露通春夏，故必舉首時。霜露與悽愴，實相感召，故曰非其寒

[一] 宋儒方慤之説見載於《欽定禮記義疏》卷六〇。

之謂也。春日載陽，雨露華滋，萬物欣欣，恒情多爲之舒暢，惟君子感時而思親，則怵焉惕焉，哀親之不得見，而如將見之，所以怵惕也。荀卿子曰：『人之歡欣和合之時，則夫忠臣孝子亦悼（悼，更也）詭而有所至矣。』即此義也。」〔一〕

文治按：履霜露而悽愴，非爲寒也，念吾親之體魄也。履雨露而怵惕，如將見之，如見吾親之體魄也。秋曰悽愴，春曰怵惕，推吾親在時，體念其寒暖之心；迨吾親既没，則哀其在土，痛其屢更寒暑，欲見而不得見，故曰如將見之，此祭禮所由起也。樂以迎來，生前侍奉，幾不可得矣。没後而追奉之，哀中之樂也。哀以送往，并須臾之依戀，爲時已去，哀中之哀也。先儒云本經霜露上脱「秋」字〔二〕。

又按：本篇凡言必有者，皆發於至誠之心，非外襲而取之也。凡言如者，皆體狀孝子之至情，非矯飾而爲之也。

致齊於内，散齊於外。齊之日：思其居處，思其笑語，思其志意，思其所樂，思其所嗜。齊三日，乃見其所爲齊者。

鄭注：「致齊，思此五者也。散齊七日，不御不樂不弔耳。見所爲齊者，思之熟也。所嗜，素所

〔一〕方苞《禮記析疑》卷二五。
〔二〕鄭玄注云：「霜露既降，《禮説》在秋，此無『秋』字，蓋脱爾。」

欲飲食也。《春秋傳》曰：『屈到嗜芰。』」

程子曰：「凡祭必致齊。齊之日，思其居處，思其笑語，此孝子平思親之心，非齊也，齊不容有思。齊者湛然純一，方能與鬼神接，然能事鬼神，已是上一等人。」[一]

真氏德秀曰：「程氏謂齊不容有思，有思非齊也。蓋齊與戒異，當七日之戒，凛然祗懼，容有思焉。及齊三日，則湛然純一，無所思矣，此齊與戒之分也。愛慕之極，儼乎其若存；誠慤之極，昭乎其有見。敬則有，不敬則無矣。故親在而養必以敬，親没而享亦以敬。親之存没有異，而孝子之敬則同。夫如是，則終身弗辱其親矣！」[二]

文治按：致齊散齊，内外交盡也。而致齊爲其體，居處五者，吾親之習慣也。屢思之而不得見，痛何如矣！乃見其所爲齊者，精誠惻怛之至也。

又按：居處爲吾親精神之所寄，笑語則親切益甚矣！志意則更親切矣！思之而繼志述事之大者，有不呈露於吾心乎？所樂所嗜，非小節也。曾皙嗜羊棗，而曾子不忍食羊棗，思之而瞿然動念，悽愴傷懷，豈徒備物而已哉？

祭之日：入室，僾然必有見乎其位；周還出户，肅然必有聞乎其容聲；出户而聽，愾然必有聞乎其

[一]《欽定禮記義疏》引程子語。
[二]《欽定禮記義疏》引真德秀《大學衍義》文。

嘆息之聲。

鄭注：「周還出户，謂薦設時也。無尸者闔户，若食閒，則有出户而聽之。」

方氏苞曰：「出户而聽，謂佐食闔牖户後也，與篇末『宿者皆出，其立卑靜以正，如將弗見然。及祭之後，陶陶遂遂，如將復入』，義正相發。」〔一〕

文治按：陸氏德明云：「僾，微見貌。」竊謂僾者愛情之所發也，愾者心氣之所發也。孝子之事親也，視於無形，聽於無聲。至祭之時，則視之不見，聽之不聞矣。不見不聞，而猶必有見、必有聞者，推其平日視無形、聽無聲之精神，以接吾親之精神也。愾然必有聞乎其歎息之聲，念父母愛子之心，至於無窮。人子可不依戀吾親乎？

又按：上節「思其居處」五「其」字，此節「必有見乎其位」三「其」字，皆指吾親而言。讀之如追魂攝魄，慟何如矣？有不能動其良心者，非人也！

是故先王之孝也，色不忘乎目，聲不絶乎耳，心志嗜欲不忘乎心。致愛則存，致慤則著。著存不忘乎心，夫安得不敬乎？

鄭注：「存著，則謂其思念也。」

〔一〕 方苞《禮記析疑》卷二五《祭義》文。

文治按：《孝經》「先王有至德要道」，先王謂文王。此篇先王亦指文王，故下文引文王事爲證。三〔一〕「不忘」字，承上文五「思」字而來。惟其能思，所以能不忘。惟祭祀時不忘其親，而後能終身不忘其親。「致愛則存，致慤則著」，吾親之精神已散，先王痛其不能存、不能著也，而致愛以存之，致慤以著之，是故祖考之精神，必賴子孫之精神而後聚。《詩》曰：「以妥以侑。」此之謂也，故曰「安得不敬」。敬者，主一無適之謂。主一而精神聚矣。雖然，人子於其不能存、不能著之時，而思念以存著之，何若於吾親存著之時，而急急以盡其孝乎？曰「著存不忘乎心」，想像之餘，痛心可知也。

君子生則敬養，死則敬享，思終身弗辱也。君子有終身之喪，忌日之謂也。忌日不用，非不祥也。言夫日，志有所至，而不敢盡其私也。

鄭注：「享，猶祭也，饗也。忌日，親亡之日。忌日者，不用舉他事，如有時日之禁也。祥，善也。志有所至，至於親以此日亡，其哀心如喪時。」

文治按：事親之義，弗辱爲大。弗辱與下「臨尸不怍」相應。《孟子》曰：「不失其身而能事其親者，吾聞之矣。失其身而能事其親者，吾未之聞也。」失其身則辱矣，辱則入廟門而先無地以自容，尚安能行祭祀乎？君子推其敬養敬享之心，以至於終身無不敬，而後能終身弗辱也。忌日，鄭君注：「親亡之日。」讀之瞿然痛心矣。夫親亡之日，何日也？親亡之時，何時也？思之方哀痛之不暇，而安

〔一〕「三」，原誤刻作「四」。

敢盡其私乎？世人於親亡之日，晏然歡樂，甚至有不復記憶其日者，此殆無人心者也。君子有終身之喪，而後有終身之憂。終身之喪，似文王而後可也；終身之憂，似舜而後可也。此思慕之誠，至死而不容已者也。

又按：凡經中「夫」字，作彼字解，或作是字解，此「夫日」言「是」也。

唯聖人爲能饗帝，孝子爲能饗親。饗者，鄉也。鄉之，然後能饗焉。是故孝子臨尸而不怍。君牽牲，夫人奠盎。君獻尸，夫人薦豆。卿大夫相君，命婦相夫人。齊齊乎其敬也，愉愉乎其忠也，勿勿諸其欲其饗之也。

鄭注：「能饗帝、能饗親，謂祭之能使之饗也，帝，天也。中心鄉之，乃能使其祭見饗也。色不和曰怍。奠盎，設盎齊之奠也。勿勿，猶勉勉，愨愛之貌。此時君牽牲，將薦毛血，君獻尸，而夫人薦豆，謂繹日也。儐尸，主人獻尸，主婦自東房薦韭菹醢。」

《義疏》云：「此緊承上『終身弗辱』來。人之生也，性受之天，形受之親，全而受者全而歸。聖人者，天之孝子也。終身一有所辱，則當祭何以對天？何以對親？此心必有愧赧而不自安者。故惟聖人孝子乃能不怍也。蓋心有所怍，則心已不在祭而忠敬皆失，豈復能饗親而欲親饗之不可得已。鄭專〔一〕以色言，似隔。」

〔一〕「專」字，原脱，據《欽定禮記義疏》補。

《義疏》又云：「《説文》『勿』字似旂脚，一麾三軍盡退。勿勿者，雜念盡除，專一鄉之意。先儒謂『戒禁它念』，亦稍隔。」此説亦可備一解。

方氏苞曰：「受於天者，惟聖人能全而歸之，而天地所生成，莫不有以盡其性，所以能饗帝也。受於親者，惟孝子能全而歸之，而父母所愛敬，莫不有以充其類，所以能饗親也。聖人之心，自曰明曰旦，以至民胞物與，無時而不饗乎帝也。孝子之心，自慎行其身，以至齊家睦族，而無時不鄉乎親也。惟其平時如此，所以臨尸而不怍，言孝子之不怍，則聖人之對越在天者可知矣。」〔一〕

文治按：聖人皆出於孝子，惟孝子乃成爲聖人，故惟能饗親者而後能饗帝。周公郊祀后稷以配天，宗祀文王於明堂以配上帝，此其模範也。鄉之云者，誠之至也，精神志意之所聚也。方氏以「平日」言，尤爲精覈。《大學》曰：「誠於中，形於外。」《孟子》曰：「仰不愧，俯不怍。」惟平居不愧於屋漏者，而後祭時不怍於神明。怍者，良知之未泯也。不怍者，良知之無忝也。「勿勿」之義，《義疏》較鄭注爲精。蓋人當致齊致敬之時，或不免有雜念游思，紛擾於中。勿勿者，所以絶其雜念游思也，夫然後能饗。世人不役志於饗，虚此祭矣。

文王之祭也，事死者如事生，思死者如不欲生，忌日必哀，稱諱如見親，祀之忠也。如見親之所愛，如欲色然，其文王與？《詩》云：「明發不寐，有懷二人。」文王之詩也。祭之明日，明發不寐，饗而致

〔一〕方苞《禮記析疑》卷二五。

之，又從而思之。祭之日，樂與哀半，饗之必樂，已至必哀。

鄭注：「『思死者如不欲生』，言思親之深也。『如欲色』者，以時人於色厚，假以喻之。『明發不寐』，謂夜而至旦也。『祭之明日』，謂繹日也，言繹之夜不寐也。二人謂父母，容尸侑也。」

《義疏》云：「二人只指父母爲是。云尸侑，非也。『事死者』四句，統論平日，所謂終身之憂也。『稱諱如見親』，方氏慤『聞名心瞿』之説爲是，不必粘定廟中。『祀之忠也』二句，方説祭祀時，『如見親之所愛如欲色然』十字一句，言如見親於所愛之人，其色若欲接之於所愛之物，其色若欲玩之，若欲食之也。」

文治按：仁人孝子當以文王爲標準。「思死者如不欲生」，欲從親之意也。凡人之心，鮮不欲從其親者，迨親没而無可從，則其心稍怠矣。惟文王則終身不懈，曰「如不欲生」，欲從之而不可得也。「稱諱如見親」，凡人稱其親之諱，未有不瞿然動念者。曾晳嗜羊棗，而曾子不忍食羊棗，孟子推論之曰：「諱名不諱姓。姓所同也，名所獨也。」惟其所獨，故稱諱如見親也。「祀之忠也」，忠字最親切。《内則》曰：「以其飲食忠養之。」祀之忠，猶是養之忠也。孝子終身不忘其親，況於文王！不顯亦臨。然則「有懷二人」，豈獨明發時哉？蓋《小宛》之詩，「大夫刺幽王」[一]，此不過引以爲證耳。人縱無

[一]《詩序》文。

良，當「昊天曰旦」〔一〕之時，其思親之心，未有不暫時呈露者，蓋平旦之良知終不容泯也，而文王則保此以終身者也。「祭之明日」以下，乃倒文法。曰「祭之日，樂與哀半」，何也？孝子養則致其樂，喪則致其哀。祭者，所以補養之不足，而介於養與喪之間者也，是以樂與哀半也。曰「饗之必樂，已至必哀」，何也？凡人當其親之入門，未有不踴躍以迎者，是以必樂。迨已至之時，非真境也，乃想像之境也，恍兮惚兮，惘焉追慕，是以必哀。迨祭之明日，則明發而不能寐矣！魂夢精神，如在親之左右，展轉思之，如在而非真在也，則餘哀終不能忘也。嗚呼！爲人子者，其深體之哉！

又按：「如欲色然」，《義疏》解是，鄭注恐非。

仲尼嘗，奉薦而進，其親也慤，其行也趨趨以數。已祭，子贛問曰：「子之言祭，濟濟漆漆然。今子之祭，無濟濟漆漆，何也？」子曰：「濟濟者，容也，遠也；漆漆者，容也，自反也。容以遠，若容以自反也，夫何神明之及交，夫何濟濟漆漆之有乎？反饋，樂成，薦其薦俎，序其禮樂，備其百官。君子致其濟濟漆漆，夫何慌惚之有乎？夫言，豈一端而已？夫各有所當也。」

鄭注：「嘗，秋祭也。親謂身親執事時也。『慤』與『趨趨』，言少威儀也。趨讀如促。數之言速也。漆漆讀如『朋友切切』。自反猶言自修整也。容以遠，言非所以接親也。容以自反，言非孝子所以事親也。及，與也。此皆非與神明交之道。天子諸侯之祭，或從血腥始；至反饋，是進孰也。薦

〔一〕《詩·大雅·板》句。

俎，豆與俎也。慌惚，思念益深之時也，言祭事既備，使百官助己祭。然而見其容而自反，是無慌惚之思念。『豈一端』，言不可以一概也。禮各有所當行，祭宗廟者，賓客濟濟漆漆，主人慤而趨趨。」

方氏慤曰：「奉薦而進，謂子奉所薦之時物而進之於其親也。慤言奉之之容，完實而無文。趨趨以數，言行之之節，收攝而不疏。濟濟者，威儀之齊而遠，則優游而不迫。漆漆者，威儀之飾。自反，則反〔一〕覆而不苟。濟濟者之遠，則異乎趨數者矣。漆漆之自反，則異乎慤者矣。序其禮樂，則先後得以不失其倫。備其百官，則大小得以各正其事，故君子於是致其濟濟漆漆也。致其濟濟漆漆，則非以恍惚與神明交矣。故曰：『夫何恍惚之有？』恍焉若無，惚焉若有，神人之道，幽明之際，以誠心交之，其狀如此。」

文治按：《玉藻》詳言禮義容止之節。《史記·孔子世家》言「孔子善爲容」，容者禮之文也。此節蓋言禮之文與禮之意之别。「其親也慤」，如在親之側也。「趨趨以數」，非忽遽也，蓋精神有所注也。漆漆當通作蹌蹌，漆、蹌雙聲，言趨蹌之美也。凡祭之道，精神而已。若其精神或注於遠，或注於近，則非所以交於神明，故孝子不欲爲濟濟漆漆之容也。若夫助祭者，對於所祭者，非至親也。既非至親，即無從致其恍惚之意。故其精神當注於威儀容貌之間，故曰：「夫何恍惚之有也？言豈一端而已。」正言禮之文與禮之意之别也。聖人孝子，文王而外，首推仲尼。春秋之世質敝文勝，祭祀

〔一〕「則反」二字原脱，據《欽定禮記義疏》補。

之禮，有專務矜夸外飾。此節所以著禮之本意，而矯世俗人心之失也。

孝子將祭，慮事不可以不豫；比時具物，不可以不備；虛中以治之。宮室既修，墻屋既設，百物既備，夫婦齊戒沐浴，盛服奉承而進之，洞洞乎、屬屬乎，如弗勝，如將失之，其孝敬之心至也與！薦其薦俎，序其禮樂，備其百官，奉承而進之，於是諭其志意，以其恍惚以與神明交，庶或饗之，庶或饗之，孝子之志也。

鄭注：「比時，猶先時也。虛中，言不兼念餘事。修設，謂掃除及黝堊。百官助主人進之，『諭其志意』，謂使祝祝饗及侑尸也。或，猶有也，言想見其彷彿來。」

方氏慤曰：「前期十日，帥執事而卜日遂戒，此慮事之所以豫也。天之所生，地之所産，苟可薦者，莫不咸在，此具物之所以備也。豫則無不及之時，備則無不足之用。齊者，心不苟慮，必依於道，凡以致其虛而已。『祝以孝告』，而諭人之志意於神；『嘏以慈告』，而諭神之志意於人。神人相諭，如是而祭，庶幾乎神或饗之。庶者，幸而不必之辭。或者，疑而不定之辭。《郊特牲》言『豈知神之所饗也，主人自盡其敬而已』，正謂是也。」〔一〕

方氏苞曰：「百官奉承而進，或諭乎孝子之志意，而孝子獨致其恍惚，以與神明交也。舊説總以屬助祭者，誤矣。上記薦俎，序其禮樂，備其百官，君子不堪入耳，其濟濟漆漆，夫何恍惚之有乎？明

〔一〕方氏語載《欽定禮記義疏》卷六〇《祭義》。

助祭則無用其恍惚也。此曰『以其恍惚以與神明交』，則謂主祭者明矣。諭志意即《詩》『奉格無言，時靡有爭』之義。」〔一〕

文治按：《易・豫卦》大象傳曰：「先王以作樂崇德，殷薦之上帝，以配祖考。」凡事豫則立，而於祭祀時爲尤要。慮事而不豫者，不孝也。比有近義，比時言臨時也。洞洞言其深也，屬屬言其清也。如弗勝，如弗勝祭事也。「如將失之」，或云「恐懼如將失奉承之物」，或云「恐將失神明之所在」，是以孝敬之心，不可以不至也。「諭其志意」與上「思其志意」相應。惟其思之誠，是以諭之切，乃能以己之志意與神明交也。孝子之養也，惟慮不得其親之所嗜；及其祭也，不獨慮不得親之所嗜，且慮神之來享乎否乎？嗚呼！此所以養則樂而享則哀也。

孝子之祭也，盡其慤而慤焉，盡其信而信焉，盡其敬而敬焉，盡其禮而不過失焉。進退必敬，如親聽命，則或使之也。

鄭注：「言當盡己而已，如居父母前，將受命而使之。」

文治按：「盡其慤而慤焉」，四「盡」字，皆充滿其分量之義。曰「如親聽命」，痛其不得聽命也。曰「則或使之」，痛其不得使之也。《中庸》「使天下之人，齊明盛服，以承祭祀」，此非有使之者也，而若或使之者，孝子良心之所發也。

〔一〕方苞語載《禮記析疑》卷二五《祭義》。

又按：此節「孝子之祭也」，下節「孝子之祭可知也」，「孝子之祭也」，皆用提筆，非唱歎文義，所以唤醒世之爲人子者。

孝子之祭可知也，其立之也，敬以詘；其進之也，敬以愉；其薦之也，敬以欲；退而立，如將受命；已徹而退，敬齊之色不絶於面。孝子之祭也，立而不詘，固也。進而不愉，疏也。薦而不欲，不愛也。退立而不如受命，敖也。已徹而退，無敬齊之色而忘本也。如是而祭，失之矣。

鄭注：「詘，充詘，形容喜貌也。進之，謂進血腥也。愉顔色，和貌也。薦之，謂進熟也。欲，婉順貌。齊，謂齊莊。固，猶質陋也。」

《義疏》云：「親者，身之本也。已徹而退，無敬齊之色，謂吾事畢矣，則已忘其親，故曰『忘本』。先儒謂：『本於德，本於孝，由其心之不誠故。』如是，則以『本』字屬人，子屬人子説。當云『無本』，非『忘本』也。」

文治按：詘通屈，謂鞠躬如也。欲謂勿勿，諸其欲其饗之也。如見親之所愛，如欲色然也。「立而不詘」五者，似不得爲孝矣。而屬於孝子之祭者，戒孝子之心，或有所失也。讀之，可不悚然自省乎？

又按：孝子之祭如此，則親在之時，養親之儀容可知矣。

孝子之有深愛者，必有和氣；有和氣者，必有愉色；有愉色者，必有婉容。孝子如執玉，如奉盈，洞洞屬屬然，如弗勝，如將失之。嚴威儼恪，非所以事親也，成人之道也。

鄭注：「和氣謂立而不詘，成人既冠者。然則孝子不失其孺子之心也。」

《義疏》云：「此節是孝子事生之容。朱子訓色難，全引此，可見記者言祭而以此結之，正見孝子『事死如事生』也。孔氏亦以祭言，泥矣。又如『執玉』四語，固是敬，然敬正由『深愛』出，非謂愛又須敬。愛敬，闕一不可也。」

文治按：追遠之禮，一則使爲人子者盡其悽愴思慕之誠，一則使凡爲人子者知親在之時，當及時以盡孝也。此節由事死而轉至事生，正所以警醒天下之孝子也。愛發於情，而「深愛」則根於心，此由中出者也。至和氣則發於外矣。氣無形者也，達於容則有跡矣。三「必有」字，見其皆從「深愛」而來，天性纏綿，非可外襲而取之也。如「執玉」五句，敬心也。然恐其過於拘也，故記之以「嚴威嚴恪」三句。曾子曰：「閨門之内，嬉而不歎。」孟子曰：「樂則生矣，生則惡可已也。」是故事親之道宜敬以和，而和之意常多於敬；祀親之禮，樂與哀半，而樂之意不勝其哀。

先王之所以治天下者五：貴有德、貴貴、貴老、敬長、慈幼。此五者，先王之所以定天下也。貴有德，何爲也？爲其近於道也。貴貴，爲其近於君也。貴老，爲其近於親也。敬長，爲其近於兄也。慈幼，爲其近於子也。

鄭注：「言治國家有道。」

文治按：「先王有至德要道，以順天下」[一]，貴有德，貴其孝也。有德未有不孝者，本立而道生，

[一]《孝經·開宗明義章》文。

故此五者，爲治天下之本，禮樂之所由作也。

是故至孝近乎王，至弟近乎霸。至孝近乎王，雖天子，必有父；至弟近乎霸，雖諸侯，必有兄。先王之教，因而弗改，所以領天下國家也。

鄭注：「天子有所父事，諸侯有所兄事，謂若三老五更也。天子衰，諸侯興，故曰霸。」

文治按：此節先儒多疑非聖賢之言。竊謂此當與《中庸》「好學近乎知」三句「近」字相同。至孝非即王也，至弟非即霸也，近焉而已，蓋言其志意氣象如此耳。記問所以著此義者，一則見孝弟之道當擴充之於事功，一則見王霸之業必當本於孝弟。而論者以尊王黜霸之義繩之，泥矣。《孝經》云：「雖天子，必有尊也，言有父也；必有先也，言有兄也。」〔一〕其言養老之禮，則與此相合。凡讀經當通大義，豈可妄生疑竇乎？

又按：「領天下國家」，「領」字最有味。《大學》言天下之道，不外「上老老而民興孝，上長長而民興弟」，《孟子》言「人人親其親長其長而天下平」，皆所以挈其領也。

子曰：「立愛自親始，教民睦也。立教自長始，教民順也。教以慈睦，而民貴有親；教以敬長，而民貴用命。孝以事親，順以聽命，錯諸天下，無所不行。」

鄭注：「親長，父兄也。睦，和厚也。尊長出教令者。」

〔一〕《孝經·感應章》文。

文治按：此皆《孝經》説也。《孝經·開宗明義章》曰：「先王有至德要道以順天下，民用和睦。」順睦必出於教，而教必先以孝弟，故《廣要道章》又曰：「教民親愛莫善於孝，教民禮順莫善於弟。」亦與此相發明。《五孝章》言「愛親者不敢惡於人，敬親者不敢慢於人」，實兼天子、諸侯、卿大夫、士、庶人而言，非專屬之於天子。惟天子兼君師之職，故所以立之教之者，必屬之於天子者，以示天下之模範也。「錯之天下，無所不行」，蓋朝廷者，人心風俗所由始也。

郊之祭也，喪者不敢哭，凶服者不敢入國門，敬之至也。

鄭注：「祭者，吉禮，不欲見凶人。」

文治按：郊之祭，報本反始，所以尊乾坤，大父母。喪者不敢哭，凶服者不敢入國門，非奪人之情也。先王之道，既合天下之愛，以爲愛即合天下之敬以爲敬，故曰「敬之至」。

祭之日，君牽牲，穆答君，卿大夫序從。既入廟門，麗于碑，卿大夫袒，而毛牛尚耳，鸞刀以刲，取膟膋，乃退。爓祭祭腥而退，敬之至也。

鄭注：「祭，謂祭宗廟也。穆子，姓也。答，對也。序，以第從也。序或爲豫。麗，猶繫也。『毛牛尚耳』，以耳毛爲上也。膟膋，血與腸間脂也。『爓祭祭腥』，祭爓肉腥肉也。湯肉曰爓。『爓祭祭腥』或爲合祭腥泄膠孰也。」

郊之祭，大報天而主日，配以月。夏后氏祭其闇，殷人祭其陽，周人祭日，以朝及闇。

鄭注：「主日者以其光明，天之神可見者莫著焉。闇，昏時也。陽，讀爲『曰雨曰暘』之『暘』，謂日中時也。朝，日出時也。夏后氏大事以昏，殷人大事以日中，周人大事以日出，亦謂此郊祭也。以朝及闇，謂終日有事。」

《義疏》云：「郊爲大祭，儀節應多，非終日不能畢。上闇字以日未出時言，陳氏澔所謂昧爽以前是也。若如鄭昏時説，不幾於《禮器》繼燭之譏耶？陽以日出言，即《禮器》『質明』。蓋平旦之氣，斯可以交神明，日中則太晏矣。下『闇』字以昏時言。『以朝及闇』者，謂日出行禮，至昏而畢。即《疏》所引《禮器》『質明及晏』是也。」

祭日於壇，祭月於坎，以別幽明，以制上下。祭日於東，祭月於西，以別外內，以端其位。日出於東，月生於西。陰陽長短，終始相巡，以致天下之和。

鄭注：「幽明者，謂日照晝，月照夜。端，正也。巡，讀如沿漢之沿，謂更相從道。」

天下之禮，致反始也，致鬼神也，致和用也，致義也，致讓也。致反始，以厚其本也；致鬼神，以尊上也；致物用，以立民紀也。致義，則上下不悖逆矣。致讓，以去爭也。合此五者，以治天下之禮也，雖有奇邪，而不治者則微矣。

鄭注：「因祭之義汎説禮也。致之言至也，使人勤行，至於此也。至於反始，謂報天之屬也。至於鬼神，謂祭宗廟之屬也。至於和用，謂治民之事，以足用也。物，猶事也。變和言物，互之也。微，猶少也。」

方氏慤曰：「用志不至，不足以立禮。用力不至，不足以行禮，故每致以言之。致反始，致鬼神，所以盡天道。致物用，致義讓，所以盡人道。天人之道，可合而不可離。必合此五者，然後足以治天下之禮。奇，言其無常。邪，言其不正。」

文治按：五致並重，而致讓去爭尤爲治末世之要務。《論語》曰：「君子無所爭。」又曰：「能以禮讓爲國乎？何有？」《大學》言「一家讓，一國興讓」。《中庸》言「致中和」，蓋讓者，中和之氣之所凝聚，即中和之理之所推行也。能禮讓，乃能去奇邪。

宰我曰：「吾聞鬼神之名，而不知其所謂。」子曰：「氣也者，神之盛也；魄也者，鬼之盛也；合鬼與神，教之至也。衆生必死，死必歸土，此之謂鬼。骨肉斃於下，陰爲野土，其氣發揚于上，爲昭明，焄蒿凄愴，此百物之精也，神之著也。因物之精，制爲之極，明命鬼神，以爲黔首則，百衆以畏，萬民以服。

鄭注：「氣，謂噓吸出入者也。耳目之聰明爲魄，合鬼神而祭之，聖人之教至之也。陰讀依蔭之蔭，言人之骨肉蔭於地中爲土壤。焄，謂香臭也。蒿，謂氣蒸出貌也。上言衆生，此言百物，明其與人同也，不如人貴耳。蒿，或爲藨。明命，猶尊名也，尊極於鬼神，不可復加也。黔首，謂民也。則，法也，爲民作法，使民亦事其祖禰。鬼神，民所畏服。」

葉氏夢得曰：「《易》曰：『精氣爲物，游魂爲變。』物者其聚也，變者其散也。《郊特牲》謂『魂氣歸於天，形魄歸於地』。歸於天者，和氣升自上也；歸於地者，體魄降自下也。聚散者天之道，故精氣猶謂之物。升降者人之道，故魂氣亦謂之神。蓋魂與氣無不之、無不在，則爲神之盛。體與魄有所歸，有所化，故爲鬼之盛。鬼神皆潛於幽，而祭以合饗之，使民敬畏，此所以爲教之至也。」

《義疏》云：「鬼神固是天地之功用，二氣之良能，人之所以成終而成始。但此章專就人身上説，明宗廟祭祀所由起也。言人之生，有是氣乃有是形。形之知覺爲魄，神即鬼而成；有是形，即載是氣。氣之運動爲魂，鬼即神而在，此人之生，惟鬼與神合也。然氣聚而形成，氣散而形亦化，人不能不與百物同。而人於百物同，而人於百物中得天地之氣之最靈，而又食味別聲被色，博取百物之精以爲精，故其死也，魄降於下，骨肉蔭爲野土。其謂之鬼者，未嘗不與百物同。但物有死而即泯者，有其升騰而爲焄蒿，且觸於物而使物悽愴者，其氣不盛，其神亦不著。人則骨肉之氣發揚於上，爲焄蒿悽愴者獨昭明焉，蓋其魄聚百物之精，故神之著，至於如此。是氣雖與魄離，而神未嘗不即鬼而著，故聖人因此百物之精，而即命之曰鬼神，以合之也。語意純重一『合』字上。人之異於物，在百物之精，故祭之備物，亦原取百物之精以合之。」[一]

方氏苞曰：「盛者著見之義。神不可見，而人之有氣，即神之著見者也。鬼不可見，而人有魄體，即鬼之著見者也。天道至教，以人之一身而爲鬼神之所會合，明乎此，則知二氣之精、五行之秀，凝於人而萬禮畢具。曰明曰旦，聖賢事天之學所由立也。陰爲野土，發爲昭明，存其精而一氣相感，愛存愨著，子孫追遠之禮所由生也，故曰教之至也。在天，風雨霜露；在地，庶物露生，無非教也。

[一]《欽定禮記義疏》卷六一《祭義篇》末按語。

而莫若人之一身，兼合鬼神之體最爲切著，故曰教之至也。或曰：『合即合漠之義，魂離散而有報氣報魄〔一〕之禮，聚生者之精神，以合鬼神於幽冥之中，所以爲教之至也。』〔二〕

文治按：《易傳》曰：「聖人以神道設教，而天下服矣。」《中庸》曰：「鬼神之爲德，其盛矣乎！」即此章之義。「一陰一陽之謂道，繼之者善也，成之者性也」，人道之始也。「精氣爲物，游魂爲變」，是故人道祭之也。報氣以氣，報魄以實，各首其類。

「聖人以是爲未足也，筑爲宮室，設爲宗祧，以別親疏遠邇，教民反古復始，不忘其所由生也。衆之服自此，故聽且速也。

鄭注：「自，由也，言人由此服於聖人之教也。聽，謂順教令也。速，疾也。」

慕容氏彦逢曰：「親而邇者爲宗，疏而遠者爲祧，此宗祧所以別親疏遠邇也。廟有寢，祧無寢；廟有修除，祧則黝堊；此宮室所以別親疏遠邇也。」〔三〕

文治按：人不可以忘本。「反古復始，不忘其所由生」，即不忘本也。人而忘本，則遠近親疏厚薄，皆無推行之根據，而天秩天叙於以混淆。《詩》曰「本實先撥」，亂亡隨之矣。

〔一〕「魄」字，原脱。
〔二〕方苞語載《禮記析疑》卷二五《祭義》。
〔三〕慕容彦逢語見載《欽定禮記義疏》卷六一《祭義》。慕容彦逢（一〇六七～一一一七）字淑遇、叔遇，宜興人。哲宗元祐三年（一〇八八）進士，徽宗政和七年，以刑部尚書致仕，卒謚文定，著有《經解》五卷。

「二端既立，報以二禮。建設朝事，燔燎膻薌，見以蕭光，以報氣也。此教衆反始也。薦黍稷，羞肝肺首心，見間以俠甒，加以郁鬯，以報魄也。教民相愛，上下用情，禮之至也。

鄭注：「二端既立，謂氣也、魄也，更有尊名，云鬼神也。二禮，謂朝事與薦黍稷也。朝事，謂薦血腥時也。薦黍稷，所謂饋食也。『見』及『見間』皆當爲『覸』字之誤也。膻，當爲馨，聲之誤也。『燔燎馨香，覸以蕭光』，取牲祭脂也。光，猶氣也。有虞氏祭首，夏後氏祭心，殷祭肝，周祭肺。『覸以俠甒』，謂雜之兩甒醴酒也。相愛用情，謂此以人道祭之也。報氣以氣，報魄以實，各首其類。」

《義疏》云：「鄭所謂『相愛用情』，謂此以人道事之者，蓋報氣主於敬。燔燎羶薌，以神道事之也，敬也。報魄主於愛。黍稷牲醴，以人道事之也，愛也。敬則禮伸，愛則情洽，用情如告孝告慈之類，如是則上而祖考，下而子孫，愛且用情矣！由是以教民，而君民之情愛通焉。敬愛洽於斯民，所以爲禮之至也。」[一]

「君子反古復始，不忘其所由生也，是以致其敬，發其情，竭力從事，以報其親，不敢弗盡也。

鄭注：「從事，謂脩薦可以祭者也。」

方氏慤曰：「致敬發情於內，故能竭力從事於外。報，如上所言，報氣報魄，皆報親之事。盡，謂內盡志、外盡物也。」

[一] 此《欽定禮記義疏》卷六一《祭義》「二端既立」下疏文。

「是故昔者天子爲藉千畝，冕而朱紘，躬秉耒。諸侯爲藉百畝，冕而青紘，躬秉耒，以事天地、山川、社稷、先古，以爲醴酪齊盛，於是乎取之，敬之至也。」

鄭注：「藉，藉田也。先古，先祖。」

文治按：備物必躬親，敬矣。及溯備物之始，推而至於躬耕，則敬之至也。是故躬耕非徒教天下以服勤也，所以教天下之孝也。

「古者天子、諸侯必有養獸之官，及歲時齊戒沐浴而躬朝之。犧牷祭牲，必於是取之，敬之至也。君召牛，納而視之，擇其毛而卜之，吉，然後養之。君皮弁素積，朔月、月半，君巡牲，所以致力，孝之至也。

鄭注：「『歲時齊戒沐浴而躬朝之』，謂將祭祀。卜牲，君朔月、月半巡視之。『君召牛，納而視之』，更本擇牲意。」

方氏愨曰：「先王父天母地，則以子道自處焉，推而及於山川社稷，亦由是也，故凡所以事鬼神之道，皆稱孝焉。《論語》曰：『菲飲食而致孝乎鬼神。』」

文治按：人生日用之要，誠潔而已。犧牲所以祭祀，不敢不敬致之者，教天下以誠且潔，即教天下以孝也。

「古者天子、諸侯必有公桑、蠶室，近川而爲之。築宫仞有三尺，棘墻而外閉之。及大昕之朝，君皮弁素積，卜三宫之夫人世婦之吉者，使入蠶于蠶室，奉種浴于川；桑於公桑，風戾以食之。歲既單矣，世婦卒蠶，奉繭以示于君，遂獻繭于夫人。夫人曰：『此所以爲君服與？』遂副褘而受之，因少牢以

禮之。古之獻繭者，其率用此與！及良日，夫人繅，三盆手，遂布于三宮夫人世婦之吉者使繅；遂朱綠之，玄黃之，以爲黼黻文章。服既成，君服以祀先王先公，敬之至也。」

鄭注：「大昕，季春朔日之朝也。諸侯夫人三宮，半后也。風戾之者，及早涼脆采之，風戾之使露氣燥，乃以食蠶，蠶性惡濕也。歲單，謂三月月盡之後也。言歲者，蠶歲之大功，事畢於此也。副褘，王后之服，而云『夫人』，容二王之後與！禮之，禮奉繭之世婦也，其率用此與？問者之辭。三盆手者，三淹也。凡繅，每淹大總，而手振之以出緒也。」

文治按：以上黍稷、犧牲、衣服三節，皆言敬之至。蓋惟精誠之至，乃爲孝之至也。

君子曰：「禮樂不可斯須去身。致樂以治心，則易直子諒之心，油然生矣。易直子諒之心生則樂，樂則安，安則久，久則天，天則神。天則不言而信，神則不怒而威。致樂以治心者也。致禮以治躬則莊敬，莊敬則嚴威。心中斯須不和不樂，而鄙詐之心入之矣；外貌斯須不莊不敬，而慢易之心入之矣。故樂也者，動於内者也；禮也者，動於外者也。樂極和，禮極順。内和而外順，則民瞻其顔色而不與爭也，望其容貌而衆不生慢易焉。故德輝動乎内，而民莫不承聽；理發乎外，而衆莫不承順。故曰：致禮樂之道，而天下塞焉，舉而措之無難矣。樂也者，動於内者也；禮也者，動於外者也。故禮主其減，樂主其盈。禮減而進，以進爲文；樂盈而反，以反爲文。禮減而不進則銷，樂盈而不反則放。故禮有報而樂有反。禮得其報則樂，樂得其反則安。禮之報，樂之反，其義一也。」

鄭注：「斯須，猶須臾也。子，讀如不慈之慈。諒，信也。油然，物始生好美貌。躬，身也。極和、極順，極至也。理發乎外，理謂言行也。塞，充滿也。減，猶倦。盈，猶溢也。樂以統情，禮以理行。人之情有溢而行有倦，倦則進之以能。進者爲文，溢則使反；以能反者爲文。文謂才美。報，皆當讀爲褒，聲之誤也。」

曾子曰：「孝有三：大孝尊親，其次弗辱，其下能養。」

文治按：孔子曰：「昔者周公郊祀后稷以配天，宗祀文王於明堂以配上帝。」〔一〕孟子曰：「孝子之至，莫大乎尊親。尊親之至，莫大乎以天下養，此所謂大孝也。」〔二〕然論孝者若不求事親者之心，而必以郊祀宗祀、以天下養爲則，則孝子之事親必窮。蓋名位在天者也，道德在我者也，故本經所謂尊親，尤重在道德。弗辱者，不失其身者也。至於能養，亦非易事。養志爲先，養口體其小焉者也。

公明儀問於曾子曰：「夫子可以爲孝乎？」曾子曰：「是何言與！是何言與！君子之所爲孝者，先意承志，諭父母於道。參，直養者也，安能爲孝乎？」

鄭注：「公明儀，曾子弟子。」

方氏慤曰：「徒先意承志，而不能喻之於道，則是苟順其令，而或陷親於不義者，蓋有之矣，此所

〔一〕《孝經·聖治章》文。
〔二〕《孟子·萬章》文。

以又在乎喻父母於道也。夫養將以爲孝，而所以爲孝子，不止於養親。曾參之事其親，豈直能養已哉？乃自謂如此者，不敢以孝自居故也。惟夫不自居其孝，兹其所以爲孝與！」

《義疏》云：「孝子事親，惟盡其親愛之至意。先意承志，所以順吾親而致其親愛也。如時時以不肖〔一〕之心待父母，即温清定省，亦莫非防微杜漸之意，是尚得爲孝乎？要知諭父母於道，未嘗不在先意承志中。而先意承志，則不必爲諭親於道而設。方説可謂曲盡情理矣。」

文治按：《義疏》説極精。竊謂「先意承志」二句與上文「喻其志意」相應，「喻其志意」是事死之事，「先意承志」二句是事生之事。「喻父母於道」者，喻父母之志意皆由於道也，夫然後能達孝，而無改於父母之道。「直養」二字是謙辭，然所謂眉壽養親，常以皓皓之意，是可想見。

曾子曰：「身也者，父母之遺體也。行父母之遺體，敢不敬乎？居處不莊非孝也，事君不忠非孝也，莅官不敬非孝也，朋友不信非孝也，戰陳無勇非孝也。五者不遂，災及於親，敢不敬乎？亨孰羶薌，嘗而薦之，非孝也，養也。君子之所謂孝也者，國人稱願然，曰：『幸哉，有子如此！』所謂孝也已。衆之本教曰孝，其行曰養。養可能也，敬爲難；敬可能也，安爲難；安可能也，卒爲難。父母既没，慎行其身，不遺父母惡名，可謂能終矣。仁者仁此者也，禮者履此者也，義者宜此者也，信者信此者也，强者强此者也。樂自順此生，刑自反此作。」

〔一〕原刻作「孝」，《欽定禮記義疏》作「肖」。

鄭注：「五者不遂，遂猶成也。願然，然猶而也。」

方氏慤曰：「《孝經》曰：『身體髮膚受之父母，不敢毀傷，孝之始也。』《哀公問》篇曰：『身者親之枝也，敢不敬與？』正謂是矣。身者體之全，體者身之別。夫一人之身，生於父母而別於父母者也，故曰身者父母之遺體。居處也，事君也，涖官也，朋友也，戰陣也，皆所以行父母之遺體也。苟不莊、不忠、不敬、不信、無勇，則裁及其身，是及其親也，豈孝也哉！故每以『非孝』言之。先居處而後事君，内外之事。先事君而後涖官，尊卑之序。先涖官而後朋友，公私之序。先朋友而後戰陣，文武之序。稱者，口稱其所爲。願者，志願其如此。《論語》云：『不敬，何以別？』故敬爲難。揚子曰：『孝莫大於寧親。』故安爲難。《孝經》曰：『立身行道，揚名於後世，以顯父母，孝之終也。』故卒爲難。所謂『能終』者，非終父母之身，終其身也。《哀公問》篇曰：『不敬其身，是傷其親。』然則居處之莊所以愛其親。仁者仁此，居處所以莊也。體者履此，涖官所以敬也。義者宜此，事君所以忠也。信者信此，朋友所以信也。强者强此，戰陣所以勇也。五者不遂，裁及其親，況其身乎！」

《義疏》曰：「亨孰以下，記者之言。合上二章之意而申言之，又推廣之，以起下二章也。」

文治按：《孝經》云：「身體髮膚受之父母，不敢毀傷。」而《論語》曾子又有「啓足啓手」之言，似乎私其身矣。而此經曰「戰陣無勇非孝也」，可見聖賢論孝，惟視乎義之所當然，所謂「無求生以害仁，有殺身以成仁」，成仁即成孝也，夫豈私其身哉？

「國人稱願」，非徒稱羨也，惟其有益於一國，得乎人心之所同然，是以稱願然。「曰幸哉，有子如此」，非以其功名之煊赫也，蓋以其道德之崇隆也，學術之純粹也，品行之端謹也，是以令聞廣譽施於身也，故曰可謂孝也。

「養可能也」六句，不獨至性中語，抑亦閱歷之辭。凡人一生經寒暑星霜之變易，則其精神志慮，常有移而之他者，惟其有終身之愛，斯能有終身之敬，故曰卒爲難，孝子其可不自勉而自惕乎？

「仁者仁此者也」以下，當與《孟子》「仁之實」章參看。五常百行皆本於孝，「樂則生矣，生則惡可已也」〔一〕，皆生機也。「樂自順此生」，大順而生機洋溢矣。「刑自反此作」，大反而殺機充塞矣。吾儒講學，無非導天下之生機，泯天下之殺機而已。是故孝者，教之所由生也。

曾子曰：「夫孝，置之而塞乎天地，溥之而橫乎四海，施諸後世而無朝夕，推而放諸東海而準，推而放諸西海而準，推而放諸南海而準，推而放諸北海而準。《詩》云：『自西自東，自南自北，無思不服。』此之謂也。」

鄭注：「無朝夕，言常行無輟時也。放，猶至也。準，猶平也。」

方氏慤曰：「直而立之則塞，貫乎天地之間。敷而散之則橫，廣乎四海之內。施，言其出無窮，故後世曾無朝夕之閒，推言其進之不已，故放諸四海而準。準，言人以是爲準而不差也。前既言『溥

〔一〕《孟子・離婁上》文。

之橫乎四海』，後又言『推而放諸四海』，蓋前言身之所行者如此，後言人之所化者如此。」

文治按：先儒有言：「東海有聖人出焉，此心同此理同也，西海有聖人出焉，此心同此理同也。」〔一〕《孝經》，心理之所同，故其效驗至於如此。引《文王有聲》之詩者，文王大孝人也，後世凡爲孝子者之標準也。

曾子曰：「樹木以時伐焉，禽獸以時殺焉。夫子曰：『斷一樹，殺一獸，不以其時，非孝也。』孝有三：小孝用力，中孝用勞，大孝不匱。思慈愛忘勞，可謂用力矣。尊仁安義，可謂用勞矣。博施備物，可謂不匱矣。父母愛之，嘉而弗忘；父母惡之，懼而無怨；父母有過，諫而不逆；父母既没，必求仁者之粟以祀之，此之謂禮〔二〕終。」

鄭注：「夫子，孔子也。曾子述其言以云。勞，猶功也。『思慈愛忘勞』，思父母之慈愛也，而自忘己之勞苦也。『無怨』，無怨於父母之心。『諫而不逆』，順而諫之也。『必求仁者之粟』，喻貧困猶不取惡人物以事亡親也。」

方氏慤曰：「用力言事，用勞言功，不匱言德，則大小與中，其別可知。前以位言孝，故自上以及下。此以行言孝，故積小以至大。」

〔一〕《陸九淵集·語録下》卷三五。

〔二〕「禮」，原誤作「體」。

文治按：讀「樹木以時伐」數語，覺惻隱之情洋溢於吾心，洋溢於宇内矣！所以涵養其不忍之心者，其在斯乎？《孟子》曰：「親親而仁民，仁民而愛物。」張子曰：「民吾同胞，物吾與也。」君子愛物之道，由親親仁民而推言者也。樹木禽獸雖僅動植之物，然苟不以時殺伐，則傷吾惻隱之心矣。傷其心，是傷其本，而況惻隱之心既傷，則殘忍之心日長，生機消而殺機甚，故曰非孝也[一]。由是觀之，人生當世，有無端而毁傷天下之物，殘害天下之命者，非孝也。此孝所以爲行仁之本也。「天地之大德曰生」[二]，時者所以養生生之機也。此吾儒講學，所由以擴充好生之心爲本，蓋即以體天地之大德也。

又按：《孝經》曰「慈愛恭敬」[三]。「慈愛」二字，有屬於孝子而言者，於義亦通。「用力」，有功於家。「用勞」，有功於人。「不匱」則得天下之歡心，而有功於世，此孝之所由分大小也。「備物」，先儒多指甘旨而言，似太拘。竊謂備物正所以爲博施。物猶事也。備物者，如文王之「制其田里，教之樹畜，導其妻子，使養其老」[四]，與《易傳》之「備物致用」，義亦相近，是以謂之不匱也。父母既没，猶

[一] 前揭唐先生《孝經講義》闡説云：「『樹木以時伐』，『時』字有二義：一森林已成之時，一草木黄落之時。『禽獸以時殺』，『時』謂其已長成也。世有刳孕字之獸，取其胎以食者，殘忍極矣。殘忍之心日熾，則惻隱之心日消。不仁之人，亡其心以害物，即喪其心以殘民，不能容於天地之間，不孝莫大焉。是故孝子必自保其良心。」

[二] 《易・繫辭下》文。

[三] 《孝經・諫諍章》文。

[四] 見《孟子・盡心上》。

必用仁者之粟以祀之，而况生養之時乎？「循彼南陔，言采其蘭」〔一〕，此孝子所以貴潔白乃心也。樂正子春下堂而傷其足，數月不出，猶有憂色。門弟子曰：「夫子之足瘳矣，數月不出，猶有憂色，何也？」樂正子春曰：「善，如爾之問也！善，如爾之問也！吾聞諸曾子，曾子聞諸夫子曰：『天之所生，地之所養，無人爲大。』父母全而生之，子全而歸之，可謂孝矣。不虧其體，不辱其身，可謂全矣。故君子頃步而弗敢忘孝也。今予忘孝之道，予是以有憂色也。壹舉足而不敢忘父母，壹出言而不敢忘父母。壹舉足而不敢忘父母，是故道而不徑，舟而不游，不敢以先父母之遺體行殆。壹出言而不敢忘父母，是故惡言不出於口，忿言不反於身。不辱其身，不羞其親，可謂孝矣。」

鄭注：「『曾子聞諸夫子』，述曾子所聞於孔子之言。頃步，頃當爲跬，聲之誤也。予，我也。『道而不徑』，徑，步邪趨疾也。『忿言不反於身』，人不能無忿怒，忿怒之言當由其直。直則人服，不敢以忿言來也。」

朱子曰：「父母者，一身之父母也。天地者，人與物，己與人，皆其以爲父母者也。父母之生我也，四支骨骸，無一不全，必能全其身之形，斯爲不忝於父母。天地之生我也，五常百善無一不備，必能全其性之理，然後爲不負於天地。」

〔一〕束皙《補亡詩六首》其一《南陔》之句。

方氏苞曰：「董子曰：『人受命於天，超然異於羣生。』〔一〕其義本此。明於天性，然後知自貴於物，明善誠身之本也。」〔二〕

文治按：事親之道，當以曾子、樂正子春爲法者也。讀此章，覺意味無窮矣。「善，如爾之問」二句，「善」字讀〔三〕，感觸於心，故不覺重言以贊之。

「吾聞諸曾子」二句，述師法，不自有也。

「天之所生」三句，「無人爲大」，言天地間無如人爲大，《孝經》所謂「天地之性人爲貴也」。

「父母全而生之」，生者性也。身體髮膚，身之質也；仁義禮智信五常之德，身之理也。全其身之質，乃能不虧其體；全其身之理，乃能不辱其身。

「頃步」，鄭君讀爲「跬步」。竊謂讀如字亦可，言頃刻之步也。惟「壹舉足而不敢忘父母，壹出言而不敢忘父母」，然後「動而世爲天下道，言而世爲天下法，行而世爲天下則」〔四〕，立天下之大本，乃可謂之大孝。

「道而不徑」二句，非怯也。世有因細故遇毒遇險，或不善游泳以遭滅頂之凶者，忘親以隕其生，

〔一〕《漢書·董仲舒傳》載其語云：「人受命於天，固超然異於羣生。」

〔二〕方苞《禮記析疑》卷二五《祭義》引。

〔三〕句讀之讀。

〔四〕《禮記·中庸》文。

可痛孰甚〔一〕！

然吾人入德之要，尤在於「惡言不出於口，忿言不反於身」，此正與《孝經》「口無擇言，身無擇行」義相合。曾子一身，戰戰兢兢之學，正在於此。反是則辱其身，所以貽親之羞者大矣。讀之能不通身汗下乎？

昔者，有虞氏貴德而尚齒，夏后氏貴爵而尚齒，殷人貴富而尚齒，周人貴親而尚齒。虞、夏、殷、周，天下之盛王也，未有遺年者。年之貴乎天下，久矣；次乎事親也。

鄭注：「貴，謂燕賜有加於諸臣也。尚，謂有事尊之於其黨也。臣能世禄曰富。舜時多仁聖有德，後德則在小官。」

方氏慤曰：「四代之所貴不同，由救弊之政異故也。貴德之弊，有至於忘君，故夏后氏救之以貴爵，蓋爵所以明貴賤故也。貴賤之弊，有至於忘功，故殷人救之以貴富，蓋富者所以明世禄故也。三者之弊，有至於忘親，故周人救之以貴親。至於尚齒則未嘗易者，以年之貴乎天下久矣，次乎事親，萬世而無弊故也。」〔二〕

《義疏》云：「本經之意，只以時之所貴雖有不同，而無不尚齒，以明年之貴乎天下之久。方氏以

〔一〕「道而不徑」一節原脱，據唐先生《孝經講義》補入。
〔二〕此《欽定禮記義疏》卷六〇《祭義》疏引。

相救爲義，揆之聖人窮變通久之道，亦兼有之，然非本經正義。」

文治按：人生世界之内，愛敬而已。年之貴乎天下，出於自然而非勉强。愛敬之所發也，仁者愛人，有禮者敬人，惟仁與禮乃可以修己安人、治國平天下。曰「次乎事親」，言由事親之道而推言者也。《孟子》言「老吾老以及人之老」，而引《思齊》之詩以證之。蓋古來善養老者莫如文王，因養老之禮，推及於天下，使皆有以養其親，夫是之謂大孝不匱。

是故朝廷同爵則尚齒。七十杖於朝，君問則席。八十不俟朝，君問則就之，而弟達乎朝廷矣。

鄭注：「『同爵尚齒』，老者在上也。『君問則席』，爲之布席於堂上而與之言。凡朝位立於庭。魯哀公問於孔子，命席，不俟朝，君揖之即退，不待朝事畢也。就之，就其家也。老而致仕，君或不許，異其禮而已。」

行，肩而不并，不錯則隨。見老者，則車徒辟；斑白者不以其任行乎道路，而弟達乎道路矣。居鄉以齒，而老窮不遺，强不犯弱，衆不暴寡，而弟達乎州巷矣。

鄭注：「錯，鴈行也。父黨隨行，兄黨鴈行。『車徒辟』，乘車步行，皆辟老人也。斑白者，髮雜色也。任，所擔持也。『不以任』，少者代之也。『老窮不遺』，以鄉人尊而長之，雖貧且無子孫，無棄忘也。一鄉者，五州。巷，猶閭也。」

古之道，五十不爲甸徒，頒禽隆諸長者，而弟達乎獀狩矣；軍旅什伍，同爵則尚齒，而弟達乎軍旅矣。

鄭注：「四井爲邑，四邑爲丘，四丘爲甸。甸六十四井也，以爲軍田。出役之法，五十始衰，不從力役之事也。頒之言分也。隆，猶多也，及田者分禽，多其老者，謂竭作未五十者。春獵爲獀，冬獵爲狩。什伍，士卒部曲也。《少儀》曰：『軍尚左，卒尚右。』」

孝弟發諸朝廷，行乎道路，至乎州巷，放乎獀狩，修乎軍旅，衆以義死之，而弗敢犯也。

鄭注：「『死之』，死此孝弟之禮。」

文治按：孔子曰：「善人教民七年，亦可以即戎。」孟子曰：「壯者以暇日修其孝弟忠信，入以事其父兄，出以事其長上，可使制梃以撻秦楚之堅甲利兵。」可以此經作注。蓋皆有經畫之道，以實心行實政，非託之空言也。以義死，非激烈也，人和是也，是以弗敢犯。

祀乎明堂，所以教諸侯之孝也；食三老五更於大學，所以教諸侯之弟也；祀先賢於西學，所以教諸侯之德也；耕藉，所以教諸侯之養也；朝覲，所以教諸侯之臣也。五者，天下之大教也。

鄭注：「『祀乎明堂』，宗祀文王。『西學』，周小學也。『先賢』，有道德，王所使教國子者。」

文治按：祀明堂五者皆以教諸侯爲主，可見古時封建不徒行其制，必有以善其教。曰「天下之大教」，更可見行此大教，則化行於天下，如身之使臂，臂之使指，豈獨不親不畔而已哉？後世諸侯放恣，上失其教焉耳。

食三老五更於大學，天子袒而割牲，執醬而饋，執爵而酳，冕而揔干，所以教諸侯之弟也。是故鄉里有齒，而老窮不遺，强不犯弱，衆不暴寡，此由大學來者也。

鄭注：「『割牲』，制俎實也。『冕而揔干』，親在舞位，以樂侑食也。『教諸侯之弟』，次事親。」

文治按：「鄉里有齒」五句，是何等規橅氣象。「强不犯弱，衆不暴寡」，皆由大學中來。蓋古者大學必以孝弟爲教本，而由大學來者，亦必先以孝弟教人，故其化行俗美，至於如此。後世學校雖設，而强犯弱、衆暴寡乃愈甚者，孝弟之説不行也。是以孟子告齊梁諸君曰：「謹庠序之教，申之以孝弟之義。」又曰：「人倫明於上，小民親於下。」

天子設四學，當入學，而大子齒。

鄭注：「『四學』，謂周四郊之虞庠也。《文王世子》曰：『行一物而三善皆得，唯世子而已。』其齒於學之謂也。」

天子巡守，諸侯待于竟。天子先見百年者。八十九十者東行，西行者弗敢過；西行，東行者弗敢過。欲言政者，君就之可也。

鄭注：「『先見百年者』，問其國君以百年者所在，而往見之。『弗敢過』者，謂道經之則見之。」

孔氏穎達曰：「此亦明尚齒貴老之義。巡守，謂巡行守土諸侯。八十九十不可一一就見，若天子諸侯因其行次，或東行西行，至八十九十者閭里之旁，不敢過越而去，必往見之，若欲共論政教。雖不當道路左右，君即就之可也。」

壹命齒于鄉里，再命齒于族，三命不齒；族有七十者，弗敢先。七十者，不有大故不入朝；若有大故而入，君必與之揖讓，而後及爵者。

鄭注：「此謂鄉射飲酒時也。齒者，謂以年次立若坐也。『三命』，列國之卿也。不復齒，席之於賓東。不敢先族之七十者，謂既一人舉觶乃入也，雖非族亦然。承齒乎族，故言族爾。『不有大故不入朝』，謂致仕在家者。其入朝，君先與之爲禮，而後揖卿大夫士。」

方氏慤曰：「以周制考之，一命則下士也，再命則中士也，三命則上士也，四命則爲大夫矣，於諸侯之國，三命則卿。」

李氏覯曰：「父族者，父族有爲賓者，以年與之相次；異姓雖有老者居於其上。不齒者席於尊東，所謂遵也。大哉！先王之所以居鄉黨、睦親戚有如此。夫被一命者天子之下士，公侯伯之上士，子男之上大夫也，而與鄉里齒焉。再命者天子之中士，公侯伯之大夫，子男之卿也，而與父族齒焉。三命者天子之上士，公侯伯之卿也，雖云不齒，亦異席而已，非敢居其上也。然則貴而驕人、少而陵長者，不容於其間矣。」〔一〕

天子有善，讓德於天；諸侯有善，歸諸天子；卿大夫有善，薦於諸侯；士庶人有善，本諸父母，存諸長老；禄爵慶賞，成諸宗廟；所以示順也。

鄭注：「薦，進也。『成諸宗廟』，於宗廟命之。《祭統》有十倫，『六曰見爵賞之施焉』。」

文治按：人生有善而自有其善，將漸長其驕矜之習，謂之無善可也。顔子曰：「願無伐善，無施勞。」對於儕輩猶若此，而況對於尊貴者乎？而況對於父母祖考乎？

〔一〕宋儒李覯《盱江集》卷一三《教道之三》文，載《欽定禮記義疏》卷六一《祭義》疏文。

昔者，聖人建陰陽天地之情，立以爲易。易抱龜南面，天子卷冕北面，雖有明知之心，必進斷其志焉。示不敢專，以尊天也。善則稱人，過則稱己。教不伐，以尊賢也。

鄭注：「『立以爲易』，謂作易。『易抱龜』，易，官名，《周禮》曰太卜。太卜主三兆、三易、三夢之占。」

《義疏》云：「立言易，抱言龜，抱龜者亦言易，蓋互言之，以示卜筮並用之義也。」

孝子將祭祀，必有齊莊之心以慮事，以具服物，以修宫室，以治百事。及祭之日，顔色必温，行必恐，如懼不及愛然。其奠之也，容貌必温，身必詘，如語焉而未之然。宿者皆出，其立卑靜以正，如將弗見然。及祭之後，陶陶遂遂，如將復入然。是故，慤善不違身，耳目不違心，思慮不違親。結諸心，形諸色，而術省之，孝子之志也。

鄭注：「百事，謂齊之前後也。『如懼不及愛』，如懼不及見其所愛者也。奠之，謂酌尊酒奠之及酳之屬也。『如語焉而未之然』，如有所以語親而未見答也。『宿者皆出』，謂賓助祭者事畢出去也。『如將弗見然』，祭事畢而不知親所在，思念之深，如不見出也。『陶陶遂遂』，相隨行之貌。思念既深，如覩親將復入也。」

孔氏穎達曰：「此明孝子將祭祀，顔色容貌務在齊莊卑詘，思念其親存也。『慮事』謂謀慮祭事，『服物』謂備具衣服及祭物，『百事』謂齊前後凡百之事。祭之日，色必温和，行必戰恐，身形必卑詘。『卑靜以正』，謂孝子其立卑柔靜默，正定心意，以思念其親也。『慤善不違身』，謂思念親深之故，精愨純善之行，不違離於身也。『耳目不違心』者，言中心思慮，不違於親，無時歇也。思念之深，結積於心，形見於色。術，述也。省，視也。循述而省視之，反復不忘，此孝子思念親之志也。」

方氏苞曰：「『愨善不違身』，謂平日。『耳目不違心』，謂臨祭。惟耳目不違心，故僾然如見其形，肅然如聞其聲。若視聽他用，則心亦偷而自行矣。愨善，兼思親之篤，反身之誠，即前所云『盡其愨』『盡其信』也。『耳目不違心』，即前所云『盡其敬』也。『思慮不違親』，即前所云『思其居處』及『入室僾然必有見乎其位』二節之義也。祭之本義盡於是矣，故以結通篇。」〔一〕

文治按：此節與上文所載「孝子之祭，盡其愨而愨」三節相應。「如懼不及愛然」視於無形也。「如語焉而未之然」，聽於無聲也。此皆事生之事也，而移之事死，痛何如矣？此所以思死者如不欲生也。術省者何？術省父母之志意也。人子之志意，莫非父母之志意，故曰孝子之志也。

建國之神位，右社稷而左宗廟。

鄭注：「周尚左也。」

文治按：古人將營宫室宗廟，爲先讀《詩·綿》《斯干》兩篇，可見孝子固兢兢於此矣。即中人以下，時常對越宗廟，自能不忘其親，故以此終篇也。

〔一〕方氏解説見載於《禮記析疑》卷二五《祭義》。

卷三

《祭統篇》大義

或曰：「統猶本也〔一〕，無所不包，無所不貫之義。」〔二〕或曰：「統者，總也，緒也。篇中所論祭之大體，義理之總會也。」〔三〕二説可以相通。

或謂此篇可與《祭義》相比擬〔四〕，吾謂不然。此篇蓋多有可疑焉，如言祭而曰「不求其爲」，言齊而曰「不齊則於物無防，嗜欲無止」〔五〕，言銘先祖而曰「知足以利之」，

〔一〕孔疏引鄭玄《禮記目録》之説。
〔二〕此概括《欽定禮記義疏》卷六二《祭統》題下之説。
〔三〕方苞《禮記析疑卷》二六《祭統》説。
〔四〕王夫之《禮記章句》卷二五《祭祀》題下注云：「亦《祭義》之餘篇。」
〔五〕「不齊則於物無防，嗜欲無止」，《禮記》原文二句末皆有「也」字。

皆不免害義而傷教，此一可疑也。

君與夫人合薦，可謂齊齊愉愉矣。下文乃言「君執干戚就舞位」，「冕而摠干」，義屬不倫，此二可疑也。

「孫爲王父尸。所使爲尸者，于祭者子行也；父北面而事之，所以明子事父之道。」是以父事子，尊卑無別，豈可謂之明倫乎？此三可疑也。

蒯聵冒弑母之嫌，抗違父命，挾晉强兵以壓制其國民，孔悝助之爲亂，仲子因之死於其難。其人則殘忍之人也，其行則悖逆之行也，乃津津焉銘其功勳，縱使其文雅馴，不免可耻。四可疑也。

漢儒言魯之郊禘爲成王所賜，蓋本此篇末章之説。觀記文兼云康王，已屬騎墻之論。又云：「子孫纂之，至於今不廢。」所謂今者何時乎？其必魯之季代乎？作此記者與《明堂位》略同，蓋魯諸生欲以推崇本國，而不計其傳述之訛。此五可疑也。

善乎明郝氏敬〔一〕之言曰：「子孫能揚先美，謂之至孝，聖人所以教天下後世象賢

〔一〕郝敬（一五五八～一六三九），湖北京山人；著有《周易正解》《尚書辨解》《毛詩原解》《毛詩序説》《儀禮節解》《禮記通解》《論語詳解》《九經注解》等。

也，其辭莫詳於《詩》《書》《雅》《頌》、訓誥，皆對揚祖德，足爲後世法。蒯聵父子相夷，孔悝之勳，衛之羞也；魯僭禮樂，周公之衰也……記者特引二國之事，繫之《祭統》之末〔一〕，儻夫子删《詩》、繫《魯頌》之意歟？不然，則記者之無識耳！」斯言也，可謂得其平矣。

然本篇之精義，實有不可没者。如篇首云：「禮有五經，莫重于祭。夫祭者，非物自外至者也，自中出，生於心也；心怵而奉之以禮，是故惟賢者能盡祭之義。」心怵者，仁人孝子之良心也。下文云「誠信」「忠敬」，皆心怵之目。「奉之以物，道之以禮，安之以樂，參之以時。」皆奉之以禮之目也。又遡其前言養言喪，見所謂心怵者，非僅一時霜露之感，其意蓋與《祭義》息息相通矣。

近邵氏位西謂：「前漢諸儒不見周官之書，未有以五禮爲吉、凶、賓、軍、嘉者。《祭統》言：『禮有五經，莫重於祭。』注家以吉居五禮之首，解之似矣，而迄不知所爲

〔一〕「《祭統》」，郝氏《禮記通解·祭統》篇末按語原文作「《祭義》」。謹按：此段本爲郝氏《祭統》篇之按語，因《祭統》篇先言祭禮，復言祭禮之義，後再引孔悝、周公之事，故郝氏稱「繫之祭義之末」。而唐先生則解「祭義」爲篇名，孔悝、周公之例皆在《祭統》篇，故更爲「祭統」。

五者謂何也……《書・皋陶謨》〔一〕：『天秩有禮，自我五禮有庸。』或指公、侯、伯、子、男，或指王、公、卿、大夫、士，或指天子、諸侯、大夫、士、庶人。要之五禮，上承五典，似即指父子、兄弟、夫婦、君臣、朋友五品之人所行之節文儀則而言；分舉對待，即晏子所謂『十禮』，而《禮運》所謂『十義』也……然則『禮有五經』，亦依乎五倫五典而已矣！」即邵氏之説推之，是《祭統》之「十倫」，又與《禮運》之「十義」息息相通矣。蓋后蒼之記、小戴之傳，或不免稍有夾雜之處，韓子曰：「辨古書之真僞，與其雖正而不至焉者，昭昭然白黑分矣。」〔二〕《祭統》一篇，雖正而不至焉者也。鄙見如此，未敢自以爲是也。

《經解篇》大義

此篇應依王氏船山分爲四章〔三〕。自「孔子曰」起至「深於《春秋》者也」止，爲第一

〔一〕「《書・皋陶謨》」，邵氏原文只作「《皋陶謨》」，載《禮經通論》「論五禮」條下。
〔二〕見韓愈《答李翊書》。
〔三〕見《禮記章句・經解篇》。

章。自「天子者」起，至「無其器則不成」止，爲第二章。自「禮之於正國也」起，至「無方之民」止，爲第三章。自「敬讓之道也」起至末，爲第四章。

所謂《六經》者，禮之精意，而禮者，《六經》之法也。姚氏際恒謂：「以『經解』名篇〔一〕，義與詞皆絶不類。」且謂：「經之有解，經之不幸〔二〕……曷咎乎《經解》？以其解之致誤，而經因以晦也〔三〕。」方氏望溪謂此記所述，「疑出於〔四〕傳荀卿之學者爲之」，「焉有一國而專立一經以爲教者」？如姚氏之説，因後世解經之誤而咎及本經題目，固失之激。如方氏之説，以爲一國專立一經，亦失之泥。惟邵氏位西説此篇「廣大精微」，吾有取焉。

邵氏之言曰：「《經解》首引孔子曰：『入其國，其教可知也。』以下皆記人之言，讀者每以首章與後文不屬爲疑，觀賈子而後知之。賈子以仁、義、禮、智、信、和爲六行，而分屬六藝，蓋『温柔敦厚而不愚』，《詩》之仁也；『疏通知遠而不誣』，《書》之智

〔一〕「以『經解』名篇」，姚氏原文句末有「者」字。
〔二〕「經之不幸」，姚氏原文句末有「也」字。
〔三〕「而經因以晦也」，姚氏《禮記通論輯本》「經解」條下原文句末無「也」字。
〔四〕「疑出於」後，方氏《禮記析疑・經解》原文有「漢之中葉」四字。

也；『廣博易良而不奢』，《樂》之和也；『絜靜精微而不賊』，《易》之信也；『恭儉莊敬而不煩』，《禮》之禮也；『屬辭比事而不亂』，《春秋》之義也。次章則謂天子所以治國而設教者，身先備六行而深於六藝，故曰：『道仁聖禮義之序。』『聖』與『智』同，即《詩》《書》《禮》《春秋》之四序，而仁於父子，智於夫婦，禮於長幼，義於君臣，已通下文四際之意。又曰：『義與信，和與仁。』謂《春秋》與《易》，《樂》與《詩》，各相爲類，而歸重於隆禮，則此篇固《禮經》之總序也……下文〔一〕言用禮先朝聘，見風化之行，自上而下；言廢禮先昏姻，見小己之失其流及上。《史記·司馬相如傳》贊：「《小雅》譏小己之得失，其流及上。」注韋昭曰：「《小雅》之人志狹小，先道己之憂苦，其流乃及上政之得失。」差之毫釐者，始於大人之不說學，謂禮非爲我輩設也；謬〔二〕以千里者，弒君三十六，亡國五十二，諸侯奔走不得保其社稷者，不可勝數，四夷交侵而中國不絕如綫，猶千丈之堤，潰於蟻穴也……然則《經解》定《六經》之名，言《六經》之用，而歸重於隆《禮》者，豈亦子思子之徒，本《坊記》之意爲之，而賈子復從而述之歟？」《坊記》子思所作，邵氏蓋指《經解》通於《坊記》

〔一〕「下文」二字，邵氏原文無，載《禮經通論》「論《經解》《坊記》言禮有四際之義」。
〔二〕「謬」，邵氏《禮經通論》「論《經解》《坊記》言禮有四際之義」原文作「繆」。

而言。

唐文治曰：叔季之世，經學、禮學幾乎滅息矣！邵氏所論毫釐千里之際，豈非然哉？夫后蒼輯記之時，何時也？漢武專制之世也。自河間獻王獻《古邦國禮》五十六篇，武帝不用，而沿襲秦故，以定宗廟百官之儀，其《士禮》之僅存者，亦未頒布以爲民紀，此所以謂舊禮爲無用而去之者也。司馬子長《六國表序》曰：「法後王後王謂秦者，以其近己而俗變相類，議卑而易行也。」蓋有微辭焉。記者追思，明天子其德與天地參，「義與信，和與仁，霸王之器」，所以誥誡後世者，用心遠矣。君子審禮不可欺以姦詐，禮行而機械變詐之習可除也。隆禮由禮，謂之有方之士；有方者，真儒也。不隆禮不由禮，謂之無方之民；無方者，賊民也。上無禮，而真儒隱，賊民興。賊民多，而國豈有不亂亡者哉？

言行禮先朝覲、聘問，言廢禮先昏姻、鄉飲者，《易傳》言：「有天地然後有萬物，有萬物然後有男女，有男女然後有夫婦，有夫婦然後有父子，有父子然後有君臣，有君臣然後有上下，有上下然後禮義有所措。」〔一〕男女之辨，古訓昭然。凡去人倫者，必

〔一〕見《易・序卦》。

始於男女無別，而後禍及於君臣、父子、兄弟，無不大壞，而天理於是乎滅，殺機於是循環而不已。春秋時，齊、魯、晉諸國之亂，倫紀蕩然，遂有淫亂之獄、有弒獄、有不孝之獄，禮教不明，而人無異於禽獸。《詩》曰：「人而無禮，胡不遄死。」〔一〕夫人而無倫，何以爲人？故此篇曰：「昏姻之禮廢，則夫婦之道苦，而淫辟之罪多。」蓋至于此而人道之苦極矣。痛乎悲夫！

鄉飲之禮，非獨敬老，且以尊賢。考《文王世子》篇所載，乞言發詠，厥典至隆，將使庠序學子，皆知少事長，卑事尊之禮，風氣以淳，秩序以正。斯禮一廢，人不知尊卑長幼之序，始而犯上，繼而作亂。故此篇曰：「鄉飲酒之禮廢，則長幼之序失，而爭鬥之獄繁。」子衿挑闥，狎侮老成，及陷於罪，從而刑之，蓋至於此，雖善良子弟，亦皆不中而不才矣。痛乎悲夫！此《曲禮》《内則》《經解》諸篇，所以爲安上治民之大本也。

吾嘗謂今日救世之要，莫急於設立經學、禮學二館，延尊儒講貫其中，修而明之，踐而履之。又於文廟之側，大啓宏規，復鄉飲酒禮，渙汗大號，耳目一新。庶幾人倫

〔一〕見《詩·國風·鄘風·相鼠》。

明於上，小民親於下，中國其有豸乎！

《哀公問篇》大義

王氏船山曰：「凡《哀公問》《仲尼燕居》《孔子閒居》諸篇，文詞複縟，與《論語》《易翼》爲夫子之言者迥異，故論者疑爲僞作。然《大戴記》亦載《哀公問》一篇，又其他篇夫子與哀公問答不一，體制與此篇相類，要其中正深切，非後儒之所能作。但當時坐論之際，以口説答問，門弟子遞傳而後筆之於書，則其演飾引伸而流爲文辭之不典者有之矣，固不可以詞而過疑之也。」〔一〕

愚謂王氏之説允矣。然考他經所載，孔子於哀公問答之辭，當以《中庸・哀公問政》與此篇爲第一，《儒行》次之，《三朝記》又次之，此蓋記者程度有高下，文法有簡繁，未可與《論語》義例相提而並論也。然姚氏際恒乃謂「《中庸》『問政』章獨爲詳

〔一〕載《禮記章句・哀公問篇》題下。

冗」，而此篇「字句拗折艱塞，文理多不可通〔一〕，較『問政』章又有霄壤之別」〔二〕。此悠謬之論也。夫言之詳略，體各有當。《中庸》之所以易於通曉者，賴有朱子爲之詳注耳。此篇精理名言，曷嘗遜於《中庸》哉？姚氏不諳古經義法，且不明倫理之大原，而望文妄發耳！爰不揣固陋，即先儒所分五章，爲之闡發其奥義，俾學者知其與《大學》《中庸》諸經之義，息息相通云。

釋首章問禮。自「哀公問」起，至「今之君子莫爲禮也」止。

孔子曰：「民之所由生，禮爲大。非禮無以節事天地之神也，非禮無以辨君臣上下長幼之位也，非禮無以別男女父子兄弟之親、昏姻疏數之交也。」大哉禮之本也！「然後以其所能教百姓，不廢其會節。」會節者，嘉會足以合禮，惟合禮乃得稱嘉會也。若夫論古今之君子，切中春秋時弊，則更痛乎言之矣。「好實無厭」「固民是盡」者，言哀公之用田賦，竭澤而漁，長國家而務財用，財聚而民散也。「淫德不倦，荒怠敖慢」者，言哀公之多嬖寵，淫於色而害於德，將自喪其身也。「午其衆以伐有道，求得當

〔一〕「文理多不可通」，原文句末有「也」字。
〔二〕載《禮記通論輯本》「哀公問」條下。

欲，不以其所」者，言哀公之失信無禮，興戎辱國，而殘民以逞也。如是而尚肯行禮教乎哉？魯以秉禮之邦，而淪胥若是，此夫子之所痛心，而急欲以禮救之者也。且哀公固嘗受業於聖門，本王氏船山說。〔一〕故夫子卒而公誄之曰「尼父」，惜乎其説而不繹、從而不改，卒至見逐於季氏，而出亡以死。所以然者，在求得當欲而已。哀哉！

釋二章愛敬爲政之本。「孔子侍坐」起，至「其政之本與」止。

此人道之大原，政治之根本也。「人道，政爲大。」《中庸》所謂「人道敏政」也。「政者正也。君爲正，則百姓從政矣。」與《論語》答季康子之語相類。「君之所爲，百姓之所從。」《論語》所謂：「其身正，不令而行。」〔二〕《大學》所謂「帥天下以仁，而民從之也。」「君所不爲，百姓何從？」《論語》所謂「其身不正，雖令不從。」〔三〕《大學》所謂：「其所令反其所好，而民不從也。」「夫婦別，父子親，君臣嚴。」有夫婦然後有父子，有父子然後有君臣，天下之達道也。夫乾坤之所以不息者，愛情相團結，敬心相

〔一〕王氏《禮記章句・哀公問篇》題下有云：「當哀公之時，夫子老而致政，與諸子講説於魯。哀公聞其其風而就教，故夫子卒而公誄之曰『無自律』，則公及於夫子之門徵矣。」
〔二〕見《論語・子路》。
〔三〕見《論語・子路》。

操持而已。《孝經》曰：「愛親者，不敢惡于人；敬親者，不敢慢於人。」〔一〕《孟子》曰：「仁者愛人，有禮者敬人。」〔二〕又曰：「愛人不親反其仁。」「禮人不答反其敬。」「其身正而天下歸之。」〔三〕可見爲政必本於修身，而修身必始於愛敬。愛與敬爲政本，此《大學》忠恕之義，即一貫之道也，治民者其能外於是哉？

釋大昏之重敬妻子之道。自「公曰：『寡人願有言然』」起，至「國家順矣」止。

自古國家之敗，皆始於廢人倫。而廢人倫之禍，皆始於男女之無别。魯文姜、穆姜之事，《春秋》大書之，夫子痛心極矣。其云「大昏萬世之嗣」，豈特有國者爲然哉？即一家亦然。一人之身，而上係乎承先君，下係乎開萬世之嗣，其責任孰有重大於是者？故曰：「妻也者，親之主也。」「子也者，親之後也。」又曰：「君子無不敬也，敬身爲大……不能敬其身，是傷其親；傷其親，是傷其本；傷其本，枝從而亡。」夫親者，人之大本也，修身律己之不嚴，至於傷其親而傷其本，亡國破家相隨屬，抑何憯怛之

〔一〕見《孝經・天子》。
〔二〕見《孟子・離婁下》。
〔三〕見《孟子・離婁上》。

至歟？此黄石齋先生《孝經集傳》引此經，所以嘆息而不置也。〔一〕而下文乃言「太王之道」何哉？蓋太王因狄人之侵伐，去之岐山之下，創業垂統，保世滋大，所謂「物耻足以振之，國耻足以興之」者，此其標準也。而其本則在於謹妃匹，孟子引「古公亶父」之詩而贊之曰：「當是時也，内無怨女，外無曠夫。」〔二〕人皆知《關雎》《麟趾》之化，始於文王刑于〔三〕之德，而不知其上法太王，所謂「身以及身，子以及子，妃以及妃」者也。吾有身而必推及於人之各修其身也，吾有子而必推及於人之各教其子也，吾有妃而必推及於人之各得其妃也，此即恕也、仁也、孝也，此周家之祖德也。漢匡稺圭曰：「妃匹之際，生民之始，萬福之原。」昏姻之禮正，然後品物遂而天命全〔四〕。故曰：「如此，國家順矣。」反而言之，門内之德不修，人有鳥獸之行，女禍煽興，國家大不逆且妄者哉？嗚呼，此可爲萬世鑑矣！

〔一〕黄氏《孝經集傳》引《哀公問》孔子對哀公曰：「『昔三代明王之政，必敬其妻子也，有道。』」一節，其傳文云：「夫子是言，蓋爲敬身也。敬親則敬身，敬身則必敬其妻子，故曰『身以及身』，『子以及子』，『妃以及妃』，行以三者，則愾乎天下矣。故冠、昏之禮，先王所聚，懽心之始也。」

〔二〕見《孟子·梁惠王下》。

〔三〕《詩·大雅·思齊》曰：「刑于寡妻，至于兄弟，以御于家邦。」

〔四〕見《漢書·匡衡列傳》，「妃匹之際」至「萬福之原」爲匡衡語，「昏姻之禮正，然後品物遂而天命全」則爲《漢書》語。

釋敬身成親之義。自「公曰：『敢問何謂敬身？』」起，至「成其親之名也已」止。

「言不過辭」，言滿天下無口過也；「行不過則」〔一〕，行滿天下無怨惡也。《易傳》曰：「言行，君子之樞機。樞機之發，榮辱之主也。」〔二〕《中庸》言：「君子動而世爲天下道，言而世爲天下法〔三〕。」斯能寡過而有譽於天下。又言：「齊明盛服，非禮不動，所以修身。」身者，百姓之標準也，一身繫天下之觀聽，其言行可不敬歟？可不敬歟？

君子有二解，一係平説：尹者，民之主也；口，發號施令者也；子者，爵也，皆尊稱也。一係側説：古者王太子、世子、卿大夫、元士之適子與凡民之俊秀，皆入大學；及其大成，恭敬温文，則稱之曰君子。孝子之至，莫大乎尊親，至於「國人稱願然，曰：『幸哉有子！』」〔四〕如此於是尊其親曰君，可謂尊親矣。故訓導國民者，必教之爲君子，即教之以興孝也。本經之義，蓋主第二説。

釋成身天道之義。自「孔子遂言曰：『古之爲政』」起至末止。

〔一〕「行不過則」，《禮記》原文「行」作「動」。

〔二〕見《易·繫辭上》。

〔三〕「言而世爲天下法」，《中庸》原文作「行而世爲天下法，言而世爲天下則」。

〔四〕見《禮記·祭義》。

此數節皆言盡人合天之學也。人者，天地之心所寄也。人與人相處，惟以愛情爲天性之所發現。先王有不忍人之心，斯有不忍人之政，皆發於愛人之心。故《論語》曰：「君子學道則愛人。」《大學》曰：「惟仁人能愛人。」若不能愛人，則戕賊其惻隱之心，而遺棄其天命之性。《穀梁傳》曰：「不若於道者，天絶之也。」[一]故不能有其身。《易・繫辭傳》曰：「樂天知命，故不憂；安土敦乎仁，故能愛。」[二]而此篇所謂「不能安土，不能樂天」，其義尤顯，蓋言其剋剥攘奪，爲世不容，不能立於天地之間。故曰「不能成其身」。

「不過乎物」者，即《大學》格物之旨。格物者，窮事物之理，履而踐之也。「不過乎物」句下，必言盡人合天之道，爲記者所删去，或其中本有脱文。故下文即云「君子何貴乎天道也？貴其不已[三]」者，《中庸》「至誠無息」、「純亦不已」之功也。「維天之命，於穆不已」，惟文王能與天地合其德，與日月合其明。「不閉其久」者，「不息則久，

[一] 見《春秋穀梁傳》莊公元年文。
[二] 見《易・繫辭上》。
[三] 「君子何貴乎天道也？貴其不已」，《禮記》原文爲：「公曰：『敢問君子何貴乎天道也？』孔子對曰：『貴其不已。』」

久則微」也。「無爲而物成」者，上文言「百姓不命而敬恭」，蓋猶「不動而敬，不言而信」，進於「不動而變，無爲而成」也。「已成而明」者，「誠者自成也」，「自誠謂之性」〔一〕也。哀公言「子志之心」者，欲求數語以書紳服膺云爾，孔子對以「仁人不過乎物」至「孝子成身」，爲全篇之大結束。仁人孝子，「不過乎物」，蓋「誠者物之終始，不誠無物」。故自其内而言之，不過乎誠；自其外而言之，不過乎物必有則。

余幼時讀《孝經》「昔者明王事父孝，故事天明；事母孝，故事地察」〔二〕。嘗疑事父事母，何以通於事天地？抑何其言之廣大也？及讀《曲禮篇》「聽於無聲，視於無形」二語，而恍然於其故。蓋聖人之教其民，必欲其心誠至而縝密，誠能於事親之時，聽於無聲，視於無形，則其心力腦力，必能誠至縝密。推而至於親親仁民、立人達人，又推而至於飛潛動植、鳥獸草木，所以盡人性、盡物性，無不各得其所，則是贊天地之化育，無不始基於家庭之中。「天地明察，神明彰矣」，蓋通神明之德，必類萬物之情〔三〕。本篇所

〔一〕見《禮記·中庸》。

〔二〕見《孝經·感應》。

〔三〕自「天地明察」至「必類萬物之情」蓋脱胎於《易傳》。《易·繫辭下》云：「古者包犧氏之王天下也，仰則觀象於天，俯則觀法於地，觀鳥獸之文，與地之宜，近取諸身，遠取諸物，於是始作八卦，以通神明之德，以類萬物之情。」

謂「事親如事天，事天如事親」[一]，即《孝經》之學也。又曰：「孝子成身。」蓋「君子不可以不修身，思修身不可以不事親，思事親不可以不知人知天」[二]。是「成身」者，即《中庸》盡人合天之學也。故余謂《哀公問》一篇，可與《大學》《中庸》同爲千古不刊之書云。

《仲尼燕居篇》大義

國於天地，必有與立[三]。禮者，天之經，地之義，秩序所由定，而國之所由立也。故《尚書》曰「天叙有典」，「天秩有禮」[四]，《曲禮》篇曰：「人有禮則安，無禮則危。」「道德仁義，非禮不成；教訓正俗，非禮不備。」禮其廢乎哉？今人改「禮」爲「儀式」，此未得禮之精意者也。《禮記》四十九篇中，惟本篇言禮最爲鄭重，先儒謂子游門弟

[一]「事親如事天，事天如事親」，《禮記》原文前句作「事親也如事天」。

[二] 見《禮記·中庸》，其中末句「思事親不可以不知人知天」原作「思事親不可以不知人，思知人不可以不知天」。

[三]《春秋左傳·昭公元年》載公子鍼云：「一世無道，國未艾也。國於天地，有與立焉。」

[四] 見《尚書·虞書·皋陶謨》。

子所傳，其文法有與《禮運》《禮器》相近者，殆非虛語。

竊嘗抉其精義，大致分四端：

一曰致中和。不偏之謂中，國而無禮，偏激者多，青年子弟，軼于正軌之外，深可憫也。本篇首章曰：「敬而不中禮謂之野，恭而不中禮謂之給，勇而不中禮謂之逆。」此皆範人性情品信之偏，而歸之于禮，制之以中者也。故曰：「禮所以制中也。」又喜怒哀樂，未發之中，發而爲中節之和，則性道教一以貫之，慶賞刑罰得其平，而生人之缺憾弭矣。下文又曰：「達于禮而不達於樂，謂之素；達於樂而不達於禮，謂之偏。」蓋禮以致中，樂以致和，此《周禮》之精義，性情教育全，而生民之血氣心知定矣。

二曰辨得失。上文言給奪慈仁，二章答子游之問，皆言仁。仁者禮之所由生，而愛民之本也。有仁者以行禮，則居處、閨門、朝廷、田獵、軍旅、宮室，量鼎、味、樂、車、鬼神、喪紀、辨說、官、政事一切皆得其當；無仁者以行禮，則居處、閨門、朝廷、田獵、軍旅、宮室、量鼎、味、樂、車、鬼神、喪紀、辨説、官、政事一切皆失其宜。「人而不仁，如禮何？」[一]不知愛民之道，則無以祖洽於衆。故得禮與失禮之幾，國家興亡之兆也。

〔一〕見《論語·八佾》。

三曰貴至誠。「禮儀三百，威儀三千，待其人而後行。」「苟不至德，至道不凝。」〔一〕禮者，德性之所凝聚也。本篇曰：「行中規，還中矩，和鸞中《采齊》，客出以《雍》，徹以《振羽》。」君子無物而不在禮如此。大雅温文，非僻之心，何自而入。「苟知此矣，雖在畎畝之中〔二〕，聖人已。」窮而在下，達而在上，一也，奚必拘於大饗之禮哉！故曰：「古之君子，不必親相與言也，以禮樂相示而已。」是皆天性之所固有也，惟其至誠而已。

四曰審理節。《樂記》曰：「禮也者，理之不可易者也。」本篇曰：「禮也者，理也；樂也者，節也。君子無理不動，無節不作。」蓋惟人之本心有理，然後身之動作有禮。自先儒戴氏東原「認欲作理」，遂病宋儒言理爲空虛〔三〕，不知人情外之天理，非天

〔一〕見《禮記·中庸》。

〔二〕「雖在畎畝之中」，《禮記》原文句末有「事之」二字。

〔三〕戴氏「認欲作理」之説，見其《孟子字義疏證》「理十五條」中第十條，文云：「問：宋以來之言理也，其説爲『不出於理則出於欲，不出於欲則出於理』，故辨乎理欲之界，以爲君子小人於此焉分。今以情之不爽失爲理，是理者存乎欲者也，然則無欲亦非歟？曰……謂『不出於正則出於邪，不出於邪則出於正』，可也；謂『不出於理則出於欲，不出於欲則出於理』，不可也。欲，其物；理，其則也。不出於邪而出於正，猶往往有意見之偏，未能得理。而宋以來之言理欲也，徒以爲正邪之辨而已矣，不出於邪而出於正，則謂以理應事矣。」此言理與欲不可兩分，與正邪對立的關係不同，蓋以爲「理者存乎欲」，而宋人以正邪之辨言理欲，則是理欲對立分別，戴氏認爲離欲求理，是虛妄不實的。

理也〔一〕，宋儒早已言之矣。至焦氏禮堂《禮記補疏》以《樂記》之「窮人欲」爲絶滅人欲〔二〕，與本文「好惡無節」、「物至而人化物」，義實隔膜。若必徇欲而蔑理，則孔門之「克、伐、怨、欲不行」〔三〕，《孟子》之「養心莫善於寡欲」，皆爲愍説，豈不誤哉？惟人不信理，於是是非顛倒，天下多無忌憚之小人，而生民之禍亟矣！

「君子無理不動」，是以動而世爲天下道也。若夫「節」者，分限也。《易・節》之象傳曰：「君子以制數度，議德行。」《王制》篇言：「司徒修六禮以節民性。」人知有

〔一〕戴氏以爲天理乃在「節其欲」中求得，於《孟子字義疏證》「理十五條」中第十一條云：「性，譬則水也；欲，譬則水之流也；節而不過，則爲依乎天理，爲相生養之道……聖人教之反躬，以己之加於人，設人如是加於己，而思躬受之之情，譬則禹之行水，行其所無事，非惡汎濫而塞其流也……性之欲之不可無節也。節而不過，則依乎天理；非以天理爲正，人欲爲邪也。天理者，節其欲而不窮人欲也。是故欲不可窮，非不可有；有而節之，使無過情，無不及情，可謂之非天理乎！」唐先生認爲戴氏之觀點只言欲而不涉人情，所謂「無過情、無不及情」亦但就欲而言。蓋先生主張人情成乎禮文之教，其所欲所動，方能合乎天理，人欲未經復禮之階段，便無道理之較，不能直謂天理出於人欲，更不能謂順人欲而可得天理也。唐先生論戴東原釋「理」之見解，亦見於《性理救世書》「論理欲之辨別」一章。

〔二〕焦氏原文云：「理者分也，人各有性，即人各有欲，是天所分界諸人而不私於一人者也。故通其欲而欲不窮，合其理而理不滅……人之欲即天所分之理，故欲窮則理滅也。窮之言絶也。」載《禮記補疏》「夫物之感人無窮」至「滅天理而窮人欲者也」一條之按語。

〔三〕見《論語・憲問》。

節，農無越畔之患，士無出位之思，而人綱人紀，於是乎定。此政治之大本大原也。故下文子張問政，夫子告之曰：「君子明于禮樂，舉而錯之而已。」夫齊民以禮，與道民以政，其民心之向背離合，夫子早已言之。故曰：禮之所興，衆之所治也。禮之所廢，衆之所亂也。後世君子，審察乎治亂之幾，其於禮也，可不兢兢乎哉？《孟子》曰：「無禮義，則上下亂。」痛乎其言之也！而世乃謂外邦無「禮」字，譯人求其解而不得，遂欲掃除而更張之。嗚呼！傎矣！

論者曰：「《列子》有《仲尼閒居》篇，此篇襲其名而用之。又謂《家語》有《論禮篇》，合《燕居》《閒居篇》爲一，而此篇文詞較雜。」[一]夫謂二篇近老莊之清虚，固屬謬論；至以此篇爲雜，亦屬臆説。不知以上所言綱領，有條有理，正《易傳》所謂「雜而不越」者。且《孔子三朝記》記者文筆亦不一致，何得妄肆譏評乎？

[一] 此爲姚際恒《禮記通論》卷八四論《孔子燕居》大意，其文云：「《列子》有《仲尼閒居篇》，此則分而兩用之耳。大抵皆老莊之徒，冒竊孔子之名，以陰行其説者。《孔子閒居》尤全露老莊面目，而其文更詭譎；此篇則尚貌儒家言，而文更薄劣，義亦多舛矣。此二篇之分也。」

《孔子閒居篇》大義

余治《小戴記》，最喜讀《哀公問》《孔子閒居》二篇。《哀公問》所以戒後世之隳倫紀者也，《孔子閒居》所以戒後世之虐民衆者也。此與《論語》孔子答顔淵問爲邦，同爲政治不易之經，千古不磨之論。而其文詞之雅贍，更有諷誦而不忍釋者，後人之鮮足以知之，惟姚氏姬傳之論具特識云。

姚氏之言曰：「《孔子閒居》，蓋子夏之徒述所聞於子夏者。其言道，蓋聖門論説之精者，子思作《中庸》之亞也。夫《六經》之道，無强人以所無者，而皆原於人心所不能已，故曰：『知其性，則知天矣。』〔一〕心之動爲志，而詩以言之，故曰：『志之所至，詩亦至焉。』詩者，人情也。禮亦順人情而爲者也，故『詩之所至，禮亦至焉』。禮之用，和爲貴，故『禮之所至，樂亦至焉』。夫人既羣居，有和樂之情矣，則於其死也，安

〔一〕見《孟子・盡心上》。

得而不哀？故『樂之所至，哀亦至焉。哀樂相生』〔一〕。其本出於天命之自然，而流行於天地萬物之一氣，可以見聞求之乎哉？君子合天地萬物爲一體者，乃能盡之，是以『志氣塞乎天地』。夫欲志氣塞乎天地者，非可襲而取也，其要在愼獨誠意，使其中純一無間，致中和，天地位而萬物育矣。故無聲之樂、無體之禮、無服之喪，愼獨誠意之道也。雖然，是道也，持之甚難，失之常易，於是焉有五起之辭佐之。夫所謂五起者，義非有出於三無之外也。然而君子時以是辭，誦之口而存之心，使吾神移志凝，久之而心思耳目百體皆從，於是不執而安，不守而固，夫乃可持三無而行五至矣。箕子授武王以皇極之敷言，是訓是行，以教天下者，夫亦五起之同術也。其後所云三無私者，猶其前『志氣塞乎天地』之旨也。其引《詩》『聖敬日躋，昭格遲遲』〔二〕以致之，猶其前無聲之樂、無體之禮之旨也。其曰天有四時、地載神氣，無非教也〔三〕。聖人以清明在躬，合乎天地自然之理以爲道，而無所强於其間者，猶其前五至之旨也。至於先

〔一〕《禮記·孔子閒居》孔子言「五至」之文。
〔二〕見《詩·商頌·長發》。
〔三〕《禮記》原文云：「天有四時，春秋冬夏，風雨霜露，無非教也。地載神氣，神氣風霆，風霆流形，庶物露生，無非教也。」

天而天弗違，惟嶽降神，爲之生賢人以佐其治，而聖人之道盡矣。夫子夏弟子之爲是説也，夫亦善言德行矣。雖然，其言高明者多而沈潛差少，不若《中庸》説之密而無病也，流而爲田子方、莊周者，諒以是與？」〔一〕

文治申之曰：吾嘗謂《哀公問》可以配《大學》，《孔子閒居》可以配《中庸》。今觀姚氏之説，豈不信哉？昔者先王之治天下也，必使治與道合而爲一，政與學合而爲一，然後教化明而民之性情正。後世歧而二之，而天下於是乎亂。《孔子閒居篇》乃政治、道學合一之書，而性情教化之大本也。

首言「民之父母」，何也？其義權輿於《洪範》，發明於《詩》；其説衍於曾子，傳於孟子。《洪範》言：「天子作民父母，爲天下王。」在於「無有作好」、「無有作惡」。故曾子曰：「民之所好好之，民之所惡惡之，此之謂民之父母。」〔二〕孟子亦言順民之好惡，「然後可以爲民父母」；逆民之好惡，「惡在其爲民父母」〔三〕。蓋好惡者，性之欲，哀樂

〔一〕姚鼐説載《惜抱軒九經説·第十四禮記説三》之《〈孔子閒居〉説》一篇。
〔二〕見《禮記·大學》。
〔三〕見《孟子·梁惠王上》。

之根，而禮樂於是起焉者也。故曰：「民之父母〔一〕，必達於禮樂之原。」若好惡無節於内，則天理滅而人化物，違禽獸不遠，可不畏哉？

君子者，與四方爲一體者也。人以一身爲身體髮膚，而君子則以四方爲身體髮膚。好惡正，則一家一國天下興；好惡偏，則一家一國天下敗。鄭君注「敗」爲禍災〔二〕，《中庸》曰：「禍福將至：善，必先知之；不善，必先知之。」「至誠如神」者，即志氣如神也。

次言「五至」，何也？志、詩、禮、樂、哀，五者皆中和之氣，致中和者，作禮樂之本也。性情之發，厥爲志氣，故志氣實根於性情。《孟子》曰：「志至焉，氣次焉。」「持其志，無暴其氣。」又論「浩然之氣」，「塞於天地之間」，此即孔子「志氣塞乎天地」之説也，亦即性情教化之原也。《大學》言誠意之功曰：「大畏民志，此謂知本。」善爲治者，必使一己之性情志氣，通乎萬民之性情志氣，然後民不能忘而爲民之父母。姚氏所謂「本於誠意慎獨」者此也。

〔一〕「民之父母」，《禮記》原文作「夫民之父母乎」。
〔二〕鄭注《孔子閒居篇》「四方有敗」句云：「敗謂災禍也。」

次言「三無」，何也？自來無形之教化，必勝於有形之教化。基命宥密三者，實皆誠意之功。《中庸》言慎獨之效，至於「不動而敬，不言而信」，邃矣！而必推及於上天之載，無聲無臭。可見「儀刑文王，萬邦作孚」，無非性情志氣之相感。此孔子贊《觀卦》所以爲「下觀而化」，而作《繫辭傳》又曰：「无思也，无爲也，寂然不動，感而遂通天下之故。非天下之至神，孰能與於此。」然則無聲之樂、無體之禮、無服之喪，皆所存者神也。而後儒乃諱言「無」，且謂此篇出於道、釋二家，豈非謬與？

次言「五起」，何也？姚氏比於《洪範》之「敷言」，如箴銘之屬，允矣[一]。而余則更有進者。五起五陳：「無聲之樂」，四言「氣志」；「無體之禮」，兩言「威儀」；而「無服之喪」，惟言「内恕孔悲」，而下文「施及四國」，「以畜萬邦」，「純德孔明」，「施於孫子」，俱極言效驗，而不及功夫。蓋恕者，心理所由推也。「孔悲」者，惻隱之心也。樂民之樂者，民亦樂其樂；悲民之悲者，民亦悲其悲。「内恕孔悲」，惻隱之志氣，慊乎

[一] 姚鼐説見《惜抱軒九經説・第十四禮記説三》之《〈孔子閒居〉説》。謹按：胡渭早已於《洪範正論》釋《洪範》之「敷言」爲有韻之文體，云：「舜皋賡歌及《孟子》所引夏諺皆句句用韻，皇極之『敷言』亦然。蓋夏之間詩體如此，『敷言』非大禹所作，即係夏臣文字，箕子爲了父師而典之，故述之以告武王，傳子駿以爲古書韻語，良是。」唯比諸《禮記・孔子閒居》説「五起」之辭，則自姚氏。

天下，如保赤子，萬民其康乂矣！《書》曰：「念茲在茲。」順事恕施也。曾子曰：「民德歸厚。」平天下之要道也。爲治者諷誦此章，其亦油然動不忍之心乎？

次言三王之道參天地，何也〔一〕。《大易》《中庸》之義也。《易傳》曰：「天地交而萬物通，上下交而其志同〔二〕。」於卦爲《泰》，於時爲春正月；「后以財成天地之道，輔相天地之宜，以左右民」。〔三〕故能與天地合其德，與日月合其明。《中庸》曰：「贊天地之化育，則可以與天地參。」「知天地之化育，夫焉有所倚？」無所倚者，無所私也。大哉聖人之道！「辟如天地之無不持載，無不覆幬；辟如日月之代明，萬物並育而不相害，道並行而不相悖」，此無私之極也！

字義自營爲私，背私爲公，欲去其自營之私，惟在於敬而已矣！《大學》知止之功，當以文王緝熙敬止爲則。此篇無私之功，當以湯「聖敬日躋」爲則。無私者去欲，知止者循理，皆非敬不爲功，其義一也。

〔一〕《禮記·孔子閒居》曰：「三王之德，參於天地。」
〔二〕見《易·泰卦·彖傳》，原文「萬物通」及「其志同」後皆有「也」字。
〔三〕見《易·泰卦》彖傳。

次言文、武之德，何也？「天有四時」以下，天道至教也；「清明在躬」以下，聖人至德也。「天何言哉？四時行焉，百物生焉。」天地教化之流行，即天地志氣之流行也。「清明在躬，志氣如神。」聖人在躬，清明之志氣，與天地清明之氣相接；無聲之樂，與天地同和；無體之禮，與天地同節。其流而不息者，天地陰陽之志氣也；其合同而化者，上下相孚之志氣也。故其爲也神，不疾而速，不行而至矣。或以「耆欲將至」擬與《祭統》篇之「興舊耆欲」以事業解之，似矣，而實非也。蓋志氣，性情之所發也，而耆欲則志氣之見端也。此耆欲實根於性，所謂喜怒哀樂未發之中，故曰「有開必先」，言動乎幾之先者也。人皆受天地之中以生，惟聖人能主敬以養神，致中以立極，志氣和平，感乎人心，由是而天生賢人君子以輔佐之，以膺霖雨蒼生之寄。「惟嶽降神，生甫及申」，大道之行，三代之英，聖人蓋夢寐期之矣，而後儒乃謂孔子囿於封建時代之識見，又豈非謬歟？

次言三代之王必先令聞，何也？《中庸》曰：「王天下有三重焉，其寡過矣乎！」用在作禮樂，其本在知天知人，而歸於「庶幾夙夜，以永終譽」。君子有譽於天下，即有令聞於天下也。

末以太王爲法何也？太王遷岐，不以其所養人者害人，無私之至者也。孟子曰

「君子創業垂統，爲可繼也」，道在「强爲善而已矣」[一]！一人之性善，一國之性亦善。春秋之世，不善之氣充塞宇宙，百有餘歲，變爲戰國，率土地而食人肉，君子有不忍言者矣。此孔子之告子夏傳《禮》傳《詩》，孟子之告滕文善國新國，所以皆上溯太王之德，以勉後世爲善之君。旨深哉！旨深哉！乃王肅、《家語》以「天有四時」二節移在《經解》「深於《春秋》也」[二]之下，割裂文義，適彰其僞而已矣！

《坊記篇》大義

黄氏石齋《坊記集傳序》曰：

「記曰：『禮，禁亂之所繇生，猶坊止水之所自來也。以舊坊爲無所用而壞之者，必有水敗；以舊禮爲無所用而棄之者，必有亂患。』[三]亂患之坊，莫大於《春秋》。聖

[一] 見《孟子・梁惠王下》。
[二] 原文作「深於《春秋》者也」。
[三] 此《禮記・經解》文。

人本春以立禮，本王以立刑，本天以立命。『命以坊欲，刑以坊淫，禮以坊德』〔一〕，三坊立而亂患息，亂患息而後禮樂可舉也。《易》之立坊，始於天地，以天地而正父子，以父子而正君臣，以君臣而正夫婦。《詩》始於夫婦，《春秋》始於兄弟，三始雖殊，其以坊德、坊淫、坊欲則一也。

《左氏》以春秋之亂，魯始於羽父，終於三桓；晉始於曲沃，終於六卿。故於『鄭伯克段』之章，首明其義，以爲寵禄不過，都城有制，爲立坊之要領，因而推於桓、莊、文、宣之間，外釁所從入，内慝所從出，歸重於别微明嫌，爲立坊之要歸。《坊記》因之以端源於禮制，障流於淫欲，先之以敬讓，衷之以孝悌，終始於富而不驕、貴而不淫，以爲君臣、父子、夫婦、昆弟、朋友之所繇正。雖其所稱引，不過楚喪、晉亂、吴子三事，而於以定君臣、辨夷夏、正妃耦〔二〕，《春秋》千七百餘事，其大指盡於此矣。蓋當時夫子既作《春秋》，諸子莫讚一辭，退而窺其意義，不過以扶綱出條，明堯舜之道，闡文

〔一〕《禮記》原文作「禮以坊德，刑以坊淫，命以坊欲」。

〔二〕「雖其所稱引」至「正妃耦」，此段文字於《黄石齋先生文集》、鄭開極輯《石齋先生經傳九種》與《四庫全書》各有所採，「雖其所稱引，不過楚喪、晉亂、吴子三事」一句採鄭開極本與《四庫全書》本，而「辨夷夏」一句則採鄭開極本與《黄石齋先生文集》本。詳細校文可見於《〈小戴禮記〉四十九篇類别提要表》。

武之憲，其大者在於喪葬、婚娶，其細者至於車服、飲食、登降、揖讓，皆示之以節，受之以制，是天地所以生萬物之義也。

《春秋》以生成萬物爲天地之大禮；禮失而流於刑，刑窮而反於命，故先別其條貫以坊之。而《春秋》之義例，亦從是以起。宋淳化、至道間，嘗以《坊》《表》二記頒賜廷臣。今禮學備在學宮，而習者相沿爲曲臺遺言，無復知爲《春秋》義例之所從出者，故[一]略舉大意，使相屬比，引伸觸類，有以究其指歸焉。」

邵氏位西論《經解》《坊記》言禮有四際之義，四際者，冠婚也，喪祭也，鄉射也，朝聘也。曰：

「『禮者，因人之情而爲之節文，以爲民坊者也。』使民『貧而好樂，富而好禮』，『觴酒豆肉讓而受惡』，而鬭辨之獄息矣，則鄉飲酒之禮明也。『夫禮者，所以章疑別微，以爲民坊者也。故貴賤有等[二]，朝廷有位』，『示民有君臣之別』，而弑獄不作矣，則聘覲之禮明也。教民追孝，示民不爭、不貳、不疑，以有上下，而不孝之獄罕矣，則喪祭

[一]「故」後，黄氏《坊記集傳序》原文有「復」字。
[二]「貴賤有等」後，《禮記》原文有「衣服有別」句。

之禮明也。『夫禮，坊民所淫，章民之別，使民無嫌，以爲民紀者也。』教民無以色厚於德，而淫亂之獄絶矣，則婚姻之禮明也。出乎禮，入乎刑，《春秋》爲聖人之刑書，實聖人之禮書也，所以正三綱五倫，不外乎四際八類（八類即四際所分）。故《坊記》凡三引《春秋》：一引《春秋》不書楚、越之王喪，以明君爲臣綱；次引《春秋》記晉喪，以明父爲子綱；末引《春秋》書孟子卒，以明夫爲妻綱。而制國不過千乘，都城不過百雉，家富不過百乘，以明列國并吞兩下相殺，近鬭爭而遠洽睦，亦《春秋》之所戒也。」〔一〕

唐文治曰：大矣哉，黄、邵二先生之論也！「禮以坊德，刑以坊淫，命以坊欲」，三坊者，千古人倫之明鑑，道德政治之宏綱也。石齋先生以本篇皆《春秋》之旨，而記文僅舉《春秋》不稱楚、越之王喪，里克殺其君之子奚齊及其君卓，與魯夫人之姓吳，死書孟子卒三事，何哉？《春秋傳》曰：「吳、楚之君不書葬，辟其僭號也。」楚、越，古蠻夷之國也，《書》曰：「蠻夷猾夏，寇賊姦宄。」《詩》曰：「戎狄是膺，荆舒是懲。」古者中國庠序學校之教，皆以明人倫爲先，洎乎蠻夷猾夏，而父子、君臣、夫婦之倫，遂破壞而無餘。嗚呼！可痛也哉！春秋二百四十餘年，邪説暴行有作，禮義廉耻，泯棼掃

〔一〕 載《禮經通論》「論《經解》《坊記》言禮有四際之義」條下。

地，臣弑其君，子弑其父，内亂鳥獸行，朋興紛起，言之污口舌，書之污簡牘。其始也用夷變夏，其繼也變於夷而併不如夷，故曰：「夷狄之有君，不如諸夏之亡。」子思子繼《論語》而作《坊記》，蓋有垂涕泣而道之者矣。

然吾謂自來禍亂之萌，皆始於男女之無別。本篇所載陽侯殺穆侯而竊其夫人，故大饗廢夫人之禮，抑何其慘酷歟？吾考魯、衛皆秉禮之國也，然如魯文姜、穆姜、衛宣姜、南子之事，中冓之言不可道。五霸桓公爲盛，而多内嬖。其後崔杼弑莊公，禍起於棠姜。晉父子兄弟之亂，由於驪姬。申生之死，天下哀之。蔡哀侯繩息嬀而息亡，蔡侯亦爲楚所執。夏姬夭子蠻，殺御叔，弑靈公，戮夏南，出孔、儀，見《左氏》成二年傳。又族申公巫臣家，其對於人國也，既亡陳，又因巫臣以害楚。楚平王新臺之醜，殺伍奢、伍尚，而子胥戴天之讎，遂幾滅楚。痛乎皆禍首也！自古因女寵而敗國、喪家、亡人者，累軌連踵，哀哉其不讀《坊記》也！且夫《曲禮》《内則》諸篇，所以言男女之别者，至纖至悉，曰：「男女非有行媒，不相知名；非受幣，不交不親。」〔二〕何爲若是其拘束哉？蓋以此坊民，猶且淫於色而害於德。若藩籬一決，昏姻之禮廢，而夫婦之道

〔二〕《禮記·曲禮上》文。

苦，不獨倫紀蕩然，人權澌滅，自殺而殺人者，且至不可勝數。哀哉其不知禮也！坊德、坊淫、坊欲，三復斯言，可不畏哉？可不畏哉？

或者曰：「聖人制禮之本，因乎天地，當乎人心。及人心放失，流而不返，然後廢先王之禮，而悖亂皆作。世固知廢禮之爲害，而不知人心之先失久矣。使自返其心，則於先王之禮，嗜若飲食衣服之不可去，而何坊之云乎？」「言禮〔一〕莫篤於《荀子》，而以人性爲惡，以化性起僞爲禮，其病亦莫甚於《荀子》……《禮・緇衣》《坊記》篇〔二〕，皆出七十子之後，其稱子者，非孔子也，弟其師耳。而《坊記》謂禮專以坊民，近《荀子》之義。」本姚氏姬傳《經說》〔三〕。

吾謂此說高矣！而非所論於《春秋》之旨也。《春秋》之義，要在誅亂臣賊子，非所以坊民乎？且坊者，亦導其禮義廉耻之本心，非壓制也。若以壓制爲事，豈天叙天秩之本然哉？

〔一〕「言禮」，姚氏原作「言先王之禮者」，載《惜抱軒九經説・第十四禮記説三》中《坊記説》。

〔二〕「《禮・緇衣》《坊記》篇」，姚氏原文作「《禮記・緇衣》《坊記》之篇」。

〔三〕姚氏《經説》即《惜抱軒九經説》。

至於此篇之作，斷子思子爲可信。先師黄元同先生有「分章法」，精細縝密，見《十三經劄記》〔一〕，學者當參考之。

《中庸篇》大義上

《中庸》其準《周易》而作乎！《易》上經首《乾》《坤》言天道，下經首《咸》《恒》言人道；而《中庸》常兼天道、人道而言。《易》以山、澤、雷、風、水、火子天、地；《中庸》則以山水配天地，水土媲天時。《易》言自强不息，《中庸》則言至誠無息。《易》言「遯世无悶，不見是而无悶」，《中庸》則言「遯世不見，知而不悔」。《易》言「庸言之信，庸行

〔一〕黄氏分章法，詳見於《子思子·坊記輯解》之中，唐先生抽繹黄氏分章之大意，録於《十三經讀本評點劄記》中《禮記·坊記》篇「總評」部分。唐先生介紹黄氏將《坊記》分作三章，自起首至「諸侯猶有畔者」爲第一章，「言處富貴貧賤之境皆宜守禮節而不可逞其欲，所謂命以坊欲是也」（此是黄氏《坊記輯解》本語）；自「子云：『夫禮者，所以章疑別微』」至「猶忘義而争利以忘其身」爲第二章，「普陳禮讓之道，而作忠作孝，以及喪禮、賓禮尤德禮之大端，所謂禮之坊德是也」（此是黄氏《坊記輯解》本語，惟句末「是也」黄氏原作「此也」）；自「子云：『夫禮，坊民所淫』」至篇末爲第三章，「詳視男女之有別，所謂刑以坊淫是也」（此是黄氏《坊記輯解》本語，惟句首「詳視」黄氏原作「詳示」）。

之謹」，《中庸》則言「庸德之行，庸言之謹」。《易》言「素履之往，獨行願」，《中庸》則言「素其位而行，不願乎其外」。《易》言「學以序之，問以辨之，仁以行之」〔一〕，《中庸》則言「博學之，審問之〔二〕，明辨之，篤行之」。《易》言厚德，言恒久；《中庸》則言博厚，言悠久〔三〕。《易》言致一〔四〕，《中庸》則言不二〔五〕。《易》言「與鬼神合其吉凶」，「知鬼神之情狀」，《中庸》則言「體物而不可遺」，「質諸鬼神而無疑」。大哉《易》也！至哉《中庸》也！天道之奥，人道之本，其悉備于此乎！

原人之所以配天者，漢董子《春秋繁露》曰：「爲人者天也……人之形體，化天數而成；人之血氣，化天志而仁；人之德行，化天理而義。人之好惡，化天之暖清；人

〔一〕《易·乾文言》文：「學以聚之，問以辯之，寬以居之，仁以行之。」
〔二〕「審問之」後，《禮記》原文有「慎思之」。
〔三〕見《禮記·中庸》「誠者自成也」一段。
〔四〕《易·繫辭下》云：「天地絪緼，萬物化醇，男女構精，萬物化生。《易》曰：『三人行，則損一人；一人行，則得其友。』言致一也。」
〔五〕見《禮記·中庸》「天地之道，可壹言而盡也」一段。

之喜怒，化天之寒暑。」[一]又曰：「身猶天也……天以終歲成人之身[二]，故小節三百六十六，副日數也；大節十二分，副月數也。内有五藏，副五[三]數也；外有四肢，副四時數也；乍視乍瞑，副晝夜也；乍剛乍柔，副冬夏也；乍哀乍樂，副陰陽也；心有計慮，副度數也；行有倫理，副天地也。」[四]

余按：董子之説精矣。人之生也，心爲陽而熱[五]，象温帶；背爲陰而寒[六]，象寒帶；脈絡血行，象川流，豈非尤明徵哉？

然而更有進。人之神明，分天之神明也。是以《易》曰：「裁[七]成天地之道，輔相天地之宜。」《中庸》則曰：「盡人性，盡物性，贊天地之化育。」天地之大也，人猶有所憾。孰覺其憾？人覺之也。孰彌其憾？人彌之也。憾無窮期，覺之彌之者亦

〔一〕《春秋繁露·爲人者天》文。
〔二〕「天以終歲成人之身」，原文作「天以終歲之數，成人之身」。
〔三〕「副五數也」，原文作「副五行數也」。
〔四〕《春秋繁露·人副天數》文。
〔五〕「心爲陽而熱」，《十三經讀本·中庸大義序》本作「心爲熱度」。
〔六〕「背爲陰而寒」，《十三經讀本·中庸大義序》本作「背爲冷度」。
〔七〕《易·泰·象傳》文。「裁」，《十三經讀本·中庸大義序》本作「財」。

無止境也。此皆人之責，而心之神明爲之也，故曰「人者，天地之心也」〔一〕。吾心之喜怒哀樂，渾渾焉，沌沌焉，忽焉而清明之，釐然而各當焉。發而爲刑賞慶罰，紜紜焉，逐逐焉，忽焉而整理之，廓然而大公焉。天叙有典，天秩有禮，天命有德，天工人其代之〔二〕；致中和，天地位，萬物育，皆原於天命之性，故曰「配天」。

人人有配天之責，而卒至於違天、悖天、棄天、絶天。子思子憫焉，於是發明天之道、人之道：「人之爲道而遠人，不可以爲道。」此蓋遥承乎《周易》之言天道人道。孟子得子思子之傳，亦〔三〕曰：「人之爲〔四〕道也，飽食煖衣，逸居無教，則近於禽獸。」「人之所以異於禽獸者幾希。」〔五〕又曰：「仁也者人也。合而言之，道也。」〔六〕此蓋遥承乎《中庸》之言人道。

痛乎哉！春秋之爲戰國，非一朝夕之故也。世衰道微，人善其所私，學士游談而

〔一〕《禮記·禮運》文。
〔二〕四句皆《尚書·虞書·皋陶謨》文。
〔三〕「亦」，《十三經讀本·中庸大義序》本無。
〔四〕《孟子·滕文公上》文。原文「爲」作「有」，《十三經讀本·中庸大義序》本無「飽食煖衣」句。
〔五〕《孟子·離婁下》文。
〔六〕《孟子·盡心下》文。

不根，楊朱、墨翟之言盈天下，貪利險詐之徒，軒然無所顧忌。於是爭民施奪，殺機日開；爭地以戰，殺人盈野；爭城以戰，殺人盈城，仁義充塞，人將相食。六王畢，秦政出，焚書坑儒，而人道遂掃地以澌滅，痛乎哉！

《周禮》有言曰：「國有鳥獸行則獮之[一]。」天道生人而愛人，然人既自居於禽獸，則天亦無所施其愛，不得不禽畜而獸息之，禽獮而獸薙之。子思子憫焉，特於《中庸》開卷大書曰：「天命之謂性，率性之謂道，修道之謂教。」是性也，人性也；是道也，人道也；是教也，教人以爲人之道也。是故《中庸》一書，皆人道之教育也。

人之爲道，孝而已矣！孝者不學而能之良能，不慮而知之良知。即夫婦之愚不肖，可以與知而能行者也。「宜爾室家，樂爾妻孥」，「父母其順矣乎」，爰推極於虞、舜之「大孝」，武王、周公之「達孝」。「父在觀其志」[二]，「視於無形，聽於無聲」[三]；「父

[一] 查《周禮》無此句，《夏官司馬篇》云：「外内亂，鳥獸行，則滅之。」當是唐先生所述《周禮》之文。
[二] 《論語・學而》文。
[三] 《禮記・曲禮》文。「視於無形，聽於無聲」二句原文倒置。

没觀其行」〔一〕，「喪則致哀，祭則致嚴」〔二〕；嚴，肅敬也。「事死如事生，事亡如事存」，「明則有禮樂，幽則有鬼神」〔三〕，洋洋乎盛哉！孝之至也。反是而不順乎親，不信乎朋友，父母不以爲子，則朋友疎之，人且絶之矣。蓋《孝經》之至德要道，基於和睦無怨；而君子之本立道生，始於不犯上、不作亂。和順之氣，與横逆之氣，豈不較然大分哉？

凡人處家庭之際，周旋父母之間，曷爲而有悱惻纏綿之情，與夫愉快踴躍依戀思慕之致？皆良知良能之所發也。天命之性，性斯生矣，生則惡可已也！修道之教，教斯孝矣，德之本也，教之所由生也。擴而充之，則有以立天下之大本，可以保四海而致太平矣。故曰：「思事親不可以不知人，思知人不可以不知天。」此蓋人道之根於天命，教育者引其固有之知能也〔四〕。

人之爲道，誠而已矣！誠之之道，慎獨而已矣！《大學》八條目，以修身爲本，而修身必以誠意爲本。誠之爲功大矣！「質諸鬼神而無疑，百世以俟聖人而不惑」，誠

〔一〕《論語·學而》文。
〔二〕見《孝經·紀孝行》，文云：「喪則致其哀，祭則致其嚴。」
〔三〕《禮記·樂記》文。
〔四〕「教育者引其固有之知能也」，《十三經讀本·中庸大義序》本「教育者」後有「當」字。

也。「肫肫其仁，淵淵其淵，浩浩其天」，誠也。「維天之命，於穆不已」，誠也。「文王之德之純」，亦誠也。君子所以戒慎不覩，恐懼不聞，必由隱以達見，由微以達顯者，豈好爲迂拘哉？察吾心之誠僞，即察吾心之善惡也。正學榛莽，飾僞朋興，「小人閒居爲不善，無所不至，見君子而后厭然」；甚至以奸邪險詐之行，託爲光明正大之言，必經人再思之，三思之，四五思之，而後知其爲詐，知其爲險，知其爲奸邪。嗚呼！人道至此，社會寧有正直之士？寰宇詎有清明之望耶？

且夫主持人道者，樂人之生，不樂人之死，然而死者多而生者少。夫天下生者多而死者少，而吾反言之者，吾所謂生死，在乎心而不在乎身，在乎精神而不在乎形體〔一〕。誠者，心與精神團結而發見者也。誠存而百事興，誠亡而形乃徒存〔二〕。是故誠僞之界，生死之關也。誠者自成也，物之終始，不成〔三〕無物。穀梁子曰：「不若於

〔一〕自「吾所謂生死」至「不在乎形體」，《十三經讀本·中庸大義序》本作「吾所謂生死，在乎心之理與氣，而不在乎身；在乎心之精神，而不在乎形體」。

〔二〕自「誠者」至「形乃徒存」，《十三經讀本·中庸大義序》本作「誠者，心之理氣輔以行之者也，理昧没而氣亦滅。誠者，心之精神也。精神存而百事興，精神亡而形乃徒存」。

〔三〕「成」，《十三經讀本·中庸大義序》本作「誠」。

言者，人絶之也。」〔一〕天下豈有不誠而可成爲言者？天下豈有不誠而可成爲人者？古人有言：「作僞日拙。」〔二〕吾謂日拙亦云幸矣，苟一念之不誠，而禍害即隨之，此主持人道者所當大聲疾呼以救之者也。

人之爲道，禮義而已矣！禮義之始，根於天叙。《左氏傳》劉子曰：「人受天地之中以生，所謂命也，是以有動作、禮義、威儀之則，以定命也。」〔三〕「命」即天命之性也；「中」即喜怒哀樂未發之中也；「動作、禮義、威儀之則」，即率性之道也。又曰：「勤禮莫如致敬……敬在養神。」〔四〕養神之道，内以慎獨，外以行禮，「齊明盛服，非禮不動」，所以養神也。「禮儀三百，威儀三千」，皆所以養神也。敦厚崇禮，豈惟君子當然？上下皆由之。「居上不驕，爲下不倍」，禮也。「言足以興」，「默足以容」，合乎禮也。「愚而好自用，賤而好自專」，悖乎禮也。「動而世爲天下道，言而世爲天下法，行

〔一〕《春秋穀梁傳》莊公元年文。
〔二〕出自《尚書·周書·周官》文：「作僞，心勞日拙。」羅澤南《小學韻語》爲協四言句式而簡爲「作僞日拙」。
〔三〕《春秋左氏傳》成公十三年文。「人受天地之中以生」，「人」原作「民」。
〔四〕《春秋左氏傳》成公十三年文。

而世爲天下則」〔一〕，動容周旋，悉中乎禮也。「人道〔二〕有禮則安，無禮則危」，君子所以納民於軌、物〔三〕，而天下之所以長治而久安者，禮義而已。乾坤開闢以來，狉狉榛榛，俗尚質野；迄乎唐、虞之世，敬敷五教，彝倫攸叙，而五倫始定。君臣也，父子也，夫婦也，昆弟也，朋友之交也，五者天下之達道也，天地之常經，不可得而變革者也。

末俗澆漓，人心紕繆，乃敢昌言廢棄人倫，於是父子相殘，君臣相殺，夫婦相睽，兄弟交相瘉，朋友交相傾軋，而人道益苦，天下大亂。嗚呼！古之聖人，爲禮教人，惟欲人之自別於禽獸；後之妄人，棄禮誣民，惟恐人之或異於禽獸。子思子痛後世之流弊，故特揭之曰「行同倫」。蓋人之所以爲人者，倫也。《相鼠》之詩曰：「人而無禮，胡不遄死。」人而無倫，何以爲禮？更何以爲人？然則主持人道者，舍人倫禮義，奚以救世哉？

人道教育，政治而已矣！子曰：「人道敏政。」惟人道有以敏政，亦惟政有以敏人

〔一〕「言而世爲天下法」，「言」原作「行」；「行而世爲天下則」，「行」原作「言」。

〔二〕《禮記·曲禮》文。原文無「道」字。

〔三〕《春秋左氏傳·隱公五年》臧僖伯諫魯隱公語，臧僖伯曰：「君，將納民於軌、物者也。故講事以度軌量謂之軌，取材以章物采謂之物，不軌不物謂之亂政。」

道，二者相爲表裏者也。爲政在人，取人以身。《九經》先修身，修身之道，中和而已。《易傳》言純粹中正〔一〕、「保合太和」，中和之時義大矣哉！在上者之喜怒哀樂，與夫一顰一笑，消息之幾，皆關係天下之治亂，而上應乎天時。治世之陰陽寒暑，俱不愆期；亂世之陰陽寒暑，舉失其時者，何也？天下皆中和之氣，則陰陽寒暑行以漸，發而爲和風甘雨也；天下皆乖戾之氣，則陰陽寒暑行以驟，發而爲疾風暴雨也。《洪範》休徵曰「肅時雨若」，曰「聖時風若」；肅者敬，得其中也，聖者通，得其和也。咎征曰「狂恒雨若」，曰「蒙恒風若」；狂者惑，失其中也，蒙者隔，失其和也。好風好雨，百穀用成，豈倖致哉？此「好風好雨」係借用作時字解，《洪範》本文作「好惡」之「好」字解。〔二〕皆中和也。

天地之大，人猶有憾，非天地果有憾也，人事爲之也。聖人知天地之憾，必以中和之道挽救之、彌補之，是故戒慎恐懼而罔敢懈。盡人性，盡物性，中和也。「經綸天下之大經，立天下之大本，知天地之化育」，中和也。由闇然内省，推而至

〔一〕《易・乾・文言》曰：「大哉乾乎！剛健中正，純粹精也。」
〔二〕小注文字爲《十三經讀本・中庸大義序》本所無。

於「不動」、「不言」，「不賞」、「不怒」，「篤恭而天下平」，中和也。「無聲無臭」，中和之至也。孟子紹述子思子學，曰：「有不忍人之心，斯有不忍人之政。」〔一〕「人人親其親，長其長，而天下平」〔二〕，中和之至也。後世違乎中而爲偏，悖乎和而爲激，愈偏則愈激。事變之顛倒，偏爲之也；風潮之澒洞，激爲之也。一心一意之差，而百姓受其毒，悲夫！

「王天下有三重焉，其寡過矣乎！」「雖有其德，苟無其位，不敢作禮樂焉〔三〕。」禮樂者，萌柢於中和者也。孔子「上律天時，下襲水土」，中之至也。「萬物並育而不相害，道並行而不相悖」，和之至也。鄭君釋「天下至聖」節，三歎言之曰：「傷孔子之有其德，而無其命也〔四〕！」雖然，《中庸》之學説，傳諸萬世，其猶奚傷也？雖然，《中庸》之學説，後之人無有能信守之者，其能無傷也？

〔一〕《孟子·公孫丑上》文。
〔二〕《孟子·離婁上》文。
〔三〕「不敢作禮樂焉」，《禮記·中庸》原文句前有「亦」字。
〔四〕「傷孔子之有其德，而無其命也」，《中庸》鄭玄注前句句首有「蓋」字，後句句末無「也」字。

《中庸篇》大義下

近世以來，論者輒曰「孔子囿於封建思想」，因而詆毁之，以爲孔子一代之儒者爾。嗚呼！豈不誣且妄哉！

吾觀孔子答顏淵問爲邦，則曰夏時殷輅，周冕《韶》舞〔一〕；答子夏問禮樂，則曰「五至」、「三無」〔二〕；答子張問十世，則曰：「其或繼周者，雖百世可知。」〔三〕此皆孔子大經制、因時損益之規畫。使其囿於封建思想也，則四代之禮，不當以告顏子；愾乎天下，不當以告子夏。況春秋時，周天子尚在，使其囿於封建思想也，則「繼周」之説，方且觸犯忌諱，何敢以告子張哉？

若夫《中庸》一書，子思子所以發明先聖之微言，繼述聖祖之志事者也，其掃除封

〔一〕《論語·衛靈公》記孔子曰：「行夏之時，乘殷之輅，服周之冕，樂則《韶》舞。」

〔二〕見《禮記·孔子閒居》。

〔三〕《論語·爲政》文。

建思想，更有可得而證者。使綜其全篇觀之，「自『天命之謂性』至『父母其順矣乎』，《中庸篇》大義〔一〕已止於此。自『鬼神之爲德』以下，則〔二〕别成一篇，與《中庸》無涉，此乃子思子〔三〕專言祖德配天，俟百世之聖人，雖孔子生前不得位，不能〔四〕損益三王，制作禮樂，而至誠爲學〔五〕，治天下之道，能使百世天下人皆齊明盛服，承祭孔子，凡有血氣者莫不尊親，孔子之神，洋洋乎與堯、舜、文、武之配天相同。此子思子之微言也。此應别有篇名，但子思子明哲保身，不敢明著篇名，而接存乎《中庸篇》之後，以授於傳經之弟子門人耳。康成鄭氏注『祖述堯舜』四句，以爲《孝經》《春秋》〔六〕之事。淺人詫之，不知此必子思子微言，傳禮之門人述之。鄭氏尚得之於古禮説者也〔七〕。」

〔一〕阮元《揅經室續集·中庸説》原文句首有「似」字，「大義」前有「之」字。
〔二〕「則」，阮氏原作「似」。
〔三〕「子思子」，阮氏原文作「子思」，下三例同。
〔四〕「能」，阮氏原文作「敢」。
〔五〕「爲」後，阮氏原文有「學」字；《交通大學演講録》第三輯第六期《師子思子法》亦有「學」字，今補入。
〔六〕「《春秋》」後，阮氏原文有「二經」二字。
〔七〕阮氏原文句末無「者也」二字。

以上本阮氏元《中庸説》。至於有德無位，有位無德，不敢作禮樂[一]；「本諸身，徵諸庶民，考諸三王而不謬，建諸天地而不悖」，皆所以贊孔子也。「經綸天下之大經，立天下之大本」，由「不動而敬，不言而信」，至於「篤恭而天下平」，亦所以擬孔子也。「惟天下至聖爲能聰明睿知」，極其效至於「聲名洋溢」，「施及蠻貊」，傷孔子之有其德而無其命也。甚矣，子思子能知聖祖之心也！厥後得子思子傳者惟孟子，故曰：「匹夫而有天下者，德必若舜禹，而又有天子薦之者，故仲尼不有天下。」[二]又論伯夷、伊尹與孔子，曰：「得百里之地而君之，皆能以朝諸侯有天下。」[三]是則孔子固有朝諸侯有天下之德矣，何嘗有封建思想哉？甚矣，孟子能得聖人之心也！先聖後賢，其揆一也。

吾於是求之於《易》，考之於《禮》，徵之於《孝經》，驗之於《論語》，質之於《春秋》，無一不與《中庸》相通，無一不破除封建之思想。孔子作《易・革》卦之《彖傳》曰：「湯武革命，順乎天而應乎人。革之時義大矣哉！」而作《乾》卦《文言傳》曰：「見龍

[一]《中庸》謂：「雖有其位，苟無其德，不敢作禮樂焉；雖有其德，苟無其位，亦不敢作禮樂焉。」
[二]《孟子・萬章上》文。
[三]《孟子・公孫丑上》文。

在田，天下文明；『飛龍在天』，乃位乎天德。」蓋所謂「聰明聖知達天德」也。其作《繫辭傳》曰：「天地之大德曰生，聖人[一]之大寶曰位，何以守位曰仁。」則聖人之情見乎辭矣。是《易》之大義，在破除封建也。

《禮記》之精粹者，無如《禮運》《禮器》。子游作《禮運》，述孔子之言曰：「大道之行也，與三代之英，丘未之逮也，而有志焉。」有志者，志乎五帝三王之事也；於是慨想大道之行，「天下爲公」，「選賢與能」，「外户不閉」，是謂大同。蓋惟天下歸於賢能，而後進乎大同之治。故《禮器》篇曰：「禮，時爲大。」「湯放桀，武王伐紂，時也。」孔子聖之時者也，惜乎無尺寸之柄，不得行湯武之功業。是禮之大義，在破除封建也。

《孝經》言：「郊祀后稷以配天，宗祀文王於明堂以配上帝。」「聖人之德，無以加於孝。」蓋雖畎畝之中，亦有嚴父配天之義。「言思可道，行思可樂」，「容止可觀，進退可度」，「其民畏而愛之，則而象之」[二]，王者之威儀，要皆聖人之法式，孝弟之至，通於神明，光於四海。《詩》云：「自西自東，自南自北，無思不服。」孟子亦引此《詩》以

[一]《周易·繫辭下》文。「聖人」，原誤作「生人」，今據《易傳》爲正。
[二] 以上皆《孝經·聖治》文。

孔子擬湯、文矣。是《孝經》之大義，在破除封建也。

《論語》子曰：「鳳鳥不至，河不出圖，吾已矣夫！」自傷可致此物而不得致也。《堯曰》一篇，歷叙堯、舜、禹、湯、武、周之心法，而以「寬則得衆」四者繼之，何哉？子貢善贊聖人者也，曰：「夫子之得邦家者，立之斯立〔一〕，道之斯行，綏之斯來，動之斯和。」乃躬備大德。上焉堯舜之不遭，而禪不及己，下焉無湯武之放伐，而己之德涸，然無所施於人〔二〕；故常神遊於堯舜三代之隆，而欲以寬、信、敏、公〔三〕四者，博施於春秋之世。孔子之志，尤可見矣。《中庸》述孔子之言，謂：「中庸至德，民鮮能久〔四〕。」「道其不行矣夫！」而下文即贊舜之大知，「執其兩端，用其中於民」。蓋中者天地之道，帝王之治，聖賢之學，皆不外是。堯之傳舜，曰：「允執其中。」而舜亦以命

〔一〕《論語·子張》文。「立之斯立」原文句首有「所謂」二字。

〔二〕自「上焉堯舜之不遭」至「然無所施於人」，出自柳宗元《論語辯》下篇，文云：「彼孔子者，覆生人之器者也。上之（一作言）堯舜之不遭，而禪不及己；下之（一作言）無湯之勢，而己不得爲天吏。生人無以澤其德，日視聞其勞死怨呼，而己之德涸然無所依而施，故於常常諷道云爾而止也。」

〔三〕《論語·堯曰》記子曰：「寬則得衆，信則民任焉，敏則有功，公則説。」

〔四〕《中庸》原文謂：「中庸其至矣乎！民鮮能久矣！」

禹。孔子固欲以時中之德，上繼堯舜，允執其中，執兩用中之道，故曰：「時措之宜也。」是《論語》之大義，在破除封建也。

孟子言：「《春秋》，天子之事也。」引孔子曰：「知我者其惟《春秋》乎！罪我者其惟《春秋》乎！」董子曰：「孔子爲魯司寇，諸侯害之，大夫壅之。孔子知言之不用，道之不行也，是非二百四十二年之中，以爲天下儀表，貶天子，退諸侯，討大夫，以達王事而已矣！」〔一〕亦引孔子曰：「『吾欲載諸空言，不若見諸行事之深切著明也。』……撥亂世反之正，莫近於《春秋》……《春秋》之中，弒君三十六，亡國五十二，諸侯奔走不得保其社稷者，不可勝數。」〔二〕孔子以匹夫操南面之權，「筆則筆，削則削」〔三〕，「善善惡惡，賢賢賤不肖，存亡國，繼絕世，補敝起廢」〔四〕，使亂臣賊子，禁其欲而不得肆。故後世稱孔子爲素王，左丘明爲素臣；而公羊家學說，以爲孔子張三世，由亂而治。

〔一〕此處所謂「董子曰」，乃《史記·太史公自序》司馬遷謂「余聞董生」之言。

〔二〕此處謂董子引孔子之言而發論，實爲司馬遷《史記·太史公自序》文，此因司馬遷引董子之言後，即引孔子之言而發論，致生誤會。

〔三〕《史記·孔子世家》文。

〔四〕《史記·太史公自序》文。

是《春秋》之大義，在於破除封建，更未有顯著於此者也。

自古以來，道與治合，則天下平；道與治分，則天下亂。孔子不得位，目擊生民之顛連憔悴，無以拯諸水火之中，是以栖栖皇皇，惟以救國救民爲職志。逮至請討陳恒，欲發魯國之兵而不獲大張其撻伐，於是獲麟絶筆，鬱鬱以終。後之人讀其書者，靡不悲其志，而猥曰囿於封建思想，嗚呼！何其誣且妄歟？

善乎柳子厚之言曰：「封建者繼世而理，上果賢乎？下果不肖乎？則生人之理亂，未可知也。將欲利其社稷，則又有世大夫世食禄邑，以盡其封畧。聖賢生於其時，亦無以立於天下，封建者爲之也。」〔一〕是孔子破除封建之意，柳子固深知之矣。寧惟柳子？宋周、程、張、朱諸大儒，亦深知孔子之意者也。寧惟周、程、張、朱？明顧亭林、陸桴亭、王船山、黄黎洲諸大儒，亦深知孔子之意者也。所以不明言者，「有伊尹之志則可，無伊尹之志則篡」；有孔子之聖則可，無孔子之聖，則僭且亂也。而後人因孔子禮義名教，不便於己，遂謂其囿於封建思想，欲舉數千年之道德綱紀，一切詆毁而

〔一〕柳宗元《封建論》文。原文「封建者繼世而理」後有「繼世而理者」句；「將欲利其社稷」後有「以一其人之視聽」句。

掃除之。無識之士，衆口附和，同然一辭。夫是非直道之公，雖不容泯於天下萬世，然君子一言之不智，而世道於以日衰，人心於以日惡，世界劫運於以日開，禍亂相尋，民生已不勝其痛苦。悲夫悲夫！

《表記篇》大義

黄氏石齋《表記集傳》序曰：「古者窺測天地日月〔一〕，皆先立表以别陰陽。視〔二〕其晷景長短，以御高深遠近；揆昏旦之中，以占星物。敬授民時，皆於表焉取之。表正則景正，表邪則景邪，體存於表而用在於制，天地日月吐其光景，以顯道相示。贏絀一寸，差數千里，故表之爲政，猶君之有身，天之有極，不可不審也。子曰：『仁者天下之表也，義者天下之制也，報者天下之利也。』君子以仁立表，以義制之。度其長短大小，近取之一身，遠取之百世。不責報於天下，而天下之子孫黎民陰受其利，若

〔一〕黄氏《表記集傳序》原文句首有「臣觀」二字。
〔二〕「視」，《石齋先生文集》本作「觀」，鄭開極本與唐先生所録無異。

暑極之利用寒，寒極之利用暑也。《表記》四十三章，皆以仁立表，以義制之。其大指以天地日月，辨君臣之位，式尊親之序，持之以敬，量之以恕，使人邇不敢褻，遠不敢怨。幽以告於鬼神，明以告於朋友、庶民、小子，而禮樂文質，皆備於是矣。《春秋》之義，不盡於《表記》；而《表記》之義，盡於《春秋》。其立仁、制義、體敬、量恕，不敢褻瀆鬼神，以受顯示於日月天地，則其意一也。《坊記》主於禮讓，歸別於男女，以明忠孝之化始於閨門，猶《易》之有下經；《表記》主於仁義，歸餘於卜筮，以明文質之原，達於天德，猶《易》之有上經。凡聖門所記夫子之言論，自《魯論》〔一〕二十篇而外，未有明著於此者也。」

王氏船山《表記章句》曰：「表者，植木爲標，以測高下淺深之度者也。凡爲坊者，必先立表以爲之，則表雖無與於坊，而爲坊之所自出，是坊末而表本也。以禮坊民，民猶踰之，既不可以坊爲無益而廢之，亦不可更峻其坊而束民以不堪；則惟反躬自治，以正其表，斯正己之盡，而物可得而正矣。故三代以禮坊民而踰之也，率在末

〔一〕「《魯論》」，《黄石齋先生文集》本及鄭開極本均作「《齊書》」，《四庫全書》本則未收此序。

君失德之世。則知表之爲重，而亦不可咎坊之徒勞矣。」〔二〕文治前篇謂坊非壓制之謂，得王氏「坊末表本」之論，益見「本身作則」爲尤重矣。

唐文治曰：此篇義與《論語》最近。漢王充《論衡·正説》篇有《論語》三十篇之説，先師黄元同先生謂：「魯《論》二十篇，古《論》多《子張》一篇，齊《論》多《問王》《知道》二篇，合二十三篇，益以《孔子三朝記》七篇，宋王伯厚謂《大戴禮記》卷九之《千乘》《四代》《虞德》《誥志》四篇，卷十一之《小辨》《用兵》《少間》三篇，即《漢志》「《孔子三朝》七篇」。適合三十篇之數。」然文治讀《三朝記》七篇文，與《論語》殊不相類，而先師以列於三十篇者，蓋因河間獻王獻書時，以《孔子三朝》七篇附於古文《論語》二十一篇之後耳。今考《坊記》《表記》《緇衣》三篇，雖子思子所作，文法多與《論語》相類；而《表記》所載處世觀人、修己接物之道，尤多與《論語》相通，請得而悉數之。

如云：「恭以遠耻。」又云：「恭近禮。」即《論語》所謂：「恭近於禮，遠耻辱也。」

又云：「狎侮，死焉而不畏也。」即《論語》所謂：「狎大人，侮聖人之言，不知天命

〔二〕載王夫之《禮記章句·表記篇》題下。

而不畏也。」[一]怵之以死，其警小人者至矣。

又云：「以德報德，則民有所勸；以怨報怨，則民有所懲。」「以德報怨，則寬身之仁也；以怨報德，則刑戮之民也。」此變《論語》「以直報怨，以德報德」之文，而義實旁通。

又云：「與仁同功，其仁未可知也；與仁同過，然後其仁可知也。仁者安仁，知者利仁。」此即《論語·里仁篇》中語。而「與仁同過」二語，以之釋「觀過知仁」，更爲確切明顯。

又云：「仁之爲器重，其爲道遠。」即《論語》所謂「仁以爲己任，不亦重乎？死而後已，不亦遠乎？」子思子受業於曾子，蓋述其師説也。

又云：「君子之所謂仁者，其難乎！」又云：「夏道尊命，事鬼敬神而遠之。」「周人尊禮尚施，事鬼敬神而遠之。」此即《答樊遲問知問仁章》之義。而其論三代文質之宜，百姓尊親之效，則《論語》略而《表記》詳矣。

又云：「事君三違而不出竟，則利禄也；人雖曰不要，吾弗信也。」此即《論語》臧

[一]《論語·季氏》文。原文「不知天命而不畏也」在「狎大人」句前。

武仲之例。惟《表記》普言之，而《論語》則專言武仲耳。

又云：「君子之接如水，小人之接如醴；君子淡以成，小人甘以壞。」此即《論語》「善與人交，久而敬之」之義。

又云：「君子不以色親人；情疏而貌親，在小人則穿窬之盜也歟？」此即《論語》所謂「論篤是與，色莊者乎」〔一〕，而其句法則與「色厲内荏」章相同，皆言表裏當如一也。

然此皆「著義」也，若其「微義」，則更有進。

《表記》首章曰：「君子不失足於人，不失色於人，不失口於人。」蓋人與人相接，其始也見以貌，其繼即以色，又其繼乃聽以言。故《論語》曾子言：「君子所貴乎道者三：動容貌，正顔色，出辭氣。」〔二〕而子夏亦言「君子有三變」，望其貌，即其色，聽其言〔三〕。聖賢修身之學，最重貌、色、言三者；子思子所述，乃孔門家法也。有三不失，

〔一〕《論語·先進》文。原文「論篤是與」後有「君子者乎」句。

〔二〕《論語·泰伯》文。原文「動容貌」後云「斯遠暴慢矣」，「正顔色」後云「斯近信矣」，「出辭氣」後云「斯遠鄙倍矣」。

〔三〕《論語·子張》記子夏曰：「君子有三變：望之儼然，即之也温，聽其言也厲。」

斯可以寡過矣。是其微義一也。

王道無所爲而爲，霸術有所求而爲。《表記》云：「報者，天下之利也。」鄭君注：「報，謂禮也。禮尚往來。」黄氏石齋謂：「不責報於人〔二〕，而天下之子孫黎民陰受其利。」善乎黄氏之言也。《曲禮》篇言：「太上貴德，其次務施報。」夫施者豈必望人之報哉？天下之利，極言其效耳！鄭注以往來爲義，疑于隘矣。夫子答顔淵之問仁，極其效，至於「天下歸仁」；答仲弓之問仁，極其效，至於邦家無怨。《表記》言「豈弟君子」，「强教之」「説安之」〔三〕，極其效，「使民有父之尊，有母之親」，此皆不責報於人，而人自報之者也。《易傳》曰：「不言所利，大矣哉！」若有爲而爲，則一己之私利，非天下之公利矣！此其微義二也。

求仁必先主敬。《論語》樊遲問仁，子曰：「居處恭，執事敬。」子夏言：「君子敬而無失，與人恭而有禮。」實與仲弓「出門如見大賓，使民如承大祭」之義，遥相承應。子路問君子，子曰：「修己以敬。」又推言之曰：「修己以安人。」「修己以安百姓。」皆

〔二〕「不責報於人」，黄氏《表記集傳序》原文「人」作「天下」。

〔三〕《表記篇》記孔子釋《詩·大雅·洞酌》「豈（一作凱）弟君子，民之父母」句云：「豈以强教之；弟以説安之。」

所謂仁也。《表記》言「天下之表」惟在於仁，而首、末二章皆言敬，蓋君子之學，始終一敬而已。一於敬則爲上爲下，治幽治明，無所不當；求放心而本心全，斯謂之仁。朱子論求仁居敬之要，屢見於《答張南軒先生書》，而尤詳於《玉山講義》。敬者，仁之階梯，敬與仁一以貫之者也。是其微義三也。

至是篇分章之法，《義疏》分爲八支〔一〕，孫氏希旦《集解》因之〔二〕，黄元同先生《子思子輯解》更爲詳盡，並宜參考。

《緇衣篇》大義

黄氏石齋《緇衣集傳》序曰：「《緇衣》一書二十三章〔三〕，皆本仲尼之言，雜引《詩》《書》以明之。凡十五引《書》，二十三引《詩》，其稱《易》者一而已，歸於『恒德』，言好

〔一〕《欽定禮記義疏·表記篇》題下按語有云：「今從皇氏分爲八支。」明依皇侃分章之法。
〔二〕見孫希旦《禮記集解·表記》。
〔三〕「《緇衣》一書二十三章」，黄氏《緇衣集傳序》原文句首有「臣觀」二字。

賢惡惡之貴有恒德也。好賢不堅，惡惡不著，則爲上難事，爲下難知。上無定心，下無固志，而爵賞刑威，皆不可用矣。仲尼思見聖人，而歸於『有恒』，《詩》言『民之秉彝』，本於厥有『恒性』。蓋人性本善，理義悦心，見賢者而好之，見不肖而惡之，雖夷狄〔一〕盜賊，其性一也。惟在堂陛之間，人人飾貌，則衡鑑難明；入於紛華之域，事事蕩心，則愛憎易變。以易變之愛憎，投難明之衡鑑，故上聽不清，下言愈亂，而《緇衣》《巷伯》之詩，顛倒互誦矣〔二〕。」

王氏船山《禮記章句》曰：「《緇衣》者，蓋《表記》之下篇。其以『緇衣』名篇者，因篇内之文，猶《士喪禮》之下篇以『既夕』名也……《表記》續《坊記》而作，以敬爲本，以仁義爲綱，修身以立民極之道盡矣。此篇所述，則以好惡言行爲大旨。蓋好惡者仁之端，言行者義之實，君子之居仁由〔三〕義，以正己而物正者，於此焉慎之，則不待刑賞而民自從矣。《坊記》以下至此三篇，本末相資，脈絡相因，文義相肖，蓋共爲一書；

〔一〕「夷狄」，黄氏《緇衣集傳序》原文作「姦宄」。
〔二〕「矣」，黄氏原文作「也」。
〔三〕「由」，王氏《禮記章句・緇衣篇》題下原文作「繇」。

而雜《中庸》於《坊記》之後……蓋《戴記》隨采而輯之[一]，初無先後之序也[二]。」

唐文治曰：余讀黃、王兩先生之論，不禁喟然嘆曰：嗟乎！《緇衣》一篇，誠「政治學」之法戒哉！其要不外心術、品詣兩端。心術之發也爲好惡。本篇曰：「好賢如《緇衣》，惡惡如《巷伯》。」夫《緇衣》之好，至於設館授粲；《巷伯》之惡，極於投畀豺虎，有北有昊。君子之好無惡，無所不用其極，蓋不如是，則好賢不堅，惡惡不著也。

余考《大學》一篇，一好惡以貫之。其要歸分三等：上焉者曰：「惟仁人爲能愛人，能惡人。」次焉者曰：「見賢而不能舉，舉而不能先。」「見不善而不能退，退而不能遠。」下焉者曰：「好人之所惡，惡人之所好。」余嘗謂慢與過之人，其究也必至好人所惡，惡人所好，何也？彼其不能舉、不能先者，有媢之之意焉；其不能退、不能遠者，有戀之之意焉。故必至於拂人之性，災逮其身。君子之修己也，在澄清好惡之原，而辨本心之是非。《大學》曰：「其所令反其所好，而民不從。」本篇曰：「下之事上也，

[一]「蓋《戴記》隨采而輯之」，王氏原文無「蓋」字，而文前有「大抵《禮記》一書」句。

[二]「也」字，王氏原文無。

不從其所令，從其所行……故上之所好惡，不可不慎也，是民之表也。」然則本心是非之界，可不兢兢乎？

任氏翼聖曰：「天下之物，有善必有惡；人之情，有好必有惡……《大學》之格致所以明此好惡也，誠意所以實此好惡也，正心所以端此好惡，使無不中也；即至於天下平，亦推此好惡以盡其極耳……《大學》言好惡最詳，而其道必自格致始。」〔一〕格致者，辨是非之學也。孔子言「鄉人之善者好之，其不善者惡之」，曷由知其善不善？辨是與非而已。後世作好作惡者多，是非之界混淆。小人道長，君子道消，國焉得不危亡哉？

若夫品詣之著者爲言行。本篇曰：「君子道人以言，而禁人以行……則民謹於言而慎於行。」又曰：「長民者衣服不貳，從容有常，以齊其民，則民德壹。」有旨哉！愚按《孝經》曰：「非先王之法服不敢服，非先王之法言不敢言，非先王之德行不敢行。」〔二〕蓋人與人相接，初見其服，繼聽其言，後察其行；故孟子論堯、桀之分，亦以

〔一〕載《禮記章句・緇衣》「子曰：好賢如緇衣」至「萬國作孚」一章之疏解。

〔二〕《孝經・卿大夫》文。其中「非先王之法言不敢言」，《孝經》原作「非先王之法言不敢道」。

服、言、行爲斷，蓋千古治亂之樞機也。本篇又曰：「大人不倡游言。可言也不可行，君子弗言也；可行也不可言，君子弗行也。」夫古之所謂游言者，特不可行而已。後世人主，言詭異之言，行詭異之行，導民以機械變詐；上下相欺相蒙，無一出於至誠者。嗚呼！君民之性情喪，而國家之魂魄離矣！

至於由心術而推之，其大要曰貞教尊仁，而必先以章志。本篇曰：「爲上易事也，爲下易知也，則刑不煩矣。」夷考《史記・魯世家》周公之言曰：「平易近民，民必歸之。」蓋惟上下之情相近相通，相維相繫，而後可以合而相作，此非上之人章志不爲功。章志者，事事以至誠相見，《書・盤庚》所謂「不匿厥指」，《詩・節南山》所謂「俾民不迷」也。後世爲治者，匿厥指而自矜其智，俾民迷而日愚其民，是欲一人獨智，而使天下人皆愚；一人獨安，而使天下人皆危；一人獨利，而使天下人皆害；一人獨生，而使天下人皆死：此所以亡國破家相隨屬也。本篇又曰：「心以體全，亦以體傷；君以民存，亦以民亡。」吾謂心之與體，猶君之與民也。心術不可問，不能章其志於天下，是猶自戕其四體，而必以民亡矣。哀哉！

若夫由品詣而推之，其大要曰敬、曰恒。本篇曰：「大臣不親，百姓不寧，則忠敬不足，而富貴已過也……故大臣不可不敬也。」又曰：「心莊則體舒，心肅則容敬。」又引南人之言曰：「『人而無恒，不可以爲卜筮。』卜筮猶不能知〔一〕，而况於人乎！」按《周易》大義，坤元之貞〔二〕，本於「敬以直内」〔三〕；恒德之固〔四〕，「久於其道，而天下化成」〔五〕。古聖賢心法相傳，在修己以敬。蓋一敬可以勝百邪，吾心誠能主敬，則非僻之心無自而入，非僻之人無由而進，非僻之事無得而干。故曰：「精知略而行之。」略者簡也，所謂「居敬而行簡」也。且人必有貞固不摇之精神，而後成貞固不摇之事業。文王之精神，在朝乾夕惕〔六〕；周公之精神，在「所其無逸」〔七〕，故能扃固基隆，奠八百年之國祚。後世爲治者則反是。故本篇又曰「小人溺於水」，「大人溺於民」，皆在其所褻也。惟不敬而無恒，朝三暮四，晝令夕更，上以此謾其民，下以此玩其上，則必溺

〔一〕「卜筮」，原作「龜筮」；原文句末尚有「也」字。

〔二〕「坤元」一詞出自《坤・彖傳》「至哉坤元」句，《彖傳》謂坤「安貞之吉」，是以《坤卦》之義在貞。謹按：下文唐先生所論，貞乃貞固不摇之意思。

〔三〕《坤・文言》文，唐先生以此釋坤卦貞固之所由。

〔四〕《繫辭下》以「德之固也」釋《恒卦》之義。

〔五〕《恒・彖傳》云：「聖人久於其道，而天下化成。」

〔六〕「朝乾夕惕」，出《乾》九三爻曰：「君子終日乾乾，夕惕若，厲，无咎。」

〔七〕《尚書・無逸》記周公曰：「君子所其無逸。」

於民而死矣。所謂「狎侮，死焉而不畏也」〔一〕，哀哉！吾故曰：《緇衣》一篇，爲政治學之法戒。懍而行之，治平之道，賅於是矣。

至此篇相傳爲子思子所作，而《經典釋文》引劉瓛説，以爲公孫尼子所作〔二〕。先師黄氏元同謂：「《文選》注引《子思子》有『民以君爲心』一事，《意林》載《子思子》有『小人溺於水』一事，則《緇衣》篇出自《子思子》明矣。」〔三〕

文治按：本篇首引《詩・大雅》，次引《書・甫刑》，與《孝經》相類。而篇中意義，上承《大學》之序，下開《孟子》之傳，非子思子不能作也。學者當以此篇與《大學》《中庸》、《坊》《表》二記並讀。馮氏、郝氏謂此篇理不純正〔四〕，極謬。姚氏際恒偏信劉瓛説〔五〕，均不合。

〔一〕《禮記・表記》文。

〔二〕《經典釋文・禮記音義》於《緇衣》題下注云：「《緇衣》……劉瓛云公孫尼子所作也。」

〔三〕載《子思子・緇衣輯解篇》題下按語。

〔四〕此據姚際恒《禮記通論》之説，姚氏云：「馮氏、郝氏之徒，皆謂其理不純正，正以其知爲公孫尼子而云也。」見「緇衣」條下。

〔五〕姚氏《禮記通論》「緇衣」條下云：「陸德明引劉瓛云『《緇衣》，公孫尼子所作』，然則篇中所有『子言之』『子曰』者，蓋公孫尼子也。不然，鮮不以爲孔子矣。」

卷四

《奔喪篇》大義

文治讀奔喪之禮，不禁泫然而歎曰：嗚呼！四方者男子所有事也，或則宦學，或則任官，或則出而就事，不得不離其家。離其家則離其親，父母之心黯然，人子之心惻然矣！庸詎知一别而不得復見乎！則奔喪之時，人子之腸寸斷矣！

余少作《父母在不遠遊》文〔一〕，謂父母之年易盡，人子多遊一日，即侍奉父母少一日。又謂父母既離其子，其夢魂常依戀於其子之身。而人子遠離膝下，於父母起居

〔一〕是篇未收入《茹經堂文集》，惟《自訂年譜》提及一八八九年，時先生二十五歲，「冬，間夢吾母肝風病甚劇，面色浮腫，醒後大戚。以《周易》筮之，得《坤》，卦辭曰：『安息，吉。』心始稍安。作《父母在不遠遊》制義以自警，末云：『嗚呼！行遇靡靡，中心如醉。』得吾父慰勞之語，不覺悲從中來；『冬日烈烈』，『豈曰無衣』，念吾母縫紝之艱，曷禁潸焉出涕。然則人子而常依膝下，豈非厚福耶？」

安否，常心摇如懸旌。或有當父母疾病之時，而人子在外，晏然歡樂者，則人子之夢魂，亦常依戀於其父母，而況有意外之變乎！侍疾也，嘗藥也，祈禱也，皆不得躬親也。斂也，殯也，憑棺而踊也，亦不得躬親也，至是人子之腸寸斷矣！故不得已而惟有哭：本篇「哭」字不可勝數。「始聞親喪，以哭答使者盡哀。問故，又哭盡哀。」「過國至竟哭。」「望其國竟哭。」「入門左，升自西階，殯東西面坐，哭盡哀。」回思父母屬纊之時，欲求一見其子而不可得；而人子之於斯時，欲求一見父母而不可得，其痛心腸斷爲何如也！

孝子之居喪也，「始死，充充如有窮」〔一〕；及殯，皇皇焉如有求而弗得〔二〕；奔喪者並此而不可得也。及葬，「送魂而往，迎精而反」〔三〕，反哭升堂，反諸其所養，反諸其

〔一〕《禮記·檀弓上》文。

〔二〕《禮記·檀弓上》云：「既殯，瞿瞿如有求而弗得；既葬，皇皇如有望而弗至。」《檀弓下》又云：「顏丁善居喪：始死，皇皇焉如有求而弗得；及殯，望望焉如有從而弗及。」皇皇焉之心，既見於始死，亦存乎既葬；如有求而弗得之心，見於始死，亦存於既殯。此知人子種種惻怛心情，皆可迴盪纏綿於父母大去之後，而不限於特定喪葬環節而起，是爲人之同理心也。以故唐先生謂人子「皇皇焉如有求而弗得」之心情，可不盡同於《檀弓》所記，而見於父母既殯之時，乃通達人情之見解。

〔三〕「送魂而往」，《禮記·問喪》原文作「送形而往」。

所作〔一〕；奔喪者亦並此而不可得也，然而不得不節哀以順變也。君子念夫始之者也，然而回思別其父母之時，未嘗不怨遠離其父母而抱恨於終天也。然則爲人子者，當寶貴父母之年，而不可輕離左右也。然而爲人子者，在父母之旁，不知愛日之不易得，洎乎奔喪，而始追悔於無窮也，嗚乎，其何及也！吾所以大聲疾呼，願天下後世讀是篇者，當親在之時，而及時以盡孝也。

漢鄭君以此篇爲逸《禮》，蓋古《禮》得於魯淹中，共五十六篇，其十七篇與《儀禮》同，其三十九篇藏於祕府。惟此與《投壺》二篇，記者收之記中〔二〕。余謂此説信然。蓋以本篇沈痛惻怛，當係周初之人聞周公之彝訓者爲之。近姚氏際恒、陸氏奎勳謂

〔一〕《禮記·檀弓下》云：「反哭升堂，反諸其所作也；主婦入于室，反諸其所養也。」

〔二〕據孔穎達《禮記正義·奔喪》題下疏云：「案鄭《目録》云：『……此於《別録》屬《喪服之禮》矣，實逸《曲禮》之正篇也……』鄭云『逸禮』者，《漢書·藝文志》云：『漢興，始於魯淹中得古《禮》五十七篇。其十七篇與今《儀禮》正同，其餘四十篇藏在秘府，謂之逸《禮》。其《投壺禮》亦此類也。』」唐先生認爲鄭玄以《奔喪篇》爲逸《禮》，用孔氏的説法。惟孔氏稱《漢書·藝文志》記載魯淹中出古《禮》爲五十七篇，先生則作五十六篇；又，藏在秘府之古《禮》篇數，孔氏稱《漢書·藝文志》作四十篇，先生則作三十九篇。考《漢書·藝文志》本謂：「《禮》古經者，出於魯淹中及孔氏，與七十篇文相似，多三十九篇。」又稱《禮》古經五十六卷。鄭玄《六藝論》亦云：「後得孔氏壁中河間獻王古文《禮》五十六篇，記百三十一篇，《周禮》六篇，其十七篇與高堂生所傳同，而字多異。」陸氏《經典釋文》亦主五十六篇之説，知孔氏五十七篇之説非確。此見先生不逕取前人説法，資取極爲審慎也。

其句調與《儀禮》不同〔一〕，或記禮者於石渠論禮之時，就古經中之可識者，意爲詮次〔二〕，説亦近似。

《問喪篇》大義

王氏船山曰：「問者，設爲問答以發明《喪禮》之意。蓋先儒讀喪禮，而原其禮之所自生，一出於人心之不容已。先王特爲著明之，以盡孝子之所固有，則不能繇乎是者，必迷失其本心之仁愛，而非勉强難企之可原也。其言深切婉至，能傳孝子之心，以達於典禮。蓋有非秦漢以後諸儒之所能及者。凡此類，其七十子之徒受自聖門而述之者與？」〔三〕

〔一〕「句調與《儀禮》不同」屬姚氏之觀點，姚説載《禮記通論》「奔喪」條下，原文云：「此篇鄭以爲文似《儀禮》，遂以爲十七篇之逸，不知此文比《儀禮》有句調，非是一手也。」

〔二〕「禮者於石渠論禮之時，就古經中之可識者，意爲詮次」屬陸氏之觀點，説載《戴禮緒言》第四卷「奔喪」條下，原文云：「戴氏此記成于石渠論禮之時，特就文之可識者，意爲詮次，本非周時經文，故其體分類錯出，與《儀禮》不同，而此外又有奔喪逸禮也。」

〔三〕載《禮記章句·問喪篇》題下。

陳氏蘭甫曰：「『曾子讀喪禮，泣下霑襟。』[一]澧謂：《問喪》云：『入門而弗見也，上堂又弗見也，入室又弗見也。亡矣！喪矣！不可復見已矣！』《三年問》云：『凡生天地之間者，有血氣之屬，必有知；有知之屬，莫不知愛其類。今是大鳥獸，則失喪其羣匹，越月踰時焉，則必反巡，過其故鄉，翔回焉，鳴號焉，蹢躅焉，踟躕焉，然後乃能去之；小者至於燕雀，猶有啁噍之頃焉，然後乃能去之。故有血氣之屬者，莫知於人。故人於其親也，至死不窮。』讀此二節，當無不泣下霑襟者。使墨者讀之，亦當爲之憮然也。」[二]

唐文治曰：善哉王、陳二先生之説也！其感人者摯矣！本篇曰：「夫悲哀在中，故形變於外也；痛疾在心，故口不甘味，身不安美也。三日而斂，在牀曰尸，在棺曰柩，動尸舉柩，哭踊無數。惻怛之心，痛疾之意，悲哀志懣氣盛，故袒而踊之。」蓋「在牀曰尸」，則吾親已死，非復疾病之時矣！「在棺曰柩」，則吾親將葬，非復在牀之時矣！孝子之心沈痛何如也！

文治嘗謂人之生也，三年之愛，出入顧復，日在吾親提抱之中。其後父母日嚴，

[一]《尸子》文。

[二] 載《東塾讀書記・禮記》。

入學就傅，則離親漸遠矣！二十而冠，三十而有室，則去親愈疏矣！迨不幸父母既歿，三日而殮，三月而葬，則至親之人，變爲至疏之人，欲一追音容而不可得矣！孝子之心沈痛何如也！是故「成壙而歸，不敢入處室，居於倚廬，哀親之在外也；寢苫枕塊，哀親之在土也」。此孝之心無可如何者也。《孝經・喪親章》曰：「擗踊哭泣，哀以送之。」「爲之宗廟，以鬼饗之。」記禮者特引其文而詮釋之。嗚呼，父母至親者也！而忍哀以送之乎？而忍以鬼饗之乎？此又孝子之心無可如何者也。故曰：「非從天降也，非從地出也，人情而已矣！」文治嘗謂人之所以爲人者，性也情也、良知也。若無性無情、良知澌滅，父母在，不克盡其孝，父母沒，不能盡其哀，則是曾鳥獸之不若也，尚得謂之人乎哉？

至本篇「或問」五節，以首節尤爲沈痛，曰：「孝子親死，悲哀志懣，故匍匐而哭之。若將復生然，安可得奪而斂之也。」夫父母之哭死子也，無時不望其復生；則人子之哭父母也，亦無時不望其復蘇。此至誠惻怛之情，非游、夏之徒傳聞先聖之訓者，烏能言之迫切若是哉！曾子曰：「吾聞諸夫子：人未有自致者也，必也親喪乎！」[一]子游曰：「喪

[一]《論語・子張》文。

致乎哀而止。」[一]蓋賢者當俯而就，不肖者當仰而企，居喪者讀此篇可矣！

按：陳蘭甫先生引此篇「入門弗見」數語，與《三年問》篇「凡生天地之間者」一節，謂讀之可泣下[二]，諒哉斯言！余嘗講本篇「悲哀在中」一節，與《檀弓篇》「喪禮哀戚之至也」一章，諸生中亦有泣下者。

《服問篇》大義

王氏船山曰：「『服問』猶言『問服』也。記未嘗有問答之文，而言『問』者，條析疑義以待問也。《儀禮·喪服》一篇，相傳以爲周公所制，其條列五服之施詳矣。先儒既爲之傳，而有所疑者，又爲分别而發明之。雖略而未盡，而禮之以義爲節文者，皆自此而可類推矣。」[三]

文治按：上篇詳言居喪之禮，此篇畧言喪服之義。叠引「傳曰」者，蓋舊有成傳，

[一]《論語·子張》文。
[二]見《東塾讀書記·禮記》。
[三]載《禮記章句·服問篇》題下。

記禮者引而釋之，所謂「記中有傳」也。鄭君謂此篇乃遭喪變易之節〔一〕。文治謂篇中最正大之義，曰：「凡見人無免絰，雖朝於君無免絰。唯公門有稅「脱」之借字。齊衰。傳曰：『君子不奪人之喪，亦不可奪喪也。』」可謂仁至義盡矣！後世民德涼薄，自奪其喪，甚至自匿其喪。即不奪不匿，而對於三年喪服，概從輕略；期功以下，更無論矣！藉口異邦之風俗，蔑棄中國之禮義，其良心存焉否耶？

又按：姚氏際恒謂：「此篇周詳精確，多搜括零星事義……且説典制之文，而能絶去板腐，姿致横生，亦是周秦妙筆。」〔二〕而陸氏奎勳則謂此篇倣《儀禮》傳文，「然殘缺失序，覽之未能愜心」〔三〕，人之所見不同如此。

《間傳篇》大義

王氏船山曰：「間，際也，別也。間傳者，釋喪紀輕重之差，五服降受之節，以爲

〔一〕鄭氏《三禮目録》云：「《服問》者，善其問以知有服而遭喪所變易之節也。」
〔二〕載《禮記通論輯本》「服問」條下。
〔三〕載《戴禮緒言》第四卷「服問」條下。

《喪禮》《喪服》二經之傳也。讀者通於其義而類推之，則知禮非虚設。而自然之節文，一因乎人情之實，而不可損益矣。」〔一〕

姚氏際恒曰：「篇中言哀之發於容體、聲音、言語、飲食、居處凡五段，其格制雖本於《荀子·禮論》，而辨别喪服倫等，細密周詳，較荀本但以吉凶憂愉分别爲説者，不殊霄壤。於此見古人亦脱胎舊文，其妙如此。此篇立説較《喪服傳》《雜記》《喪大記》諸篇爲嚴，立訓垂範〔二〕，寧嚴毋寬，君子有取焉。」〔三〕

文治按：記喪禮之文，最整齊者，惟《問喪》《間傳》《喪服四制》三篇，而本篇尤爲周密。蓋喪紀者，秩然有序之制，故成秩然有序之文。曰哀之發於容體、發於聲音、發於言語、發於飲食、發於居處、發於衣服，此豈可僞爲哉？蓋皆本乎天性，流露於自然者也。孟子曰：「大人者不失其赤子之心。」又曰：「惟送死可以當大事。」〔四〕仁人

〔一〕載《禮記章句·間傳篇》題下。
〔二〕「範」，姚氏《禮記通論》原文作「致」。
〔三〕載《禮記通論》「間傳」條下。
〔四〕二句皆《孟子·離婁下》文。

孝子，當送死之時，藹然惻怛，情貌合一，表裏相應，此之謂「稱情立文〔一〕，因以飾羣」。然惟古之聖賢行之以爲矜式，而後世儒者，因而記之，謂發於容體、聲音者當如是，發於言語、飲食者當如是，發於居處、衣服者當如是；蓋因野以成質，因質以成文，既竭心思，然後編爲禮制。乃破壞之者，病其拘束，變文爲質，變質爲野。如毛奇齡〔二〕謂自古無「斬衰」之名，戰國後儒造《儀禮》，妄分父斬衰、母齊衰二等。春秋以前，並無父贏母縮之説。《論語》並無斬、齊二名〔三〕。此等議論，實爲可詫。任氏翼聖駁之曰：「《周禮》：『爲天王斬衰，后齊衰〔四〕。』記言：『爲天王斬衰，服父之義；爲

〔一〕《禮記·三年問》文。「稱情立文」原作「稱情而立文」。

〔二〕毛奇齡（一六二三～一七一六），字大可，浙江蕭山人；著作豐富，後人輯爲《西河合集》，分經集、史集、文集、雜著。

〔三〕此處唐先生擷出毛氏大意，毛氏原文曰：「自古無『斬衰』之名，三年一等原只齊衰……自戰國後儒造《儀禮》與《喪大記》《雜記》者，易『齊衰』二字爲『斬衰』，而分『斬』『齊』二字于三年之中，以爲父斬母齊，而于是五等之服又多一等矣。夫父母一等，並無優劣。自春秋以前，並無有父贏母絀之説見于諸經；而父母皆齊，亦並無有以斬服一名加于諸服之上。觀《論語》子見齊衰，爲凶服之至，而孟子告滕文父喪，即以齊疏之服爲服，父之服未嘗于齊疏之外有斬疏也。」載毛氏《經問》「張燧問喪禮有五服之名」一節。

〔四〕《周禮·春官宗伯》文。「后齊衰」原作「爲王后齊衰」。

后齊衰，服母之義。』〔一〕是分齊、斬不獨《儀禮》也。《檀弓》曾申告魯穆，與孟子告滕文語略同，是齊疏即齊斬也。古人未葬服斬，不離殯宮，既葬而出，受以齊衰矣，不得以夫子見斬衰者何不作不趨爲難也。若謂《三禮》俱屬僞撰，則後人論禮，復何據乎？」〔二〕

文治謂：非經誣聖之漸，實始於毛奇齡輩。既毀及《禮經》，更何有於《論語》？夫《論語》所載「子見齊衰者，雖少必作，過之必趨」，蓋指席上與道路而言，豈有服斬衰赴他人席、行于道路之理？即使送葬，亦有帷以蔽之。毛氏昏妄至此，此《王制》所謂「亂名破律，罪不容誅」者也。姚氏際恒向來疑經，語多雜惑，獨論此篇與前篇頗有特識，勝於毛氏遠矣。

又按：本篇間字，舊讀如字。鄭君謂：「間傳者，記喪服之間輕重所宜。」〔三〕吴氏

〔一〕《禮記·昏義》文。原文云：「故爲天王服斬衰，服父之義也；爲後服資衰，服母之義也。」

〔二〕載《禮記章句·喪義》，是卷併入《檀弓》之半、《問喪》、《三年問》、《間傳》、《喪服四制》等篇，《間傳》作爲卷中第五章，而任氏此段文字乃見於該章疏解之中。

〔三〕鄭氏《三禮目録》文。

幼清謂：「間者，厠也[一]，厠於其間而非正也……《儀禮·喪服》正經自有正傳，分釋各章經文。此篇總論喪禮哀情之發見，非釋經之正傳，而厠於《喪服》之正傳者也。」文治謂當從鄭君説爲正。吴説雖新巧，不足信。

《三年問篇》大義

此篇自「三年之喪」起，至「百王之所同，古今之所壹也」，純采《荀子·禮論》篇文，惟末引孔子語爲異。蓋記禮者之意，以三年之喪，本於三年之愛，所以報本反始，故折衷於聖言爾。其爲文之悽愴，窮理之細緻，論加隆之義，確合天理人情之至，先儒已詳言之。惟經但言三年，而不言月數，於是二十五月與二十七月之爭起，漢、唐以來，三十六月與二十七月之爭又起。文治謂當以近代大儒顧氏亭林之説爲正，爰采録而論斷之。

[一]「厠也」，吴氏《禮記纂言·間傳篇》題下原文無此二字。

顧氏亭林《日知録》曰：「今人三年之喪，有過於古人者〔一〕。《禮記·三年問》曰：『三年之喪，二十五月而畢。』《檀弓》曰：『祥而縞，是月禫，徙月樂。』王肅云：『是祥之月而禫，禫之明月，可以樂矣。』又曰：『魯人有朝祥而暮歌者〔二〕，子路笑之。夫子曰：「由，爾責於人，終無已夫？三年之喪，亦已久矣夫！」子路出，夫子曰：「又多乎哉，踰月則其善也。」』《喪服小記》曰：『再期之喪，三年也。』《春秋》閔公二年《公羊傳》曰：『三年之喪，實以二十五月。』孔安國《書傳·太甲篇》云：『湯以元年十一月崩，至此二十六月。三年服闋。』鄭玄謂：『二十四月再期，其月餘日不數，爲二十五月。中月而禫，則空月爲二十六月。出月禫祭爲二十七月。』與王肅異。按《三年問》曰：『至親以期斷。是何也？曰天地則已易矣，四時則已變矣，其在天地之中者，莫不更始焉，以是象之也。然則何以三年也？曰：加隆焉爾也，焉使倍之，故再期〔三〕。』今從鄭氏之説，三年之喪，必二十七月，其過於古人者也〔四〕。」下略。

〔一〕「有過於古人者」，顧氏原文句末有「三事」二字。載《日知録·三年之喪》。
〔二〕「魯人有朝祥而暮歌者」，顧氏原文「暮」作「莫」。載《日知録·三年之喪》。
〔三〕「故再期」，顧氏原文句末有「也」字。載《日知録·三年之喪》。
〔四〕「其過於古人者也」，顧氏原文「者」作「一」。載《日知録·三年之喪》。

文治按：從鄭君二十七月之説，則合於《禮經》，合於他經，並合於《春秋傳》。若從王肅二十五月之説，則不合於《禮經》，不合於他經，並不合於《春秋傳》。此鄭君之説所以至今遵用而不廢也。王肅惟事事好與鄭異，不自知其持論之不通，而於先聖精意，明德厚薄，概乎罔知審度。嗚呼！説經關係世道人心，詎可有成見乎哉！

顧氏亭林《與友人論服制書》曰：「增三年之喪爲三十六月，起於唐弘文館直學士王元感，已爲張柬之所駁，而今關中士大夫皆行之。《喪服小記》曰：『再期之喪，三年也。』《三年問》曰：『至親以期斷……然則何以三年也？曰加隆焉爾也，焉使倍之，故再期也。』古人以再期爲三年，而於其中又有練祥之節、殺哀之序、變服之漸，以其更歷三歲而謂之三年，非先王有『三年』之名而後爲之制服也。今於禮之所緜生者既已昧之，抑吾聞之，君子之所貴乎喪者，以其內心者也。居處不安，然後爲之居倚廬以致其慕；食旨不甘，然後爲之疏食水飲以致其菲；去飾之甚，然後爲之袒括、衰麻、練葛之制，以致其無文。今關中之士大夫，其服官赴舉，猶夫人也，而獨以冠布之加數月者爲孝，吾不知其爲情乎？爲文乎？先王之禮，不可加也，從而加之，必其內心之不至也。其甚者，除服之日而有賀。夫人情之所賀者，其不必然者也……喪之有終，人事之必然者也，何賀之有？抑吾不知其賀者將於除服之日乎？君子有終身之喪，忌日之謂也。是日也，以喪禮處之，而不可以除，將以其明日乎？則又朝祥暮歌之類也。賀之爲言，稍知書者已所不道，而王元感之論，則尚遵而行之。使有一人焉，如顔丁、子羔之行，其於送死之事，無不盡也，而獨去其服於中月而禫之日，其得謂之不孝哉？雖然，吾見今之人畧不以喪紀爲意，而此邦猶以相沿之舊，不敢遽變，是風俗之厚也。若乃致其情而去其文，則君子爲教於鄉者之事也。」

文治按：夏氏心伯[一]《學禮管釋》載沈執甫、毛奇齡、吴廷華諸家説，皆主三十六月。夏氏駁之，謂：「《公羊傳》明言[二]：『三年之喪，實以二十五月。』[三]魯僖公薨，二十五月，文公納幣議昏，《左傳》以爲合禮；《士虞禮》『又期而大祥』[四]，皆二十五月之證，豈得謂《春秋》經、傳及《儀禮》記，非經典乎……至謂漢文以日易月[五]，爲古制未亡，此尤齊東野

[一] 夏心伯即上文《檀弓篇大義》所提及之夏弢甫。

[二] 「《公羊傳》明言」，夏氏原文「言」作「云」。載《學禮管釋・釋三年之喪》。

[三] 事載《春秋公羊傳》閔公二年。

[四] 「《士虞禮》『又期而大祥』」，夏氏原文「《士虞禮》」作「《士虞》記」。載《學禮管釋・釋三年之喪》。

[五] 「至謂漢文以日易月」，夏氏原文句首無「至謂」二字。載《學禮管釋・釋三年之喪》。謹按：此乃唐先生增之以連接前段文意。

人之語〔一〕。漢文自用其私臆，未葬以前，服斬衰；既葬以後，服大功十五日，小功十四日，纖七日而除喪，何嘗有以日易月之明文？其曰『以日易月』者，乃應劭之曲説〔二〕……顔師古已痛駁之矣〔三〕……《論語》：『子生三年，然後免於父母之懷。』此三年亦約略計之，言其再周之大數耳……以世俗育子之限，見聖人立言之精。即以聖人立言之精，證三年再期之數，可不煩言而解矣〔四〕！」其説甚辨而覈，然文治竊有進焉。

亭林先生闢王元感之説，又嘗許關中風俗之厚矣。居喪之制，君子貴考其實，苟有其實，宜諒其心。《曲禮》：「孤子當室，冠衣不純采。」是即終身之喪。則喪禮行三十六月，正孝子之至情，欲以報昊天罔極之德。以視後世居父母之喪，漠然無所動於中者，其賢不肖相去何如耶！爲人子者，當時復《蓼莪》之詩，與《孝經·喪親章》《論語·宰我問喪章》可矣！

〔一〕「此尤齊東野人之語」，夏氏原文句末有「也」字。載《學禮管釋·釋三年之喪》。
〔二〕「乃應劭之曲説」，夏氏原文句末有「耳」字。載《學禮管釋·釋三年之喪》。
〔三〕「顔師古已痛駁之矣」，夏氏原文作「顔師古痛駁之曰」，且句後尚有申述：「此喪制者，文帝自率己意創而爲之，非有取於《周禮》也。」載《學禮管釋·釋三年之喪》。
〔四〕「可不煩言而解矣」，夏氏原文作「此又可以不煩言而解者也」。載《學禮管釋·釋三年之喪》。

又按：陸氏奎勳謂此篇「意味甚淺〔一〕，若所云『大鳥獸』『壹使足以成文理』，『人之所以羣居和壹之理盡矣』，其立文亦甚拙。」竊謂經文並非淺拙，陸氏讀書太淺耳！「若今是大鳥獸」一段，與《孟子》「人之所以異於禽獸者幾希」，及《曲禮》篇「今人而無禮，雖能言，不亦禽獸之心乎」，義均相通。古書中「壹」字，乃專壹之義，與數目「一」字不同。故鄭君注《大學》云：「壹是，專營是也。」〔二〕「壹使足以成文理」，蓋謂先王立中制節，使人專心致志以成文理，何拙之有？至「羣居和壹之理」，即天地間之生理也。《孟子》所謂「樂則生矣，生則惡可已也」。惟送死無憾，乃終養生之事，故曰「和易之理盡」〔三〕。是以讀書要在細心。

《深衣篇》大義

王氏船山曰：「深之爲言邃也。凡衣裳之制，各成齊而不相連，惟深衣裳連於

〔一〕「意味甚淺」，陸氏原文「意味」作「其味」。載《戴禮緒言》第四卷「三年問」條下。
〔二〕「專營是也」，鄭注原文「營」作「行」。載《大學篇》「壹是皆以修身爲本」句下。
〔三〕「和易之理盡」，《三年問》原文「易」作「壹」。

衣，被體深邃，故謂之深衣。深衣者，自天子達於庶人皆服之；爲之以布，緣之以采。天子諸侯服之以養老，大夫、士〔一〕深衣以燕居，庶人則以爲祭服。古者衣冠之制，皆有定式，著之爲書，今皆佚而不傳。惟此衣者，儒者以爲燕居講説之服，故垂〔二〕及於周之末世，典禮淪廢，而其制猶可考，是以得傳焉。夫一衣之制，又非朝祭之盛服，疑若瑣細〔三〕不足紀，乃其以飾威儀而應法象者，其用如此之大，不得而稍踰越也。故《易》曰：『黄帝、堯、舜，垂衣裳而天下治，蓋取諸乾坤。』是天之經，地之義。人之所以異於禽獸，君子之所以異於野人，而養其氣體，使椎鄙淫冶駤戾之氣，潛移默化而不自知，誠人道之切要也。自晉以後，袴褶袍韠，雜於朝祭之服；唐、宋之主，因陋塗飾，而無能滌正。而深衣一制，獨賴此篇之存，故司馬、程、張諸大儒，得以祖述而製之爲服；至於朱子詳考鄭氏古注之文，折衷至當，復古而爲之式，俾學者得以躬被先王之法服。是知此篇之得不佚亡者，誠學者之大幸也！」姜氏兆錫曰：「深衣，燕居

〔一〕「士」後，王氏《禮記章句・深衣篇》原文有「夕」字。
〔二〕「垂」，王氏原文作「垂」。謹按：「垂」字亦有垂掛、覆蓋之意。
〔三〕「瑣細」後，王氏原文有「而」字。

之服。鄭注〔一〕：『朝服、祭服，皆衣與裳殊，惟深衣不殊，而〔二〕被於體也深邃，故名。』此篇蓋言其制也。呂氏〔三〕曰：『深衣之用，上下不嫌同名、吉凶不嫌同制、男女不嫌同服。諸侯朝朝服，夕深衣；大夫、士朝元端，夕深衣；庶人吉服深衣而已：此上下同也。有虞氏深衣而養老，將軍文子除喪受〔四〕弔，練冠、深衣：此吉凶同也〔五〕；親迎，女在塗，而〔六〕壻之父母死，深衣、縞、總以趨喪：此男女〔七〕同也。』」〔八〕

文治幼時作《深衣考》，採朱子集〔九〕中深衣制度爲主，輔之以江氏《深衣考誤》，後又參考《禮記注疏》《章句》《義疏》等書，乃知考據不必泥也。《易傳》曰：「法象莫大

〔一〕「鄭注」，姜氏原文作「陳注」。載《禮記章義・深衣第三十九篇》題下注文。謹按：姜氏所引文字，乃元代陳澔《禮記集説・深衣第三十九》「古者深衣」至「要縫半下」一段下之注文。

〔二〕陳氏《禮記集説・深衣第三十九》「古者深衣」至「要縫半下」段下注文原文「而」作「則」。

〔三〕呂氏指北宋呂大臨（一〇四〇～一〇九二），字與叔，號芸閣，京兆藍田人；學通六經，尤邃於《禮》，有《禮記解》《禮記傳》等著作。

〔四〕呂氏《藍田呂氏遺書・禮記解》「深衣」篇。「受」後，原文有「越人」二字。

〔五〕「此吉凶同也」，呂氏原文無此句。

〔六〕「而」字，呂氏原文無。

〔七〕「男女」前，呂氏原文有「吉凶」二字。

〔八〕姜兆錫《禮記章義》卷一〇《深衣第三十九》題下注。

〔九〕「朱子《集》」蓋指朱子《儀禮經傳通解》及其續卷，二書於深衣制度皆多所論述。

乎天地。」人受天地之中以生，當取天地以爲法象，此篇精要之旨，曰：「制，十有二幅以應十有二月。」是猶《禮運》「六章」「十二衣」之義。

又曰：「袂圓以應規；曲袷如矩以應方；負繩及踝以應直；下齊如權衡以應平。」規矩，方圓之至也；人之品行，當外圓而內方也。直者，直其心也；平者，平其心也。經又曰：「負繩抱方者，以直其政，方其義也。故《易》曰：『坤六二之動，直以方』也。」凡人莫不有抱負，所抱負者，方與直而已。故人之生也直，不直則生理滅而生氣消。「政」爲「敬」之訛字，故曰「直其敬，方其義」；「君子敬以直內，義以方外」，可據《禮》文以證《易傳》也。《易》象，坤爲布，又爲黄裳，觀衣裳之法象，時時內省其心，敬義立而德不孤矣！安志平心，不獨衣服深邃，精神亦深邃而完固矣！故曰：「可以爲文，可以爲武，可以擯相，可以治軍旅。」所以教文教武，應世而濟變也。

又曰：「具父母、大父母衣純以繢；具父母衣純以青；如孤子衣純以素。」所以教孝教仁，齊家而執禮也。後世奇衺不衷之服，充塞宇宙，其奢侈者誨盜，其冶麗者誨淫，天下皆誨盜誨淫之民，國之所存者幸也！是以《孝經》曰：「非法服不敢服〔一〕。」

〔一〕《孝經·卿大夫》文。原作「非先王之法服不敢服」。

《左氏傳》曰：「衣之厖服，遠其躬也。」廢法服而衣厖服，蓋不有其躬矣！

《投壺篇》大義

【釋】唐先生於本篇末附録其投壺禮之復原綫索。

司馬温公曰：「投壺細事……聖人取之以爲禮，用諸鄉黨，用諸邦國，其故何哉？鄭康成曰：『投壺，射之細也。』君子射以觀德，爲其心平體正，端一審固，然後能中故也……夫審度於此，而取中於彼，仁道存焉；疑畏則疏，惰慢則失，義方象焉；左右前卻，過分則差，中庸著焉；得一失二，成功盡棄，戒懼明焉。是故投壺可以治心，可以修身，可以爲國，可以觀人……古者壺矢之制，揖讓之容，今雖闕焉，然其遺風餘象，猶可彷佛也。」[一]

[一] 司馬光《投壺新格》文。「君子射以觀德」：原文句首有「古者」二字。「爲其心平體正」，「爲其」原作「其爲」。「得一失二」，「一」原作「十」。「猶可彷佛也」，原無「可」字。

王氏船山曰：「投壺者，燕而主人以之樂賓也。其器以壺，義主於飲酒也。按《燕禮》記脱屨就席之後，云：『若射，則大射正爲司射，如鄉射之禮。』言[一]『若射』則不必於射，或射或投壺，惟主人之意。故《春秋傳》齊侯如晉，燕而投壺[二]，是自天子、諸侯以至於士，苟有燕，皆可以此樂賓焉。然則投壺之禮，在燕禮之中而別爲一節；而其禮雖視射爲簡，而内正外直、比禮比樂之意亦具焉。古人斯須不去禮樂之實，亦於此見矣！此篇蓋古禮之逸篇，戴氏以其爲禮之小，故不附於十七篇之末而雜之記中」云。

文治嘗遊歐美諸邦，覽其風俗，燕賓之際，或娱以樂，或侑以歌，或晉以頌辭，竊嘆其與我古禮相彷彿。及返觀吾國燕賓之暇，或戲樗蒲，或雜聲伎，或一榻横陳，飽飫罌粟，乃嘆吾國民何不肖若是！爲之痛心疾首不能已。迨温讀《禮記》投壺之禮，詳玩司馬温公、船山先生諸家之説，益知古禮之可以興國也。

夫投壺一藝耳，而入之於《禮記》，其精義有四焉：

[一] 「言『若射』則不必於射」，王氏原文「言」作「云」。載《禮記章句·投壺篇》題下。

[二] 事見於《左傳》昭公十二年。

一曰主敬。考本篇「主人奉矢」以下，主人三請，賓再辭乃從。「賓再拜受，主人般還曰：『辟。』主人阼階上拜送，賓般還曰：『辟。』」以飲酒餘閒，而温温秩秩若此，所以爲敬也。

二曰崇讓。當卒投之後，司射告：「某賢于某若干純。」命酌曰：「請行觴。」當飲者皆跪，奉觴曰：「賜灌。」勝者跪曰：「敬養。」此與大射之禮「揖讓而升，下而飲」相類，雍容進退，所以爲讓也。

三曰尚武。投壺亞於射禮，而有取於馬，蓋即取騎射馳驅之意。一馬從二馬，以慶；三馬既備，然後爲勝，得一者絀焉。此尚武之意也。

四曰明教。魯、薛令弟子辭皆曰：「毋憮，毋敖，毋偝立，毋踰言。」「憮」，《大戴記》作「荒」；「偝」，《大禮》作「倨」。

有是四戒，子弟謹於威儀，飛揚浮躁之氣、暴慢僿野之習，不戢而自消，此其教化又在於無形也。孔子曰：「能以禮讓爲國乎？何有？不能以禮讓爲國，如禮何？」吾國爭讓之界，懵乎其無所知，對於國内則無不爭，對於外人則無不讓；而子弟方且溺於樗蒲、聲伎、罌粟之惡染，此皆禮教不明之害也。欲鍼錮疾，請與之讀《投壺》之禮，而進以四者之教。

又按：本篇爲《禮經》之逸篇，先儒已言之。《大戴記·投壺》篇與此文大同小異，惟「曾孫侯氏，今日泰射」以下，爲《小戴記》所無。余講授此篇，曾仿《儀禮》分節法加注，今並録於後。

投壺之禮 至 **賓般還曰：「辟。」** 以上請投。

已拜，受矢 至 **揖賓就筵** 以上就筵。

司射進度壺 至 **請主人亦如之** 以上請賓。

命弦者 至 **太師曰：「諾。」** 以上作樂。

左右告具矢 至 **鈞則曰左右鈞** 以上請投視算。

命酌曰 至 **曰：「敬養。」** 以上卒投，飲不勝者。

正爵既行 至 **請徹馬** 以上三投慶多馬，此投壺禮之正經。

算多少 至 **皆屬主黨** 此投壺禮之記。

《儒行篇》大義

【釋】本篇末附録唐先生《〈儒行〉會通〈周易〉微言》，原載《茹經堂新著·〈禮記〉講義》，則先生於《儒行》一篇之詮釋，亦綱目兼賅矣。

有非儒者，墨子是也；有貶儒者，韓非是也〔一〕；有坑儒者，秦政是也；有以儒士投濁流者，朱温是也。秦漢以後，道德墜地，儒林之禍，至不忍言。然而吾儒之正氣，終不絶於天壤者何哉？蓋《儒行》一篇，固中流之砥柱，世運升降之大坊也。

昔周公作《周官經》，太宰之職，「以九兩繫邦國之民」，「曰師，以賢得民」，「曰儒，以道得民」〔二〕，儒之名權輿於此。其繫於民也，負人倫人紀、五典五常之責，不綦重哉！至孔子詔子夏，有君子儒、小人儒之分〔三〕。君子儒者，志道據德，依仁游藝者也；小人儒者，百家衆技，致遠恐泥者也。而儒派已自此分矣。迄乎戰國，諸侯放恣，處士橫議，無儒之實，冒儒之名。得志則囊金櫝帛，意氣揚揚，宫室之美，妻妾之

〔一〕「有貶儒者，韓非是也」，《儒行篇大義》又收入《茹經堂文集》（附録之《〈儒行〉會通〈周易〉微言》則未收入），而文字與此篇稍有出入，是唐先生在《禮記大義》基礎上又作修訂。如此二句便不見於《茹經堂文集》本，而更作「有賤儒者，荀子是也」。見《茹經堂文集》三編之「經説類」。

〔二〕所記在《天官冢宰》篇。

〔三〕《論語·雍也》載：「子謂子夏曰：『女爲君子儒，無爲小人儒。』」

奉，所識窮乏者得我，無所不用其極侈。不得志則析言破律，亂名改作，甚且操縱天下之治亂，而覬收其利；其至于受坑也，雖曰天命，豈非自取之哉？然則自周初以迄暴秦，儒之名已由貴而之賤，儒之行亦每況而愈下〔一〕矣！

聖賢者起而捄之，於是有性情之教，有志節之教。《孔子閒居》篇，性情教也；《儒行》篇，志節教也。惟立志而後能立節，孔子曰：「志士不忘在溝壑。」〔二〕「匹夫不可奪志。」曾子曰：「臨大節而不可奪。」「士不可以不弘毅，任重而道遠。」孟子曰：「天下無道，以身殉道。未聞以道殉乎人者也。」今考《儒行》篇，言「自立」者二，言「特立」者一，言「特立獨行」者一；其十六章大要，皆在激勵氣節而歸本於仁，無非孔、曾、孟子之旨。然則此篇縱非盡出於孔子，要亦七十子相傳之遺訓歟！司馬子長《游俠傳》叙曰：「季次、原憲，閭巷人也，讀書懷獨行君子之德，義不苟合當世，當世亦笑之。」故「終身空室蓬户，褐衣蔬食不厭。死而已四百餘年，而弟子志之不倦。」《原憲

〔一〕「每況而愈下」，《茹經堂文集》三編之「經説類」作「每下而愈況」。

〔二〕《孟子·滕文公下》及《萬章下》皆録孟子言曰：「志士不忘在溝壑，勇士不忘喪其元。孔子奚取焉？取非其招不往也。」

傳》載憲在草澤中，窮閻藜藿，嘗語子貢曰〔一〕：「無財者謂之貧，學道而不能行者謂之病。若憲貧也，非病也。」讀其言，令人嚮往不置云〔二〕。今試問簞瓢陋巷之中，有今人與居，古人與稽，蕭然物外，味道之腴者乎？然適弗逢世，竟信其志，猶將不忘百姓之病。一民飢，曰吾飢之；一民寒，曰吾寒之。故曰：「禹、稷、顔子，易地則皆然。」〔三〕豈不信哉？

且夫志節者，人生天地間之氣骨也。天下有真儒者，不以軒冕肆志，不以窮約趨俗，舉人間世富貴、福澤、貧賤、憂戚、夷狄、兵戈、患難，皆不足以攖其心。吾讀古來名臣大儒列傳〔四〕，見其嘉謨讜論，著於朝廷，立身大節，昭乎宇宙，浩然若河嶽之峙流，炳然若日星之燦爛。及見夫猥瑣齷齪之徒，託爲文章，變詐險巧，夸飾淫哇，酷肖其人，偶值困窮，則侘傺無聊，若一日無所容於世〔五〕，抑何卑鄙弇淺之若是？惜哉其

〔一〕「嘗語子貢曰」，《茹經堂文集》三編本作「其言曰」。
〔二〕「讀其言，令人嚮往不置云」，《茹經堂文集》三編本無前句，後句句首有「彌」字。
〔三〕《孟子・離婁下》文。
〔四〕「吾讀古來名臣大儒列傳」，《茹經堂文集》三編本作「吾嘗讀《乾坤正氣集》」。
〔五〕「世」，《茹經堂文集》三編本作「也」，或排印之誤。

不讀《儒行》也！

昔者孔子不得中行之士而思狂狷〔一〕，孟子言：「豪傑之士，雖無文王猶興。」有以也夫！然後之讀《儒行》者，多譏其不合中庸之道。惟有明黄石齋先生表章特至，謂：「東漢諸儒，推準《儒行》以爲人極。其時武人稺子，皆能特立砥礪〔二〕，不藉誦説，有以自見。使大梟鉅雄如卓、操之徒，尚俯仰以畏名士焉〔三〕。」

文治謂：豈惟東漢，當明隆萬時，楊、左、高、顧諸先生，風起雲從，屹然樹名教綱常之重望，雖逆閹氣焰，亦爲之銷沮〔四〕。然則《儒行》一書，豈非世運升降之大坊哉？爰謹採黄先生説，參以己意，別爲附録〔五〕。士君子出處進退之節，必取法於《易》，故曰：「君子所居而安者，《易》之序也。」〔六〕以《易》義釋儒行，聖賢之志也。世之爲儒

〔一〕「昔者」，《茹經堂文集》三編本「昔者」作「惜哉」。句出《論語·子路》孔子曰：「不得中行而與之，必也狂狷乎！」

〔二〕「礪」，黄氏《儒行集傳序》原文作「厲」。

〔三〕「尚俯仰以畏名士焉」，黄氏原文「俯仰」作「僶俛」，又句末無「焉」字。

〔四〕「沮」，《茹經堂文集》三編本作「阻」。

〔五〕「別爲附録」，《茹經堂文集》三編本作「每章各爲之贊」。

〔六〕《易·繫辭上》文。

者，必學道以自愛其身；用人者必尊儒以重道。於兹十六章中，得其一可列於儒，得其四五，則正氣充盈，而讒諂面諛者流，不煩蕭斧而治矣！儒之行愈隆，則儒之名亦愈重；大儒、通儒、純儒、名儒日益多，俗儒、鄙儒、小儒、貌儒日益退。孔明、仲淹雖不世出，魯兩生之高節，或者尚有其人乎？

或曰：「孔門設四科，儒行以何者爲近？」

答曰：儒者兼德行、文學者也。入孝出弟，窮理盡性，儒之德也；潛研六藝，淹貫古今，儒之學也。德行以爲本，文學以爲表，顔、閔諸賢，非不長於文學也，最優在德行，故列於文學爾，若夫言語、政事，亦一以貫之矣！〔一〕漢司馬談《論六家要指》以爲「儒者博而寡要，勞而少功」，彼未聞乎大道之要，揣摹時尚，良無足怪。遷、固諸史，迺專以通經呫嗶、文章爾雅者列《儒林傳》，誠淺之乎測儒矣！

或曰：「然則儒家流别與儒士異同，可得聞乎？」

〔一〕「顔、閔諸賢」至「亦一以貫之矣」，《茹經堂文集》三編本將此段顔、閔「故列於文學爾」之「文學」改作「德行」，並删「若夫言語、政事，亦一以貫之矣」句，補充「游、夏兩賢非不長於德行也，最優在文學，故列於文學爾」數句，是糾正原來行文之誤。見《茹經堂文集》三編之「經説類」。

答曰：孟子言逃墨歸楊，逃楊歸儒〔一〕，此言儒家無所不容也。韓非子《顯學》篇「儒分爲八」：「有子張之儒，有子思之儒，有顔氏之儒，有孟氏之儒，有漆雕氏之儒，有仲良氏之儒，有孫氏之儒，有樂正氏之儒。」此蓋戰國游士傅會之説〔二〕，不足信。荀子《非十二子》篇，賤孔門諸儒，語多誣妄，蓋亦韓非、李斯輩所羼入。陶淵明《羣輔録·八儒》篇，雜採《儒行》《經解》之説，羽翼韓非，宋庠已辨其僞。班氏《藝文志》言儒家者流，「游文於《六經》之中，留意於仁義之際，祖述堯舜，憲章文武，宗師仲尼，於道最爲高。」〔三〕其議論至爲純正。蓋劉子政所傳古師之説也。

若夫儒爲已成道藝之名，士則間有未成者，然其大體〔四〕不殊。蓋士者事也，儒者人所需也，惟有所事而後爲人所需，迂腐者不足以當之。王子墊問孟子曰：「士何事？」孟子曰：「尚志。」又曰：「仁義而已矣！」〔五〕《儒行》言：「戴仁而行，抱義而

〔一〕《孟子·盡心下》孟子曰：「逃墨必歸於楊，逃楊必歸於儒。」
〔二〕「戰國游士」，《茹經堂文集》三編本作「縱横家」。
〔三〕「宗師仲尼」後，《漢書·藝文志》原文有「以重其言」句。
〔四〕「大體」後，《茹經堂文集》三編本有「亦復」二字。
〔五〕《孟子·盡心上》文。

處。」正以仁義爲本。至於「通天、地、人曰儒」[一]、「推十合一爲士」[二]，則皆聖門一貫之道也。

或曰：「然則不言儒德而言儒行何也？」

答曰：德者得於心者也，行者著於迹者也。《儒行》專以發於外者而言，不特論仁一章，主形迹而不指心術；即以「齊難」、「恭敬」、「先信」、「中正」之德言之，亦主乎居處坐起言行，皆發現於外者也。故不曰儒德而曰儒行，取其行之可以學習，而易於效法也。若進而求儒德，則有《論語》《孝經》《大學》《中庸》諸經在。

或又曰：「衣、食、住三者，生人立命之原也。今《儒行》以「一畝之宫，環堵之室」，「易衣而出，并日而食」，樸陋已甚，僞儒託之，庸非弊乎？」

答曰：此指素貧賤行乎貧賤而言，若素富貴未嘗不行乎富貴也。且孔子論好學，必先曰：「食無求飽，居無求安。」又曰：「士志於道，而耻惡衣惡食者，未足與議。」蓋儒者苟有志求道而不知内重外輕之義，則衣食住之念，憧擾於中，奔走干求，

[一] 揚雄《法言·君子》文。
[二] 《説文解字·士部》釋「士」之文。

實自此始。昔大禹乘四載奠高山大川，抑洪水而天下平，「蒸民乃粒，萬邦作乂」〔一〕，而孔子贊之曰「菲飲食」、「惡衣服」、「卑宫室」〔二〕，於衣、食、住三者一無所求，然後知能安天下之大貧者，乃能致天下於大富。孟子言：「飽乎仁義，所以不願人之膏粱之味；令聞廣譽施於身，所以不願人之文繡。」〔三〕良貴者良知也。今人不以道德良知爲教，而惟以衣、食、住爲教，薄儒雅，變儒素，坐令國民心志，浮囂庸劣，馳騖外觀，而氣節乃掃地而無餘，可痛也哉！吾所以表揚《儒行》者，正欲湔惡習而挽頹波也。

附：《儒行》會通《周易》微言參用黄石齋先生説〔四〕

自立章

魯哀公問於孔子曰：「夫子之服，其儒服與？」孔子對曰：「丘少居魯，衣逢掖之衣；長居宋，冠章甫之冠。丘聞之也，君子之學也博，其服也鄉。丘不知儒服。」哀公

〔一〕《尚書·虞書·益稷》文。

〔二〕《論語·泰伯》文。

〔三〕《孟子·告子上》文。原文「所以不願人之膏粱之味」、「所以不願人之文繡」二句末皆有「也」字。

〔四〕此唐先生原書附録。

曰：「敢問儒行。」孔子對曰：「遽數之不能終其物，悉數之乃留，更僕未可終也。」哀公命席，孔子侍曰：「儒有席上之珍以待聘，夙夜强學以待問，懷忠信以待舉，力行以待取，其自立有如此者。

儒者需也，四「待」字〔一〕皆所謂需也；故需者乃出處之慎重，非辦事之迂緩也〔二〕。《易》曰：「君子藏器於身，待時而動。」〔三〕儒必有所蘊藏而後有所待，故孔子言「待賈」〔四〕。若誤以沾濡爲義，則《夬卦》所謂「若濡有愠」矣。《説文》釋儒爲柔〔五〕，亦屬一偏。儒者，剛柔互用者也。

容貌章

儒有衣冠中，動作慎，其大讓如慢，小讓如僞，大則如威，小則如愧，其難進而易退也，

〔一〕四「待」字見於「其自立有如此者」一節，指「儒有席上之珍以待聘，夙夜强學以待問，懷忠信以待舉，力行以待取。」

〔二〕黄道周《儒行集傳・自立章》釋「自立」之意云：「其自立者，無待而或藉以立，則恒若待之也。其待之未至，則應之不苟，恒若需緩者，故謂之曰儒。」

〔三〕《易・繫辭下》文。

〔四〕《論語・子罕》子曰：「我待賈者也。」

〔五〕《説文解字・人部》：「儒者，柔也。」

粥粥若無能也。其容貌有如此者。

「讓」者禮之實也〔一〕，世所謂貌儒，君子不爲也。《詩》曰：「抑抑威儀，惟德之隅。」〔二〕豈飾僞之行乎？曰「如僞」，曰「如愧」，正不僞而不愧也。或謂「如慢」不幾近於泰乎？曰：孟子言：「舜受堯之天下，不以爲泰，子以爲泰乎？」蘇子曰：「古之君子，必有高世之行，非苟求爲異而已。其素所不屑者，足以取信於天下也。」〔三〕《易》曰：「謙尊而光，卑而不可踰。」〔四〕又曰：「勞謙君子，萬民服也。」〔五〕

備豫章

儒有居處齊難，其坐起恭敬，言必先信，行必中正，道涂不爭險易之利，冬夏不爭陰陽之和，愛其死以有待也，養其身以有爲也。其備豫有如此者。

〔一〕黃道周《儒行集傳・容貌章》有云：「讓者禮之實也，則者行之準也。《易》曰：『天道虧盈而益謙，地道變盈而流謙，鬼神害盈而福謙，人道惡盈而好謙。』」唐先生此節用黃氏「讓者禮之實也」句，以及效其資取《易・謙》卦以言君子謙讓之義。

〔二〕《詩・大雅・抑》文。

〔三〕蘇軾《伊尹論》文。

〔四〕《易・謙・彖傳》文。

〔五〕《易・謙》九三《象傳》文。

敬者天地所以存性，靜者陰陽所以復命。能敬以靜，則禍福不驚，而神明自定〔一〕。《易》曰：「由豫，大有得。」聖人「洗心，退藏於密，吉凶與民同患。」《中庸》曰：「道前定，則不窮。」此之謂「備豫」。

近人章

儒有不寶金玉，而忠信以爲寶；不祈土地，立義以爲土地；不祈多積，多文以爲富。難得而易禄也，易禄而難畜也，非時不見，不亦難得乎？非義不合，不亦難畜乎？先勞而後禄，不亦易禄乎？其近人有如此者。

君以禄遠其臣，則臣以義遠其君；君寶其土地金玉，則臣寶其仁義忠信；君以多積爲富，則臣以文章爲華國。非時不見，非義不合，人疑儒者之遠人也，而不知其非惡禄而逃之也〔二〕。《易》曰：「含章可貞」，「以從王事」〔三〕；又曰：「二多譽，四多

〔一〕黄道周《儒行集傳·備豫章》有云：「敬者，天地所以存性；靜者，陰陽所以復命也。能敬以靜，則禍福不驚，而鬼神順治，故曰『備豫』。」此段是唐先生所參用者。

〔二〕黄道周《儒行集傳·近人章》云：「君以禄遠其臣，則臣以義遠其君。君寶其土地金玉，則臣寶其仁義忠信。非時不見，非義不合，人皆曰儒者之遠人也，而不知其初非惡禄而逃之也，故謂之『近人』。」此段是唐先生所參用者。

〔三〕《易·坤》六三爻曰：「含章可貞。或從王事，无成有終。」《文言傳》曰：「陰雖有美，含之，以從王事，弗敢成也。」

懼，近也，柔之爲道，不利遠者。」故曰近人。

特立章

儒有委之以貨財，淹之以樂好，見利不虧其義；劫之以衆，沮之以兵，見死不更其守；鷙蟲攫搏不程勇者，引重鼎不程其力；往者不悔，來者不豫；過言不再，流言不極；不斷其威，不習其謀。其特立有如此者。

「不虧其義」、「不更其守」，是持志之事；「不程勇」、「不程力」，是養氣之道；「過言不再」四句，是定慮之志[一]。有斯三者，故能「見利不虧其義」，「見死不更其守」；臨財不苟得，臨難不苟免，義利、生死二關，俱能透過，故曰「特立」。凡《易》言「无攸利」者，皆淹於貨財樂好者也。

剛毅章

儒有可親而不可劫也，可近而不可迫也，可殺而不可辱也；其居處不淫，其飲食不溽；其過失可微辨，而不可面數也；其剛毅有如此者。

[一] 黃道周《儒行集傳・特立章》有云：「『不虧其義』、『不更其守』，持志之事也；『不程勇』、『不程力』，養氣之道也；『過言不再』、『流言不極』、『不斷其威』、『不習其謀』，定慮之旨也。」此段是唐先生所參用者。

天下禍敗，皆自柔佞之人始。所以卑鄙無耻，逢迎而牟利者，不過爲飲食、居處而已。儒者寡欲而壯志，故剛正嚴毅，焉得而犯之[一]！或謂「過失可微辨而不可面數」，不幾近於剛愎乎？曰：此蓋幾微之過，能自辨於心而早止之，不形諸事，故人不得而數之。《易》曰：「困，德之辨也。」又曰：「復，小而辨於物。」有不善未嘗不知，知之未嘗復行，是顔子大賢之選，謂爲剛愎，誤矣！荀子曰：「有爭氣者必與辨。」夫剛毅豈意氣激烈之謂哉！

又自立章

儒有忠信以爲甲冑，禮義以爲干櫓；戴仁而行，抱義而處，雖有暴政，不更其所。其自立有如此者。

君子處亂世有至寶焉，忠、信、禮、義、仁。此五大寶者，小人之所不能奪，君子用之以爲甲冑、干櫓、宮室、城郭，守之以爲性命，蓋無有堅固於此矣！故曰不更其

[一] 黄道周《儒行集傳·剛毅章》有云：「天下禍敗，則自柔佞之臣始也。柔佞之臣，苟爲容悦以媚其君，爲詭隨以媚於世，及其既也貿身以與人，留君以與敵，叢詬集汙，靦顔以處位，其意不過爲飲食、居處而已。儒者爲君受過，不以辱其親；爲友受過，不以辱其身。寡欲而壯志，故剛正而嚴毅。」

所〔一〕。《易傳》曰：「履，德之基也。」履者禮也，君子以非禮弗履。又曰：「恒，德之固也。」君子以立不易方。方者所也。

仕章

儒有一畝之宮，環堵之室，篳門圭窬，蓬户甕牖；易衣而出，并日而食，上答之不敢以疑，上不答不敢以諂。其仕有如此者。

爲貧而仕，則其仕賤；仕而不失其貧，則其仕貴。無求於上，則得不得何有於我哉？《易·節》之《需》曰：「安節，亨。」象曰：「安節之亨，承上道也。」〔二〕《節》之《臨》曰：「甘節，吉；往有尚。」象曰：「甘節之吉，居位中也。」〔三〕此二者言夫抱節而仕者也；「不出户庭」、「苦節貞凶」，言夫抱節而不仕者也。仕而有不仕之心，儒者之志

〔一〕黄道周《儒行集傳·又自立章》有云：「忠、信、禮、義、仁，此五大寶者，貪賊之所不攫，兇人之所不取也。君子用之以爲甲胄，干櫓，宫室、城郭故雖亂潰不更其所。」此段是唐先生所參用者。

〔二〕《節》之《需》當是由六三爻變動所得，而「安節，亨」乃《節》卦六四爻辭，「安節之亨，承上道也」亦爲六四爻象傳文。所動在六四爻，則是《節》之《澤》而非《節》之《需》。此處唐先生旨在以《節》卦六四爻辭内容申明抱節而仕之義，爻位之誤，並不影響義理闡發。

〔三〕《節》之《臨》，言《節》卦九五爻變動而爲《臨》卦，此處旨在發揮《節》卦九五爻辭之内容。

也；不仕而有仕之心，鄙夫之志也〔一〕。

憂思章

儒有今人與居，古人與稽；今世行之，後世以爲楷；適弗逢世，上弗援，下弗推，讒諂之民有比黨而危之者，身可危也，而志不可奪也，雖危起居，竟信其志，猶將不忘百姓之病也。其憂思有如此者。

《易》曰：「不易乎世。」又曰：「憂則違之。」〔二〕弗逢世，故「不易乎世」；先天下而憂，故「憂則違之」。弗逢世而猶憂世，非真儒不能。儒者以百姓爲性，以後世爲命。生當亂世，比黨之危君子者衆矣，然若爲讒諂所危，而改易其節，以致後世失其模楷，則是儒者失其性命矣！故世有古今，志無伸絀。憂思在一時，而矜式

〔一〕黄道周《儒行集傳·儒仕章》有云：「爲貧而仕，則其仕已賤矣；仕而不失其貧，則其仕已貴矣。篳門圭窬、蓬户甕牖，士之素也，秉素而行之，於仕不仕無所加損也……《節》之《需》曰：『安節，亨。』象曰：『安節之亨，承上道也。』《節》之《臨》曰：『甘節，吉；往有尚。』象曰：『甘節之吉，居位中也。』此二者言夫抱節而仕者也。『不出門庭』，『苦節貞凶』，言夫抱節而不仕者也。仕而有不仕之心，雖聖賢亦爲之；不仕而有仕之心，雖盜賊亦爲之。」此段是唐先生所參用者。而先生文中《節》之《需》之誤，亦是沿襲黄道周所致。

〔二〕以上兩則皆《易·乾·文言》文。

逮乎後世也〔一〕。

寬裕章

儒有博學而不窮，篤行而不倦；幽居而不淫，上通而不困；禮之以和爲貴，忠信之美，優游之法，舉賢而容衆，毁方而瓦合。其寬裕有如此者。

《易》曰：「履和而至。」〔二〕《論語》曰：「禮之用，和爲貴。先王之道斯爲美。」學出於和，行出於和，通入於和，困入於和；儒有百行，和一而已。和非仁人不能用，君子養中以致和，博以居之，篤以行之；故剛毅特立，備豫憂患，而不犯衆之所忌，以爲寬裕之至也〔三〕。毁方非圓通而苟合也，《易》曰：「方其義。」〔四〕義所宜斯毁而合之。

〔一〕黄道周《儒行集傳・憂思章》有云：「弗逢世而猶憂世，非儒者則不能也。儒者以百姓爲性，以後世爲命，百姓危其起居，後世墜其楷式，則是儒者失其性命也。故世有古今，志無伸絀，憂思與已。」此段是唐先生所參用者。

〔二〕《易・繫辭下》文。

〔三〕黄道周《儒行集傳・寬裕章》有云：「學出於和，行出於和，通入於和，困入於和：儒有百行，和一而已。和非仁人則不能用也，君子養中以致和，博以居之，篤以行之，故剛毅特立，豫備憂思，而不犯衆之所忌，以爲寬裕之至也。」此段是唐先生所參用者。

〔四〕《易・坤・文言》文。

「魯人獵較，孔子亦獵較」〔一〕，其瓦合之道歟？

舉賢援能章

儒有内稱不辟親，外舉不辟怨，程功積事，推賢而進達之，不望其報；君得其志，苟利國家，不求富貴。其舉賢援能有如此者。

國家之敗，由人臣之求富貴也；求富貴不足，而又舉其親以爲羽翼，國家乃大不利矣！故余嘗倒言之曰：「苟求富貴，不利國家。」〔二〕夫親非不可稱，怨非不可舉，考其功與事而已，所以爲公之至也〔三〕。《易》曰：「拔茅茹，以其彙，征吉。」

任舉章

儒有聞善以相告也，見善以相示也；爵位相先也，患難相死也；久相待也，遠相致也。其任舉有如此者。

〔一〕《孟子・萬章下》文。

〔二〕《禮記・儒行》原謂：「苟利國家，不求富貴。」

〔三〕黄道周《儒行集傳・舉賢章》云：「君子遺其親而後可事其君，遺其家而後可謀其國……自爲富貴則賢能之人不用，賢能之人不用，則士失其報、君失其志，朝多貪鄙，而事功並墜矣。」此段與唐先生「苟求富貴，不利國家」之觀點相契。

道義之交，性命相依者也。朋友之誼正，而後君臣之道備。使爲臣者自私其身，利禄專於一己，不任一人，不舉一事，此則傭隸之流耳！儒者以善公之人，以賢分之友，以爵禄公之天下，而朋友之倫於是明矣〔一〕！《易》曰：「『我有好爵，我與爾靡之。』子曰：『君子居其室，出其言善，則千里之外應之，況其邇者乎！』」〔二〕

特立獨行章

儒有澡身而浴德，陳言而伏，靜而正之，上弗知也；麤而翹之，又不急爲也；不臨深而爲高，不加少而爲多；世治不輕，世亂不沮；同弗與，異弗非也。其特立獨行有如此者。

《易》曰：「澤滅木，大過。君子以獨立不懼，遯世無悶。」「兑爲口」，「巽爲伏」〔三〕，兑以陳之，巽以伏之，則樂行而憂違，故不輕而不沮。《易》曰：「上火下澤，

〔一〕黄道周《儒行集傳·任舉章》云：「朋友之誼正，而後君臣之道備。使爲人臣者自私其身，聞見違人，利禄與己，得則據之，不任一人，不舉一事，上諛其君，下悦妻子，此則傭隸之所治也。儒者以善公之人，以賢分之友，以爵禄公之天下。人君以是取臣，則朋黨之疑消，彙征之途闢也。」此段是唐先生所參用者。

〔二〕《易·繫辭上》文。「我有好爵，我與爾靡之」原爲《易·中孚》九二爻辭，後句之「我」原作「吾」。

〔三〕虞翻注《易·同人》九三爻辭之文。

睽；君子以同而異。」火之與澤，皆靜也；或上或下，皆正也；同而異，則弗與弗非矣〔一〕。孔子曰：「大過之時大矣哉！」「睽之時用大矣哉！」

規爲章

儒有上不臣天子，下不事諸侯；慎靜而尚寬，强毅以與人，博學以知服；近文章，砥厲廉隅；雖分國如錙銖，不臣不仕。其規爲有如此者。

天子有不仕之臣，則無豢養臣下之心，故儒者以尚志爲貴。《易》曰：「嘉遯貞吉，以正志也。」「肥遯無不利，無所疑也。」正志則干禄者知愧，無疑則終遯者不悔〔二〕。天之與山，相望而不相接；不臣不事，非爲名高也，其規爲者有素也。知服者

〔一〕黄道周《儒行集傳・特立獨行章》有云：「《易》曰：『上火下澤，睽；君子以同而異。』火之與澤，皆靜也；或上或下，皆正也……《易》曰：『澤滅木，大過；君子以獨立不懼，遯世無悶。』兑者少也，巽者長也。兑陳而巽伏，少女將外，長女在內，則必有取之者矣。失是不取，過不在我，故謂之大過。君子之在同而異，獨立不懼，則取之此也。」此段是唐先生所參用者。

〔二〕黄道周《儒行集傳・規爲章》有云：「天子無不仕之臣，則有豢畜臣下之心；儒者有仕宦之心，則其規爲賤於奴隸矣……《易》曰：『嘉遯貞吉，以正志也。』『肥遯無不利，无所疑也。』正志則干禄者知愧，無疑則終遯者不悔。」此段是唐先生所參用者。

服膺一先生之師法，彊立而不反。《論語》曰：「篤信好學，危邦不入，亂邦不居。」[一]庶幾近之。

交友章

儒有合志同方，營道同術；并立則樂，相下不厭；久不相見，聞流言不信；其行本方立義，同而進，不同而退。其交友有如此者。

本天者圓，本地者方；方而後能立，立而後能行，行而後義起焉。《易》曰：「『同人，先號咷而後笑。』子曰：『君子之道，或出或處，或默或語。二人同心，其利斷金。同心之言，其臭如蘭。』」[二]聖人之貴同也如此。故同義者君子之事，同利者小人之道也[三]。《豫》卦曰：「由豫大有得。勿疑，朋盍簪。」「雷出地奮」，同聲之象。《兑》卦曰：「君子以朋友講習。」「和兑之吉」，同氣之象；若夫同而不和，則傷之者至矣！

[一]《論語·泰伯》文。「篤信好學」後原有「守死善道」一句。

[二]《易·繫辭上》文。「同人，先號咷而後笑」原爲《同人》九五爻辭。

[三]黄道周《儒行集傳·交友章》有云：「本天者圓，本地者方。方而後能立，立而後能行，行而後義起焉……《同人》之《離》：『先號咷而後笑。』子曰：『君子之道，或出或處，或默或語。二人同心，其利斷金。同心之言，其臭如蘭。』聖人之貴同也如此。故同義者君子之事，同利者小人之道也。」此段是唐先生所參用者。

尊讓章

温良者，仁之本也；敬慎者，仁之地也；寬裕者，仁之作也；孫接者，仁之能也；禮節者，仁之貌也；言談者，仁之文也；歌樂者，仁之和也；分散者，仁之施也。儒皆兼此而有之，猶且不敢言仁也。其尊讓有如此者。

儒者之務，至於仁而止矣！《儒行》言迹不言心，故此章之「仁」，專以迹言，所以發人事、發人理、達人情，而導天下於尊讓也[一]。一國興仁興讓，皆儒者分内之事。《易》曰：「寬以居之，仁以行之。『見龍在田，利見大人』，君德也。」[二]古者君師之道合，君德、儒行一以貫之，天下文明，天下歸仁也。

命儒章

儒有不隕獲於貧賤，不充詘於富貴，不慁君王，不累長上，不閔有司，故曰儒。今衆人之命儒也妄，常以儒相詬病。」

道之絀於勢者無他，曰貧賤而已矣！自以爲貧賤，則貧賤之人也；自以爲富貴，

[一] 黄道周《儒行集傳·尊讓章》有云：「儒者之務，至於仁而止矣。仁以盡人事、發人理、達人情，以爲人子、爲人臣、爲人弟，視天下之人道無不可尊讓也。」此段是唐先生所參用者。

[二] 《易·乾·文言》文，原文「見龍在田」前有「《易》曰」二字。又，「見龍在田，利見大人」原爲《乾》卦九二爻辭。

則富貴之人也。衆所謂貧賤，儒者不以爲貧賤；衆所謂富貴，儒者不以爲富貴[一]。蓋富而不知好禮，謂之至賤可也；貧而能有道德，謂之至貴可也。先儒云：「逢人即有求，所以百事非。」[二]慁也、累也、閔也，干求之所致也。《易》曰：「君子上交不諂，下交不瀆，其知幾乎！」又曰：「君子見幾而作，不俟終日。」惟見幾然後能戴仁而抱義。嗚呼！菲薄道學，以儒爲戲，吾見亦多矣！《易》曰：「否之匪人，不利君子貞。」後之爲儒者，其勉自兢惕，而毋自改其氣節哉？

孔子至舍，哀公館之，聞此言也，言加信，行加義：「終没吾世，不敢以儒爲戲。」

結論[三]

孟子曰：「人有不爲也，而後可以有爲。」[四]篇中「不」字凡五十四，所謂有不爲也；「儒有」凡十七，「有如此者」凡十六，所謂有爲也。《洪範》言「有猷有爲有守」，惟

[一] 黄道周《儒行集傳・命儒章》云：「道之絀於勢者無他，曰貧賤而已矣。自以爲貧賤，則貧賤之人也；自以爲富貴，則富貴之人也……衆所謂貧賤，儒者不以爲貧賤；衆所謂富貴，儒者不以爲富貴。」此段是唐先生所參用者。

[二] 此呂本中之詩，載於《朱子語類》。

[三] 「結論」，在《茹經堂新著・〈禮記〉講義》題爲「總評」，文云：「《孟子》曰：『人有不爲也，而後可以有爲。』篇中『不』字凡五十四，所謂『有不爲也』；『有如此』者凡十六，所謂『有爲也』。吾儒其永寶斯言。」

[四] 《孟子・離婁下》文。

有守而後有爲，亦即此義。余常欲以《易經・繫辭上傳》釋「鳴鶴在陰」八節，《繫辭下傳》釋「憧憧往來」十一節，與《儒行》一篇，列爲彝訓，内而家庭子弟，外而學校生徒，其永寶斯言。

名教失修，《儒行》不講久矣！世變滔滔，未知所底。補救之法，要在讀經。爰擬作此，以示能傳吾道者，文治記。〔一〕

附録：《禮記・儒行篇》爲氣節根本 通於《易》學之精微〔二〕

《禮記》分類，當依照鄭康成先生《目録》，制度六篇，通論十六篇，明堂陰陽二篇，喪服十一篇，世子法一篇，祭祀四篇，子法一篇，樂記一篇，吉禮一篇，吉事六篇。所有類别，皆據劉子政《别録》所定，宋朱子以《大學》《中庸》别列《四書》外，余最喜讀《孔子閒居》與《儒行》二篇。《孔子閒居》篇，「性情教育」，而《儒行》篇則「氣節教育」：人心之砥柱，世運升降之大坊也。

篇中言「自立」者二，言「特立」者一，言「特立獨行」者一。其十六章大要皆在激勵氣節，而歸本

〔一〕此唐先生自記載《茹經堂新著・〈禮記〉講義》之《儒行篇大義》之末。

〔二〕載《交通大學演講録》第一集上卷「經學心學類」第十期講義。

於仁。古之君子，氣骨嶙峋，不以軒冕肆志，不以窮約趨俗，舉人間世富貴福澤、貧賤憂戚、兵戈患難，皆不足以攖其心，是之謂真儒。《孟子》論浩然之氣曰：「至大至剛。以直養而無害，則塞於天地之間。」儒之道、儒之義，即儒之行也。

明黄石齋先生名道周作《儒行集傳》，刻入《黄忠端九種》中。表章特至。謂：「東漢諸儒推舉《儒行》以爲人極，其時武人稺子皆能特立砥礪，不藉誦説，有以自見。使大梟鉅雄如卓、操之徒，尚俯仰畏名士焉。」〔一〕余謂豈惟東漢，宋程、朱、蔡元定諸大儒，皆罹黨禁，屹然不爲威武所屈，可與日月爭光。明隆萬時，楊、左、高、顧諸先生，風起雲從，樹名教綱常之重望，雖逆閹氣焰，亦爲之銷沮。道學儒林，本原一貫，豈非世運升降之大坊哉？爰謹採黄先生説，參以己意，並發明本篇通於《易》學之微言。士君子出處進退之節，必取法於《易》，故曰：「君子所居而安者，《易》之序也。」〔二〕

以《易》義釋《儒行》，聖賢之志也。世之爲儒者，必學道以自愛其身；用人者，必尊儒以重道。於茲十六章中，得其一可列於儒，得其四五則正氣充盈，而讒諂面諛卑鄙之流，自不容於清議矣。雖然，儒有真僞，氣節亦有真僞。真氣節，剛健而中和。僞氣節，叫囂而隳突。修己治人者，不可不明

〔一〕「尚俯仰以畏名士焉」，黄氏《儒行集傳序》原文「俯仰」作「僶俛」，又句末無「焉」字。
〔二〕《易・繫辭上傳》文。

辨也。兹因演講，限於時刻，僅録九章。諸生欲讀全經，則有余所著《禮記大義》在。

《儒行篇》通於《易》學之精微（本經列前，逐條説義。）〔一〕

魯哀公曰：「敢問儒行？」孔子對曰：「遽數之不能終其物。悉數之乃留，更僕未可終也。」哀公命席，孔子侍曰：「儒有席上之珍以待聘，夙夜强學以待問。懷忠信以待舉，力行以待取。其自立有如此者。」

儒者需也，四「待」字皆所謂需也；故需者乃出處之慎重，非辨事之迂緩也。《易》曰：「君子藏器於身，待時而動。」儒必有所藴藏而後有所待，故孔子言「待賈」。若誤以沾濡爲義，則《夬卦》所謂「若濡有愠」矣。「夙夜强學以待問，懷忠信以待舉，力行以待取」，皆砥礪學行以成大器也。苟或躁進，《易傳》所謂：「智小而謀大，力小而任重，鮮不及矣。（言必及於禍。）」

「儒有居處齊難，其坐起恭敬，言必先信，行必中正，道途不爭險易之利，冬夏不爭陰陽之和，愛其死以有待也，養其身以有爲也。其備豫有如此者。

「敬」者天地所以存性，静者陰陽所以復命。能敬以静，則禍福不驚，而神明自定。《易》曰：「由豫，大有得。」聖人「洗心，退藏於密，吉凶與民同患。」《中庸》曰：「道前定，則不窮。」此之謂備豫。

〔一〕此講義乃選自前《〈儒行〉會通〈周易〉微言》一文，文字略有差異，謹全録於此。

「儒有不寶金玉，而忠信以爲寶；不祈土地，立義以爲土地；不祈多積，多文以爲富。難得而易禄也，易禄而難畜也。非時不見，不亦難得乎？非義不合，不亦難畜乎？先勞而後禄，不亦易禄乎？其近人有如此者。」

君以禄遠其臣，則臣以義遠其君；君寶其土地金玉，則臣寶其仁義忠信；君以多積爲富，則臣以文章爲華國。非時不見，非義不合，人疑儒者之遠人也，而不知其非惡禄而逃之也。《易》曰：「含章可貞」，「以從王事」；又曰：「二多譽，四多懼，近也，柔之爲道，不利遠者。」故曰「近人」。

「儒有委之以貨財，淹之以樂好，見利不虧其義；劫之以衆，沮之以兵，見死不更其守；鷙蟲攫搏不程勇者，引重鼎不程其力；往者不悔，來者不豫；過言不再，流言不極；不斷其威，不習其謀。其特立有如此者。」

「不虧其義」、「不更其守」，是持志之事；「不程勇」、「不程力」，是養氣之道；「過言不再」四句，是定慮之志。有斯三者，故能「見利不虧其義」，「見死不更其守」；臨財不苟得，臨難不苟免，義利、生死二關，俱能透過，故曰「特立」。凡《易》言「无攸利」者，皆淹於貨財樂好者也。

「儒有可親而不可劫也，可近而不可迫也，可殺而不可辱也。其居處不淫，其飲食不溽；其過失可微辨，而不可面數也。其剛毅有如此者。」

天下禍敗，皆自柔佞之人始。所以卑鄙無耻，逢迎而牟利者，不過爲飲食、居處而已。儒者寡欲而壯志，故剛正嚴毅，焉得而犯之！或謂「過失可微辨而不可面數」，不幾近於剛愎乎？曰：此蓋幾微之過，能自辨於心而早止之，不形諸事，故人不得而數之。《易》曰：「困，德之辨也。」又曰：「復，小而辨於物。」有不善未嘗不知，知之未嘗復行，是顔子大賢之選，謂爲剛愎，誤矣！荀子曰：「有爭氣者勿與辨。」夫剛毅豈意氣激烈之謂哉！若疑爲激烈之徒，《易緯》所謂「失之毫釐，差以千里」矣。

「儒有忠信以爲甲胄，禮義以爲干櫓；戴仁而行，抱義而處，雖有暴政，不更其所。其自立有如此者。」

君子處亂世有至寶焉：忠、信、禮、義、仁。此五大寶者，小人之所不能奪，君子用之以爲甲胄、干櫓、宫室、城郭，守之以爲性命，蓋無有堅固於此矣，故曰「不更其所」。《易傳》曰：「履，德之基也。」履者禮也，君子以非禮弗履。又曰：「恒，德之固也。」君子以立不易方，方者所也。

「儒有一畝之宫，環堵之室，篳門圭窬，蓬户甕牖；易衣而出，并日而食，上答之不敢以疑，上不答不敢以諂。其仕有如此者。」

爲貧而仕，則其仕賤；仕而不失其貧，則其仕貴。無求於上，則得不得何有於我哉？《易·節》之《需》曰：「安節，亨。」象曰：「安節之亨，承上道也。」《節》之《臨》曰：「甘節，吉；往有尚。」象曰：「甘節之吉，居位中也。」此二者言夫抱節而仕者也；「不出户庭」、「苦節貞凶」，言夫抱節而不仕者也。仕而有不仕之心，儒者之志也；不仕而有仕之心，鄙夫之志也。

「儒有今人與居，古人與稽；今世行之，後世以爲楷；適弗逢世，上弗援，下弗推，讒諂之民有比黨而危之者，身可危也，而志不可奪也，雖危起居，竟信其志，猶將不忘百姓之病也。其憂思有如此者。」

《易》曰：「不易乎世。」又曰：「憂則違之。」弗逢世，故「不易乎世」；先天下而憂，故「憂則違之」。弗逢世而猶憂世，非真儒不能。儒者以百姓爲性，以後世爲命。生當亂世，比黨之危君子者衆矣，然若爲讒諂所危，而改易其節，以致後世失其模楷，則是儒者失其性命矣！故世有古今，志無伸絀。憂思在一時，而矜式逮乎後世也。作《易》者其有憂患乎？

「儒有澡身而浴德，陳言而伏，靜而正之，上弗知也；麤而翹之，又不急爲也；不臨深而爲高，不加少而爲多；世治不輕，世亂不沮；同弗與，異弗非也。其特立獨行有如此者。」

《易》曰：「澤滅木，大過。君子以獨立不懼，遯世無悶。」，「兑爲口」，「巽爲伏」，兑以陳之，巽以伏之，則樂行而憂違，故不輕而不沮。《易》曰：「上火下澤，睽；君子以同而異。」火之與澤，皆靜也；或上或下，皆正也；同而異，則弗與弗非矣。孔子曰：「大過之時大矣哉！」「睽之時用大矣哉！」

此外尚有「容貌」等七章，可取本經自行研究。《孟子》曰：「人有不爲也，而後可以有爲。」篇中「不」字凡五十四，所謂「有不爲」也；「有如此者」凡十六，所謂「有爲」也。有不爲者，不屑不潔之事。有爲者，自任天下之重。《洪範》言「有猷有爲有守」，天下所望於儒者治平之大業，諸生其勉之哉！

《大學篇》大義

文治昔讀《大學》，論其「微義」有四：

一曰明德爲聖學萌柢，古聖賢相傳之「心法」也；

二曰八條目以修身爲本，修身以誠意爲本，故「誠意」爲一篇之主，不必改古本也；

三曰後世墨氏之害熾矣，愛無差等，其末流至非孝而無父，《大學》審本末厚薄，所以杜異端之弊也；

四曰《大學》係「文王所傳之教」，周初成人有德，皆本於此，篇中四引《書·康誥》，三引《詩·文王》篇可證也。

循是四義，自謂得之[一]。後讀鄉先賢錢竹汀先生[二]《大學論》，乃知其於治平之道，精矣邃矣，謹採録而引申之。錢氏之言曰：

「昔孔子告曾子『一以貫之』之道，後世尊之，以曾氏爲[三]孔子之傳。《禮記·大學》

[一] 唐先生於一九一六年作《大學大義》，收入《十三經讀本》及《茹經堂文集》，發明四義，尤以文王之德爲《大學》三綱領之德性原型，更屬唐先生獨得之見，故曰「自謂得之」。

[二] 錢大昕（一七二八～一八〇四），字曉徵，號竹汀、辛楣，江蘇嘉定人，著有《廿二史考異》《潛揅堂文集》《潛揅堂詩集》《十駕齋養新録》等。

[三] 錢氏《潛研堂文集·大學論》上篇原文「爲」後有「得」字。

一篇，漢唐諸儒皆不詳何人所作，朱子疑其出自曾氏〔一〕，第於古無所考，學者猶疑信參半。然予讀《大學》書，與忠恕一以貫之之旨，何其若合符節也？孔子曰：『其身正，不令而行；其身不正，雖令不從。』又曰：『苟正其身矣，於從政乎何有？不能正其身，如正人何？』孟子曰：『天下之本在國，國之本在家，家之本在身。』又曰：『愛人不親反其仁，治人不治反其智，禮人不答反其敬。行有不得者，皆反求諸己，其身正而天下歸之。』古之治天下國家者，未有不先治其身者也。身之不治，而求治於民，所謂『其所令反其所好，而民不從』者也，非忠恕之道也。天子以至庶人，其分不同，而各有其身，即各致其修身之功，故不曰治天下，而曰『明明德於天下』。德者人之所同有也，以一人治天下，不若使天下各自治其身，故曰『與國人交』，天子之視庶人猶友朋也，忠恕之至也。天子修其身於上，庶人修其身於下，不敢尊己而卑人，不敢責人而寬己，不以己之所難者强諸人，不以己之所惡者加諸人。夫然故施之於家，而親愛、賤惡、畏敬、哀矜、敖惰無辟也；施之於國與天下，而上下、前後、左右無拂也。五寸之矩，盡天下之方；一人之身，盡天下之

〔一〕 朱子《大學章句序》云：「三千之徒，蓋莫不聞其（指《大學》）説，而曾氏之傳獨得其宗，於是作爲傳義，以發其意。及孟子没而其傳泯焉，則其書雖存，而知者鮮矣。」

情：絜矩之道，即修身之道也。由身推之而至於家，由家推之而至於國，由國推之而至於天下，吾道一以貫之而已矣！忠恕而已矣！《大學》之功，始於致知格物。物有本末，格物者，格此物也；致知者，知本之謂也。自忠恕之道不講，而治與道分，本亂而求末之治，所由與唐、虞三代之治異矣。」〔一〕

文治又申言之曰：所謂「平天下」者，平天下之不平，平人心之不平也。平人心之不平，其要在於絜矩以恕，而其大端在於謹好惡、辨義利。謹好惡者，善用人也；辨義利者，善理財也。斯二者，性情品行之大原也。謹好惡而後性情正，辨義利而後品行尊。後之執政者，不講《大學》之道，好惡乖違。始也，限資格，引黨援，瑣瑣姻婭，皆爲膴仕；繼也，使貪使詐，無側無陪。於是休休有容者，隱遯在野；媢嫉彦聖者，彈冠盈庭。好人所惡，惡人所好，而菑及其身，並及其子孫黎民矣。哀哉！

《易傳》言「理財」，《大學》言「生財」。苟不能生，何所謂理？且夫生財而曰「大道」者何？精而言之，性命之學也。以不貪爲富，以不蓄爲寶，清心寡欲是也；廣而言之，天地之道也，裁成其有餘，輔相其不足，美利天下是也。「仁者以財發身」，此至

〔一〕錢大昕《大學論》上篇。

尊至貴之身也。《孝經》曰：「身體髮膚，不敢毁傷。」[一]論乾父坤母之義，天地間皆我身體髮膚也。天下有飢者，有溺者，有慘罹兵革呼號無告者，皆吾毁傷之也，皆吾身之痛苦也。以財散於天下，使民各得其所，立人達人，萬物爲一體；而己之身乃大發於天下，此爲乾坤彌其缺憾也，一貫忠恕之道也。不仁者反是，專以發財爲能事，犧牲其身於財之中。始也，外本内末，巧立名目，苛歛賦税；繼也，則磨牙吮血，剥膚敲髓，無微不至。出乎爾者反乎爾，菑害並至，府庫非其財，而身與家與國與天下，皆不能保。此其身乃至賤至惡至不肖之身，下而淪爲禽獸之身矣。哀哉！

孟子曰：「不仁者可與言哉？安其危而利甚菑，樂其所以亡者。」危也，菑也，所以亡也。不知謹好惡，辨義利也，不知一貫忠恕之道也，國必自伐而後人伐之，清斯濯纓，濁斯濯足，雖在孺子，亦將竊笑其旁矣。哀哉！

《夏書》曰：「念兹在兹。」[二]順事恕施也。孟子曰：「强恕而行，求仁莫近焉。」皆《大學》之義也。世之盛也，政治與道德合而爲一，庠序學子莫不奉《大學》爲入德之

[一]《孝經·開宗明義》文。原文「身體髮膚」後有「受之父母」句。

[二] 是句出於《尚書·虞書·大禹謨》，《大禹謨》以下爲《夏書》。

門；世之衰也，政治與道德判而爲二，迂《大學》不讀，而劫運遂侵尋而無已時。嗚呼！後之執政者，其鑑於兹文。

《冠義篇》大義

【釋】本篇末附録唐先生《冠義篇講義》，原載《茹經堂新著·〈禮記〉講義》中。先生於《冠義》，甚爲重視，故精講經文，亦綱目並存。

姚氏際恒謂：「此篇〔一〕撮取《郊特牲》中言冠義者，及士冠禮一二事，前後敷衍，以爲《冠義》一篇。《昏義》亦同……此《冠》《昏》兩篇，有之無所補，無之靡所闕〔二〕。」嗚呼！豈不謬哉！《冠義》等六篇，爲《禮經》釋義，自朱子以來，皆無異議。姚氏何人，獨敢輕詆之乎？且讀經貴乎明理，姚氏亦知國性國本之所在乎？

〔一〕「篇」字，姚氏《禮記通論》原句無。

〔二〕「此《冠》《昏》」至「靡所闕」，《禮記通論》「冠義」條云：「此冠、昏之義，兩篇所謂『有之無所補，無之靡所闕者』是也。」

蓋聖人之所以垂教，與學者所以爲學，在爲人之道而已。《論語》首章言學，次言「其爲人也孝弟」，明乎學者所以學爲人也。而人道之大者，禮義也。一國多禮義之人，斯其國爲文明之國，故本篇曰：「重禮，所以爲國本。」蓋國本之所在，即民性之所繫也。孔子言弟子孝弟、謹信、愛衆、親仁；至於伯魚行冠禮，勉之爲《周南》《召南》，明人倫之始也。滕文公爲世子，孟子告以「性善」，「言必稱堯舜」，非迂也。堯舜之道，孝弟而已矣；「猶可以爲善國」，勉其善國性也，此亦滕文行冠禮後之事歟？

本篇曰：「禮義之始，在於正容體、齊顔色、順辭令。」三者全而後禮義備。此與曾子言「動容貌」、「正顔色」、「出辭氣」，子夏言「君子有三變」，子思子言「貌足畏」、「色足憚」、「言足信」〔一〕，義皆通貫。有是三者，而後民性和，國性善，國本定矣。而其意義又有精粹者，「筮日筮賓」，「行之於廟」，所以尊重事。尊重事而不敢擅重事，所以自卑而尊先祖也。《儀禮》開宗明義曰：「士冠禮筮於廟門。」鄭君注：「重以成人禮〔二〕成子孫也。」此語實括冠禮之全指，教孝之道，基於是矣！若不成人，是不成爲

〔一〕見《禮記·表記》。
〔二〕「成人禮」，《儀禮·士冠禮》「士冠禮筮於廟門」句下鄭注原作「成人之禮」。

子孫也。是故「冠於阼以著代也」，阼階，主位也，一家之盛衰興廢，皆係於此，付託豈不重哉？已冠而字之，成人之道也。

文治謂：爲子弟者，必先自敬其名字；自敬其名字，而後人得而敬之。《荀子》曰：「學者，學爲聖人。」[一]吾謂成人者，當成爲聖人。使天下皆敬其名字，則後世亦敬其名字矣，非聖人其誰與歸？見於母，母拜之；見於兄弟，兄弟拜之。于斯時也，雖有不孝不弟、頑梗不馴之人，有不感且化者乎？玄冠去端，奠摯于君，遂以摯見於鄉大夫、鄉先生，以成人禮見也，皆所以愛之、敬之、尊之、重之也。其所以愛之、敬之、尊之、重之者，皆欲其自愛、自敬、自尊、自重也；惟其能自愛、自敬、自尊、自重，而後可以爲人；可以爲人，而後可以治人。自古未有不能爲人而可以治人者也。子路使子羔爲費宰，夫子戒以「賊夫人之子」[二]；鄭子皮使尹何爲邑，子産戒以「未能操刀而使割」，又曰：「棟折榱崩，僑將壓焉。」[三]青年之士，無閱歷、無學問，訑訑然居

[一]《荀子・禮論》文。「學爲聖人」原作「固學爲聖人也」。
[二] 見《論語・先進》。
[三] 事載《左傳》襄公三十一年。

民上。嗚呼！天之方蹶，國其殆哉！昔者魯哀公問政，孔子告以「取人以身，修身以道」，又曰：「知所以修身，則知所以治人；知所以治人，則知所以治天下國家。」〔一〕舉凡明善、誠身、信友、順親、獲上之道，靡不賅括於是。先儒謂哀公曾受業孔子，故誄之曰「尼父」，意者亦在已冠後之問歟？

嗚呼！吾見夫末世之子弟矣，叫囂乎東西，隳突乎南北，陵蔑尊長，詆慢聖賢；一旦服官，妄自尊大，惟其言而莫予違。蓋古者孝弟忠順之行立，而後可以治人；後世犯上作亂之習深，而即以之治人。民之憔悴於虐政者，如水深，如火熱，如倒懸而莫之解，如是而國焉有不危者哉？緊昔三皇之世，草木榛榛，鹿豕狉狉，黄帝慮人與獸之無別也，故制爲冕旒以致飾於首，夏商以來，定爲冠禮。然則聖人之教人也，無非欲人之異於禽獸；而後世之教人也，惟恐人之不爲禽獸。嗚呼！如是而國本焉有不危者哉？吾故特大聲疾呼，揭本篇之旨曰「重禮，所以爲國本也」。至於繕國性、定國基，則冠禮之復於今日，尤不容緩者也。

〔一〕見《禮記·中庸》。

附録：《冠義篇》講義〔一〕

凡人之所以爲人者，禮義也。禮義之始，在於正容體，齊顔色，順辭令。容體正，顔色齊，辭令順，而後禮義備。以正君臣，親父子，和長幼。君臣正，父子親，長幼和，而後禮義立。故冠而後服備，服備而後容體正，顔色齊，辭令順。故曰：冠者，禮之始也。是故古者聖王重冠。

「所以爲人」四字當重讀，所謂「人道教育」也。《孟子》曰：「人之所以異於禽獸者幾希。」又曰：「夜氣不足以存，則其違禽獸不遠。」可見人與禽獸之别，在知禮義而已。故《詩·相鼠篇》曰：「人而無禮，不死何俟。」

近世頗崇禮義廉耻，不知廉耻尤爲禮義之本。人而貪黷無耻，即失其所以爲人之道，何有於禮義？

容體、顔色〔二〕、辭令，三者乃人道之大綱也。《論語》曾子言：「動容貌，正顔色，出辭氣。」〔三〕（出

〔一〕據《茹經堂新著·〈禮記〉講義》補入。

〔二〕「色」字，原脱。

〔三〕此概括《論語·泰伯》載曾子有疾而對孟敬子之問之三層，原云：「鳥之將死，其鳴也哀；人之將死，其言也善。君子所貴乎道者三：動容貌，斯遠暴慢矣；正顔色，斯近信矣；出辭氣，斯遠鄙倍矣。籩豆之事，則有司存。」

者，言辭氣將出未出之時，當詳細審察。）子夏言：「君子有三變。」子思子言：「貌足畏，色足憚，言足信。」〔一〕與本篇所言三者，義皆通貫。君臣正，父子親，長幼和，則人道俱備矣。

鄭注：「立，猶成也。」言所以成爲人之道，即所以立國本也。「服備」即當責以成人之道，否則衣冠而禽獸矣。六禮：冠、昏、喪、祭、鄉、相見，以冠居首，故冠爲禮之始。

古者冠禮，筮日，筮賓，所以敬冠事。敬冠事所以重禮，重禮所以爲國本也。故冠於阼，以著代也；醮於客位，三加彌尊，加有成也；已冠而字之，成人之道也。

「筮日筮賓」，筮於廟門，質諸神而不敢奪也。「重禮所以爲國本」，千古名言。國民有禮則國本堅固，無禮則國本動搖。《左氏・閔公元年傳》齊侯問仲孫湫「魯可取乎」？對曰：「不可。猶秉周禮。」蓋魯惟能秉禮，所以雖弱而後亡也。

阼，東階，主人之位。著代者以繼述之事付託之，所以其禮特重。《孝經》所謂「父母生之，續莫大焉」是也，乃人道教育之大者。

醮，謂盡爵；酌而無酬酢曰醮〔二〕。客位在西階。

三加者，初加緇布冠爲齋冠，次加皮弁爲朝服，三加爵弁爲祭服，故曰「彌尊」，勗其成人而進德也。

〔一〕《禮記・表記》文，原三句末有也字。

〔二〕鄭玄注文。

古者童子雖貴，名之而已。至冠，賓乃字之。《儀禮・記》曰：「伯某甫仲叔季，惟其所當。」謂成人之道而敬其名也。今世俗童子不敢稱字，猶存古意。

見於母，母拜之；見於兄弟，兄弟拜之，成人而與爲禮也。玄冠玄端，奠摯於君，遂以摯見於鄉大夫、鄉先生，以成人見也。

《儀禮・士冠禮》注云：「婦人於丈夫，雖其子，猶俠拜。」

愚按：俠拜者，答拜也。母與兄弟皆禮之者，賀其成人而冣之也。「奠摯於君」，通名而非見君也。至鄉大夫、鄉先生則當謁見。蓋自一家達於一鄉，自一鄉達於一國，莫不與之成禮，於是有國民資格。古時户口，所以易於稽考。

成人之者，將責成人禮焉也。責成人禮焉者，將責爲人子、爲人弟、爲人臣、爲人少者之禮行焉。將責四者之行於人，其禮可不重與？故孝弟忠順之行立，而後可以爲人；可以爲人，而後可以治人也。故聖王重禮。

吕氏大臨曰：「成人者，非謂四體膚革異於童稚也。必知人倫之備焉，親親貴貴長長，不失其序之謂備。」[一]

愚按：此節重言成人之道在孝弟忠順。《論語》《孟子》俱言「入則孝，出則弟」，蓋孝弟爲人之本

[一] 見引《欽定禮記義疏》卷七四《冠義》第四十三。

也。盡己之謂忠，惟忠而後能進於誠。順者，順乎天理。《易・繫辭傳》曰：「天之所助者順也。」非謂順流俗爲轉移也。

「可以爲人，而後可以治人」二句，尤爲千古名言。若未能爲人，而欲出而治人，此《左氏傳》鄭子產所謂「未能操刀而使割」，自傷以傷人，甚至害及黎民，害及子孫，失人道之大本，而天下之亂遂無底止，此道德家、政治家皆當奉斯言以爲圭臬者也。《論語》子路使子羔爲費宰，子曰：「賊夫人之子。」後世喜得位而爲官者，尚其懔之哉？

故曰：冠者，禮之始也，嘉事之重者也。是故古者重冠；重冠故行之於廟；行之於廟者，所以尊重事；尊重事而不敢擅重事；不敢擅重事，所以自卑而尊先祖也。

呂氏大臨曰：「古者重事必行之廟中，昏禮納采至親迎，皆主人筵几於廟。喪〔一〕禮，既啓則朝於廟，皆所以示有所尊而不敢專也。冠禮，人道之始。孝子之事親也，有大事以告而後行，殁則行諸廟，猶是義也。」〔二〕

愚按：「大孝終身慕父母」〔三〕，非終父母之身，終其身也。

或問：「冠禮何時始廢？」

〔一〕「喪」字，原作「表」。
〔二〕見引《欽定禮記義疏》卷七四《冠義》第四十三。
〔三〕《孟子・萬章上》文。

答曰：據唐柳子厚《答韋中立論師道書》言：「冠禮數百年來，人不復行。近有孫昌允者獨發憤行之。既成禮，明日言於朝曰：『某子冠畢。』京兆尹鄭叔則怫然曰：『何預我耶？』天下不以非鄭尹而快孫子，何哉？獨爲所不爲也。」[一]是冠禮漢唐時已廢久矣。（古者二十而冠，《曲禮》有明文。《左氏·襄公九年傳》晉侯曰：「國君十五而生子，冠而生子，禮也。」此蓋王莽有幼女欲嫁平帝，故羼入。此謬説不足信。）夫學者所以學爲人也[二]，自冠禮廢而人道漸隳。青年子弟，或叫囂隳突，軼乎正軌之外。爰特揭斯篇，以維人道之大綱焉。

《昏義篇》大義

《易傳》曰：「有天地然後有萬物，有萬物然後有男女，有男女然後有夫婦，有夫婦然後有父子，有父子然後有君臣。」是夫婦者，人倫所由始，人紀所由定也。故《咸》卦曰「取女吉」，「止而説，男下女」。《家人》卦曰：「夫夫婦婦，而家道正；正家而天下定。」其初爻曰：「閑有家。」二爻曰：「在中饋。」至矣哉，其教化之權輿乎！

[一] 所引柳宗元《答韋中立論師道書》，較原文稍簡約。

[二] 尹焞之語，見引朱子《答張敬夫書》，《朱子文集》卷三二。

「天地之大德曰生」，乾坤生六子，六子生六十四卦，是即生生之象。人之生不能無羣，昏禮者所以爲人羣之範也。記禮者於是釋其義，《哀公問篇》孔子曰：「天地不合，萬物不生。大昏，萬世之嗣也……內以治宗廟之禮，足以配天地之神明；出以治直言之禮，足以立上下之敬。物耻足以振之，國耻足以興之。爲政先禮，禮其政之本歟！」又曰：「昔三代明王之政，必敬其妻子也有道。妻也者，親之主也，敢不敬與？」夫聖人之論昏禮，何若是之重哉？本篇曰：「昏禮者，將合二姓之好，上以事宗廟而下以繼後世也。」又曰：「婦順者，順於舅姑，和於室人；而後當於夫，以成絲麻布帛之事，以審守委積蓋藏。是故婦順備而後內和理，內和理而後家可長久也。」若是者所以教婦德、謹婦功、明婦職。且一家之或盛或衰，或長久或不長久，皆視乎婦之賢否。一家有秩序，而後一國有秩序；一家能和理，而後一國能和理。由齊家而推諸治國，故曰爲政先禮，足以振國耻者此也。

且夫聖人制禮，必始於男女有別，何哉？友人曹氏叔彦曰：「所謂別者，有別於未昏之前，有別於既昏之後。在未昏之前者，男女無媒不交，無幣不相見；故必納采、問名、納吉、納徵……其禮至繁至嚴，無非慎之于始。鄭君《坊記》注：『重男女之會，所以遠別之於禽獸。』此之謂也。其在已昏之後者，內言不出於閫，外言不入於

閫，男正位乎外，女正位乎内，以及《内則》所載制度儀文是也。」〔一〕

邵氏位西曰：「昔聖人制喪祭〔二〕、朝聘、燕飲、交際之禮也，莫不望人爲孝子、爲悌弟、爲忠臣。獨至於男女之間〔三〕，一切爲之禁防，不啻虞人以禽獸之行，而嚴立制度以别之。後世幾何不大怪〔四〕，以爲不近人情之所爲；而不知聖人〔五〕制此，有不得已也……蓋深見夫萬事萬物莫不由夫婦之倫以起〔六〕，此而不正，將其他父子、兄弟、朋友、君臣、上下之倫，舉不可得而正。夫然故要其極而爲之制，使各有其截然而不

〔一〕曹氏《禮經大義·士昏禮大義》文。又曹氏《復禮堂述學詩·述禮經》「奠鴈親迎御授綏」條可見大意：「士昏禮納采、問名、納吉、納徵、請期皆受于廟。記曰：『昏禮者，將合二姓之好，上以事宗廟，而下以繼後世也。』主人筵几於廟而拜迎於門外，入揖讓而升聽命於廟，所以敬慎重正昏禮也。』……按：昏禮之敬慎重正如是，故男女非有行媒，不相知名；非受幣，不交不親；六禮不備，貞女不行。壹與之齊，終身不改，專心壹志，同成孝敬……記曰：『男女有别，夫婦有義，而後父子有親，君臣有正。』此别之於未爲夫婦之前者也。傳曰：『夫婦有别，則父子親；父子親，則君臣敬。』此别之於既爲夫婦之後者也。」

〔二〕「昔聖人制喪祭」，邵氏《半巖廬遺集·夫婦有别》原文作「昔者聖人之制喪祭」。

〔三〕「男女之間」，邵氏原文作「男女配合之間」。

〔四〕「後世幾何不大怪」，邵氏原文作「使後世寬中之人論之，幾何不大怪」。

〔五〕「聖人」後，邵氏原文有「之」字。

〔六〕「蓋深見乎萬事萬物莫不由夫婦之倫以起」，邵氏原文句首無「蓋」字，「萬事萬物」後有「之」字，「由」作「緣」，「夫婦之倫」作「此」。

相易者，而後相孳相息于無窮……千秋萬世，人類所以不絶，輿臺廝役，皆得保有其室家〔一〕……此〔二〕聖人別之之自也。」

按：本篇云：「禮之大體，所以成男女之別，立夫婦之義。」善乎邵氏、曹氏之論，懔乎其有界限而不可稍踰矣！

且吾嘗考《詩》義，十五《國風》多變風，而惟《周南》《召南》爲正風，何也？蓋《詩》與《禮》相表裏。《關雎》，夫婦之好逑也，「琴瑟友之」，「鐘鼓樂之」，曰「友」曰「樂」，惟其和理也。《桃夭》，齊家也，曰「宜其家人」，能和理也。《鵲巢》，夫婦之成德也。《采蘩》《采蘋》，婦道也，所以供祀宗廟也，曰「夙夜在宮〔三〕」，「有齊季女」，和順于道德而理于義也。《何彼襛矣》，王姬之化也，曰「曷不肅雝，王姬之車」，肅，理也，雝，和也；觀王姬車之肅雝，而知其德之能和理也。反是而爲《谷風》之詩，曰「宴爾新昏，如兄如弟」，則仳離矣。又爲《蝃蝀》之詩，曰「大無信也，不知命也」，則爽德矣。至如《南山》之詩，曰「取妻如之何？必告父母」，又曰「取妻如之何？匪媒不得」，可見其時

〔一〕邵氏原文句首有「驩然」二字。
〔二〕邵氏原文句首無「此」字。
〔三〕「宮」，《詩·召南·采蘩》原作「公」。

有不告父母，不用媒而取妻者矣，何怪内亂鳥獸行，有如齊襄其人者。君子讀《詩》至此，不忍言矣！司馬子長曰：「桀之放也，以妹喜。」「紂之殺也嬖妲己。」「幽之禽也淫褒姒〔一〕」。吾謂春秋之世，晉之亂以驪姬，魯之衰以文姜，陳之亡以夏姬，衛之亂以南子；厥後漢有呂雉，唐有武曌：女禍之熸，綫綫乎史不絕書。人倫之不明，昏義之不講，而家國民生，胥受其禍，可勝痛哉！

《孟子》曰：「丈夫生而願爲之有室，女子生而願爲之有家。夫有室有家，禮也。然而不待父母之命、媒妁之言，鑽穴隙相窺，踰牆相從，則父母國人皆賤之矣。」近世倣效西俗，趨向自由。夫男女相友相敬，而臨之以父母，重之以媒妁，未始非禮意之所許。而乃一切掃除，參以謬妄之學説，雜以非僻之邪行。不知天下之情，敬則持久，苟則易睽。惟其輕於合，故輕於離，是以夫婦之道苦，青年自殺者，比比皆是。哀哉哀哉！此吾所以大聲疾呼，欲以昏禮大義救之也。

至此篇之末，載天子與后配日月，日食則天子修六官之職，月食則后修六宮之職，此非爲災祥迷信也。蓋因日月之食，以自省其過失，而修政治之闕，所謂禮與政

〔一〕《史記・外戚世家》文。「幽之禽也淫褒姒」原作「而幽王之禽也淫於褒姒」。

相通者也。漢匡稚圭曰：「『妃匹之際，生民之始，萬福之原。』婚姻之禮正，然後品物遂而天命全。」〔一〕後世爲政者，誠能明乎禮教之始、萬福之原，則所以修正昏禮者，可不敬哉！可不慎哉！

《鄉飲酒義篇》大義

本篇曰：「君子尊讓則不爭，絜敬則不慢。不慢不爭，則遠於鬭辨矣；不鬭辨則無暴亂之禍矣，斯君子之所以免於人禍也。」又引孔子曰：「吾觀于鄉，而知王道之易易也。」嗚呼！今世鬭辨繁矣，人禍亟矣，王道迂闊而莫爲矣！刦運之興，非一朝一夕之故，欲有以救之，舍鄉飲酒禮其奚由？蓋鄉飲者，天地仁義之氣所由聚，孝弟觀感之情所由生，而國家德教政治所由布也。

吾嘗考其義，實即養老之意，而其制畧殊。養老之典，天子諸侯行於學校，見

〔一〕載《漢書·匡衡列傳》。

《王制》《文王世子》篇中。而鄉飲之禮，孔氏沖遠以四事分之[一]，吾謂可括以兩事：一則鄉大夫謀賢能於鄉先生，而賓興之，升於司徒，以所升者爲賓，其次爲介，所以尊賢也；一則謀齒德之優者爲賓，而行敬養之禮，所以養老也。《禮運》載孔子與於蜡賓，《論語》載鄉人飲酒，皆屬第二事，而必以齒德皆尊爲貴，故曰義主於養老也。

伊昔周文王岐陽宣化，善行養老之政，孟子稱：「天下之父歸之，其子焉往？」然則當時歸周者，豈第伯夷、太公哉？蓋耆年碩德之士，趨之若流水矣！《史記·周本紀》西伯遵后稷、公劉之業，太顛、閎夭、散宜生、鬻子、辛甲大夫之徒往歸之。商盤庚之訓曰：「毋侮老成人。」而紂乃「咈其耇長，舊有位人」。[二]《康誥》曰：「女丕遠惟商耇成人，宅心知訓。」蓋商之老成人，皆歸文王奉以爲訓，如是而周焉有不興，紂焉有不亡者哉？及周之衰，厲王惡聞其過，召穆公傷之曰：「雖無老成人，尚有典刑。曾是莫聽，大命以

[一] 孔氏云此篇「前後凡有四事，一則三年賓賢能，二則鄉大夫飲國中賢者，三則州長習射飲酒也，四則黨正蜡祭飲酒」。載《禮記正義·鄉飲酒義篇》題下疏文。

[二] 見《尚書·商書·微子》文。

傾。」〔一〕厥後幽王煽虐，凡伯思召康公而刺之曰：「昔先王受命，有如召公，日辟國百里。今也日蹙國百里。於乎哀哉！維今之人，不尚有舊。」鄭君箋云：「哀其不高尚賢者，尊任有舊德之臣，將以喪亡其國。」〔二〕夫不尚有舊德之人，至於日蹙國百里，君子讀《詩》，訖於變雅之末篇，爲之傷心掩涕焉。此無他，末世鄉飲之禮廢，而遺棄老成人故也。《孟子》曰：「爲政不難，不得罪於巨室。」巨室者，舊室也，三老之所次也。巨室之所慕，一國、天下慕之。所慕惟何？德教是已。故曰：「沛然溢乎四海。」〔三〕可見鄉老之所萃，乃德教所由生。故鄉飲酒之禮，鄉自治之權輿也。道德之純粹，言論之公正，品詣之端方，皆當於鄉飲時觀之。推之教育之宗旨、地產之出納、保衛之安全，亦可於鄉飲時決之。故曰鄉飲者，國家德教政治所由布也。

且夫治平之要，基於秩序；而欲子弟之服習秩序，必始於長幼之節。本篇曰：「民知尊長養老，而後乃能入孝弟。民入孝弟，出尊長養老，而後成教，成教而後國可安。」是則鄉飲尊長之禮，實爲安國之本。故《孟子》曰：「壯者以暇日修其孝弟忠信，

〔一〕《詩·大雅·蕩》句。
〔二〕鄭氏箋注載《詩·大雅·蕩之什·召旻》「於乎哀哉！維今之人，不尚有舊」句下。
〔三〕《孟子·離婁上》云：「巨室之所慕，一國慕之；一國之所慕，天下慕之；故沛然德教溢乎四海。」

入以事其父兄，出以事其長上，可使制梃以撻秦楚之堅甲利兵矣。」末世子弟，傲慢成習，輕蔑禮儀，不知尊長，遑論養老，如是而冀其尊君親上也，豈非背道而馳哉？欲有以救之，舍鄉飲其奚由？

曩讀陳左海先生《請郡縣廣行鄉飲酒禮議》，以爲救國救民之要，無踰於此。亟録之，爲有心世道者告。世之不知讀經，與夫講經而不知實行者，當憬然悟矣！

陳氏左海《擬請郡縣廣行鄉飲酒禮議》曰：「三代之法，有留之百世而可行，行之一日而立效者，鄉飲酒之禮是也。古者聖王知民之聚而不能無爭也，又慮民之勞於耕穫而曠於孝弟也，於是因其農隙，制爲鄉飲酒之禮[一]，以正齒位[二]。其時則春秋及十二月，及三年大比；其主人則鄉大夫、黨正、州長；其賓介則處士、賢者。其坐主人於東南，僎於東北，賓於西北，介於西南。其牲則狗。其樂則工歌《鹿鳴》之三，間歌《魚麗》之三，笙《由庚》之三，合樂《關雎》之三，《鵲巢》之三。尊於房户之間，羞

[一]《皇朝經世文續編・禮政》收録之版本（以下簡稱「《皇朝》本」）句首有「而」字。
[二]《皇朝》本句末無「位」字。

出東房，洗當東榮。其鄉之大夫、士必來觀禮，一命齒於鄉〔一〕，再命齒於父族，三命而不齒，謂鄉之卿大夫、士，以年與賓衆〔二〕相次也。不齒者，席於尊東也。《周官·師氏》〔三〕：『月吉，則屬民而讀邦法，書其孝弟睦婣有學者。春秋祭酺，亦如之。』鄭氏注謂：『族無飲酒禮，因祭酺而與其民以長幼相獻酬〔四〕。』古文《明堂禮》：『仲秋，乃命國醵。』〔五〕蓋不得官物，而合錢飲酒，是周時百家以上，皆有飲酒禮，其讀法書賢，視黨正也。古者鄉飲酒禮，罰不敬，撻其背，閭胥凡事掌其比觵、撻罰之事。賈公彥謂鄉飲、射之罰，輕者以觵，重者撻〔六〕，是鄉飲有失禮之罰也。《周禮》曰：『以陽禮教讓，則民不爭。』〔七〕《禮記》曰：『合諸鄉射，教之鄉飲酒之禮，而孝弟之行立矣。』孔子

〔一〕「鄉」，《左海文集》本（以下簡稱「《左海》本」）與《皇朝》本皆作「鄉里」。
〔二〕「賓衆」，《左海》本與《皇朝》本後皆有「賓」字。
〔三〕「師氏」，《左海》本與《皇朝》本皆作「族師」。考原文在《周禮·地官司徒·族師篇》中。
〔四〕「族無飲酒禮」至「長幼相獻酬」，「族無飲酒禮」鄭注原作「族長無飲酒之禮」，「因祭酺而與其民以長幼相獻酬」句末原有「焉」字。載《周禮·地官司徒·族師》「月吉」至「亦如之」一節下。
〔五〕載於《禮記正義·禮器》。
〔六〕《周禮注疏》卷一二賈公彥疏「凡事，掌其比觵、撻罰之事」云：「凡有失禮者，輕者以觵酒罰之，重者以楚撻之。」
〔七〕《周禮·地官司徒》文。

曰：『吾觀於鄉，而知王道之易易也。』夫言治者莫不貴教化，言教化者莫不首學校。然後世學校所以教者，無父師、少師、門塾之法，所以升者，又大異於古鄉舉、里選之制，獨鄉飲酒禮可數以爲〔一〕立德行耳！自周衰禮失，秦棄《詩》《書》，漢高帝引兵圍魯，魯中尚弦誦習禮，於是諸儒始得講習飲、射。及東京永平二年，迺詔郡國通行鄉飲酒禮於學校。鄭康成《儀禮》注云：『今郡國十月行飲酒禮。』〔二〕《漢官儀》云：『春三月，秋九月，習鄉射禮，禮生皆太學生〔三〕。』太初〔四〕元年，『詔於鄉射，月一饗會〔五〕』，應劭曰：『漢家饗、射〔六〕，皆假士禮而行之。樂縣笙磬、籩俎皆如士制。』是漢時鄉飲、射，皆約古州長黨正之禮爲之。晉束晳與同業疇人肄修鄉飲之禮，補《笙詩》以綴不

〔一〕「以爲」，《左海》本與《皇朝》本皆作「爲以」。

〔二〕鄭注載《儀禮・鄉飲酒禮》「鄉飲酒之禮，主人就先生而謀賓、介」句下。

〔三〕「禮生皆太學生」，《左海》本與《皇朝》本「皆」後有「使」字。考應劭《漢官儀》原文亦同，載於《後漢書・禮儀志》「本初元年，梁太后詔曰」注文。

〔四〕「太初元年」，《後漢書・禮儀志》作「本初元年」。謹按：「太初」爲西漢武帝時年號，當以「本初」爲是。

〔五〕「詔於鄉射，月一饗會」，《後漢書・禮儀志》原文作「每歲輒於鄉射，月一饗會之」。

〔六〕載於《後漢書・禮儀志》「郡、縣、道行鄉飲酒于學校，皆祀聖師周公、孔子，牲以犬」注文。「漢家饗、射」原作「漢家郡縣饗、射」。

備。唐以後，鄉射廢而鄉飲酒猶存。貞觀及開元六年，並頒鄉飲酒禮天下，令牧宰每歲十二月行之。《選舉志》云：『鄉貢試已，長吏以鄉飲酒禮會屬僚〔一〕。牲用少牢，歌《鹿鳴》之詩，因與耆艾序少長焉。』此賓賢序齒併而爲一之始。而《禮樂志》云：『州貢明經、秀才、進士，孝弟旌表者〔二〕，行鄉飲禮，刺史爲主〔三〕。季冬正齒位，縣令爲主〔四〕。』則固秩然分矣。宋淳化三年，禮院詳定鄉飲儀，不果行。政和三年，改州郡鹿鳴宴爲鄉飲酒。紹興十三年，從禮部言，取明州已行鄉飲酒儀制，與比部〔五〕林保所奏定規式參酌，修具鏤板，頒行其制，兼有約束九事。十七年，國子監請令郡縣科舉之年行於庠序。二十六年，詔行於里社者聽。明初鄉飲禮詔天下，每歲再行。洪武二十五年，再定圖式，坐席別三等，聽律責頑民。其法轉煩苛而不可用，頗與古經違異。

〔一〕「長吏以鄉飲酒禮會屬僚」，《選舉志》原文句後尚有内容，而陳氏略之。
〔二〕「進士孝弟旌表者」原作「進士身孝弟旌表門閭者」。
〔三〕「刺史爲主」，原作「皆刺史爲主人」。《禮樂志》原文句後尚有内容，而陳氏略之。
〔四〕「季冬正齒位，縣令爲主」，原作「季冬之月正齒位，則縣令爲主人」。
〔五〕「比部」，《左海》本與《皇朝》本皆作「比部郎」。

然吾嘗觀漢以來循吏、儒林師古之效矣，韓延壽之守東郡也，修治學宮〔一〕，春秋鄉社〔二〕，陳鐘鼓管弦，盛升降揖讓，三歲斷獄大減，爲天下最。伏湛之在平原也，造次必於文德，以爲禮樂政化之首，顛沛猶不可違。建武五年，奏行鄉飲禮，遂施行之。李忠之守丹陽也，起學校，修禮容，春秋鄉飲，選用明經，郡中向慕。秦彭之守山陽也，敦明庠序，每春秋饗射，修升降揖讓之儀，百姓遵奉，莫有欺犯。鮑德之守南陽也，修起黌舍〔三〕，備俎豆黻冕，行禮奏樂，尊饗國老，宴會諸儒，百姓觀者莫不〔四〕勸服。劉昆之在陳留也，教授生徒饗射，備典儀，以素木瓠葉爲俎豆，桑弧蒿矢以射菟首，縣宰每率吏屬觀之。裴耀卿之刺宣州也，與百姓行禮奏樂，至《白華》《華黍》《由庚》《南陔》等章，言孝子養親及羣物遂性之義，或有泣者。李栖筠之刺常州也，大起學校，堂上畫孝友傳示諸生，爲鄉飲禮，登歌降飲，人人知勸，變俗移風，其效如此。且夫是禮

〔一〕「宮」，《左海》本與《皇朝》本皆作「官」。

〔二〕「社」，《皇朝》本作「射」。

〔三〕「黌舍」，《左海》本與《皇朝》本皆作「横舍」。

〔四〕「莫不」，《皇朝》本作「咸」。

之所以善於變俗移風，何也？人性雖殊，莫不固有其仁義之本；人情雖戾，莫不屈〔一〕於禮法之場。今自賓主相接，介僎相輔，先禮後射〔二〕，非爲飲食，則知尊讓而不爭；盥洗揚觶，拜至拜洗，拜受拜送，則知絜敬而不慢；坐立有等，則尊長之義明；加豆有數，則養老之義著；主人速賓及介，拜賓及介，與衆賓有差，則貴賤之義別；揖讓獻酬之節，賓介衆賓，繁省不同，則隆殺之義辨；工告樂備，乃立司正，則知能和樂而不流；賓主迭酬，少長以齒，終於沃洗者，則知能弟長而無遺；朝不廢朝，暮不廢夕，節文終遂，則知能安燕而不亂。尊讓不爭、絜敬不慢、尊長明、養老著、貴賤別、隆殺辨、和樂而不流、弟長而無遺、安燕而不亂，故鬬辨〔三〕暴亂之禍由此息，而入孝出弟之行由此立。此皆所以〔四〕束人於禮樂之域，而導之於〔五〕正身安國之塗，是以其教易成也。今民之失其道久矣，邪説詖行日興，奸慝莠秕日蔓。棄忠信，作譸張，私妻孥，薄

〔一〕《左海》本與《皇朝》本「屈」後皆有「意」字。
〔二〕「射」，《左海》本與《皇朝》本皆作「財」。
〔三〕「鬬辨」，《皇朝》本作「鬬爭」。
〔四〕《皇朝》本無「所以」二字。
〔五〕《皇朝》本無「於」字。

父母，蔑長幼之序，隳尊卑之防。彊淩弱，衆暴寡，訟獄蕃，鬭爭恣。冶南之俗，尤好讎鬭，殺人如刈菅然；急則鬻尸買兇，善者不能自脱於網羅，惡者益肆其爪牙，縱之則狼吞，捕之則狐竄。有司患其然也，非有叛亂之跡、盜賊之蹤，動臨兵旅，雞狗擾驚，累月窮年，莫得要領。抱薪救火，政胡以平？然而欲正其本，惟有制之以道，返之於禮教而已矣！禮教之上下相親、長幼相受〔一〕，使民有所觀感而興起者，莫若鄉飲。語曰：『以言教者訟，以身教者從。』〔二〕夫朔望讀法，旗亭縣令，雖皆示民之則，不如使民以身自納於軌物之中之爲愈也。學者與士大夫，不急於修身盡職，而日事博奕娱戲，以翫歲愒日；武生不知《詩》《書》，往往武斷鄉曲以撓官法〔三〕，亦不如閑之威儀揖讓之節之爲愈也。今《會典》鄉飲酒禮，文具而已，自順天府庠外，莫之施行。又古者黨五百家有庠，今舉縣人户不啻百之一，庠不足以容，取近遺遠，則四郊之民，末由

〔一〕「相受」，《皇朝》本作「相愛」。謹按：作「相愛」爲是，應前句之「相親」。

〔二〕「以言教者訟，以身教者從」，語出《後漢書·第五倫列傳》；傳載第五倫「及爲三公，值帝長者，屢有善政，乃上疏褒稱盛美，因以勸成風德」，而疏中有此語。

〔三〕《左海》本與《皇朝》本句首皆有「而」字。

編〔一〕習於禮。誠令三年貢士之歲，輒以鹿鳴宴爲鄉飲禮。又令天下學校及四郊里社百家以上皆行鄉飲，畧仿周官州長、黨正、族師之意，而參用《禮經》《會典》之儀爲之規約。郡中守爲主人，州縣牧令主之，四郊丞分主之。耆年致仕、德望懋著者爲大賓，處士賢者爲介與三賓，餘爲衆賓。教職爲司正，生員爲贊禮。執事設樂、設饌、設律，案其儀式，依《大清會典》。其坐序依《大清律例》〔二〕，高年有德者居上，高年淳篤者並之，以次齒列，違者論笞如律。其有曾違條犯法之人列於外坐，不得紊越正席，違者以違制論如令。歲以孟春、孟冬行之，其酒肴庀具，仿古者閭共祭器，黨共射器，州共賓器，鄉共禮樂之器〔三〕，毋致奢靡，素豫擇賓〔四〕，宿戒肄儀。及期，長官〔五〕親率鄉人行事，無失度數，無視虛文。上下相親，長幼相受〔六〕；父兄之率先也順，子弟之觀摩也深。既有以生其遜悌之心，而消其粗鄙桀驁之氣，又可以察其鄉之賢否。因立

〔一〕「編」，《左海》本與《皇朝》本皆作「徧」。
〔二〕《大清律例》，《皇朝》本作「大清《會典》《律例》」。
〔三〕「禮樂之器」，《皇朝》本作「禮器」。
〔四〕「賓」，《皇朝》本作「賢」。
〔五〕「長官」，《皇朝》本作「官長」。
〔六〕「長幼相受」，《皇朝》本「相受」作「相愛」。謹按：「相愛」爲是，與前句「相親」應。

鄉正、族正，而寄之以旌[一]别淑慝之宜，如此而焉有獄不息、俗不成者哉？近奉明詔，令天下舉行保甲法，聯俗詰奸，至爲明密。若復徧行鄉飲酒禮，以通物情，以寓教化。且甲長之中，即可舉爲賓介，擇爲鄉正、族正，無爵秩名器之授，而有官司尊敬之榮。二法相輔，百姓孰不樂勸相從，久而不倦者哉？故曰行之一日[二]而立效者此也。或曰：『獷悍之民，當用威嚴，不可純任[三]德禮。』不知文翁改蜀地蠻夷之風，長公除潁川怨讎之路，禮教之於以化民成俗，曷嘗不捷如影響乎？夫以周官之法迂濶難行，而韓延壽、伏湛、李忠、秦彭、鮑德、劉昆、裴耀卿、李栖筠等所爲垂諸青史，豈欺人哉？世俗即不欲高論三代，獨奈何不求漢以來故事而一試之也？」按：此文較繁，當節取其意而行之。

《射義篇》大義

曹氏叔彦釋《儀禮・鄉射禮》曰：「禮極繁密，而爲先王用意最深之處，射禮是

[一]《皇朝》本無「旌」字。
[二]《皇朝》本無「一日」二字。
[三]「任」，《皇朝》本作「用」。

也。先王爲政，無非使人相生相養，而又必使之相保，庶生養賴以長久。凡有血氣，皆有爭心，故聖人作爲弧矢，以遏亂禁暴。然兵凶器，禦亂在此，作亂即在此。所以先王之制，使兵、農爲一，兵、士爲一，凡服田力穡之人，即敦《詩》悦禮之人，亦即折衝禦侮之人，所以射爲大禮。十七篇中有吉、凶、賓、嘉之禮，獨無軍禮，射即軍禮也。軍而以嘉行之，故諸侯之射必先行燕禮，卿、大夫必先行飲酒禮。内志正，外體直，持弓矢審固，進退揖讓，皆應乎禮。……蓋禮以固人肌膚之會，筋骸之束，動作威儀以定命，君子爲禮，於是乎至矣！《周禮》以鄉射之禮五物詢衆庶，此篇未見詢衆庶之事。《射義》曰：『射至於司馬，使子路執弓矢出延射。』蓋所謂詢衆庶也。『又使公罔之裘、序點，揚觶而語』，所謂『古者於旅也語』也。射者習乎禮樂，純乎道德之美如此，是以用之於禮儀則有叙，用之於四方則無敵。近世羅忠節與弟子講明禮樂經世之務，其後卒以子弟兵戡夷大難，可謂得射禮之遺意者矣！」

又釋《儀禮・大射儀》曰：「鄉射，教士衆也；大射，練將帥也。天子、諸侯之射，有賓射，有燕射，有大射。大射者，將有祭祀之事，與羣臣射，以觀其禮而擇士也。祭何以必擇士？擇士何以必行射禮？天子、諸侯以保守其祖父所傳之天下國家爲孝，必使賢者在位，能者在職，内足以正德利用厚生，外足以折衝禦侮，然後可以保社稷而妥神靈。故記曰：『射中則得爲諸侯，射不中則不得爲諸侯。』言其能保民否也。又曰：『射中者得與于祭，不中者不得與于祭。』言其能任職否也。天子之選諸侯，與諸侯之選士，其義一也。……古者軍將皆命卿，師帥皆中大夫，等而下之，凡立于朝升於學者，皆明于修己治人之道，而有折衝禦侮之能。《詩・出車》『勞還率也』，此大射之效也；『《杕杜》，勞還役也。』此鄉射之效也。降及春秋，孟獻子曰：『晉師乘和，師必有大功。』大射之遺意也。晉侯登有莘之墟觀師，曰：『少長有禮，其可用也。』鄉射之遺意也。」[一]

文治按：射禮之目，孔氏沖遠言之最詳。而王氏船山則謂：「射禮有五：一、鄉射，鄭氏所謂『州長春秋以禮會民而射于州序』是也；二、大射，諸侯與其臣習禮於國學，《王制》所謂『習射上功』是也；三、燕射，君燕其臣，獻畢而射，《燕禮》所謂『若射則大射正爲司射，如鄉射之禮』是也；四、賓射，鄰國之君、大夫來覲聘於燕而射，若春秋范鞅來聘而與射是也；五、澤宮之射，天子將祭，則先時蒐苗獮狩，明日以其所獲致之澤宮，會助祭之諸侯及卿大夫、士射椹質，射中者得禽，而射於射宮又中，則與

[一] 曹元弼《禮經大義・大射儀》文。

於祭也。今《儀禮》存者有《鄉射》《大射》二篇，此篇發明其義，燕射既同鄉射，大射當同賓射〔一〕；惟澤宮之射其義畧異。」此説簡而明，惟澤宮之射，實已該於大射之中。

王氏分而言之，別備一義，若夫古聖人教射習射之意，曹氏論之精矣！文治竊嘗引申其説。晉文作三軍，謀元帥，趙衰曰：「郤縠可，説禮樂而敦《詩》《書》。《詩》《書》，義之府也；德義，禮之本也。」〔二〕蓋古之爲將帥者，必通於禮樂《詩》《書》，而後兼資文武。厥後晉國以霸，豈非射義之明效大驗哉！孔子射於矍相之圃，鄉射也。子路文武兼資者也，執弓矢出延射，而曰：「賁軍之將，亡國之大夫，與爲人後者不入。」何也？賁軍亡國，不忠者也；與爲人後，與者强參與也，説詳《茹經堂文集》。不當爲人後而後之，不孝也。不忠不孝，是不仁也。公罔之裘、序點揚觶而語，一則主孝弟好禮，修身俟死；一則主好學好禮，旄期稱道不亂，皆仁道也。故篇末曰：「射者仁之道也，射求正諸己，己正而後發，發而不中，則不怨勝己者，求反諸己而已矣！」《孟子》亦曰：「仁者如射。」言泯人、己之見也。國民心理之大患，在乎有己而無人，能正

〔一〕「大射當同賓射」，王氏《禮記章句·射義篇》題下原文作「賓射當同大射」。

〔二〕《左傳·僖公二十七年》載趙衰語。

己則身正，能不怨人則先人而後己，宇宙乖戾之氣自此消，而凡民私己之心亦不戢而自化矣！孔子曰：「君子無所爭，必也射乎！揖讓而升，下而飲，其爭也君子。」是説也，文治講《論語》嘗紬繹之，以爲權利之爭、意氣之爭，君子固無是也。若夫事理之是非、學説之邪正、民生之利害休戚，皆君子所當爭。然則曷謂君子無所爭？曰：以上所言，皆無形之爭；而射則尚武，有形之爭也。以有形之爭，而能平其心，和其氣，表其禮讓，此可以觀其德行矣！德行者，大公無我之心，聖門克己之學也，故曰仁也。夫天下豈有好爭不已，有己無人，而可以處於世界之内者哉？或者曰：如曹氏所言，天子、諸侯以保守其祖父所傳之天下、國家爲孝，豈非私哉？曰：是大不然！蓋《孝經》之所言，謂天子、諸侯所行不仁，不能保其人民，以致不能保四海、保社稷。至于外侮憑陵，他人入室，乃拱手退讓之不暇，如是而可以爲忠？可以爲孝？可以爲仁乎？是故欲明天下之治亂，先察一心之公私。

《燕義篇》大義

王氏船山曰：「《儀禮》存者，有《燕禮》一篇，而此釋其義也。鄭氏曰：『諸侯無事，卿、大夫有勤勞之功，與羣臣燕飲以樂之。』是爲君燕本國之臣言也。乃《燕禮》篇有公與客燕之文，而記曰：『若與四方之賓燕，則公迎之于大門内，揖讓升。賓爲苟敬，席于阼階之西，北面。』其介爲賓，則其燕他國之使臣，禮亦畧同。《聘禮》所云燕『無常數』是也。又諸侯朝於天子皆有燕焉，《周禮》典客云：『公三燕，侯、伯再燕，子、男一燕。』其禮無考，要之不具牢鼎，而獻酢酬旅，脱屨升席，行無算爵，以盡君臣賓主之歡則一也。此篇所論，則皆以君燕其臣而言爾。」〔一〕

曹氏叔彦釋《儀禮・燕禮》曰：「燕禮所以明君臣之義，尊尊賢賢之禮也。古之君人者，尊賢使能，俊傑在位，夙夜兢兢，君臣交儆。及政事之暇，相與燕飲，以講道行禮，通上下之情。燕禮君與臣燕，而必立賓主者，飲酒之禮，必有賓主。《孟子》曰：『禮之於賓主也。』禮於五倫無不備，而賓主之間，節文尤多。臣而以爲賓，尊賢也；不以公卿爲賓，而以大夫爲賓，别嫌明微，所以定上下也。與卿燕則大夫爲賓，與大夫燕亦大夫爲賓，不以所燕者爲賓，燕主歡，賓主敬也。主人先獻賓而後獻公，明君尊賢之意，公不自獻，臣莫敢與君抗禮也。既獻公而後酬賓，尊公也。酬，勸酒

〔一〕載《禮記章句・燕義篇》題下。

也，必獻公而後敢勸賓酒也。賓爲公舉旅行酬，而後獻卿，承君之惠以行禮也。獻大夫、獻庶子，皆同此義。公再舉旅，歌樂備作，節文充實，禮莫盛也。歌《小雅·鹿鳴》《四牡》《皇皇者華》，文王爲諸侯燕羣臣嘉賓，勞使臣之詩也；合鄉樂，風化之本也。凡文王時詩，皆在《小雅》；文王既没，追尊之詩，乃在《大雅》。故《大雅》以文王在上發端，此周公制樂之精義也。燕大射皆歌文王爲諸侯時詩，以文王之道，爲萬世爲諸侯者法也，此周公制禮之精義也。立司正命諸公卿大夫，君曰：『以我安。』皆對曰：『敢不安。』及無算爵，命曰：『無不醉。』皆對曰：『敢不醉。』君臣和樂恭敬之情，萬世之下，如或見之。公命徹冪，必盡醉乃已。《易》曰：『井收勿冪，有孚元吉。』此之謂也。古之君臣，文焉而情通。降及春秋，下陵上替，故《八佾》一篇，歎息痛恨於僭禮之臣。戰國之時，諸侯驕侈，故孟子極論尊賢之義，《詩·天保》之序曰：『君能下下以成其政，臣能歸美以報其上。』孟子曰：『用下敬上，謂之貴貴；用上敬下，謂之尊賢。』於燕禮見之矣！」

文治按：是篇精義有三：

曰：凡國之政事，國子存游卒，使之修德學道，春合諸學，秋合諸射，以考其藝而進退之。游卒者，未仕者也。未仕者而俾之修德學道，教不賢者而使之賢也，人知修德學道，則國無游民矣。是於未行燕禮之前，先寓教養之意，其精義一也。

曰：臣下竭力盡能，以立功于國，君必報之以爵禄，是以國安而君寧。上必明正道以道民，民道之而有功，然後取其什一，故上用足而下不匱。夫釋燕義而及於什一之税何也？《周易·夬》卦之象傳曰：「澤上於天，君子以施禄及下。」君與臣燕，有施澤及下之義。自上下下，其道大光；損上益下，民説無疆。故於和樂之中，明示節制之意，勞民勸相，息蜡吹豳，樂民之樂，實基於此。後世借公家之宴，商奪百姓之財，古今人抑何相縣若此！其精義二也。

曰：君舉旅行酬而後獻卿，卿舉旅行酬而後獻大夫，大夫舉旅行酬而後獻士，士舉旅行酬而後獻庶子。宣上德，通下情，上下既無隔閡，於平等之中，秩然示貴賤之有序。《孟子》曰：「貴貴尊賢，其義一也。」君子讀《詩》至《湛露》《彤弓》《有駜》諸篇，不禁神遊於其際焉，其精義三也。

至方氏望溪謂：「《冠》《昏》《鄉》《射》《聘》五篇，皆首揭本義，不應于此篇篇首漫引《周官》庶子之文。且終篇言燕羣臣，並未及公與族燕之禮，而篇首特言及[一]庶子

[一] 方氏《禮記析疑·燕義》原文無「及」字。

之職，何義乎？』蓋因篇末有獻庶子之文，注家引《周官》以證，而編者誤置篇首耳！」芮氏城、姚氏際恒直謂首節宜删去〔二〕。文治竊謂古經文法，不必同於今人之文。記者或有深意，詎可輕加訾議乎？

《聘義篇》大義

曹氏叔彦釋《儀禮・聘禮》曰：「聘禮者，天子主之，而諸侯務焉，所以使内不相陵，外不相侵，禮之大者也。……古之〔三〕卿大夫皆有道德、學問、文章。周公著爲典型，以觀德行，千載後讀之，尚可想見其齊莊中正、恭敬温文之度，而使惰慢邪僻之氣，不没於身體。周文郁郁，君子彬彬，於此可得其大概焉。……蓋古者聘問之禮

〔二〕芮説載《欽定禮記義疏・燕義》「辨正」，文云：「芮氏城曰：『此燕禮乃諸侯之禮，與天子官何與？《周禮・夏官》諸子職掌，與燕飲何與？雖經内有獻庶子及庶子執燭之文，然其受獻士舉旅以後，其執事與甸人、閽人相聯，乃諸侯官之最卑者。燕禮之行貴者衆矣，不舉其職而先最賤者何哉？删之爲當。』」姚説見《禮記通論・燕義》，云：「其（指《燕義》）首節誤入《周禮》之文，宜删之。」

〔三〕「之」字原誤作「云」，據曹氏原文爲正。

行，而諸侯相親睦，愛敬之道，徧於天下，內可以弭亂臣賊子之禍，外可以禦戎狄豺狼之患。故陳、衛方睦，州吁之亂，人人討之；齊桓公合諸侯，邢遷如歸，衛國忘亡。禮之遺教，所繫大矣哉！昔者魯昭公如晉，自郊勞至贈賄無失禮，説者以爲是儀也，非禮也。不知禮之所尊尊其儀，苟得其儀，進退揖讓，無非天經地義之所存，所謂民受天地之中以生，所謂命也。是以有動作、禮義、威儀之則以定命也。故春秋列國君大夫朝聘，每於其敬肆之間，知其禍福，而接禮賓客之善否，即可以見政治之治忽。故舜賓於四門，四方諸侯賓客皆敬；孔子爲魯相，四方至者不求有司；否則陳靈無禮，單子知其必亡。禮經國家、定社稷、序民人、利後嗣，於此見之矣。」[一]

文治按：近世侵畧之禍亟矣！豪傑之士，常欲設立模範國，整飭內政，修明禮義，與列國締約，不相憑陵，與民休息，以成世外之桃源。善哉其用心也！然而不有矜式，曷臻上理？吾謂設立模範國者，學禮而已！讀《聘義》而已！《聘義》之辭曰：「敬讓也者，君子之所以相接也。故君子[二]相接以敬讓，則不相侵陵。」又曰：「諸侯相厲以禮，則外不

[一] 曹元弼《禮經大義·聘禮》文。
[二] 「君子」，《禮記》原作「諸侯」。

相侵，内不相陵。此天子之所以養諸侯，兵不用而諸侯自爲正之具也。」又曰：「所貴於勇敢者，貴其敢行禮義也。故勇敢强有力者，天下無事，則用之於禮義；天下有事，則用之於戰勝。用之於戰勝則無敵，用之於禮義則順治；外無敵，内順治，此之謂盛德。」又曰：「勇敢强有力，不用之於禮義戰勝，而用之於爭鬥，則謂之亂人。刑罰行於國，所誅者亂人也。」此數十語者，以之救世界列强相爭之禍，何嘗不簡而易行乎？蓋人之生不能無羣，羣之分其爭必大，爭者民之情也，相爭者國之所不能免也。無禮以治之，則慘殺之端日以熾，而人類無寧靜之日，人道常有滅亡之懼。聖人欲有以淑民之情，範國之性，於是乎聘禮興焉。犧牲玉帛以將之，文辭方策以通之，示之以輕財，宣之以敬讓。而國中勇敢强有力者，亦且相觀而化，循禮安分，有以消其血氣之偏激，無敢犯上而作亂者。如是而内鬩息，外交和，國之模範，孰有大於是者乎？

《伐木》之詩曰：「相彼鳥矣，猶求友聲；矧伊人矣，不求友生。」一介之士，必有密友，人生天地間，莫患乎友讎不分；而國立於世界間，尤莫患乎友讎不分。然則何以辨友讎？其樞機在聘使而已。聘使得其人，讎可化爲友也。孔子曰：「使於四方，不辱君命。」聘使者，非獨覩其才，必當考其德。其德維何？比之於玉而已。玉之德不變者也，世有變而人之德不變，此聘使之所以重于列國，而聘禮之所以用圭璋也。孔子答子貢問玉，始之以仁、知、義、禮、樂、忠、信，而終之以天、地、道、德〔一〕。春秋之世，孔子之教曰「文行忠信」；戰國之世，孟子之教曰仁義，其道皆一以貫之者也。而説者以「問玉」一段無當於本篇，誤矣。嗚呼！世之盛也，儒以席上之珍獻；迨其衰也，美玉與碔砆並列，或溷迹于瓦礫之中，賢者寧懷瑾握瑜，韜光匿采，而天地正氣自此銷沈矣！模範國徒託空談，而中國禮教當廢之謬説，且如瓦釜雷鳴，無所底止。機械日出而不窮，劫運循環而靡已，是非特一國之隱患，實世界之大憂也。悲夫悲夫！

《喪服四制篇》大義

《禮記義疏》曰：「此篇《小戴》本所無，今按其文，取之《大戴·本命》篇者大半，

〔一〕《孔子家語·問玉》云：「子貢問於孔子曰：『敢問君子玉貴而珉賤，何也？爲玉之寡而珉之多歟？』孔子曰：『非爲玉之寡故貴之，珉之多故賤之，夫昔者君子比德於玉：温潤而澤，仁也；縝密以栗，智也；廉而不劌，義也；垂之如墜，禮也；叩之，其聲清越而長，其終則詘然，樂矣；瑕不掩瑜，瑜不掩瑕，忠也；孚尹旁達，信也；氣如白虹，天也；精神見于山川，地也；珪璋特達，德也；天下莫不貴者，道也。《詩》云：「言念君子，温其如玉。」故君子貴之也。』」

而『因殺以爲節』上與《家語》同，必後人掇兩書以己意，附益首尾以成此篇，故不與《三年問》相次，而附之《小戴》之末，鄭因存之也。」[一]

陸氏奎勳曰：「此亦喪禮義疏。記者之意，得毋以《喪服》本自有傳而故變其體歟？首作總冒，下分應之。『高宗諒闇』一條，學《公》《穀》；末一條學《孝經》，蓋石渠議禮之新篇也。」[二]

文治按：此篇蓋採取《禮運》《孝經》之義，而雜引他篇之文以足成之。篇首言「體天地，法四時，則陰陽，順人情」，皆《禮運》之義也。曰「門内之治恩揜義，門外之治義斷恩」，《孝經》所謂「父子之道天性也，君臣之義也」。又引「資於事父以事君而敬同」，「資於事父以事母而愛同」；「三日而食」，「毁不滅性，不以死傷生也」；「喪不過三年」，「告民有終也」：皆《孝經》文。殆曾子門徒所傳，而后倉述之者歟？至其論四制之義，曰：「恩者仁也，理者義也，節者禮也，權者知也。仁、義、禮、知，人道具矣。」義與《孟子·事親從兄章》相近，蓋萬物本乎天，人本乎祖；人不可以忘本，故五

[一] 載《欽定禮記義疏·喪服四制篇》題下按語。
[二] 載《戴禮緒言》第四卷「喪服四制」條下。

常百行總滙于孝，惟送死可以當大事，故喪服爲報本盡孝之見端。而末世非孝之謬説，必自廢喪禮始，以其難行也。

此篇發明人道之本原，恩義之所由盡，禮之所由殺，蓋皆聖人既竭心思之事，賢者當俯而就，不肖者當仰而跂焉者也。故曰此喪之中庸也。《易傳》曰：「易不可見，乾坤或幾乎息。」吾謂孝道絶滅則殺運起，人類或幾乎息矣！世之言人道教育者，必自孝道始；而孝道必自喪服始，故《小戴記》以是終焉。

大學編

整理説明

本編收録唐先生《大學大義》，總綱要目俱在；另《大學講記》一篇，唐先生概述《大學》爲文王之教之著義與微言；交通大學講義《大學全體大用》一篇，乃《大學》義理分類之闡述。綜此則唐先生於《大學》之傳注與分類，全備於此。

《大學大義》一卷一册，起草於一九〇七年丁母憂之際，時先生年四十三。根據先生《自訂年譜》記載，一九一六年冬五十二歲時成書，原題《大學新讀本》一卷一册，在上海工業專門學校刊出，其序文深受摯友曹元弼所稱賞。一九二〇年前後，先生離開上海，至無錫主持無錫國學專修館，乃有輯録《十三經讀本》之舉，意欲以實在簡明之教材，推行國文與國學教育。事實是在《十三經讀本》刊出之前，先生已在民國初年因教學需要，編訂《論語新讀本》《孟子新讀本》《大學新讀本》三種「新讀本」，因宣示其向所關懷與主張之義理之學，遂以「大義」一詞重定書名，以見宗旨，置於《十三經讀本》前賢經注之末，一九二三年在無錫國學專修館刻出。《大學新讀本》置《十三經讀本》中，增補一節内容，改題《大學大義》，此先生《大學大義》之由來。《大學新讀本》與《大學大義》兩者内容基本一致，但移序文後之《讀大學提綱》於《十三經提綱》中，改題《大學提綱》。

《大學大義》包涵先生政治學與心學基本理念，在先生學術體系中佔非常重要之位置。唐先生以「治平之學」定位《大學》義理，爲周文王聖教之總結，聖王經世之總綱；提挈道統之向度與精意，概括其「著義」與「微義」，爲師法周文王行教之「治心」要目，後世實施「君子教育」之榜樣。「治平」與「治心」相互爲體用之義，「微義」爲體，「著義」爲用，乃先生詮釋《大學》之關鍵意義，亦通貫先生整套學術觀念。此體用觀開出之經世義理，有本有原，乃本具體而明載在《書》《詩》《論》《孟》之周文王「明德」爲典範，以溯源《大學》「三綱領」之實在踐履意義；本體用之義以豎立經義標準，並爲身體力行之聖賢君子模範，乃是先生在經義上之重要創獲。

先生門人陳起紹、何葆恩提要云：「《大學》本在《小戴禮記》四十九篇中，其經文聚訟不一。自注疏本外，有大程子本、二程子本、高氏景逸本、劉氏蕺山本，皆由本經論誠意之功在先，以致開後學之疑。是書本鄭注，以爲本經八條目以修身爲本，而修身以誠意爲本，以下明德、日新、新民之旨，皆賅於誠意之内，兼採朱注，并旁及孫氏夏峯、劉氏蕺山、顧氏亭林、陸氏桴亭、李氏二曲、陳氏蘭甫諸説之精粹者，直探先聖之遺教，示人入德之門。而其尤要者，在自天子以至於庶人，絜矩之義即忠恕一貫之義，亦即近世平等之義，有會於此，方可建設大同之治。」是以先生説經要領，忠恕一貫，乃治心之要。先生集先儒之大成，直探道心，具而言之，則爲堯舜至文武，聖王道統萬世一系之核心意識之義理概括，而先生更推之於新時代人心之建設。

唐先生詮釋經文，必有所據。其於先儒經説，主要用鄭注，參以朱注及劉蕺山、孫夏峯、李二曲諸先生説，皆擇善而從，非專守一家。《大學》章節之分，乃歷來爭論不休之問題。先生於《中庸大義》批評鄭注，而採用朱子《章句》，而於《大學大義》則批評朱子變亂舊章，而取鄭注，故有《古本大學微言》一文以論之。是以先生於《大學》不分章，一氣而下，深探文本義理脈絡。蓋治平之學，本於治心，乃義理學之核心，故不爲枝節絞纏。《大學大義序》起筆「文王我師也」，千鈞壓頂，蓋大學之道，實爲文王之道；解説經文，首句即按斷言：「《禮記》所載《大學》，乃周文王之教也。」則《大學》義理，皆可按實而行，可知可履，原道而深體之者，聖人之徒也。則《大學》乃人人可知可行之心學，先生自表，所以闢「後儒以大學之道專屬帝王者誤」，而認爲此爲人人之所應體認，則文明方能自然開出與壯大。然如此大義，至今不彰！故闡明唐先生義理學之建樹，殊爲重要。

先生述《大學》，重在踐履之方，究在「格致」，故先生網羅古今經説，深究本誼，不爲望文生義之口耳虛談。先生確認「格致」乃治平之學之起點，至爲重視。以故雖處倥傯之際，國難之時，依然奮力講述《大學格物定論》。是篇乃先生力作，其動機出自晚清以來，濫套「科學」一名而誤讀「格致」之義，此類草率比附，唐先生極不認同，故全面考論「格物致知」之實在義函。論證過程中闡明意志與自覺所起之關鍵作用，從而接通王陽明「致良知」之學，强調自律性倫理，非著眼於外在科技知識。凡此皆先生實事求是精究之證果，誠足珍貴。先生一九三七年夏逃避戰火，率領無錫國學專修學校員生，逆江赴漢抵湘，途上不懼危難，依然爲諸生詮釋「格致」精義。於此非常時刻，救亡圖全，經義根本，更務必保存，以待來日之復興。此先生之神聖用心，不容長泯於國史者也，故特表而出之。其《大學格物定論》，即本其時之講義稿而寫定，今具載《唐文治文集》「經説類」中，題名「定論」，自非兒戲。此《定論》及一九四二年刊出之《陽明先生復古本大學論》，判定是非，乃先生《大學》之學定論。一九四三《茹經堂文集》五編刊出之《古本大學微言》，則概括大義，已録在《唐文治文集》。明確誠意與好惡乃治平之學之義理基礎，貫通經學與理學，義理通透圓熟，其關鍵章節，皆附録先生本書傳注之後，方便讀者通觀理解。先生於《大學》關注之切，見諸學堂講義，一九三五年《大學講記》及一九三九年在上海交通大學之講義，皆概述大義及分類闡述。備録本編。至於有關《大學》流傳與宋明以來經傳問題之論爭，皆見叙於《大學提綱》之中，悉互參爲是。

整理本編，以一九二三年刻出《十三經讀本》所收之《大學大義》爲底本，據一九一六年《大學新讀本》初刻本參校，《大學新讀本》前附録之《讀大學提綱》納入於《十三經提綱》，故不復贅録，互參爲是。無錫國專及上海交大之演講録，則以初版爲整理依據。凡文字語句增補或差異處，皆出校注明。先生所徵引之文獻，凡今可徵知者，詳勘核實。其脱漏之處，以括號補入；異文誤字則出校。整理過程漫長，鄺麗麗參與初役，歐陽艷華博士、何潔瑩博士詳爲校勘，辛勤不懈；國光覆核詳校，方克定稿，以期不負先賢之用心。本編不妥當處，大雅指正爲盼。

大學大義

大學大義序

【釋】本序與《大學新讀本》之序文内容一致。此序甚得其摯友曹元弼嘉許。曹元弼在《復禮堂述學詩》卷七詠唐先生《大學大義》《中庸大義》云：「更有茹經用心苦，良醫收蓄富青芝。」曹氏自注曰：「唐君蔚芝《大學大義》《中庸大義》，采輯先儒至理名言，引而申之，皆足上裨經義，下拯世心。其苦口良言，間有降格之論，亦所謂因其明者而通之。然醫師之良，玉札丹砂，赤箭青芝，收蓄既多，運用亦熟。」深知先生設教之神聖用心也。

文王我師也，其謂「大學」之師範乎！《大學》一書，其周文王之教乎〔一〕！奚以知其然也？昔成王封康叔於衛，周公爲王作誥以訓之，首曰：「越乃丕顯考文王，克明

〔一〕以《大學》追源周文王之德，是唐先生獨到之心得。全文皆本經典所載周初時事立義，以經證經，實事求是之體現也。

立教也。

德。」大學之道，首在「明明德」，而廣修身、誠意之義，又首引《康誥》之辭，是述文王以

《尚書》叙文王之德，莫詳於《康誥篇》。而《大學》引「克明德」一語外，復引《康誥》曰「作新民」，又引《康誥》曰「如保赤子」，又引《康誥》曰「惟命不于常」，其四引之，是《康誥》一篇，爲成周大學生徒所常誦習，可知也。

《詩》頌文王之德，莫詳於《文王篇》。《大學》引《文王》之詩，一則曰「周雖舊邦，其命惟新」，又曰「穆穆文王，於緝熙敬止」，又曰「殷之未喪師，克配上帝」，其三引之，是《文王》一篇，爲成周大學生徒所常誦習，可知也。

蓋周初開國建學，《菁莪》《棫樸》，皆沾文王之化澤。「濟濟多士」、「高山仰止」者，文王而已矣。「對越」、「駿奔」者，文王而已矣。「秉文之德」，豈非學校之彝訓然哉？是故《文王世子》言絃誦之制，而不言學之道。《王制》言選士之法，而不言學之道。《學記》言教授之規程，而不言學之道。惟《大學》一書言其道。仁、敬、孝、慈、信，文王之道也。則孝、弟、慈、仁、讓，固皆文王之道也。絜矩忠信，好仁好義，亦皆文王之道也。學者居其國，思其創學之人，步武其模範，想像其典型，故曰：「於戲！前王不忘。」偉哉八百年之基業，其萌柢於「大學」之教乎？

周衰，孔子傳其説，以授曾子，再傳於子思子，三傳於孟子。《孟子》七篇，發明「大學」之義尤夥，曰：「人有恒言，皆曰：『天下國家。』天下之本在國，國之本在家，家之本在身。」所謂「壹是皆以修身爲本也」，「於所厚者薄，無所不薄也」，又曰：「萬物皆備於我矣。反身而誠，樂莫大焉。强恕而行，求仁莫近焉。」是數言者，尤賅《大學》全書之旨。蓋「萬物皆備於我」，格物之本也。「反身而誠」，修身以誠意爲本也。「强恕而行」，「所藏乎身者恕」，絜矩之道也。是以《大學》一書以辨義、利終，《孟子》一書以辨義、利始。《大學》曰：「未有上好仁而下不好義者也，未有好義其事不終者也。」《孟子》曰：「未有仁而遺其親者也，未有義而後其君者也。」遥遥相印證，蓋學説如此，師法如此也，孟子之學謂爲文王所造就可也。

惜乎戰國之世，諸侯力政，皆去其籍，處士横議，黌舍爲墟。孟子用是兢兢於庠序之教，申以孝弟之義，又曰：「設爲庠序學校以教之。」蓋是時學校公然廢棄，欲聞方策之遺訓，古聖賢之道學威儀，而老師宿儒雲散久矣。於是世道日衰，利欲日熾，人皆失其本心，平旦之氣，不足存其好惡之公。在上者「拂人之性」，「其所令反其所好，而民不從」。「以身發財」之説盈天下，財聚民益散，府庫空虚，而災害並至。且夫「爭民施奪」，不奪則不饜也，悖而入亦悖而出，「出乎爾者反乎爾者」也。孟子因季氏之聚斂，喟然歎曰：「君不行仁政而富之，皆棄於孔子者也，況於爲之强戰！爭地以戰，殺人盈野；爭城以戰，殺人盈城。」血肉暴於郊原，性命等於土芥，痛乎哉！「一人貪戾，一國作亂，其機乃如此」哉！

昔者孔子緬懷「大道之行」，思復周公之治，故作《春秋》以正萬世之大經大法。文治又讀《康誥》之篇曰：「天惟與我民彝大泯亂，曰乃其速由文王作罰。」竊謂「作罰」，治其末也。民彝泯亂，救以「大學」教育之道，此謂知本者也。《文王》之詩曰：「思皇多士，生此王國。」《思齊》之詩曰：「肆成人有德，小子有造。」嗚呼！其文王之德也與！是文王之心也與！

歲在丁巳（一九一七）春二月，唐文治自序

大學（傳注）〔一〕

孔氏沖遠云：「案鄭《目録》云：『名曰《大學》者，以其記博學可以爲政也，此於《别録》屬通論。』」〔二〕

朱子云：「子程子曰：『《大學》，孔氏之遺書，而初學入德之門也。於今可見古人爲學次第者，獨賴此篇之存，而《論》《孟》次之，學者必由是而學焉，則庶乎其不差矣。』」〔三〕

王氏船山云：「《禮記》鄭注：『大，讀爲泰。』程子改讀如字。按：大小、太少古通用，如大宰一曰太宰，小宰一曰少宰之類，不以老稚巨細分也。『大學』之對『小學』

〔一〕「傳注」二字非原文，乃據先生《洪範大義》自述體式爲「傳注」之例而加。

〔二〕凡引用鄭玄注，皆據孔穎達《五經正義》所引校正。

〔三〕凡引用朱子注，皆據朱子《大學章句》校正。

而得名，雖程、朱未之易也。小學爲童子之學，大學爲成人之學，是小學爲少學，而大學爲太學矣。讀如字者，不能通乎太少之旨。而讀如泰者，自函夫充實光輝之義，正當從『鄭音』。」〔一〕

大學之道，在明明德，在親民，在止於至善。

鄭注：「明明德，謂顯明其至德也。」

朱注：「明，明之也。明德者，人之所得乎天，而虛靈不昧，以具衆理而應萬事者也。但爲氣稟所拘，人欲所蔽，則有時而昏。然其本體之明，則有未嘗息者。故學者當因其所發而遂明之，以復其初也。新者，革其舊之謂也。言既自明其明德，又當推以及人，使之亦有以去其舊染之污也。止者，必至於是而不遷之意。至善，則事理當然之極也。言明明德、新民皆當止於至善之地而不遷，蓋必其有以盡夫天理之極，而無一毫人欲之私也。此三者，大學之綱領也。」

〔一〕王夫之《四書稗疏》卷一，《船山遺書》本。原文作：「《禮記・釋文》：『大，舊音泰。劉音「直帶反」。』杜佑《通典》自注云：『大學爲上庠。大讀如泰。』程子從劉昌宗讀。謹按：大小、太少古通用。（以下從略）當從舊音爲是。」個別字句與原文有差異。因原文太長，不重録。唐先生概括重旨而已。王船山文本作「舊音」而非專指「鄭音」，唐先生誤以《禮記正義》疏引《經典釋文》爲鄭玄音讀，但無礙文意。

愚按：《禮記》所載《大學》，乃周文王之教也。《詩》曰：「帝謂文王，予懷明德。」文王之學，以明德爲主，故成周之教士，亦以明明德爲先。朱子以虛靈不昧訓明德，蓋明德即帝王之心學也〔一〕。「親民」應從古本，不必改字。未有不親民而能治民者，後世上下隔閡，治道日壞，皆不親民之弊。

據王氏陽明《傳習録》：「或問：『在親民，朱子謂當作新民，後章作新民之文，似亦有據。』曰：『作新民之新，是自新之民，與在新民之新不同，此豈足爲據？作字卻與新字相對，然非親字義。下「治國平天下」處，皆於新字無發明。如云「君子賢其賢而親其親，小人樂其樂而利其利」，「如保赤子」，「民之所好好之，民之所惡惡之，此之謂民之父母」之類，皆是親字意。「親民」猶《孟子》「親親仁民」之謂，親之即仁之也。百姓不親，舜使契爲司徒，敬敷五教，所以親之也。《堯典》「克明峻德」即是明明德，「以親九族」至「平章」、「協和」即是親民，即是明明德於天下。

〔一〕「帝王心學」一詞，明代正德年間開始流行，見夏言《南宮奏稿序》；又桂萼著《帝王心學論》。唐先生用以説《大學》，以文王爲標誌，統攝整系聖王道統精神，乃獨到之心得。

又如孔子言「修己以安百姓」，「修己」即是明明德，「安百姓」即是親民。』」〔一〕語極分明。

劉氏蕺山云：「學何以稱大？『明明德於天下』，故大也。『明明德於天下』者，自明其明德也。必云明德者，天有明命，人有明德也。『明之』者，如其明而止也，即本體，即工夫也。民言親，何也？通之以一體之明，故親也。『在止於至善』，何也？繼之者善也，於天爲明命，於人爲明德也。明之至者，善之至者也。」〔二〕此説合綱領爲一貫，邃矣。

顧氏亭林云：「三代之世，凡民之俊秀皆入大學，而教之以治國、平天下之事。孔子之於弟子也，四代之禮樂，以告顏淵；五至三無〔三〕，以告子夏；而又曰：『雍也

〔一〕王守仁《傳習録》卷上，徐愛問。

〔二〕劉宗周《〈大學〉古記約義·經旨》葉三，《劉子全書》卷三八。

〔三〕「五至三無」，見《禮記·孔子閒居》「子夏曰：『「民之父母」既得而聞之矣，敢問何謂「五至」？』孔子曰：『志之所至，詩亦至焉；詩之所至，禮亦至焉；禮之所至，樂亦至焉；樂之所至，哀亦至焉。哀樂相生。』」「子夏曰：『五至既得而聞之矣，敢問何謂三無？』孔子曰：『無聲之樂，無體之禮，無服之喪，此之謂三無。』」「五至三無」之説，並見載上海博物館藏楚簡《民之父母》。

可使南面。』然則内而聖，外而王，無異道矣。」〔一〕故《學記》曰：「師也者，所以學爲君也。」〔二〕此説可謂能見其大。

古者師道即君道〔三〕，故《易・文言傳》於《乾》之二爻，兩稱「君德」〔四〕。後人以爲「帝王之學」異於儒生〔五〕，故自漢、唐以來，學術日淪於空虛，識見日形其拘陋。「治平

〔一〕顧炎武《日知録》卷六。

〔二〕《禮記・學記》謂：「君子知至學之難易，而知其美惡，然後能博喻。能博喻然後能爲師，能爲師然後能爲長，能爲長然後能爲君。故師也者，所以學爲君也。是故擇師不可不慎也？記曰：『三王四代唯其師。』此之謂乎！」唐先生取其意，本顧炎武「無異道」宗旨，申明「師道」上達「君道」之意義，重樹長久失落之「道統」精神。

〔三〕王懋竑《朱子年譜・序》强調：「師道之立，君道所由以立也。」唐先生用此意，視「道統」爲「治統」之基礎，非有異道。

〔四〕《易・乾・文言傳》説「君德」有二。其一在九二「見龍在田，利見大人」之「子曰：龍德而正中者也；庸言之信，庸行之謹，閑邪存其誠，善世而不伐，德博而化。《易》曰：『見龍在田，利見大人。』君德也。」其二在上九「亢龍有悔」之傳文：「君子學以聚之，問以辯之，寬以居之，仁以行之。《易》曰：『見龍在田，利見大人。』君德也。」唐先生緊扣兩處「君德」之「學」與「行」立義，見「治統」之必本「道統」。

〔五〕程顥於宋神宗熙寧初任職太子中允時，進言：「帝王之學與儒生異尚。儒生從事章句文義，帝王務得其要，措之事業。蓋聖人經世大法備在方策，苟得其要，舉而行之，無難也。」《性理大全》卷六五。「帝王之學與儒生異尚」之論，因見載於《性理大全》，自明中葉之後，一直流行到清末，爲「治統」所刻意標榜，以化解「道統」的道義壓力。明高拱作《本語》，其中有回應「帝王之學與韋布不同，然乎」之問，謂：「夫自天子以至於庶人，一是皆以修身爲本，故曰『尹躬暨湯，咸有一德』，學非有二也。」又説：「乃不曰吾無學也，而曰帝王之學與我不同，豈不謬哉！」唐先生深明如此大義，重提高拱之論，以挽「道統」既倒之狂瀾，於國難時期，重燃知識分子「救世」之熱誠與道義責任。

之學」，不講久矣。〔一〕

知止而后有定，定而后能靜，靜而后能安，安而后能慮，慮而后能得。〔二〕

鄭注：「止，猶自處也。得，謂得事之宜也。」

朱注：「止者，所當止之地，即至善之所在也。知之，則志有定向。靜，謂心不妄動。安，謂所處而安。慮，謂處事精詳。得，謂得其所止。」

愚按：此節爲止至善之本，亦「明明德」之功也。《尚書》禹之戒舜曰：「安汝止，惟幾惟康。」「知止」而至於「能安」，即所謂安汝止也。「定而后能靜，靜而后能安」，所謂康也。「安而后能慮，慮而后能得」，所謂幾也。未有一心一身不定不靜，而一心一身能安者。亦未有家國天下不定不靜，而家國天下能安者。安者至善之根基，得者至善之極則。未有不安而能慮，不慮而能得者。不安而慮，其慮粗疏而多失。不慮而得，其得虛渺而無憑。

物有本末，事有終始，知所先后，則近道矣。

〔一〕君師合一，乃先生經學義理之正義；其所歸在治平，乃先生奮鬥之目標。

〔二〕《大學》本經皆用「后」字。引用本經用「后」，其他文字用通行之「後」字。

朱注：「明德爲本，新民爲末。知止爲始，能得爲終。本始所先，末終所後，此結上文兩節之意。」

愚按：《易傳》曰：「知至至之，可與幾也。知終終之，可與存義也。」知所先後者，由慮而能得，所以可與幾也。幾之時義大矣哉！後人昧於本末終始之序，乃昧於先後之幾，措施紊雜，安能辨天下之大事乎？

陳氏蘭甫云：「『物有本末』四句，朱子云『結上文』。王氏復禮《四書集注補》爲『起下文』，引高中元《私記》云：『「本末」二字即下文「本亂末治」字，下文六「先」字即此先字，七「后」字即此后字，蓋此條總言其意，而下二條詳列其目也。』」〔一〕

〔一〕陳澧《東塾讀書記・禮記》卷九。「高中元」即高拱。查明人書目，高拱未有以「私記」爲題的著述。今存高拱《問辨録》卷一《大學》回應：「問：『明德爲本，新民爲末』，兩物而内外相對，何如？」其中提到「此非結上，乃以起下」。此乃商榷高拱對朱子「此結合上文兩節之意」之論斷。謹按：王復禮乃王守仁裔孫，其《四書集注補》引用高拱此則解説，在按語中「引高中元《私記》云」，正《問辨録》此段文字，而王復禮按語中補充資料來源，明顯是誤記。至於「『本末』二字即下文『本亂末治』字」以下，乃王復禮之補充説明，而非高拱語，見《四書集注補》卷一之三。高拱政敵黄光升著《讀易私記》，亦治《四書》聞名，王復禮可能以同代而張冠李戴。陳澧轉引而未審，後世不察，沿誤至今，特因先生之精究先儒説而表揭之，所以實事求是也。

愚向謂此節文法係提起下文。今據陳氏所引，則朱注恐未是。〔一〕

古之欲明明德於天下者先治其國，欲治其國者先齊其家，欲齊其家者先修其身，欲修其身者先正其心，欲正其心者先誠其意，欲誠其意者先致其知，致知在格物。

鄭注：「知，謂知善惡吉凶之所終始也。格，來也。物，猶事也。其知於善深，則來善物。其知於惡深，則來惡物。言事緣人所好來也。此致或爲至。」

朱注：「明明德於天下者，使天下之人皆有以明其明德也。心者身之所主也。誠，實也。意者心之所發也。實其心之所發，欲其必自慊而無自欺也〔二〕。致，推極也。知，猶識也。推極吾之知識，欲其所知無不盡也。格，至也。物，猶事也。窮至事物之理，欲其極處無不到也。此八者大學之條目也。」

愚按：陳氏蘭甫云：「《章句》：『明明德於天下者，使天下之人皆有以明其明德。』此亦似未安也。明明德於天下即平天下也。朱子云：『傳之十章釋治國平天下。此章之意，務在與民同好惡，而不專其利。』何嘗云此章之意務在使天下之人皆

〔一〕於文義脈絡解讀上下文理，此先生實事求是之心得。
〔二〕「欲其必自慊」，朱子原文作「欲其一於善」。

有以明其『虛靈不昧』之德乎？與民同好惡而不專其利，乃是明其『光明正大』之德於天下也。『光明正大』之解，不可易矣。」〔一〕此說至爲篤實。

又按：「韓子《原道》自天下國家推之誠正，而不及格致，昔人以爲『無頭學問』。」〔二〕說殊淺妄。韓子蓋斷章取義，並非離格致而言誠正也。格致之說聚訟紛紜，朱子訓格物爲窮理，先儒以爲鐵案矣。然《大學》不言理而言物者，理麗於虛，而物徵諸實。物者，即上文「物有本末」之物。身、心、家、國、天下，莫非物也。格之爲至，古訓也。格天下之物，親歷天下之事也。故鄭君與朱子皆云：「物，猶事也。」格物之本末，即親歷家國天下事之終始。然則《大學》所言修、齊、治、平，無非格物之學，故格致不必補傳也。〔三〕

〔一〕陳澧《東塾讀書記・禮記》卷九。其中「虛靈不昧」是朱子《大學章句》解釋「明德」的特性。「光明正大」之德是朱子早年的解說，《朱子語録》卷一四《大學》中載朱子語：「有得於天而『光明正大』者謂之明德。」此條見出陳澧對朱子說的取捨。

〔二〕此段見劉宗周《〈大學〉古記約義》，《劉子全書》卷三八。其中「無頭學問」一語，是朱子批評韓愈《原道》語，見載《朱子語類》卷一三七。

〔三〕「物」兼内外，涵本末，就《大學》文理脈絡可徵，此唐先生釋「格物」要義。

顧氏亭林云：「致知者知止也。知止者何？爲人君止於仁，爲人臣止於敬，爲人子止於孝，爲人父止於慈，與國人交止於信，是之謂止。知止然後謂之知至。君臣、父子、國人之交，以至於禮儀三百，威儀三千，是之謂物。《詩》曰：『天生烝民，有物有則。』《孟子》曰：『舜明於庶物，察於人倫。』昔者武王之訪，箕子之陳，曾子、子游之問，孔子之答，皆是物也，故曰『萬物皆備於我矣』。」〔一〕此論廣大精微，一切拘墟穿鑿之說，不足復陳矣。

陸氏桴亭云：「格事理易，格物理難。然欲格物理，却衹在事理上用功。事理透，則物理亦透矣。先儒有作格物工夫，卻先於一草一木用力者，只起念即與身心隔涉，安能入聖賢堂翻耕？此陽明庭前竹樹之說，所以爲誤。」〔二〕又引「羅整庵曰：『格物之訓，如《論語》川上之歎，《中庸》鳶飛魚躍之旨，《孟子》犬牛人性之辨，莫非物也。必於此精思而有得，則凡備於我者，皆可得而盡通。』其言雖是，然愚以爲格物之法，必由近以及遠，由粗以及精，由身心及家國天下，由日用飲食以至天地萬物，漸造漸進，

〔一〕顧炎武《日知録》卷六「致知」條。
〔二〕陸世儀《思辨録輯要》卷三「格致類」。末句「所以爲誤」，《思辨録輯要》原作「予所以謂其認錯」。

乃至豁然。夫然後天人、物我、内外、本末、幽明、死生、鬼神、晝夜，皆可一以貫之而無疑。不然，未能切身理會，而遽欲求之鳶魚、犬牛之際，吾恐學者不入學究一途，又入禪宗（看話頭、參竹篦子）一路矣」。〔一〕

物格而后知至，知至而后意誠，意誠而后心正，心正而后身修，身修而后家齊，家齊而后國治，國治而后天下平。

朱注：「物格者，物理之極處無不到也。知至者，吾心之所知無不盡也。知既盡，則意可得而實矣。意既實，則心可得而正矣。修身以上，明明德之事也。齊家以下，新民之事也。」

愚按：《大學》八條目先後，衹是舉其大概如此。先儒謂並非今日格致，明日誠正，更非謂當格致誠正之時，而置修、齊、治、平於不問也。學業有專營，功夫實並進〔二〕。如何爲至善，初無止境，在吾人勉之而已。

〔一〕陸世儀《思辨録輯要》卷三「格致類」。原無「矣」字。「看話頭、參竹篦子」七字據陸書原文補。

〔二〕先儒乃指朱子。《朱子語類》卷一五「《大學》二」載朱子語：「致知、格物，只是一事，非是今日格物，明日又致知。」又説：「《大學》自『致知』以至『平天下』，許多事雖是節次如此，須要一齊理會。」唐先生綜括朱子的立説宗旨。

又按：陸氏稼書云上節就八條目「逆推工夫」，後節就八條目「順推功效」，是上節六「先」字，一「在」字，皆指工夫言。此節七「后」字，皆指功效言也。〔一〕

自天子以至於庶人，壹是皆以修身爲本。

鄭注：「壹是，專行是也。」

愚按：《孟子》曰：「人有恒言，皆曰『天下國家』。天下之本在國，國之本在家，家之本在身。」孟子之學得自曾子、子思，此說即釋本經之義也。心、意、知不可見，而身可見，故吾身爲天下之標準。凡事皆從本身起點，故吾身爲治事之根源。修之之道，在於正心誠意，即在於明德、親民、止至善也。讀此，益見後儒以「大學之道」專屬帝王者誤矣〔二〕。

其本亂而末治者否矣。其所厚者薄，而其所薄者厚，未之有也。

朱注：「本，謂身也。所厚，謂家也。」

〔一〕此義出朱子再傳之饒魯。饒魯《饒雙峰講義·大學·古之欲明明德二節》説：「上一節就八目『逆推工夫』，後一節就八目『順推功效』。」（見《四庫未收書輯刊》第二輯）張岱《四書遇》引此語，書「順推功效」作「順推效驗」。

〔二〕朱子《壬午（一一六二）應詔封事》謂：「夫帝王之學，必先格物致知。」文並載黄榦《朱子行狀》、唐先生《性理學大義》所録《朱子大義》卷一。而真德秀《大學衍義》復申述其爲「帝王之學」宗旨。

愚按：木著於地，是謂之本。本立則道生，無本則不能立。故觀治亂者，觀其人之本而已。觀人之本者，觀其身之修與不修而已。《孟子》曰：「於所厚者薄，無所不薄也。」亦釋此經之義。又曰：「親親而仁民，仁民而愛物。」所以爲親、爲仁、爲愛者，其理一也。所以或親、或仁、或愛者，其分殊也[一]。分者天所予我當然厚薄之情，迺乖戾昏悖者，倒行而逆施之，不祥莫大焉。故世有薄於家庭父子之間，而謂能厚於國與天下者，非人情，即非天理也。

朱子以篇首至此爲「經」，以下爲「傳」。愚謂不必强分，别有説。

又按：高氏景逸云：「天下無有薄其身，反能厚於家國天下者。」[二]是「以所厚」亦指身而言，足備一義。

此謂知本，此謂知之至也。

愚按：知本者，知修身爲本也。知之至者，本末無不盡也。

高氏景逸云：「聖人之學未有不本諸身者，《六經》無二義也。大學之道，知止而

[一] 唐先生申説朱子「理一分殊」之義。
[二] 高攀龍《〈大學〉首章廣義》，見《高子遺書》卷三「經解類」之二。

已。知止之道，知本而已。易簡而天下之理得矣。」〔一〕

又按：朱子以此二語移作傳之五章，以爲「釋格物致知之義，而今亡矣」。非衍文也。

人能知本，非知之至而何？故後人只單疏誠意，無煩補格致也。

所謂誠其意者，毋自欺也。如惡惡臭，如好好色，此之謂自謙。故君子必慎其獨也。

鄭注：「謙，讀爲慊，慊之言厭也。」

朱注：「誠其意者，自修之首也。毋者，禁止之辭。自欺云者，知爲善以去惡，而心之所發有未實也。謙，快也、足也。獨者，人所不知而己獨知之地也。言欲自修者知爲善以去惡，則當實用其力，而禁止其自欺。使其惡惡則如惡惡臭，好善則如好好色，皆務決去，而求必得之，以自快足於己，不可徒苟且以徇外而爲人也。然其實與不實，蓋有他人所不及知而己獨知之者，故必謹之於此以審其幾焉。」

愚按：《中庸》首章言慎獨，《大學》次章亦言慎獨，其義一也。《中庸》自慎獨推而至於化民，「不大聲以色」。《大學》自慎獨推而至於治國、平天下，可見治、平必自

〔一〕高攀龍《古本〈大學〉題詞》，見《高子遺書》卷三「經解類」。

慎獨始，而明明德、親民、止至善亦必自慎獨始。獨者，自知之謂也。自欺、不自欺，即君子、小人所由分。「如惡惡臭」，自惡之也；「如好好色」，自好之也，故謂之自謙，非爲人而謙也，在吾心之自謙也。君子之學，未有不以慎獨爲基者。自後人破慎獨之説，以爲空虛[一]，而作事益無所忌憚矣。

劉氏蕺山云：「隱微之地，是名曰獨，其爲何物乎？本無一物之中而物物具焉，此至善之所統會也。『致知在格物』，格此而已。獨者，物之本。而慎獨者，格物之始事也。君子之爲學也，非能藏身而不動，杜口而不言，絶天下之耳目而不與交也。終日言，而其所以言者，人不得而聞也，自聞而已矣。終日動，而其所以動者，人不可得而見也，自見而已矣。自聞自見者，自知者也。吾求之自焉，使此心常知、常定、常靜、常安、常慮而常得，慎之至也。慎則無所不慎矣。始求之好惡之機，得吾誠焉，所以慎之於意也。因求之喜怒哀樂之發，得吾正焉，所以慎之於心也。又求之親愛、賤惡、畏敬、哀矜、敖惰之所之，得吾修焉，所以慎之於身也。又求之孝弟慈，得吾齊焉，所以慎之於家也。又求之事君、事長、使衆，得吾治焉，所以慎之於國也。又求之民

[一] 羅洪先《雙江公七十序》説：「致良知者，致吾心之虛靜而寂焉，以出吾之是非。」載《念庵羅先生集》卷一一。

好、民惡、明明德於天下焉，所以慎之於天下也。而實天下而本於國，本於家，本於身，本於心，本於意，本於知，合於物，乃所以爲慎獨也。慎獨也者，人以爲誠意之功，而不知即格致之功也。人以爲格致之功，而不知即明明德於天下遞先之功也。大學之道，一言以蔽之，曰慎獨而已矣。《大學》言慎獨，《中庸》亦言慎獨，慎獨之外，別無學也。」〔一〕

又云：「止言『修身在正其心』，而更不言『正心先誠其意』者，正以見『誠意』之爲專義也。」〔二〕

小人閒居爲不善，無所不至，見君子而后厭然，揜其不善而著其善。人之視己，如見其肺肝然，則何益矣。此謂誠於中〔三〕，形於外，故君子必慎其獨也。

鄭注：「厭，讀爲黶。黶，閉藏貌也。」

朱注：「閒居，獨處也。厭然，消沮閉藏之貌。此言小人陰爲不善，而陽欲揜之，

〔一〕劉宗周《〈大學〉古記約義》，《劉子全書》卷三八。

〔二〕劉宗周《〈大學〉古文參疑》，原文作：「止言『必誠其意』以應首句，更不言『先致其知』者，正以見『誠意』之爲『專義』也。」見《劉子全書》卷三六。

〔三〕經文「誠於中」，原誤爲「存於中」，今是正。

則是非不知善之當爲，與惡之當去也，但不能實用其力，以至此耳。然欲揜其惡，而卒不可揜；欲詐爲善，而卒不可詐，則亦何益之有哉！此君子所以重以爲戒，而必謹其獨也。」

愚按：小人之所以永爲小人者，以其「爲不善」也。爲不善，則「無所不至」矣。「見君子而後厭然」，良心猶未泯也。至不善之端揜，善之端著，是非之心尚在也。然而「人之視己，如見其肺肝然」者，莫見乎隱，莫顯乎微，伏者即所以爲昭也，獨者即所以爲衆也，作僞之事，未有不露者也。又申言之曰「此謂誠於中形於外，故君子必慎其獨也」，聖賢之教人，可謂至矣！蓋誠僞之界，生死之關也。

然則用功之始宜如何？曰：審「幾」而已。周子曰：「誠無爲，幾善惡。」又曰：「動而未形有無之間者，幾也。誠精，故明。神應，故妙。幾微，故幽。」〔一〕君子當動而未形之時，審其爲善意也，則引導以擴充之；審其爲惡意也，則驅除而遏絶之，其庶幾有誠而無僞乎？程子曰：「哲人知幾，誠之於思。」〔二〕可憫哉小人也！不知「幾」而已矣。

〔一〕周敦頤《通書·聖第四》。「誠精，故明。神應，故妙」乃《通書》原文。
〔二〕程頤《四箴》之《動箴》。

劉氏蕺山云：「君子小人之用心，只在一敬一肆間。小人好閒，故其於不善也，便無所不至。君子慎獨，則其於善也，亦無所不至可知。夫既無所不至於善矣，得不謂之止至善乎？」〔一〕又云：「小人閒居爲不善，即自欺情狀。肺肝之見，已獻之也。己之獻肺肝，良知獻之也。誠中形外，良知之徹内外也，至此而慎獨之功益不容已矣。」〔二〕

曾子曰：「十目所視，十手所指，其嚴乎。」

鄭注：「嚴乎，言可畏敬也。」

朱注：「引此以明上文之意。言雖幽獨之中，而其善惡之不可揜如此，可畏之甚也。」

愚按：《大戴禮記》曰：「以其顯者占其隱者。」〔三〕蓋曾子慎獨之功，最爲精粹。十目所視，十手所指，因爲構象，其敬畏之誠如此。要知所視、所指雖指吾意而言，實

〔一〕劉宗周《〈大學〉古文參疑》，《劉子全書》卷三六。

〔二〕劉宗周《〈大學〉雜言》，《劉子全書》卷三九。謹按：「即自欺情狀」原文作「分明畫出一箇自欺情狀」，唐先生精煉其句。

〔三〕《大戴禮記·曾子立事》文，原作「以其見者占其隱者」。

指吾意中之事而言。吾有穿窬害人之意，則十目視之，十手指之矣。吾有爭名奪利之意，則十目視之，十手指之矣。吾意而欲崇德廣業，濟世救民，則十目視之，十手指之矣。然則所視、所指非虛渺也，蓋誠其意者，實誠其意與身、與家、與國、與天下之事，惟其於無形之十目十手，更無所愧怍也。苟吾意一有不誠，身自此而敗，而家、國、天下之事，亦自此而隳矣。

又按：吾儒治心之學，必先使吾心有所寄託。「十目所視、十手所指」者，所寄託之意也。韓子云地鬼「昭布森列」，「臨之在上，質之在旁」[一]，亦是此義。蓋世界之學，莫大乎自治。吾心而欲自治，吾心必先有以監察吾意。監察者，即天之明命也。《易傳》曰：「與鬼神合其吉凶。」[二]蓋一念之欺，鬼神隨之。一念善而吉，一念惡而凶，消息之機，捷於影響。《詩》曰：「上帝降監。」又曰：「上帝臨女。」嗟乎！其嚴乎！其天命之所在乎！

富潤屋，德潤身，心廣體胖，故君子必誠其意。

[一] 韓愈《與孟尚書書》，唐先生化用原文語句。

[二] 《易·乾·文言傳》言「大人」之語。

鄭注：「胖，猶大也。三者言有實於内，顯見於外。」

朱注：「胖，安舒也。言富則能潤屋矣，德則能潤身矣，故心無愧怍，則廣大寬平，而體常舒泰，德之潤身者然也。蓋善之實於中而形於外者如此。」

愚按：《孟子》曰：「居移氣，養移體。」况居天下之廣居者乎？心廣者，言吾心廣大清明，方寸間自有泰宇也。曰「德潤身，心廣體胖」，可見誠意即所以明其明德，即所以正其心而修其身也。蓋身者，貫徹家與國與天下；意者，貫徹心與知與物。故上言修身爲本，其次即言誠意之功，提其要也。

又按：朱子以所作傳之六章，釋誠意。

《詩》云：「瞻彼淇澳，菉竹猗猗。有斐君子，如切如磋，如琢如磨。瑟兮僩兮，赫兮喧兮。有斐君子，終不可諠兮。」如切如磋者，道學也。如琢如磨者，自修也。瑟兮僩兮者，恂慄也。赫兮喧兮者，威儀也。有斐君子，終不可諠兮者，道盛德至善，民之不能忘也。

鄭注：「此心廣體胖之詩也。澳，隈崖也。菉竹猗猗，喻美盛。斐，有文章貌也。諠，忘也。道，猶言也。恂，字或作峻，讀如嚴峻之峻，言其容貌嚴栗也。民不能忘，以其意誠而德著也。」

朱注：「《詩》，《衛風・淇澳》之篇。淇，水名。澳，隈也。猗猗，美盛貌。興也。斐，文貌。切，以刀鋸。琢，以椎鑿。皆裁物使成形質也。磋，以鑢錫。磨，以沙石。皆治物使其滑澤也。治骨角者既切而復磋之，治玉石者既琢而復磨之，皆言其治之有緒，而益致其精也。瑟，嚴密之貌。僩，武毅之貌。赫喧，宣著盛大之貌。諠，忘也。道，言也。學，謂講習討論之事。自修者，省察克治之功。恂慄，戰懼也。威，可畏也。儀，可象也。」〔一〕

愚按：如切如磋者以下，與《爾雅・釋訓》文同。鄭君以此爲心廣體胖之詩，實精審而不可易。恂慄亦當從鄭訓。蓋慎獨之功，進於完粹，内治自修，驚覺提撕，無時或懈。至於恂慄威儀，發見昭著，盛德至善，民不能忘，皆自一心之慎獨始。此即《中庸》篤恭而天下平之盛也。誠意之功大矣哉！

高氏景逸云：「淇澳以下，何謂也？曰：〔二〕皆釋『知本』也。本末不過『明新』，故釋『知本』以明德、新民、止至善也。《淇澳》之詩，是合言明、新、止以釋知本，見民之

〔一〕唐先生略去朱子《章句》中與鄭玄相同的字詞解釋，可見審慎。但爲方便讀者完整理解，今並補出。

〔二〕「何謂也曰」，原脱，據高氏原文補入。

不忘，本於盛德至善也。」[一]

劉氏蕺山云：「此以下雜引《詩》《書》而詠歎之，以明『知本』之義，首引《淇澳》修身之功，盡見於此矣。學以始之，恂慄以實之，威儀以徵之，民不能忘以終之，而自修始無餘藴，是合格、致、誠、正、修、齊、治、平以言修也。」[二]

《詩》云：「於戲！前王不忘。」君子賢其賢而親其親，小人樂其樂而利其利，此以没世不忘也。

鄭注：「聖人既有親賢之德，其政又有樂利於民，君子小人各有以思之。」

朱注：「《詩》，《周頌·烈文》之篇。於戲，歎辭。前王，謂文、武也。君子，謂其後賢後王。小人，謂後民也。此言前王所以新民者止於至善，能使天下後世無一物不得其所，所以既没世而人思慕之，愈久而不忘也。」

愚按：此節承上文詠歎以足其義。前王有親賢之德，而後人因得紹承先業，賢前王之所賢，親前王之所親，此又以見親民之必先親賢也。「樂其樂」者，猶前王之與

[一] 高攀龍《〈大學〉首章廣義》，《高子遺書》卷三「經解類」之二。
[二] 劉宗周《〈大學〉古記》，《劉子全書》卷三七。

民同樂。「利其利」者，猶前王之以美利利天下。「没世不忘」者，聖人自修之功，造乎極至，是以盛德至善之發，源遠而流長也。

又按：朱子以此兩節接下文「邦畿千里」三節，移作傳之三章，釋止於至善。

《康誥》曰：「克明德。」

朱注：「《康誥》，《周書》。克，能也。」

愚按：《尚書·康誥》篇曰：「越乃丕顯考文王，克明德慎罰。」此文王之心學也[一]。自古帝王，未有不以明明德爲先務者，非獨如下文《帝典》所稱也。禹平水土，聲教遠訖，其功實本於「祇台德先，不距朕行」[二]。蓋禹之所以不距其行者，在於能明其德，故曰：「美哉禹功，明德遠矣。」[三]《多方》贊殷王之德曰：「成湯至於帝乙，罔不明德慎罰。」[四]

[一] 此唐先生心得。
[二] 《書·禹貢》。
[三] 《左傳·昭公元年》載劉定公語。
[四] 《書·多方》作：「以至於帝乙，罔不明德慎罰。」唐先生書作「成湯至於帝乙」，爲完足文意，方便讀者理解。

詩人之贊王季曰：「其德克明。」〔一〕

文王上承古帝王之學，兼紹述家學而大明之，是謂治心之學之範。故《康誥》又曰：「丕則敏德，用康乃心。」此亦周公述文王之學也。蓋文王之明德，「純亦不已」〔二〕，故能「敏德，用康乃心」也。可見聖人治天下國家，首在治心。

《太甲》曰：「顧諟天之明命。」

鄭注：「顧，念也。諟，猶正也。」「諟，或爲題。」

朱注：「《太甲》，《商書》。顧，謂常目在之也。諟，猶此也，或曰審也〔三〕。天之明命，即天之所以與我，而我之所以爲德者也。常目在之，則無時不明矣。」

愚按：上下文言明德，俱未言其功夫。此言「顧諟明命」者，乃「明明德」之至要功夫也。《中庸》言「天命之謂性」，孔子曰：「畏天命。」蓋敬畏天命，即所以存心而養性也。顧諟之功當如何？

〔一〕《詩·大雅·皇矣》。
〔二〕《中庸》頌揚周文王語。
〔三〕「或曰之説」見《玉篇·言部》。

《詩》曰「昊天曰明」，「昊天曰旦」〔一〕，此言明旦之時，當敬天也〔二〕。《易·離》卦初爻曰：「履錯然，敬之。」此亦言離明平旦之時，其履錯然，當敬之於始也。〔三〕

然而聖人之「顧諟天命」，非僅在明旦時也。無論爲明發，爲日中，爲嚮晦，天命無時而不在，即顧諟無時而不在也。無論爲出爲處，爲藏爲修，爲息爲游，天命無地而不在，即顧諟無地而不在也。無論爲孝爲弟，爲忠爲信，爲仁民，爲愛物，天命無事而不在，即顧諟無事而不在也。君子之道，觸目皆可以警心，則常目無非天命也。

曰「明命」，則顧諟之時，其昏濁之氣當埽除也，其昧雜之念當屏絶也。是不獨伊尹之訓太甲也〔四〕，周公作《敬之》之詩戒成王曰：「敬之敬之，天惟顯思，命不易哉。

〔一〕句出《詩·大雅·板》末章。

〔二〕《板》末章言：「敬天之怒，無敢戲豫。敬天之渝，無敢馳驅。昊天曰明，及爾出王。昊天曰旦，及爾游衍。」唐先生「敬天」語所出，提示敬畏天命要旨。

〔三〕李光地《御纂周易折中》卷四《離》初九案謂：「敬者，明養德之本也。人心之德，敬則明，不敬則昏。於應物之初而知敬，其即於咎者，鮮矣。」唐先生申述敬於始並慎其終的整體道德觀。

〔四〕《書·伊訓》謂：「今王嗣厥德，罔不在初，立愛惟親，立敬惟長，始於家邦，終於四海。」

言天命吉凶不變易。無曰高高在上，陟降厥士。士，事也。日監在茲。」〔一〕此言天命陟降，即寓於凡事之間，在邇而不在遠，當嚴恭寅畏，無謂「高高在上」而忽之也。又曰：「日就月將，將，行也。就、將，言當習之以積漸也。學有緝熙于光明。佛時仔肩，佛，輔也。時，是也。示我顯德行。」〔二〕此言敬天乃能緝熙於明德也，此亦文王之家學也。

「《周頌》云：『維天之命，於穆不已。』蓋曰天之所以爲天也。『於乎不顯？文王之德之純』，蓋曰文王之所以爲文也。」〔三〕文王之德所以能極其純者，以其敬天之命也。「濟濟多士，秉文之德」者，皆「對越在天」也〔四〕。此文王之教即大學之道也。〔五〕

顧氏亭林云：「『維天之命，於穆不已』，其在於人，日用而不知，莫非命也。故

〔一〕《詩·周頌·敬之》。小注「言天命吉凶不變易」見鄭玄《毛詩箋》，「士，事也」見《毛詩故訓傳》。此見唐先生解經，必循典據。

〔二〕《詩·周頌·敬之》。小注「將，行也」，用《毛詩故訓傳》；「就、將，言當習之以積漸也」及「佛，輔也。時，是也」，用鄭玄《毛詩箋》。

〔三〕文見《中庸》第二十六章。原文「《詩》云」，唐先生具言《周頌》。《中庸》所引詩見《周頌·清廟之什》，俱以周文王爲核心。

〔四〕唐先生用《詩·周頌·清廟》文成句，以經明經，運用在場式的敘述，表揚周文王的德業。

〔五〕此唐先生天命之說，並《天命論》三篇，載《茹經堂文集》一編，已編入《唐文治文集》之「經說類」，乃申說「敬天命」之重旨，可並參。

《詩》《書》之訓，有曰：『顧諟天之明命。』又曰：『永言配命，自求多福。』又曰：『若生子，罔不在厥初生，自貽哲命。』又曰：『惟克天德，自作元命，配享在下。』而劉康公之言曰：『民受天地之中以生，所謂命也，是以有動作禮義威儀之則，以定命也。』『彼其之子，邦之司直』，而以爲舍命不渝；『乃如之人，懷昏姻也』，而以爲不知命。然則子之孝、臣之忠、夫之信、婦之貞，此天之所命，而人受之爲性者也，故曰天命之謂性。求命於冥冥之表，則離而二之矣。」[一]

《帝典》曰：「克明峻德。」

鄭注：「《帝典》，《堯典》，亦《尚書》篇名也。峻，大也。」

愚按：明明德之學，唐帝益深遠矣[二]。不曰克明明德，而曰克明峻德，「大哉堯

[一] 顧炎武《日知録》卷六「顧諟天之明命」條。引文中「劉康公」語見《左傳》成公十三年，文謂：「吾聞之：民受天地之中以生，所謂命也。是以有動作禮義威儀之則以定命也。能者養之以禮，不能者敗以取禍。是故君子勤禮，小人盡力。勤禮莫如致敬，盡力莫如敦篤。敬在養神，篤在守業。國之大事在祀與戎。祀有執膰，戎有受脤，神之大節也。」唐先生引録顧炎武説，以佐證精誠是修養工夫根本的要義。

[二] 「唐帝」指唐堯。

之爲君也」[一]，《尚書》贊之曰：「欽、明、文、思、安安，光被四表，格於上下。」欽者，敬也，惟欽故明也。惟「安安」故能明其德也。「光被四表」者，明之至也。「格於上下」，明明德於天下也。「其仁如天，其知如神」[二]，皆峻德爲之根本也。皋陶之陳九德曰：「寬而栗，柔而立，愿而恭，亂而敬，擾而毅，直而温，簡而廉，剛而塞，彊而義。」皆因本性之剛柔，而善劑其平[三]，其即陶唐氏之遺軌乎？後儒之求明德者，當以此爲基矣。

皆自明也。

鄭注：「皆自明明德也。」

愚按：吾人求古聖賢之學問，必先求古聖賢之精神，自明明德者，即古聖賢精神之所在也。劉氏蕺山云：「修身之功，其要以明明德而已。曰自明，而明之於天下已

[一]《論語·泰伯》載孔子語。

[二]「其仁如天，其知如神」出《大戴禮記·五帝德》及《史記·五帝本紀》，雖不見於今傳《尚書》文本，但其來有自，或出孔子的《書》傳。

[三]《尚書正義·皋陶謨》孔穎達疏：「雖是本性，亦可以長短自矯。」謂人的自覺性足以自我控制與調整天賦的氣性偏頗。

在其中，正見天下之不離自也，故曰修身爲本。」〔一〕

又按：朱子以「《康誥》曰」起至此，移作傳之首章，釋明明德。

湯之《盤銘》曰：「苟日新，日日新，又日新。」

鄭注：「盤銘，刻戒於盤也。」

朱注：「盤，沐浴之盤也。銘，名其器以自警之辭也。苟，誠也。湯以人之洗濯其心以去惡，如沐浴其身以去垢，故銘其盤，言誠能一日有以滌其舊染之污而自新，則當因其已新者，而日日新之，又日新之，不可略有間斷也。」

愚按：《説文》：「苟，自急敕也。」言急求日新也。苟含有敬義，《大戴禮》「賓爲苟敬」〔二〕，故敬字從苟也。此與《説文·艸部》「苟」字不同。朱子訓苟爲誠，蓋本於《論語》「苟志於仁矣」之義，似不若訓爲「急敕」，尤警切。〔三〕

〔一〕劉宗周《〈大學〉古記》，《劉子全書》卷三七。

〔二〕此見《儀禮·聘禮》。唐先生誤記。

〔三〕自《説文》以下一段解釋「苟」爲「急敕」之實義者，乃《大學新讀本》未有。

又按〔一〕：子夏曰：「日知其所亡。」〔二〕即所以知新也。商湯之學，與伊尹相切磋。伊尹以先知先覺爲主，故成湯以日新又新爲主，所謂「聖敬日躋」是也。

世界無一日而不新，吾心當先世界而新。苟有一日之不新，即不能生存於世界之内。顧心之爲物，飛揚馳騖，常逐物欲而行。一日不洗濯，則陳腐塵積，至於迷昧而不能自醒。是宜倣曾子三省之法，以提撕之。凡人每日沐時，至少凡三〔三〕。每沐時，宜自省吾心，有一毫之不新否耶？由此推之，無一時之不省，即無一時之不新矣。

顧或謂新在「事業」，若課之於心，恐淪於虚寂。此説不然。心，無形者也。事業，有形者也。無形者宜常去故而納新，若空氣然。有形者有宜更新，有宜仍舊，是必先自新其心，而後於事業之宜仍舊、宜更新者，得辨晰而無誤焉。若不能自新其心，而專求新於事業，譬諸無根之木，其不至顛倒錯亂，誤天下蒼生者尠矣。故成湯

〔一〕《大學新讀本》作「愚按」。蓋於前補充注釋，故此作「又按」。
〔二〕《論語·子張》載子夏語：「日知其所亡，月無忘其所能，可謂好學也已矣！」唐先生取其中「好學」之義，以啓文意。
〔三〕唐人沈亞之《屈原外傳》載屈原：「性潔，一日三濯纓。」唐先生謂「凡人每日沐時，至少凡三」，但取喻自潔自新之意。

之日新又新，與伊尹之先知先覺，相爲表裏。新者即新我之知覺也，皆「心學」也。

《康誥》曰：「作新民。」

朱注：「鼓之舞之之謂作，言振起其自新之民也。」

愚按：《康誥》曰：「助王宅天命，作新民。」宅天命者，安天命其體也，作新民其用也。世界無一日而不新，吾之民宜先世界而新[一]。苟有一日之不新，即不能生存於世界之內。

「作」之之道奈何？教、養而已矣。教者，所以立民之道德，牖民之知能。養者，所以創民之職業，强民之體質[二]。「新民」之道盡是矣。顧不言教新民、養新民，而言「作新民」者，蓋作之一字爲最難。怠惰之民宜鞭策之，愚昧之民宜誘導之，頑梗乖戾之民宜感化之[三]。民之性情風俗不同，所以新之者亦不同，所以作之之道更不同。作者，起也。譬諸扶卧者而使之起，有自然之機焉。《易傳》曰：「天地解而雷雨作，

[一] 嚴復（一八五三～一九二一）《羣己權界論》强調：「中國之民，宜常爲世界之先。」唐先生與之同調。

[二] 唐先生向主張「教民」爲師儒即「道統」之責，「養民」屬人君即「治統」之責，兩者並行，各盡其至，方能處理時代危難，進而治國平天下，方爲有望。

[三] 此因材施教之意。

雷雨作而百果草木皆甲坼。」〔一〕此天地之所以新萬物也。

凡民之生，莫不具有至新之識。人君之責任，在開導其固有之美，一引其機，則浡然而興焉，焕然而發焉。其過者，吾有以裁制之焉。其不及者，吾有以輔相之焉，此聖人之所以新萬民也。放勳曰：「使自得之，又從而振德之。」〔二〕振德者，振作其自新之德也，所謂明明德於天下也。〔三〕

孫氏夏峰云：「新者，天地育物之生機，人心進進不息之生氣也。第患無以作之，則其氣已朽而蠹有所生。聖人之新天下也，常以道與天下相屬，而不令其有蓄蠹也。」〔四〕

《詩》曰：「周雖舊邦，其命維新。」

朱注：「《詩》，《大雅・文王》之篇。言周國雖舊，至於文王能新其德以及於民，

〔一〕《易・解》卦彖辭，含「天地解凍」而「草木復蘇」之深層意義。

〔二〕《孟子・滕文公》引。「放勳」乃帝堯之號，引此以見實踐「自律道德」即良知良能之實在淵源。大凡由衷自發之道德行爲稱「自律道德」，遵守戒律而行者稱「他律道德」。儒家德性之學，依據「自律道德」立義。唐先生引用此語，更明因材施教之義，在於運用自律道德與自覺意志於惡習之中，而令其自新向善。

〔三〕此説「作」新民之「機」。

〔四〕孫奇逢《四書近旨》卷一《湯之盤銘章》，唐先生取其生生不已之宗旨，徵實「機」之本誼。。

而始受天命也。」

愚按：此三節實由近以及遠。湯之《盤銘》，新其心也。《康誥》之言，推之以新其民也。而此則又推之以新其邦。世界無一日而不新，吾之邦宜先世界而新。苟有一日之不新，即不能生存於世界之内[一]。水不新則污，木不新則腐，一身不新則惡積，一家不新則破絶，一國不新則亡絶，此天行之「公理」[二]，故大學之道以新國爲要務。

抑又考《文王》之詩曰：「文王在上，於昭於天，周雖舊邦，其命維新。」蓋文王能敬天以明德，而後能受天命，非倖而致也。孟子之告滕文公曰：「子力行之，亦以新子之國。」注重在力行，則新國之本可知矣。

是故君子無所不用其極。

鄭注：「極，猶盡也。君子自新其德，常盡心力，不有餘也。」

[一] 此意唐先生再三致意，乃由衷而出焉。

[二] 「公理」見載於宋儒文字，如程顥「此天下公理，無彼我」（《河南程氏遺書》卷一）。唐先生精熟宋儒之學，並曾深入研治《萬國公法》，身處晚清「公義」「公法」等觀念衍生之時代學術語境之中，融貫古今，以「公」立義的詞彙，經常運諸筆端，透露了對整體生存狀態與幸福之關懷向度。

朱注：「自新、新民，皆欲止於至善也。」

愚按：「無所不用其極」者，新其心以新其身，新其民，新其邦，皆造乎其極也。必造乎其極，而後可謂之學，而後可謂之人，周子所謂「立人極」是也〔一〕。

又按：朱子以「湯之盤銘」節至此，移作傳之二章，釋新民。

《詩》云：「邦畿千里，惟民所止。」

朱注：「《詩》，《商頌・玄鳥》之篇。邦畿，王者之都也。止，居也。」

愚按：國以民爲主，故民以君爲天，而君亦以民爲天。朱子云：「人惟萬物之靈，而王者之所天也。」〔二〕邦畿惟民所止，民得所止，而邦畿盛。民失所止，而邦畿爲虛邑矣。

《詩》云：「緡蠻黃鳥，止於丘隅。」子曰：「於止知其所止，可以人而不如鳥乎！」

鄭注：「於止，言鳥之所止也。就而觀之，知其所止，知鳥擇岑蔚，安閒而止處之

〔一〕周敦頤《太極圖説》謂：「聖人定之以中正仁義，而主靜，立人極焉。」「人極」是人性至善處。唐先生宗旨甚明確，闡明「新」之爲道，必復歸人性之善，非盲目求「新」，而致沒滅天良。

〔二〕《論語・鄉黨》「式負版者」朱子注文。「人惟萬物之靈」，觀念源出《書・泰誓上》「惟天地萬物父母，惟人萬物之靈。但聰明，作元后，元后作民父母」。

耳。言人亦當擇禮義樂土而自止處也。《論語》曰：『里仁爲美。擇不處仁，焉得知？』」

朱注：「《詩》，《小雅·緡蠻》之篇。緡蠻，鳥聲。丘隅，岑蔚之處。子曰以下，孔子説《詩》之辭。言人當知所當止之處也。」

愚按：《孟子》曰：「人所以異於禽獸者幾希。」又曰：「人見其禽獸也，而以爲未嘗有才焉者，是豈人之情也哉！」人禽之辨微矣，以其所知者異也，乃所知同而人不過如鳥也，所知異而人且不如鳥，何也？鳥知所止，而人不知所止也。然則人何以異於禽也，曰充吾之良知而已。

又按：君子處世，出處去就，爲大節之所在。《論語·子罕》篇「色斯舉矣，翔而後集。曰：山梁雌雉，時哉！時哉！」孔子以「時哉」贊雉，何也？爲其知幾也。天下惟哲人知幾，愚人昧焉。鳥知幾而免於禍，愚人不知幾而罹於禍，哀哉！然則知止不知止，禍福之門也，《易》曰：「介于石，不終日。」[一]「知幾其神乎」，「君子知微知彰，

[一]《易·豫》六二爻辭，言不敢怠慢，必警惕於纖介微細之際。

知柔知剛」[一]，能知止也。能知止，而出處去就鮮有罹於禍者矣。本節之義，指學問禮義而言，愚特爲廣其説。

《詩》云：「穆穆文王，於緝熙敬止。」爲人君止於仁，爲人臣止於敬，爲人子止於孝，爲人父止於慈，與國人交，止於信。

朱注：「《詩》，《文王》之篇。穆穆，深遠之意。於，歎美辭。緝，繼續也。熙，光明也。敬止言其無不敬而安所止也。引此而言聖人之止，無非至善。五者乃其目之大者也。學者於此，究其精微之藴，而又推類以盡其餘，則於天下之事，皆有以知其所止而無疑矣。」

愚按：穆穆，文王之精神也。緝熙敬止，文王之學術也。《思齊》之詩贊文王之所以「聖」，曰：「雝雝在宫，肅肅在廟。」雝雝，和也。肅肅，敬也[二]。此皆古聖人之精神也。

仁、敬、孝、慈、信五者[三]，無所不用其極。所謂極，則也。孟子引公明儀曰：

[一]《易·繫辭下》乃「知幾」語源所出。

[二]「雝雝，和也」意取《毛詩故訓傳》「雝雝，雁聲和也」之訓。「肅肅，敬也」見《毛詩故訓傳》。

[三] 此五德稱爲「大節目」，是明清性理學關鍵論題。

「文王我師也，周公豈欺我哉！」愚謂「文王我師」一語，豈特周公爲然，亦豈特公明儀爲然！考《禮記・文王世子》一篇，詳言學校制度，可見成周時學校生徒俱奉文王爲師法，有每飯不忘之意。故《思齊》之詩又曰：「肆成人有德，肆，況也。小子有造。」然則文王非獨周家之師範，實大學之師範，亦千古儒者之師範也，而學之者端自孝始。

又按：與國人交之事夥矣，而要之以止於信者，「民無信不立」，國人惟信用是重，無信則無交也。

《春秋穀梁傳》曰：「人之於天也，以道受命。於人也，以言受命。不若於道者，若，順也。天絶之也。不若於言者，人絶之也。」故字義人言爲信，無信則非言也，無信則非人也，無信則國人盡絶之也。

《易傳》曰：「无交而求，則民不與也。莫之與，則傷之者至矣。」[一]《易》曰：「莫益之，或擊之，立心勿恒，凶。」[二]無信者，勿恒也，民將擊之，而尚可以言交乎？故曰

[一]《易・繫辭下》語，唐先生通貫經義立説。

[二]《易・益》上九爻辭，唐先生據以警惕爲政者敗德之惡果。

極天下之至重者，其惟信乎！〔一〕

劉氏蕺山云：「緝熙二字，即文王之知止處。未有止而不本於於知者。德無常師，主善爲師。善無常主，協於克一。主一無適爲敬，敬即是止法。故文王曰敬止，又曰欽厥止，安汝止，此本體工夫俱到處也。」〔二〕又云：「仁、敬、孝、慈、信，即明德，即至善之所在。知乎此者，可與知止矣。知止者，知本者也。」〔三〕

子曰：「聽訟吾猶人也，必也使無訟乎！」無情者不得盡其辭，大畏民志，此謂知本。

鄭注：「情，猶實也。無實者多虛誕之辭。聖人之聽訟，與人同耳，必使民無實者不敢盡其辭，大畏其心志，使誠其意，不敢訟。」「本，謂誠其意也。」

朱注：「引夫子之言，而言聖人能使無實之人，不敢盡其虛誕之辭。蓋我之明德既明，自然有以畏服民之心志，故訟不待聽而自無也。觀於此言，可以知本末之先後矣。」

〔一〕唐先生引《易》與《春秋》宣示「信」之重旨，乃儒門大義。
〔二〕劉宗周《〈大學〉雜言》，《劉子全書》卷三九。
〔三〕劉宗周《〈大學〉古記》，《劉子全書》卷三七。

愚按：顧氏亭林云：「聽訟者，與國人交之一事也。」〔一〕此説極貫串，極精至。蓋情者，實也，即信也。無信實者不得盡其辭。在上者一言一行，一舉一動，無不出於信，則民畏之矣。

鄭本以「知本」爲誠其意。信者，誠之始也。上之人誠其意，而使民各有以盡其誠，即所以自明其明德，而明明德於天下也。

又按：孔氏沖遠云：「『此謂知本』者，此從上所謂誠其意者，至此章『大畏民志』，以上皆是誠意之事。意爲行身之本，能自知其身，是知其本，故云『此謂知本』也。」〔二〕

劉氏蕺山亦云：「無訟之化，孰使之？身使之也。非徒以所修者使之，實以所止者使之也。」〔三〕足發明鄭、孔之義。

又按：朱子以此節移作傳之四章，釋本末。

〔一〕顧炎武《日知録》卷九「致知」條。

〔二〕《禮記正義·大學》「此謂知本」句孔穎達疏謂：「本，謂身也。既以身爲本，若能自知其身，是『知本』也，是知之至極也。」唐先生有取此意，引文與原文稍有出入，於意無礙。並引劉宗周語以爲佐説。

〔三〕劉宗周《〈大學〉古記》，《劉子全書》卷三七。

所謂修身在正其心者，身有所忿懥則不得其正，有所恐懼則不得其正，有所好樂則不得其正，有所憂患則不得其正。

鄭注：「懥，怒貌也。或作懫，或作疐。」

朱注：「程子曰：『「身有」之「身」當作心。蓋是四者皆心之用，而人所不能無者。然一有之而不能察，則欲動情勝，而其用之所行，或不能不失其正矣。』」

愚按：程子曰「天地儲精，得五行之秀者爲人。其本也，真而靜。其未發，五性具焉，曰仁、義、禮、智、信。形既生矣，外物觸其形而動其中矣。其中動而七情出焉，曰喜、怒、哀、懼、愛、惡、欲。情既熾而益蕩，其性鑿矣。是故覺者約其情，使合於中，正其心，養其性。愚者則不知制之，縱其情而至於邪僻，梏其性而亡之。蓋不得其正者，即所謂梏其性而亡之也。存心養性，所以正之之本也。」惟愚意「身有」之「身」，當如字。蓋「忿懥」四者，皆由吾身之氣質以害及吾心者也，由外以累其中者也。君子處之之道，能不爲外境所移。譬諸遇忿懥之事，而作喜悦之容，則得其正矣。遇恐懼之事，而作鎮定之氣，則得其正矣。遇好樂之事，而表淡定之志，則得其正矣。遇憂患之事，而動寬舒之貌，則得其正矣。此由外以養中之法也。

又按：四者之病同，而以「忿懥」爲最當戒。蓋恐懼、好樂、憂患三者，境過而情即易移，而「忿懥」則每伏於內。愚嘗於靜中體驗，此心往往有怒氣發見，而恐懼、好樂、憂患之情則較少。雖由於氣質之偏，而要知此經以忿怒爲首戒，蓋有由也。

程子《定性書》曰：「人之情，易發而難制者，惟怒爲甚。第能於怒時遽忘其怒，而觀理之是非，亦可見外誘之不足惡，而於道亦思過半矣。」[一]諒哉斯言！

曾氏滌生云：「養生以不惱怒爲本。」[二]愚謂修身亦以不惱怒爲本。

劉氏蕺山云：「『有所』之病，皆從物不格、知不致、意不誠而來。意不誠則發而爲喜怒哀樂，無往而不陷於『有所』。所字作實字，義詳下。於此毫釐，於彼尋丈，故君子必慎其獨也。」[三]

[一] 程顥《定性書》是宋學經典，原名《答橫渠張子厚先生書》，朱子語録已論及《定性書》之題。唐先生所引見《河南程氏文集》卷二「書記」類首篇。

[二] 此句出曾國藩《日記》（咸豐十年閏三月十八日）中自律「八本」：「凡事皆有至淺至要之道，不可須臾離者，因欲名其堂曰『八本堂』，其目曰：讀書以訓詁爲本，詩文以聲調爲本，事親以歡心爲本，養生以少惱怒爲本，立身以不妄語爲本，居家以不晏起爲本，居官以不要錢爲本，行軍以不擾民爲本。」唐先生尊崇曾國藩，引之爲勸戒。

[三] 劉宗周《〈大學〉古記》，《劉子全書》卷三七。

心不在焉，視而不見，聽而不聞，食而不知其味。

朱注：「心有不存，則無以檢其身，是以君子必察乎此，而敬以直之，然後此心常存，而身無不修也。」

愚按：《中庸》曰：「人莫不飲食也，鮮能知味也。」視而能見，聽而能聞，食而能知味者，所謂良知良能也。乃有時知能悉泯者，何也？心不在也。《孟子》曰：「心之官則思，思則得之，不思則不得也。」心者，靈官也，天君也。靈官失而無覺，天君亡而無主，如是則豈特不見、不聞、不知味而已，不孝、不弟、不忠、不信之事，亦從此而起焉。經文蓋舉粗以該精，舉淺以喻深也。視不見三者，由吾心以害及吾身之氣質也，由中以累其外者也。正之之道，當時時懍操存之念，如朱子所謂「敬以直之，然後此心常存」，此由中以達外之法也。蓋經文兩節，實交互言之。

劉氏蕺山云：「心不在則心亡矣，視聽飲食如行尸耳，何修之可言乎……心之存亡，嚴矣哉！」〔一〕

〔一〕劉宗周《〈大學〉古記》，《劉子全書》卷三七。「何修之可言乎」句，劉宗周原作「何修之幾乎」，以下作「『有所』只爭些子，這些子便爭此心之存亡，嚴矣哉」。上下解文皆引同書，或過録時致誤。

此謂修身在正其心。

愚按：此内外交修之法也。

劉氏蕺山云：「但言修之先正，非實言正心之功也。欲正其心者，先誠其意。意誠而心自正矣。以爲誠意之後，復有正心之功者，謬也。」〔一〕

又按：朱子以所謂修身起至此，作傳之七章，釋正心修身。

所謂齊其家在修其身者，人之其所親愛而辟焉，之其所賤惡而辟焉，之其所畏敬而辟焉，之其所哀矜而辟焉，之其所敖惰而辟焉。故好而知其惡，惡而知其美者，天下鮮矣。

鄭注：「之，適也。譬，猶喻也，鄭讀辟，音譬。言適彼而以心度之，曰：吾何以親愛此人，非以其有美德與？吾何以敖惰此人，非以其行薄與？反以喻己，則身修與否可自知也。鮮，罕也。」

朱注：「人，謂衆人。之，猶於也。辟，猶偏也。五者在人本有當然之則。然常人之情，惟其所向而不加察焉，則必陷於一偏而身不修矣。」

〔一〕劉宗周《〈大學〉古記》，《劉子全書》卷三七。

愚按：《易・家人・彖傳》曰：「女正位乎内，男正位乎外。」男女正，天地之大義也。此經不言正其家、治其家，而云齊其家者，一家之性情，視乎一身之性情，齊一家之性情，而後家道可得而正也。一家之風化，視乎一身之風化，齊一家之風化，而後家道可得而治也。故齊之要端，首戒在辟。《曲禮》云：「敖不可長，欲不可從，志不可滿，樂不可極。」鄭注：「四者桀、紂所以自禍。」蓋曰長曰從曰滿曰極，皆所謂辟也。桀、紂所以取禍不過在此。然則親愛、賤惡、畏敬、哀矜、敖惰五者之偏，可不慎之又慎乎！《孝經》曰：「治家者不敢失於臣妾，而況於妻子乎！」所親愛、所賤惡，近於閨闥，其尤要乎！《曲禮》又云：「愛而知其惡，憎而知其善。」鄭注：「凡與人交，不可以己心之愛憎，誣人之善惡。」蓋好而知其惡，是有以裁制之也。惡而知其美，是有以保全之也。人生於世界之内，皆負裁成萬物之責。《老子》曰：「聖人常〔一〕善救人，故無棄人。」修身者當知此義矣。

孫氏夏峯云：「君子以言有物而行有恒，家道之所以正也。辟則有好惡，安得中節？故美中有惡，都以其好之辟而掩之；惡中有美，都以其惡之辟而掩之。好惡如

〔一〕「常」字脱，據《老子》上篇第二七章補入；馬王堆甲乙本俱作「恒」。

此，則家之心志自紛，耳目自亂，如何得齊？言好惡者，蓋家國天下之通關處也。總之一如惡惡臭、好好色之誠，而貫於齊治均平之中，其功力全在『致知』上。所謂『壹是皆以修身爲本』也。始終貫徹，方是善讀書。」〔一〕

劉氏蕺山云：「親愛、賤惡、畏敬、哀矜、敖惰，即喜怒哀樂之及於人者，有所不已，則隨人而之『其所』。人己同此所也，好不知惡，惡不知美，正知不至之證也。」〔二〕

又按：鄭注訓辟爲喻，恐非。蓋此節「辟」字當與下文「辟則爲天下僇」辟字音義同。朱注「五者在人本有當然之則」，或疑敖惰無所謂當然〔三〕。陳氏北溪云：「敖衹是簡於爲禮，惰衹是懶於爲禮。」〔四〕實亦曲爲之説，皆當糾正之。

故諺有之曰：「人莫知其子之惡，莫知其苗之碩。」

〔一〕孫奇逢《四書近旨》卷一《所謂齊家章》。「辟則有好惡」，孫氏原文「有」作「有所」；「好惡如此」作「這樣好惡」；「始終貫徹」作「任舉一節，通體融徹」。

〔二〕劉宗周《〈大學〉古記》，《劉子全書》卷三七。

〔三〕《朱子語類》卷一六《大學》載門人名「宇」者問：「敖惰，惡德也，豈君子宜有？」唐先生所言「或疑」指此。

〔四〕王夫之《讀〈四書大全〉説》謂：「敖者，亢敖自尊而卑之也。惰者，適意自便而簡之也。敖必相與爲禮時始見，如扶杖而受卑幼之拜是已。惰則閒居治事，未與爲禮時乃然，雖過吾前，不爲改容也。」亦屬曲護之説。

鄭注：「莫知其子之惡，猶愛而不察。碩，大也。」

朱注：「諺，俗語也。溺愛者不明，貪得者無厭，是則偏之爲害，而家之所以不齊也。」

愚按：欲其子之美，人情也。欲其苗之碩，亦人情也。乃欲其子之美，私其子之極，而至於莫知其子之惡。欲其苗之碩，私其苗之極，而至於莫知其苗之碩。然惟莫知其子之惡，而子乃愈惡。莫知其苗之碩，而苗竟不碩。人情之顛倒，事理隨之，而當局者輒迷謬而不悟，吁！亦可憐矣哉！

此謂身不修，不可以齊其家。

愚按：上章言内外交修之法，此則慎公私之辨也。《書・洪範》篇曰：「無偏無陂，遵王之義。無有作好，遵王之道。無有作惡，遵王之路。無偏無黨，王道蕩蕩。無黨無偏，王道便便。無反無側，王道正直。」〔一〕自來偏黨之弊，皆起於好惡之私。好惡私，偏黨勝，則身不能修而家國天下受其害矣！君子大公無偏，乃可出而治國平天下。

又按：此章不言身之所以修，亦該於誠意章也。

〔一〕引文「王道便便」，應作「王道平平」。並補入經文「無反無側，王道正直」句，以足句意。

朱子以「所謂修身」起至此，作傳之八章，釋修身齊家。

所謂治國必先齊其家者，其家不可教而能教人者無之。故君子不出家而成教於國，孝者所以事君也，弟者所以事長也，慈者所以使衆也。

愚按：此經言「其家不可教而能教人者無之」，又曰「君子不出家而成教於國」，三言「教」字，見國教之必本於家教也。家教惟何？孝、弟、慈而已矣。《孝經》曰：「孝弟之至，通於神明，光於四海，無所不通〔一〕。」蓋孝弟，明德也，良知也，推暨之而無不通者也。慈者，《老子》以爲「三寶」之首，且曰：「天將殺之，以慈衛之。」蓋天地間之和氣也。此三者，家教也，國教也，即成周大學之教也。

《康誥》曰：「如保赤子。」心誠求之，雖不中不遠矣。未有學養子而后嫁者也。

鄭注：「養子者，推心爲之，而中於赤子之耆欲也。」

愚按：《康誥》言「用康保民」，「用康乂民」，其辭不一而足，而其中最精要之言曰：「若保赤子，惟民其康乂。」仁哉言乎！蓋文王之德，而周公述之以訓康叔者也。

〔一〕「無所不通」句脱，據《孝經》原文補入；下文言「無不通也」乃承此而來。

「文王視民如傷」〔一〕，文王之民無傷也。無傷而視之如傷者，此保赤子之心也。張子《西銘》云：「民，吾同胞……尊高年，所以長其長。慈孤弱，所以幼其幼。」《左氏傳》楚靈王曰：「人之愛其子也，亦如予乎？」〔二〕

蓋天下之人皆人子也，則皆吾之赤子也。赤子匍匐將入井〔三〕，怵惕惻隱之心，怦然動矣。然而吾民之顛連而無告，閉户而哀呼者，皆無形之匍匐也，無形之入井也。吾不能知之而救之也，惟有求之而已矣。求之而猶不可得也，惟有心誠求之而已矣。赤子之初生也，父母不知費幾許精神，幾許心血，層累曲折，保抱攜持，而後能合其嗜欲，安其形體，以及於長成。

五方之民，風氣不通，嗜欲不同。保民者又不知費幾許精神，幾許心血，層累曲折，飲之食之，教之誨之，嘘之植之，輔之翼之，而使之各得其所，此所謂心誠求之者也。如是而猶有不中者，百姓之氣質異，習慣異，品格異。修其教不易其俗，齊其政

〔一〕語出《孟子·離婁下》「文王視民如傷，望道而未之見」。

〔二〕此見《左傳》昭公十三年文。蘇軾《思子臺賦》引此句，遂廣爲流傳。

〔三〕此用《孟子·公孫丑上》「今人乍見孺子將入井，皆有怵惕惻隱之心」之喻。「赤子」跟「孺子」微有别。初生爲赤子，孩童爲孺子。

不易其宜，或尚有過不及之處。然而吾之誠意，與百姓之誠意，既息息而相通，則其相去也不遠矣。《中庸》云：「惟天下至誠，爲能盡其性。能盡其性，則能盡人之性。盡人之性，心誠求之也。」大哉誠乎！

一家仁，一國興仁。一家讓，一國興讓。一人貪戾，一國作亂。其機如此，此謂一言僨事，一人定國。

鄭注：「一家、一人，謂人君也。戾之言利也。機，發動所由也。僨，覆敗也。」

愚按：仁讓者，孝弟慈所積而成也。《論語》曰：「孝弟也者，其爲仁之本與！」興仁、興讓者無他，惟在一人之有以興之，至是而太和洋溢矣。貪戾似不必破作利字。人君以貪爲最惡之德，以戾爲莫大之罪。貪則戾氣充積，故既貪未有不戾者。《孟子》曰：「上下交征利而國危矣！萬乘之國，弑其君者必千乘之家。千乘之國，弑其君者必百乘之家。」蓋凡事愈和則愈平，愈急則愈烈，在上者好實無厭，實，貨財也。日夜工於心計，昏蒙之極，氣浮於上，而乖戾暴虐因之日甚。孔子曰：「草尚之風必偃。」於是一人貪而一國無不貪，一人戾而一國無不戾，而國乃大亂矣。作亂者無他，惟在一人有以作之也。仁讓者生氣也，貪戾者死氣也。仁讓興而生氣盛，貪戾作而死氣萌。生氣盛而生機隨之，死氣萌而殺機隨之。古人有言曰：「惠迪吉，從逆凶，惟影響。」〔一〕一人貪戾，一國作亂。劫奪害人，本心盡失，人無以異於禽獸，天乃草除而芟薙之，而刦運遂無所窮極。其機如此，吁！可懼哉！可懼哉！

「一言僨事」，何言也？惟其言而莫予違也，專制之極，僨事而喪邦矣。

「一人定國」，何人也？《書》曰：「一人元良，萬邦以貞。」堯舜是也。

又或謂：「處今日競爭之世，興讓似非所宜，讓則我將失利焉。」嗚呼！是何言與？世界公理，所應爭者學問之進步則當爭，是非之界綫則當爭。而今人於學問、是非，一無所爭，惟爭於利，可慨矣！又治國之道，對於國内宜讓，對於國外宜爭。而今人對於國内，無所不用其爭，對於國外，無所不用其讓。南鍼北指，更可慨矣！此皆由以好爭不讓之説，訓練其國人，而國人於學問既無所能，於是非亦茫乎莫辨，乃至顛倒錯亂如此。夫讓者，修身之要旨也。未有民不知讓德，而其國能興者。《論語》：「子曰：『君子無所爭，必也射乎！揖讓而升，下而飲，其爭也君子。』」射爲競爭最顯之事，而君子猶無所爭若此。周公作《儀禮》，於大射之儀，揖讓從容之節，三致

〔一〕《書·大禹謨》語，孔安國傳云：「順道吉，從逆凶。吉、凶之報，若影之隨形、響之應聲，言不虛。」唐先生引以彰明政治人物道德感染力對社會與其自身之巨大影響。

意焉，此即以讓德訓導其國人也。子貢曰：「夫子温良恭儉讓。」讓之時義大矣哉！

堯舜帥天下以仁而民從之，桀紂帥天下以暴而民從之，其所令反其所好而民不從。是故君子有諸己而后求諸人，無諸己而后非諸人，所藏乎身不恕，而能喻諸人者，未之有也。

鄭注：「言民化君行也。君若好貨，而禁民淫於財利，不能正也。有於己，謂有仁讓也。無於己，謂無貪戾也。」

朱注：「有善於己，然後可以責人之善。無惡於己，然後可以正人之惡。皆推己以及人，所謂恕也。不如是則所令反其所好，而民不從矣。喻，曉也。」

愚按：顧氏亭林云：「《仲虺之誥》篇曰：『簡賢附勢，實繁有徒。』《多方》篇曰：『叨懫日欽，《孔傳》：「有夏之民，貪叨忿懫而逆命，於是桀民尊敬其能。」〔一〕劓割夏邑。《孔傳》謂：「殘賊臣。」』此桀民之從暴也。《微子》篇曰：『殷罔不小大好草竊姦宄，卿士師師非度。』馬云〔二〕：「非但小人學爲姦宄，卿士以下，轉相師效爲非法度。」凡有辜罪，乃罔恒獲。《孔傳》：「無秉常，

〔一〕以下《孔傳》語皆唐先生補充。

〔二〕指馬融。唐先生以馬鄭注《尚書》爲初學入門讀本。

得中者。」』小民方興，相爲敵讎，此紂民之從暴也。故曰幽、厲興，則民好暴。『古之人所以胥訓告，胥保惠，胥教誨』〔一〕，而不使民之陷於邪僻者，何哉？『上無禮，下無學，賊民興，喪無日矣。』〔二〕《天保》之詩，皆祝其君以受福之辭，而要其指歸，不過曰：『民之質矣，日用飲食。羣黎百姓，徧爲爾德。』然則人君爲國之存亡計者，其可不致審於民俗哉？」〔三〕善哉言乎！萬世之鑑也。

「其所令反其所好而民不從」者，掩其不善而著其善，人之視己如見其肺肝然也。以口是心非之論，而徒滋條告教令之煩，〔四〕祇取辱焉，則何益矣？有諸己而後求諸人，無諸己而後非諸人，所謂恕也。恕者言如心也，己欲立，人亦欲立；己欲達，人亦欲達；己好壽富安寧，人亦好壽富安寧；己惡顛連困苦，人亦惡顛連困苦。人之心皆如己之心，則己之心亦皆如人之心，是謂之恕。而恕與誠，又相須而行者也。不恕

〔一〕顧炎武所引爲《書・無逸》周公語，「古之人所以胥訓告」，經文作「古之人猶胥訓告」。
〔二〕《孟子・離婁上》孟子語。
〔三〕顧炎武《日知録》卷六「紂桀帥天下暴」條。
〔四〕「條告教令」指「他律性」範限。

則不能誠，而不誠又焉能恕？〔一〕

不曰「所行乎身」，而曰「所藏乎身」，藏者，誠之所藏也。不曰「推諸人」，而曰「喻諸人」，喻者，誠之所喻也。是以大學之教，以修身爲本，而修身又以誠意爲本也。

故治國在齊其家。

朱注：「總結上文。」

《詩》云：「桃之夭夭，其葉蓁蓁。之子于歸，宜其家人。」宜其家人，而后可以教國人。

朱注：「《詩》，《周南·桃夭》之篇。夭夭，少好貌。蓁蓁，美盛貌。興也。之子，猶言是子。此指女子之嫁者而言也。婦人謂嫁曰歸。宜，猶善也。」

愚按：《召南》之詩曰：「曷不肅雝，王姬之車。」夫王姬之車，壯麗可知，而括以肅雝二字，則宜家之道可知矣。

《詩》云：「宜兄宜弟。」宜兄宜弟而后可以教國人。

朱注：「《詩》，《小雅·蓼蕭》篇。」

愚按：《中庸》引《常棣》之詩曰：「兄弟既翕，和樂且耽。宜爾室家，樂爾妻孥。」

〔一〕唐先生皆從良知良能之「自律性」德行立義。

子曰：「父母其順矣乎！」〔一〕《孝經》曰：「先王有至德要道，以順天下，民用和睦。」總括在和順二字，則教國人之道，又可知矣。

《詩》云：「其儀不忒，正是四國。」其爲父子兄弟足法，而后民法之也。

朱注：「《詩》，《曹風·鳲鳩》篇。忒，差也。」

愚按：《易·家人》卦傳曰：「威如之吉，反身之謂也。」〔二〕《左氏傳》曰：「有威而可畏謂之威，有儀而可象謂之儀。」〔三〕威儀者，一身之法則也。此三節兩言「教」字，末注重一「法」字。如何而爲足法？曰：「反身而誠。」〔四〕

此謂治國在齊其家。

朱注：「此三引《詩》，皆以詠歎上文之事，而又結之如此。」

愚按：朱子以「所謂治國」至此，作傳之九章，釋齊家治國。

所謂平天下在治其國者，上老老而民興孝，上長長而民興弟，上恤孤而民不倍，是以

〔一〕《中庸》經文引。
〔二〕《易·家人》上九「有孚，威如，終吉」之《象辭》文。
〔三〕《左傳》襄公三十年記衛卿北宫佗在楚國警惕衛侯防範楚令尹語。
〔四〕《孟子·盡心》載孟子語：「萬物皆備於我矣。反身而誠，樂莫大焉。强恕而行，求仁莫近焉。」

君子有絜矩之道也。

朱注：「老老，所謂老吾老也。興，謂有所感發而興起也。孤者，幼而無父之稱。絜，度也。矩，所以爲方也。言此三者，上行下效，捷於影響，所謂家齊而國治也。亦可以見人心之所同，而不可使有一夫之不獲矣。是以君子必當因其所同，推以度物，使彼我之間，各得分願，則上下四旁均齊方正，而天下平矣。」

愚按：經不言治天下而言平天下，何也？曰：天下之人多不平，則不得而平。平天下者，將以平天下之不平也。平天下之不平當奈何？曰：天下之人心多不平，則不得而平。平天下之人心，則不平者可得而平也。平天下之人心當奈何？曰：始於與民同好惡，終於以義爲利，則人心平而天下可得而平也〔一〕。太平者，大平也。「絜矩之道」，所以平天下人心之不平也。

劉氏蕺山云：「三者皆治國之道，舉而推之，即平天下之道。若握矩於此，隨處比度，無不得其方者然。蓋矩之成器雖在國，而矩之運手則在心，此平天下之要道也。必

〔一〕高拱《問辨録》卷一《大學》「問：《大學》不言治天下而言平天下，何也」條，謂：「天下之亂，皆起於人心之不平。人心平，則天下自治。故不言治而言平也。」唐先生本此意申述。

言孝、弟、慈，所謂明明德於天下者也。」〔一〕又云：「天圓而地方，規矩之至也。人心，一天地也，其體動而圓，故資始不窮，有天道焉；其用靜而方，故賦形有定，有地道焉。君子之學，圓效天、方法地也。其獨知之地不可得而睹聞者，效天者也。由不睹而至於無所不睹，由不聞而至於無所不聞，地道之善承天也。《易》曰：『君子敬以直内，義以方外。』規矩之至也。立一身於此，而環之以家，又環之以國，又環之以天下，雖廣狹不同，矩而方之，不過上下四旁之境。寸寸而累之，至尺必差；尺尺而累之，至尋丈又差；又累而至於不可紀極，則差之毫釐，謬以千里矣，蓋平天下若此之難也。先之以治國，易易矣。非徒先之以治國也，又先之齊家，又先之修身，故易也。修身之大者，爲孝、弟、慈。一家之孝、弟、慈，一國之孝、弟、慈，天下之孝、弟、慈也。孝、弟、慈者，『明明德』之大者也。一人之明德，千萬人之明德也。寸寸而度之，至尺不爽也；尺尺而度之，尋丈不爽也；度之上下焉，此尺寸此尋丈也；度之左右前後焉，此尺寸此尋丈也。《禮》之言孝也，『推之南海而準，推之北海而準，推之東海而準，推之西海而準。』〔二〕東西

〔一〕劉宗周《〈大學〉古記》，《劉子全書》卷三七。
〔二〕《禮記·祭義》引曾子語。

南北海，此尺寸此尋丈也。平天下者，亦推此孝、弟、慈而已，此絜矩之説也。而其功則在慎獨始。獨者，矩所自出之體也。君子由慎獨而發之於好惡，知致意誠矣。因驗之於心，而忿懥、恐懼、好樂、憂患之情，無不得其正，則天然之矩從此出矣。故其本於身而見於家也，好而知其惡，惡而知其美，從最難整齊處，較量匀停，不爽累黍〔一〕，層累而進，自家而國，自國而天下，特舉此而措之耳，故曰：『君子先慎乎德。』又曰：『必忠信以得之。』後儒之言曰慎獨，然後可以行王道是也。」〔二〕

所惡於上，毋以使下。所惡於下，毋以事上。所惡於前，毋以先後。所惡於後，毋以從前。所惡於右，毋以交於左。所惡於左，毋以交於右。此之謂絜矩之道。

鄭注：「絜矩之道，善持其所有，以恕於人耳，治國之要盡此。」

朱注：「此覆解上文『絜矩』二字之義。如不欲上之無禮於我，則必以此度下之心，而亦不敢以此無禮使之。不欲下之不忠於我，則必以此度上之心，而亦不敢以此不忠事之。至於前後左右，無不皆然。則身之所處，上下四旁、長短廣狹，彼此如一，

〔一〕「不爽累黍」句，劉氏原文作「不差些子」。
〔二〕劉宗周《〈大學〉古記約義》之「絜矩」條，《劉子全書》卷三八。

而無不方矣。」

愚按：《老子》曰：「君子處上而人不重，處先而人莫能害。」〔一〕以物理言之，在上之物壓力重，在下支持者不能勝，則上必坍塌。壓力愈重，則坍塌之力亦愈甚，在下之物固受傷，而在上坍塌者，傷更甚焉。《易·謙》卦之象傳曰：「君子以裒多益寡，稱物平施。」言裒上之力以抑下之力，多寡適均，使下之戴上不覺其重，夫然後施於物者各得其平也。以字義言之，上下前後左右之中，謂之中央。居中央而得執中之道，乃能安於中央之位。是以堯之命舜曰「允執其中」〔二〕，「舜用其中於民」〔三〕。《中庸》曰：「在上位不陵下，在下位不援上。」〔四〕亦謂處之得其中也。稍有偏焉，即失其中矣，此「一貫之道」也。《論語》孔子言「一貫」〔五〕，曾子何以言「忠恕」？蓋「忠恕」者，己與人爲一貫也。

〔一〕據唐先生門人馮振《老子通證》第六十六章原文：「是以聖人處上而人不重，處前而人不害。」

〔二〕《論語·堯曰》。清華大學藏竹簡《保訓》提及舜微時「恐求中」，則「允執其中」爲「道統」與「治統」合一之源出，其真實性可得肯定。唐先生案經立説，義理昭然洞達。

〔三〕《中庸》引孔子語：「舜好問而好察邇言，隱惡而揚善，執其兩端，用其中於民，其斯以爲舜乎！」

〔四〕《中庸》語，指出「正己而不求於人則無怨」之意。

〔五〕「一貫」謂一以貫之。《論語·里仁》載：「子曰：『參乎！吾道，一以貫之。』曾子曰：『唯。』子出。門人問曰：『何謂也？』曾子曰：『夫子之道，忠恕而已矣。』」唐先生據此以立説。

忠者，言中心也，心之處事得其中也。凡人生於世界之内，其對於人也，雖有形骸之隔，初無心理之殊，己之心無異於人之心也。故曾子曰：「爲人謀而不忠乎？」子貢曰：「有一言而可以終身行之者乎？」子曰：「其恕乎！」推「忠恕」以及人，舉斯心以加諸彼，所謂「人己一貫」也[一]。然此經不言「一貫之道」，而言「絜矩之道」者，何也？以道德而言，則曰「一貫」。以政治而言，則曰「絜矩」也。「一貫」言其理，「絜矩」言其法則也，此大學之教，所以爲至廣至大、至精至微之道也。

以上二節，蓋專言「絜矩之道」。

陸氏桴亭云：「忠者，立心之本也。恕者，所以求通之方也。無立心之本，則凡事不可成。無求通之方，則雖能成事，而終無以入聖賢神化貫通之域。前夜獨坐，猛思得《大學》『絜矩』二字是忠恕二字注脚，『所惡於上』一節又是絜矩二字注脚，就忠恕二字以證貫通之義，猶未爲醒確。就『絜矩』『所惡於上』一節，以想貫通之義，則

[一]「人己一貫」，見梅鷟《尚書考異》卷二：「《洪範》曰：『汝則有大謀，謀及乃心，謀及卿士，謀及庶人。』則知夫子之道，果是一以貫之矣。（中略）此則言我之道，是人己一貫。」唐先生精通《尚書》，舉以爲説，乃自然衷出。「人己一貫」之爲中爲極，適可明達絜矩意藴。

『忠恕』二字，分明有八面四方玲瓏透徹之意。學者未識一貫，而欲求一漸造一貫之方，孰踰於此。」〔一〕

《詩》云：「樂只君子，民之父母。」民之所好好之，民之所惡惡之，此之謂民之父母。

鄭注：「言治民之道無他，取於己而已。」

朱注：「《詩》，《小雅·南山有臺》之篇。只，語助辭。言能絜矩，而以民心爲己心，則是愛民如子，而民愛之如父母矣。」

愚按：天下有是非，有好惡。是非，天下之公也。好惡，一人之私也。人君治天下，何以能準是非？亦惟順民之好惡而已。蓋民之公好公惡，即天下之公是公非也。若好惡私，則是非顛倒。是非顛倒，天下亡矣。曰「此之謂民之父母」，此句宜重讀。君之愛民如子弟，則民愛君如父母。苟反乎民之所好惡，其謂之何哉？

劉氏蕺山云：「好惡二端最微，蓋動而未形，有無之間者。爲吉之先見，即至善之體呈露處，止有一善，更無不善。所好在此，所惡在彼，非實有好惡兩念對偶而發

〔一〕陸世儀《思辨録輯要》卷二八「人道類」之五。

也。此幾一動，纔授之喜、怒、哀、樂四者，而刑罰進退生焉，依然只是此意之好惡而已。」〔一〕又云：「好惡二字，是《大學》一篇之骨，直貫到『平天下』處，中間忿懥、恐懼、好樂、憂患、親愛、賤惡、畏敬、哀矜、敖惰，皆好惡之幾所發。」〔二〕

李氏二曲云：「平天下，平其好惡而已。不作好，不作惡，好惡一出於公，則政平，政平而天下平矣。好惡不公，由君心不清，君心之所以不清者，聲色、宴飲、珍奇、禽獸、宮室、嬖倖、遊逸爲之也。君若以二帝三王自期，以度越後世庸主自奮，以建極作則，治登上理爲事，自無此等嗜好而心清，心清斯好惡公。好惡一公，則理財用人，事事皆公，與天下同其好惡，而合乎天下人之心。『無偏無黨，王道蕩蕩。無黨無偏，王道平平』，『會其有極，歸其有極』，此之謂天下平。」〔三〕

《詩》云：「節彼南山，維石巖巖。赫赫師尹，民具爾瞻。」有國者不可以不慎，辟則爲天下僇矣。

〔一〕劉宗周《〈大學〉雜言》，《劉子全書》卷三九。
〔二〕劉宗周《〈大學〉雜言》，《劉子全書》卷三九。
〔三〕李顒《四書反身録》卷一《大學》「問：後世在上者亦有孝弟仁慈之人，而俗不丕變而國不大治者，何也」條。唐先生引文原缺漏「無偏無黨，王道蕩蕩。無黨無偏，王道平平」，據補。

鄭注：「巖巖，喻師尹之高嚴也。師尹，天子之大臣爲政者，在下民俱施所行而則之，可不慎具德乎！邪辟失道，則天下共誅之矣。」

朱注：「《詩》，《小雅·節南山》之篇。節，截然高大貌。師尹，周太師尹氏也。具，俱也。辟，偏也。言在上者人所瞻仰，不可不謹。若不能絜矩，而好惡徇於一己之偏，則身弒國亡，爲天下之大戮矣。」

愚按：古者君道兼師道，君即師也〔一〕。若炎帝爲火師，神農爲農師，軒轅爲車師，皆是也。三代以後，君師分矣，而師道猶特尊。《詩》所稱「維師尚父」，〔二〕「赫赫師尹」是也〔三〕。至《春秋》書「尹氏卒」，而太師之職廢矣〔四〕，有國者不可以不慎。順好惡也，人君

〔一〕此唐先生主意。

〔二〕《詩·大雅·大明》句。

〔三〕經文所引《詩·小雅·節南山》句。

〔四〕《漢書》卷三六《楚元王傳》載劉向《上封事》提到「周大夫祭伯乖離不和，出奔於魯，而《春秋》爲諱，不言來奔，傷其禍殃自此始也。是後尹氏世卿而專恣，諸侯背畔而不朝，周室卑微」之歪變，顔師古注：「《春秋公羊》經隱公三年『夏四月，尹氏卒』，傳曰：『尹氏者何？天子之大夫也。其稱尹氏何？貶也。曷爲貶？譏繼卿。繼卿，非禮也。』又《詩·小雅·節南山》云：『尹氏太師，赫赫師尹，不平謂何！』刺之也。」尹氏之爲太師，是顔師古之意，唐先生本此爲説，見言必有據。

何以至於辟？有二端焉，一則發於性情，一則生於意氣。二者之病，根於心而不知改，敖很執拗，靡所底止，必至民心不服，天下大亂，而僇辱隨之矣。

《詩》云：「殷之未喪師，克配上帝。儀監于殷，峻命不易。」道得衆則得國，失衆則失國。

朱注：「《詩》，《文王》篇。師，衆也。配，對也。『配上帝』，言其爲天下君而對乎上帝也。監，視也。峻，大也。不易，言難保也。道，言也。……有天下者，能存此心而不失，則所以絜矩而與民同欲者，自不能已矣。」〔一〕

愚按：《書》曰：「天視自我民視，天聽自我民聽。」〔二〕天命不可見，民心者天命之所寄也。民心去而天命隨之，國亦隨之去矣。國者，君與衆共之者也。知「與衆共國」之義〔三〕，勤求民隱，曲體輿情，則可以得衆。不知「與衆共國」之義，以國爲惟一人

〔一〕唐先生用《禮記》文本，章次不同朱子《章句》，所以略去朱注「引《詩》而言此，以結上文兩節之意」。若僅抄録原文，初學必然迷惑。此足見唐先生之審慎。

〔二〕《孟子·萬章上》孟子引《書·泰誓》語，唐先生借以申説「天與人歸」之政道。

〔三〕「與衆共國」是唐先生獨創詞，淵源自《孟子》「與民同樂」。而《尹文子·大道》「所貴聖人之治，不貴其獨治，貴其能與衆共治也」，此唐宋以來經常徵引之名言，經梁啓超推揚，差攝現代西方之民主、共和觀念。唐先生本時代思潮爲契機，縱横古今，熔鑄偉詞，傳遞時代心聲。

之所有，專恣作爲，必至於失衆。傳曰：「衆非元后何戴？后非衆罔與守邦。」〔一〕衆者，君所與守邦者也。失衆，則誰與守邦乎？《孟子》曰：「桀、紂之失天下也，失其民也。失其民者，失其心也。得天下有道。得其民，斯得天下矣。得其民有道，得其心，斯得民矣。得其心有道，所欲與之聚之，所惡勿施爾也。」〔二〕夫得民心，不過順民之欲惡，順民心則得國。失民心，不過逆民之好惡，逆民心則失國。

以上三節，蓋專指順好惡而言。

是故君子先慎乎德。有德此有人，有人此有土，有土此有財，有財此有用。

鄭注：「用，謂國用也。」

朱注：「先慎乎德，承上文『不可不謹』而言。德，即所謂明德。有人，謂得衆。有土，謂得國。有國則不患無財用矣。」

愚按：德爲明德，則慎字即有誠之意焉。「有德此有人」，如太王所謂「君子不以

〔一〕《書・大禹謨》語，見引於《國語・周語》之「内史過論晉惠公必無後」。「傳」字，經、傳皆可通稱。

〔二〕《孟子・離婁上》孟子語。

所養人者害人」，去邠邑於岐山之下，「從之者如歸市」是也〔一〕。「有人此有土」，如舜所居，「二年成邑，三年成都」是也〔二〕。「有土此有財」，「易其田疇，薄其稅斂，民可使富也。食之以時，用之以禮，財不可勝用也」〔三〕，故又曰「有財此有用」。自古以來，惟無德者常患財之不足，未有德而虞財用匱乏者也。

德者本也，財者末也。

愚按：有德者非不言財，但以爲末焉耳。先儒以爲此本末事，即「物有本末」。愚謂此本末字較粗，與「物有本末」略異。

外本内末，爭民施奪。

朱注：「人君以德爲外，以財爲内，則是爭鬭其民，而施之以劫奪之教也。蓋財

〔一〕《孟子·梁惠王下》孟子回答滕文公問小國應對大國之方，引喻云：「昔者大王居邠，狄人侵之。事之以皮幣，不得免焉；事之以犬馬，不得免焉；事之以珠玉，不得免焉。乃屬其耆老而告之曰：『狄人之所欲者，吾土地也。吾聞之也：君子不以其所以養人者害人。二三子何患乎無君？我將去之。』去邠，踰梁山，邑于岐山之下居焉。邠人曰：『仁人也，不可失也。』從之者如歸市。」唐先生概述其事。

〔二〕《史記·五帝本紀》載舜未登位前，「一年而所居成聚，二年成邑，三年成都」。

〔三〕《孟子·盡心上》孟子語，原文是：「易其田疇，薄其稅斂，民可使富也。食之以時，用之以禮，財不可勝用也。」引文遺漏「民可使富也」句，此句綜前二句之意，今據《孟子》文補。

者，人之所同欲，不能絜矩而欲專之，則民亦起而爭奪矣。」

愚按：「外本内末」者，貪也。一人貪而民爭矣奪矣。然民爭而即與我爭，民奪而即將奪我。《孟子》曰：「苟爲後義而先利，不奪不饜。」爭也，奪也，皆所以自爭而自奪也。以用物言，譬諸以至鋭之針，内外而藏諸於胸，其必自刺其心矣。字義利字從刀，爭民施奪，非徒以害民，實以自殺也。

是故財聚則民散，財散則民聚。

朱注：「外本内末故財聚，爭民施奪故民散，反是則有德而有人矣。」

愚按：君貪財則失其心，失其心則失人心。然財聚則民散，民散則財亦散而不復聚。財散則民聚，民聚則財亦聚而不復散。爲人上者，宜何去而何取也？

李氏二曲云：「或問：『財聚則民散，固矣！然國家正供所入有限，安能以有限之財，散之百姓？』曰：『只不使掊克之人在位横斂，正供之外，不求羡餘，不别巧取。鰥寡孤獨顛連無告之人，時加存卹。水旱饑疫流離失所之民，亟圖振救。不事虚文，務求實效。即此便得民心，民豈有不聚乎！』」〔一〕

〔一〕李顒《四書反身録》卷一《大學》「或問：財聚則民散，固矣！然國家正供所入有限，安能以有限之財，散之百姓」條。

是故言悖而出者亦悖而入，貨悖而入者亦悖而出。

鄭注：「悖，猶逆也。言君有逆命，則民有逆辭也。上貪於利，則下人侵畔。《老子》曰：『多藏必厚亡。』」

愚按：《詩》曰：「無言不讎，無德不報。」讎者，答也。德者，非必其爲美德也。蓋凶德則報之尤速焉，此公理也，亦氣之感召使然也。氣之感應在天地間，無微不入，無時或差，「愛人者人恒愛之，敬人者人恒敬之」〔一〕，詈人者人恒詈之，殺人者人恒殺之，此理也，亦氣之所感召也。曾子曰：「出乎爾者反乎爾者也。」天道人道，反覆相尋，無已時也。然愚考諸往事，悖出悖入之數，往往有加酷者。「言悖而出者亦悖而入」，其悖而入者，必倍於所出也。「貨悖而入者亦悖而出」，其悖而出者，必倍於所入也。鄭君引《老子》「多藏厚亡」爲訓，蓋厚亡之情形，固至酷也。以言喻貨者，禍從口出，言之悖出，與貨之悖入，其取禍皆足以殺身也。

以上五節，專言德爲本，財爲末。

《康誥》曰：「惟命不于常。」道善則得之，不善則失之矣。

〔一〕《孟子·離婁下》孟子論「存心」之語。

鄭注：「于，於也。天命不于常，言不專祐一家也。」

愚按：《康誥》本文曰：「惟命不于常，無我殄享。」[一]言無由我放棄天命以失之，而殄滅其享祀也。鄭君云：「天命不專祐一家。」言天理之公而恕也，天無獨厚於一姓一家一身之理。其存亡也，善不善爲之也。

家大人[二]云：「一家一國鮮有歷一世而不變者，惟修德乃可以維持之。修德者，積善之謂也。得失之數不可知。有數百年得之，而一旦失之者，有十數世積累得之，而一人失之者，亦有今日得之而明日即失之者。善念起而得已隨之，惡念起而失已隨之，若形之於影焉。《周易》之《泰》卦極盛矣，而其上爻曰：『城復於隍。』隍，池也，言城傾圮而爲池也。《否》卦極衰矣，而其上爻曰：『傾否，先否後喜。』《剥》卦之《彖傳》曰：『君子尚消息盈虛，天行也。』天行之理，盈極即虛，消中有息，惟恃乎人心之善，有以維持於久常。是以君子常顧諟天命，孳孳爲善，而不敢有一念之或懈也。《書·

[一]《書·康誥》原作：「惟命不于常，汝念哉！無我殄享，明乃服命。」唐先生引作「惟民不于常」，「民」字誤，今據《尚書》文爲正。

[二]唐先生父唐受祺（一八四一～一九二四），字若欽，號蘭客，曾輯刊陸世儀著作爲《陸桴亭先生遺書（二十二種）》。

西伯戡黎》篇『紂曰：「我生不有命在天？」祖伊曰：「乃罪多，參在上。參在上，言積累在上也。乃能責命於天！」』〔一〕嗚呼！以不善之身，而猶責命於天，庸詎知『天命靡常』已不我屬乎？其愚真可哀哉！」

《楚書》曰：「楚國無以爲寶，惟善以爲寶。」

朱注：「《楚書》，《楚語》。言不寶金玉而寶善人也。」

愚按：楚之所以興，不外此二語。與「民生在勤，勤則不匱」二語〔二〕，皆善言也。

舅犯曰：「亡人無以爲寶，仁親以爲寶。」

鄭注：「舅犯，晉文公之舅狐偃也。亡人，謂文公也。時辟驪姬之讒，亡在翟，而獻公薨。秦穆公使子顯弔，因勸之復國，舅犯爲之對此辭也。仁親，猶言親愛仁道也。明不因喪規利也。」

朱注：「仁，愛也。事見《檀弓》。」

〔一〕《書·西伯戡黎》文：「王曰：『嗚呼！我生不有命在天？』祖伊反曰：『嗚呼！乃罪多，參在上，乃能責命於天？』」

〔二〕見《左傳》宣公十二年引述楚先公箴言。

愚按：此亦善言也。鄭君、朱子皆訓仁爲愛，言愛其親也。惟晉文雖不殺夷吾，而仍殺懷公，則「仁親爲寶」實假託之辭。《大學》特取其言之可采耳。

以上三節，專言人善之當寶。

《秦誓》曰：「若有一个臣，斷斷兮無他技，其心休休焉，其如有容焉。人之有技，若己有之，人之彥聖，其心好之，不啻若自其口出，寔能容之。以能保我子孫黎民，尚亦有利哉！人之有技，媢嫉以惡之，人之彥聖，而違之俾不通，寔不能容，以不能保我子孫黎民，亦曰殆哉！」

鄭注：「《秦誓》，《周書》篇名也。秦穆公伐鄭，爲晉所敗於殽。還，誓其羣臣，故作此篇也。斷斷，誠一之貌也。他技，異端之技也。有技，才藝之士也。『若已有之』，『不啻若自其口出』，皆樂人有善之甚也。美士曰彥[一]。黎，衆也。尚，庶幾也。媢，妬也。違，猶戾也。俾，使也。拂戾賢人所爲，使功不通於君也。殆，危也。」

愚按：此秦穆公悔過求賢之辭，其體會賢奸心術情狀，最爲精至，皆如見其肺肝

〔一〕「美士曰彥」句，唐先生引作「彥，美士也」，據《禮記正義》引鄭玄注改正。

然也。「斷斷兮」二句，狀其心之專一也。「其心休休焉」二句，狀其度量之廣大也。「人之有技」四句，狀其好賢出於天性，贊美惟恐不及也。「寔能容之」三句，言其受福之久且長也。下「人之有技」二句，狀其私心之極，好惡之顛倒也。「人之彦聖」二句，狀其蔽賢固塞而巧也。「寔不能容」三句，言其受禍之切而近也。《孟子》曰：「不祥之實，蔽賢者當之。」[一]天下惟蔽賢者，受不祥之實爲最大。

劉氏蕺山云：「『一个臣』，真能好善，則真能惡惡，可知。娼嫉之人，惡人所好，則好人所惡，可知。」[二]

李氏二曲云：「平天下莫大乎用人，而相則佐君用人以平天下者。相得其人，則相所用之人，俱得其人。故必極天下之選，擇天下第一人而相之。以端揆於上，休休有容，求賢若渴，拔茅連茹，忠正盈朝，爲斯民造無窮之福，子孫尚賴其餘澤。相苟不得其人，妨賢妬能，蠹政害民，釀宗社無窮之禍，子孫尚受其殃。然則置相可不慎

[一]《孟子·離婁下》孟子謂：「言無實不祥。不祥之實，蔽賢者當之。」無實，失實之謂。蔽賢之爲失實，唐先生警惕如此行徑「受不祥之實爲最大」。

[二]劉宗周《〈大學〉古記》，《劉子全書》卷三七。「一个臣」原文作「前一項人」，「娼嫉之人」原文作「後一項人」。唐先生直接指出，而文意無變，此方便讀者學習。

乎！」又云：「無他技，非全無技也。若全無技，何以識人之技？惟其有技而自忘其技，若無若虚，以天下之技爲技，此即是宰相大技也。」〔一〕

唯仁人，放流之，迸諸四夷，不與同中國。此謂唯仁人爲能愛人，能惡人。

朱注：「迸，猶逐也。言此娼嫉之人，妨賢而病國，則仁人必深惡而痛絶之。以其至公無私，故能得好惡之正如此也。」

愚按：《詩·巷伯》篇曰：「取彼譖人，投畀豺虎。豺虎不食，投畀有北。有北不受，投畀有昊！」蓋當世有仁者出，則彼蔽賢害國之徒，必將與衆棄之，而不容於中國矣。惟能愛人，斯能惡人。蓋惡人之事，放流中明示之者也。愛人之道，放流中隱寓之者也。黜邪正所以崇正，殺人正所以生人也。

劉氏蕺山云：「仁人者，真能清好惡之源者也。惡不力，則好之脈亦不清。此之謂好如『好好色』，此之謂惡如『惡惡臭』。」〔二〕

〔一〕李顒《四書反身録》卷一《大學》「或問：財聚則民散，固矣！然國家正供所入有限，安能以有限之財，散之百姓」條。

〔二〕劉宗周《〈大學〉古記》，《劉子全書》卷三七。

見賢而不能舉，舉而不能先，命也。見不善而不能退，退而不能遠，過也。

鄭注：「命，讀爲慢，聲之誤也。舉賢而不能使君以先己，是輕慢於舉人也。」

朱注：「若此者，知所愛惡矣，而未能盡愛惡之道，蓋君子而未仁者也。」

愚按：此節鄭君意專指人臣，愚謂當兼人君而言。先，謂在羣僚司之先，使得盡其所長也。「見賢而不能舉，舉而不能先」，是已見之舉之矣。「見不善而不能退，退而不能遠」，是已見之、退之矣。而猶不免於「慢」與「過」者，由其天資柔懦因循，信任不專，排斥不力，遂致誤天下之大事，深可惜也。

李氏二曲云：「見賢而不能舉，蓋未見而浮慕其名高，既見而心厭其不阿，往往目爲迂濶，不復省録。如漢孝武之於董子、申公，宋寧、理之於晦庵、西山，始則温旨招致，隨即棄置散地。其所眷注不衰者，公孫弘、桑弘羊、韓侂胄、史彌遠，逢迎容悦之臣而已。好尚如此，致治奚由？」〔一〕

又云：「或問：『必如何而後謂之賢？』曰：『道明德立，學具天人，是謂道德之

〔一〕李顒《四書反身録》卷一《大學》「或問：財聚則民散，固矣！然國家正供所入有限，安能以有限之財，散之百姓」條。

賢。識時達務，才堪匡世，是謂經濟之賢。道德之賢，上則置諸左右，俾專講明古聖帝明王修己治人大經大法，朝夕啓沃，隨機匡正。次則舉之俾掌國學，師範多士，造就人才。經濟之賢，上則舉之委以機務，俾秉國成，獻可替否，默平章奏。次則舉之隨其器能，分理庶務。其有職業不修者，退之以儆素餐。蠹政病民者，罪之以肅百僚。元惡大憝，則依四凶之例以雪蒼生之憤。則舉措當、好惡公矣[一]，方不拂人之性。」[二]

好人之所惡，惡人之所好，是爲拂人之性，菑必逮夫身。

朱注：「拂，逆也。好善而惡惡，人之性也，至於拂人之性，則不仁之甚者也。」

愚按：人性本善。好人所惡，惡人所好，非必其本性然也。《孟子》曰：「平旦之氣，其好惡與人相近也者幾希。其旦晝之所爲，有梏亡之矣。」[三]蓋自來用人者，往往有喜言使貪使詐而傾心以嘗試者，迨夫浸潤既久，蠱惑日深，前後左右者日益親，公

〔一〕李氏原文無「矣」字。

〔二〕李顒《四書反身録》卷一《大學》「或問：必如何而後謂之賢」條。此條引文「俾專講明」、「隨機匡正」、「造就人才」、「獻可替否」、「默平章奏」、「方不拂人之性」諸句原缺漏，據原文校補。

〔三〕《孟子·告子上》孟子語。

正直道者日益疏，述謬而不自覺，遂至於梏亡其性。而「拂人之性，菑必逮夫身」者，身之不修，而菑及百姓，終必自滅其身，可痛矣哉！是故欲修身養心，以復其平旦之好惡，其功必自誠意始。

是故君子有大道，必忠信以得之，驕泰以失之。

朱注：「君子，以位言之。道，謂居其位而修己治人之術。發己自盡爲忠，循物無違爲信。驕者矜高，泰者侈肆。此因上所引《文王》《康誥》之意而言。章内三言得失，而語益加切，蓋至此而天理存亡之幾決矣。」

愚按：用賢以有禮爲主。「忠信」，禮之幹也。「驕泰」，敖慢而無禮也。《孟子》曰：「訑訑之聲音顔色，距人於千里之外。士止於千里之外，則讒諂面諛之人至矣。與讒諂面諛之人居，國欲治，可得乎？」〔一〕豈不大可懼乎？「得之」「失之」，亦指國而言〔二〕。忠信，得國之本也。驕泰，亡國之繇也。

〔一〕《孟子·告子下》孟子言「讒諂面諛」，並參《莊子·漁父》客對孔子云「人有八疵，事有四患」段，寫邪惡行徑淋漓盡致，謂：「非其事而事之，謂之總。莫之顧而進之，謂之佞。希意道言，謂之諂。不擇是非而言，謂之諛。好言人之惡，謂之讒。析交離親，謂之賊。稱譽詐僞以敗惡人，謂之慝。不擇善否，兩容頰適，偷拔其所欲，謂之險。」

〔二〕唐先生呼應朱子「君子，以位言之」訓讀。位具指人君，乃「帝王之學」注目處。

以上五節專言進賢退不肖之道，當正其好惡之源。

生財有大道，生之者衆，食之者寡。爲之者疾，用之者舒，則財恒足矣。

鄭注：「是不務禄不肖，言不與不肖者以禄。而勉民以農也。」

朱注：「吕氏曰：『國無遊民，則生者衆矣。朝無倖位，則食者寡矣。不奪農時，則爲之疾矣。量入爲出，則用之舒矣。』愚按：此因有土有財而言，以明足國之道，在乎務本而節用，非必外本内末而後財可聚也。」

愚按：「生之者衆」，謂士人講求「實學」〔一〕，農、工、商各盡其力也。人之生也既有知能，其心莫不有機具焉。以其心無形之機具，發而爲手足有形之機具，此天下莫大之機械也。「食之者寡」，謂不縻費俸禄也。國未有縻費不儉而可以存者。「爲之者疾」，謂勤無停時也。時光即貨財也。國民知惜陰，則爲之無停時矣。〔二〕《禮記·王制》云：「冢宰制國用，必於歲之杪，五穀皆入，然後制國用，以三十年之通制國用，量入以爲出。」此即預算法也。以三十年之通制之，其舒何如？後世則

〔一〕「實學」是唐先生所鼓吹，與「心學」並存，而構成其經世義理。

〔二〕謂「男有份，女有歸」，而國無閑游之民。

量出以爲入，至於食無可食，竭澤而漁，則國將不國矣！

《王制》又云：「國無九年之蓄曰不足，無六年之蓄曰急，無三年之蓄曰國非其國也。三年耕必有一年之食，九年耕必有三年之食，以三十年通，雖有凶旱水溢，民無菜色。」古人理財，謹慎如此。

愚嘗謂理財之法，必先「生財」〔一〕。若不能生，何所謂理？故此節尤重在「生之者衆」一句。昏庸之徒，不明生財之道，而惟務搜括，以爲此乃理財之法。嗚呼！所以亡國破家相隨屬者，自破其民産，即自破其國産、家産也。〔二〕

仁者以財發身，不仁者以身發財。

朱注：「發，猶起也。仁者散財以得民，不仁者亡身以殖貨。」

愚按：「發財」二字，後人以爲美名詞，以此相傳，此所謂不仁之尤者也。仁人之於財也，第取其足用而已，有餘則當以利物而濟人。《禮記》云：「凡生於天地之間者

〔一〕此唐先生獨到之見。

〔二〕國産、民産、家産三詞，唐先生並拈出以概括「理財」之經世大義。

皆曰命。」〔一〕天之生人，皆當以其身彌世界之缺憾。韓子云：「聖賢者，時人之耳目也。時人者，聖賢之身也。」〔二〕聖賢以其身爲天下至公之身，躬負養育天下之責任，故其發也，爲天下莫大之身〔三〕。次焉者，亦當以其身歸於有用。故程子云：「一命之士，苟存心於利物，於人必有所濟。」〔四〕反是則以財私其身，則其身爲至微至賤至不肖之身，亦未有能保其身者也。

劉氏蕺山云：「財足在天下，則人主享其富矣，故發身。反是則財聚而身亡。」〔五〕

未有上好仁，而下不好義者也。未有好義，其事不終者也。未有府庫財，非其財者也。

朱注：「上好仁以愛其下，則下好義以忠其上，所以事必有終，而府庫之財無悖出之患也。」

〔一〕《禮記·祭法》云：「大凡生於天地之間者皆曰命，其萬物死皆曰折，人死曰鬼，此五代之所不變也。」生死之間事，足爲警惕，故唐先生取以暢明文意。
〔二〕《韓愈·爭臣論》語。
〔三〕此唐先生治統「養民」大義。
〔四〕《近思録》卷一〇載程顥語。
〔五〕劉宗周《〈大學〉古記》，《劉子全書》卷三七。

愚按：《大學》不言利而《周易》言利，何也？考《易傳》曰：「利者，義之和也。」是亦以義爲利也。《易傳》又曰：「以美利利天下。」蓋《易傳》言利，言天下之公利也。大學不言利，不言一人之私利也。以美利公天下，義莫大焉。故又曰：「利物足以和義。」《尚書》論「正德利用厚生」曰「惟和」[一]，蓋好仁則上下同心，天下和平，而事豈有不終者乎？「府庫財」，國之財也，而有時非其財者，何也？以其財施之於一人，則民將劫奪之，而非其財矣[二]。故欲府庫財之是其財，必先行仁義，其財者，國之財，非君之私財也。

顧氏亭林云：「治化之隆，則遺秉滯穗之利，及於寡婦。恩情之薄，則擾鋤箕帚之色，加於父母。故欲使民興孝興弟，莫急於生財。以好仁之君，用不畜聚斂之臣，則財足而化行，人人親其親、長其長而天下平矣。」[三]

孟獻子曰：「畜馬乘不察於雞豚，伐冰之家不畜牛羊，百乘之家不畜聚斂之臣。與其

[一] 《尚書·大禹謨》禹之語：「水火金木土谷，惟修。正德利用厚生，惟和。」

[二] 此指「國財」。

[三] 顧炎武《日知録》卷九「未有上好仁而下不好義者也」條。

有聚斂之臣，寧有盜臣。」此謂國不以利爲利，以義爲利也。

鄭注：「孟獻子，魯大夫仲孫蔑也。『畜馬乘』，謂以士爲大夫也。『伐冰之家』，卿大夫以上，喪祭用冰。『百乘之家』，有采地者也。雞豚、牛羊，民之所畜養，以爲財利者也。國、家利義不利財，盜臣損財耳。聚斂之臣乃損義。《論語》曰：『季氏富於周公，而求也爲之聚斂，非吾徒也！小子鳴鼓而攻之可也。』」

朱注：「君子寧亡己之財，而不忍傷民之力。故寧有盜臣，而不畜聚斂之臣。此謂以下，釋獻子之言也。」

愚按：「與其有聚斂之臣」二句，可謂斬釘截鐵。盜臣害及一家，聚斂之臣害及天下百姓，而即害其一身一家與其子孫，嗚呼！是可鑑矣。「以義爲利」二句，非曾子不能道。好義者雖不求利而利爲尤大，《孟子》曰：「未有義而後其君者也。」[一]

長國家而務財用者，必自小人矣。彼爲善之，小人之始爲國家，菑害並至。雖有善者，亦無如之何矣！此謂國不以利爲利，以義爲利也。

朱注：「自，由也。言由小人導之也。此一節，深明以利爲利之害，而重言以結

[一]《孟子·梁惠王上》孟子語。

之，其丁寧之意切矣。」

又云：「此章之義，務在與民同好惡，而不專其利，皆推廣絜矩之意也。能如是，則親賢樂利，各得其所，而天下平矣。」

愚按：自古小人未有不貪財者，故務財用者必自小人也。「彼爲善之」，善其聚斂也。搜括無所得，乃并其民與己子孫之資財，羅掘而用之。《孝經》曰：「天下和平，災害不生。」〔一〕蓋惟和平，故災害不生。務財用，則天下不和不平，災害乃並時而至。此非必皆有形之災害也，其伏於冥昧之中者，不知凡幾矣。亦非盡人事中之災害也，其形於天災者，又屢見告矣。當此之時，雖有賢人君子，亦無以善其後。何也？菑害〔二〕既並至矣，民心皆離畔矣！土崩瓦解之勢〔三〕，已一發而不可收拾矣！縱使竭力補苴，欲消弭其禍亂，亦將滅於東而生於西，伏於朝而起於夕矣！亦無如之何矣！小人聚斂害國之禍，其孰使爲之哉？此其端在於不仁，而即由於不恕。故恕者，

〔一〕《孝經·孝治章》語。
〔二〕原文據經文字樣。
〔三〕「土」，原誤爲「士」。

理財之根基，平天下之第一要務也〔一〕。吾願後之讀是書者，深維曾子「惻怛」之誠〔二〕，而有以闡揚其學説也。以上五節，專言理財之道，在以義爲利。

又按：朱子以所謂平天下至此，作傳之十章，釋治國平天下。

〔一〕以「恕」道理財，化解私念，而厚培「惻怛之誠」之關懷與大愛，乃唐先生卓識。

〔二〕「維」，當作「惟」。

附録一：大學講記

【釋】此唐先生一九三五年於無錫國學專門學校所講，載《國專月刊》第二卷第一期（一九三五年，頁二一九～三二二）。講記一再申明《大學》爲文王之教，經義之總綱；以「著義」與「微義」表裏兩大方向概括《大學》義理；著義三，言修己、忠恕、義利諸大端；微義説明《大學》乃周文王實施之教法，其本源出堯舜，民心好惡是釋教關鍵；最後説明《大學》相通《中庸》《孟子》，乃儒家道統之核心義理。原編者崔龍〔一〕於題下按語云：「乙亥（一九三五）春，課外請益，諸同學問性理學於茹經先生，先生應之，以《大學》開講，首揭誠僞義利之辨爲修己治平之本；然後明聖功、知王道、繼絶學、開太平，可循序漸進也。所用課本，則先生所著《大學大義》，至於口耳之薪傳，則命龍筆記之，以爲身體力行之用。唯龍學陋，藴義明諭，未足有當萬一也。受業崔龍謹記。」

〔一〕崔龍，江蘇武進人，是陳柱侄女婿，於一九三六年編《茹經先生政治學》四卷。

原夫理學根於經學，並非虛空縹緲、閉門靜坐之謂，正以躬行實踐，通經致用，窮則獨善其身，達則兼善天下也。今講《大學》，《大學》爲文王之教化，亦我國最古之教育，聖功王道，修齊治平，莫備於此。故欲正人心、救民命，當自《大學》始。今所講，先分三大綱，曰《大學》之源流、曰著義與微義、曰與《中庸》《孟子》之貫穿。

一、《大學》之源流

吾國學校之制，始於虞舜之命契作司徒。《虞書》曰：「帝曰：契，百姓不親，五品不遜，汝作司徒，敬敷五教在寬。」然此僅言大概，其制度則不得而詳也。契之後殷也，孔子殷之後也。孔子遠承之契，近紹之文王，故其著作之源流，有謂孔子所作，曾子述之；有謂子思子所作，更有謂曾子所作，而其弟子所述；要以第一説爲允也。至於因有「曾子曰」而疑之，則《孟子》七篇有「孟子曰」、《曲禮》《玉藻》有「言子曰」，豈亦可謂非言孟之作乎？況《大學》絜矩之道即《論語》忠恕之義，先聖家法，一脈真傳，舍曾子其又誰乎？

《大學》讀爲太學可，讀爲大學亦可。古無大學之名，稽諸虞夏，祇有鄉國之學，至周初開國建學，菁莪棫樸，於是煥乎其盛矣。《文王世子》言絃誦之制，大學教育之制度也。《王制》言選士之法，大學教育之紀律也。《學記》言教授之規，大學教育之教授法也。然而未言學之道，惟《大學》一書昌明之、闡揚之。我夫子以是傳之曾子，曾子以是傳之子思子，子思子以是傳之孟子，至孟子益發明其蓄藴、闢通其精微，絢矣爛矣、備極光華矣！然自幽、厲以降，精義淪喪矣。東遷而還，制度亦廢黜矣！至戰國而光將熄、響將絶，澌滅而不可復問矣！今何世也？非一大戰國乎？然則欲救國，自當教育始，而教育又當自讀《大學》始。

二、著義與微義

「著義」就其表面研究而得者，「微義」就其内容探索而得者。

甲、修己之本。本經曰：「自天子以至於庶人，壹是皆以修身爲本。」《孟子》曰：「天下之本在國，國之本在家，家之本在身。」八條目以修身爲本，而修身又以誠意爲本。古今來未有意不誠而能心正，遑論格物致知也，故曰：「誠僞之辨，生死之界。」近世欺詐之風日盛矣！可不懼哉。

乙、忠恕之道。《論語》曰：「夫子之道，忠恕而已矣。」《論語》忠恕之道即《大學》絜矩之道也。細讀「所惡於上」一節與「民之所好好之」二句，豈非人己一貫之道乎？

丙、義利之辨。本經曰：「國不以利爲利，以義爲利也。」此正本清源之道也。又曰：「一人貪戾，一國作亂。」鄭君戾作利，甚精。天下未有不辨義利而能爲政治者，故本經以修身誠意始，而以辨義利終。先聖微旨，由斯灼見，其嚴乎。《論語》曰：「君子喻於義，小人喻於利。」蓋公利不可不推，而私利不可稍貪，一貪私利則以身發財，而國家菑害並至矣。

以上著義也。

子、大學之教，即文王之教也。故本經四引《康誥》曰「克明德」、曰「作新民」、曰「如保赤子」、曰「惟命不于常」，故知《大學》之教即文王之教也；又本經於《詩》亦三引之，「周雖舊邦，其命惟新」一也，「穆穆文王，於緝熙敬止」二也，「殷之未喪師，克配上帝」三也。然文王之教，千頭萬緒，要之一於「敬」字，所以化民成俗，一道同風，賴有此耳。

丑、明德之説，肇自堯舜。《堯典》曰：「克明俊德。」《左傳》曰：「懋哉禹功，明德遠矣。」故修身亦當自明德始。至於發揚明德之教，本經至矣盡矣。

寅、本經曰：「其所厚者薄，而其所薄者厚，未之有也。」孔子曰：「己欲立而立人，己欲達而達人。」孟子曰：「老吾老以及人之老，幼吾幼以及人之幼。」即本經所謂「物有本末，事有終始」之義，故曰：「其本亂而末治者否矣。」千古未有澌滅其家庭之愛情而能愛其國者，今滔滔者，兼愛之説，墨翟害之也；博愛之説，耶蘇害之也。故本經特揭知本之説，亦即儒家擴充之道，而闢異端之意在是矣。

卯、本經曰：「民之所好好之，民之所惡惡之。」吾國政治學當以謹好惡爲先。《論語・里仁篇》有曰：「我未見好仁者，惡不仁者。好仁者無以尚之，惡不仁者，其爲仁矣。」《樂記》曰：「好惡無節於内，知誘於外，不能反躬，天理滅矣。」故天子至於庶人，齊家至於平天下，當先知謹好惡。謹好惡則明是非，明是非則賞黜公，賞黜公則天下平矣。若「好人之所惡，惡人之所好，是爲拂人之性，菑必逮夫身。」予嘗言「拂人之性則自棄於人，與禽獸何異哉」。故欲治國者，常有如好好色、如惡惡臭，保我平旦之氣，養我太和之真。故本經全篇，專以好惡爲綫索也。

以上微義也。

三、與《中庸》《孟子》之貫穿

文王之教，孔子承之，《大學》尤其彰明著者也。周衰，孔子傳其説，以授曾子，《大學》固述孔子之言也。再傳之於子思子，《中庸》即其作者；三傳於孟子。《孟子》一書，發明《大學》之義尤夥，此聖門家法可以概見矣。本經言心，屬發用者，所以致用也；故言不及性；《中庸》則言性，屬藴蓄者，所以體察也，故言不及心。然二者歸於至誠則一，歸於修身齊家治國平天下亦則一。質而言之，《大學》正心，《中庸》率性，稍有淺深之别耳。然曾子作《大學》猶在春秋時也，至戰國諸侯爭攘，處士横議，紛擾之象，殆不可狀。孟子生斯世，覩斯民，於是對於《大學》之道，發揚而光大之，故曰：「天下之本在國，國之本在家，家之本在身。」所謂皆以修身爲本也；又曰：「萬物皆備於我矣。反身而誠，樂莫大焉。强恕而行，求仁莫近焉。」是數言尤賅《大學》全書之旨。蓋「萬物皆備於我」，格物之本也；「反身而誠」，修身以誠意爲本也；「强恕而行」，所藏乎身者，絜矩之道也。是以《大學》一書以辨義利終，《孟子》一書以辨義利始。《大學》曰：「未有上好仁而下不好義者也，未有好義其事不終者也。」《孟子》曰：「未有仁而遺其親者也，未有義而後其君者也。」遥遥相印證，蓋學説如此，師法如此也。（有用先生自序原文處。）至於公好惡、興庠序，無一不息息相通，如「人倫明於上」即《大學》明德之謂也，「小民親於下」即大學親民之謂也。故《大學》與《中庸》《孟子》，一貫之道也。學者讀《大學》，必參讀《中庸》《孟子》也。（此稿已經先生修正。）

附録二：大學全體大用

格物、誠意、用人、理財

【釋】此篇及下一篇講義《陽明先生復古本大學論》，乃先生反思中年前所撰《大學大義》中所存之時代及個人偏見，實事求是，故附録於此，完整顯示其於《大學》義理之思考歷程。此篇《大學全體大用》，收録於《交通大學演講録》第一集上卷「經學心學類」之第九期，根據唐先生《自訂年譜》戊寅（一九三八）七十四歲譜九月四日載：「胡生粹士攜黎照寰校長信來，謂交大擬設特别講座，請余每星期講授一小時，以道德文學大綱爲主。許之。」唐先生此文從四個方面綜述《大學》義理，可視爲《大學》分類之研究。

我國學校始於虞廷，胄子之教，至周文王時而大備。《詩・思齊》篇曰：「成人有德。」大學也；「小子有造」，小學也；菁莪棫樸，可謂盛矣！或疑居今日而講「古大學」，未免迂闊。不知自古以來，「學制」隨時變更，而「學道」則萬世不易。《禮記・文王世子》言絃誦之制，而不言學之道。《王制》言選士之法，而不言學之道。《學記》言教授之規程，而不言學之道。惟《大學》一書言其道，道始於三綱領，皆文王之學也。

《詩・皇矣》篇贊文王曰：「予懷明德。」《書・康誥》篇贊文王曰：「克明德。」《孟子》言：「人倫明於上，小民親於下。」明倫者，明德之效。「小民親於下」，親民也。文王誠和萬民，發政施仁，必先窮民無告者，親民之大德也。「止於至善」，善非虛言，本經仁敬孝慈信，文王緝熙敬止之功也。分爲八條目，格致誠正植其體，修齊治平擴其用。「格物」爲開物成務之初基。至於「反身而誠」，則必以「誠意」爲本。「平天下」者，所以平人心之不平。道莫大於絜矩，恕也；推之行政，又分用人、理財兩大端。茲特揭其要於後，學者知道與學之當合一，學與政之當合一，我國庶幾太平矣！

《大學》本在《小戴禮記》四十九篇中，其經文聚訟最繁。自《注疏》本外，有大程子本、二程子本、朱子本、董氏槐本、崔氏銑本、王陽明先生本、高景逸先生本、劉蕺山先生本、李榕村先生本。或疑經文有錯亂，或疑中有闕文，或爲之釐正，或爲之分經傳。要而言之，皆由本經論誠意之功在先，以致開後儒疑竇。不知本經八條目，以修身爲本，而修身以誠意爲本，以下道學自修、明德新民之旨，皆賅於誠意之内，義本明顯又極精微。

至於格致之功，該括終始。古人文章，錯綜變化，不必如後人文字，拘拘於前呼而後應也。朱子强分經傳，後人多加訾議。近陳蘭甫先生云：「《詩・邠風・七月》首章，鄭《箋》云：『此章言人以衣食爲急，餘章廣而成之。』然則，古人之文，有以餘章廣成首章之意者。若朱子但於首章之下云『餘章廣成前意而不分經傳』，則後人無從訾議矣。」其説極是。故余謂本經當依《注疏》本與王陽明先生本，學者必篤信好古，斯能究聖賢之大義微言。

「格物」定論

本經云：「致知在格物。」後人「格物」之訓，多至七十餘家，徒騖考據，與在我身心初無關涉，又何益乎？夫《大學》所謂「格物」者，必當驗諸心得，措諸躬行，方爲實事求是，而可以修、齊、治、平。茲約其義論之。

一、漢鄭君、宋朱子、王子解「格物」之一貫。蓋格物之學，當知内外之辨。心、意、知，内也。身兼内外者也。家、國、天下，外也。鄭君注：「知於善深則來善物，知於惡深則來惡物。」兼内外而言之也。朱子注：「窮至事物之理。」似偏於外，而《補格致傳》曰：「衆物之表裏精粗無不到，吾心之全體大用無不明。」則兼内外矣。王子言：「致吾心之良知於事事物物，正其不正，以歸於正。」由内以達外也，是一貫也。

二、研究本經「物有本末」之物即「格物」之物。明王心齋（名艮）謂：「『格物』即『物有本末』之物，身與天下國家一物也。」當時謂之「淮南格物」，學者宗之。明劉蕺山（名宗周）謂：「王氏説尚少一注解。格、知、誠、意之爲本，而正、修、治、平之爲末，則備矣。」余按：「物有本末節」本屬承上啓下，「知所先後」句即下兩節所云「先後」，據此則知身、心、意、知、家、國、天下皆物也。由是言之，「格物」之學方歸於實。

三、定「格」字確詁。《尚書·大誥篇》（周公作）「矧曰其有能格知天命」是爲格知二字之始。《大學》致知在格物，實本於此。孔子三十而立，至不惑、知天命，皆格物之學。格者量度也，（見《倉頡篇》，其説最古。）此爲格字確詁。阮氏芸臺曰：「物者事也，格者至也；事者，家、國、天下之事，即止於五倫之至善。明德、新民皆事也。格有至意，亦有止義，履而至止於其地，聖賢實踐之道也。」余謂：學問之事要歸實踐。量度，知也；履而至之，經歷家、國、天下之事，行也。知行必須合一，若徒知不行，空言無補，實吾國學者之大弊。《周易・説卦傳》：艮者，萬物之所以成始而成終也。「艮，止也，故惟格物而後能知止」。阮氏此言，可謂不磨之論。至近人言道者絀藝，言藝者鄙道，不知《易傳》言「形而上者謂之道，形而下者謂之器」，聖人備物致用，不容偏廢。惟謂《大學》之「格致」足以該「科學」則可，而謂西人之科學足以盡《大學》之格致則不可也。余别有論。

「誠意」精言

本經云：「所謂誠其意者，毋自欺也。」毋自欺者，所以省吾心，即所以省吾心之意也。天下人無有可欺者，欺人即是自欺。「如惡惡臭」，自惡之也。「如好好色」，自好之也。好惡之誠，充乎其極，夫然後能自慊。（經文作「謙」，通作快。慊，足也。）自欺自慊，中間無兩可之理。《易傳》言「自昭明德」，本經言「皆自明」，即自慊也。至於自欺，則自侮、自毁、自伐隨之矣，所謂自求禍、自作孽也。劉蕺山先生曰：「君子之爲學也，非能藏身而不動，杜口而不言，絶天下之耳目不與交也。終日言而其所以言者，人不得而聞也，自聞而已矣。終日動而其所以動者，人不得而見也，自見而已矣。自聞自見，自知者也。吾求之自焉，使此心常知、常定、常静、常安、常慮而常得，慎之至也。」按：劉説極精。下文云：「十目所視，十手所指。」因心構象，即鑑察吾心中之意，豈不嚴乎？

然則，誠意與慎獨何別？曰：意者心之發，獨者意之始。當斯時也，意念初萌，知其爲善則擴充之，知其爲惡則決去之，所謂幾也。《易傳》曰：「幾者動之微，吉之先見者也。」宋周子《通書》屢言「幾」。朱子注《大學》《中庸》慎獨二節，亦兩言幾。蓋心幾之發，理欲之分途，人心生死之界也，君子小人於是焉分，而用人之方，因是可覘其蘊。

「用人」在謹好惡

本經引《秦誓》曰：「若有一个臣，斷斷兮無他技。人之有技，若己有之。」蓋合天下人之技以爲技（此「技」字兼道藝言），用之各得其宜，不必己之有技也。又曰：「其如有容焉，實能容之。」言其德量之閎大也。近代胡文忠公曰：「國家之於人才，得之則生，不得則死。」人之彦聖，好之不暇，而可媢嫉以惡之耶？媢嫉者器量小，其心多忌。忌字从己，有己而無人也。或曰當從巳，巳爲蛇，蛇蝎之心，螫人尤毒。仁人放流迸逐，《詩·巷伯篇》所謂「投畀豺虎，豺虎不食；投畀有北、有昊」者也，其端起於一心之「作好作惡」。（見《書·洪範》篇言以私心作爲好惡。）同己者比暱之，異己者排斥之，久之而「好人所惡，惡人所好，菑必逮夫身矣」。

君子小人之辨，前數期已屢述之。君子忠信，小人驕泰，《孟子》曰：「訑訑之聲音顏色，距人於千里之外，則讒諂面諛之人至矣。與讒諂面諛之人居，國日以亂。」經言「忠信得之者」，得國也；「驕泰失之者」，失國也。是故用人之得失，國與天下所由得失也。

「理財」在辨義利

本經云：「生財有大道，生之者衆，食之者寡，爲之者疾，用之者舒。」蓋言生利者多，分利者少，國有經制也。《王制》：「冢宰制國用，必於歲之杪。」「量入以爲出。」古人預算法，謹慎如此。

余嘗謂理財之法，必先生財。若不能生，何所謂理？昏庸之徒，不明生財之道，而惟務搜括，以爲此乃理財之法，不知自破其民産，即自破其國産、家産也。「仁者以財發身，不仁者以身發財。」發財二字，後人以爲美名詞，或祝頌，或誇耀，是自居於不仁，而亦以不仁待人，卑鄙可嘆。「以財發身」，濟人利物，其身爲至貴至重之身。「以身發財」，病國害民，其身爲至微至賤至不肖之身，亦未有能保其身者也。

下文云：「長國家而務財用者，必自小人矣。彼爲善之，小人之使爲國家，菑害並至，雖有善者，亦無之如何矣。此謂國不以利爲利，以義爲利也。」按：《易傳》曰：「利者義之和。」《孝經》曰：「天下和平，災害不生，禍亂不作。」君子所務者，天下之美利公利，是以人心和而天下平。小人所務者，一己之私利，是以人心不和而天下不平，民怨沸騰，天災人害迭至。當斯時也，如河決不可復壅、魚爛不可復全，雖有賢人君子，束手無策，載胥及溺而已，可痛哉！是故「以義爲利」一語，人心之大坊，千古之金鑑。吾願後世學者，深維曾子惻怛之誠，而相與闡揚其學説也。

附録三：陽明先生復古本大學論

【釋】本文乃先生完成《陽明學術發微》與《紫陽學術發微》之後，就朱子至王陽明以來，有關《大學》改本與古本之判定，從而溝通鄭玄、朱熹、王守仁三家之共通精神，擯棄學界長期非此即彼之門户意識，以明儒家道統承傳，實在一以貫之，此乃先生心學之定論。原文載上海《大衆》一九四二年第二期，頁五～七。

曷謂《古本大學》？因朱子有改本，而有是名也。陽明先生曷爲欲復古本？亦因朱子有改本，故欲復之也。《大學》本在《小戴禮記》四十九篇中，漢鄭康成先生爲之注釋，唐孔沖遠爲之正義，此乃《小戴記》原本，無所謂古本也。自宋朱子有改定《大學》本，遂稱《小戴記》本爲《古本大學》。原朱子改本之意，不過疑首章「此謂知本，此謂知之至也」二句與「其本亂而末治者否」節，意義似不相貫，遂作《格物補傳》，而以「此謂知本」二句，附屬於《補傳》之末。實則《大學》八條目，以修身爲本，而修身以誠意爲本。首章之「此謂知本」指修身爲本而言；「誠意」章之「大畏民志，此謂知本」，指修身以誠意爲本而言，其中道學、自修、明德、自新、新民之旨，俱賅於誠意之内，義極分明，極精微。蓋古人文章錯綜變化，不必如後人文字前呼而後應也。朱子强分經傳，僅屬私家著述，其後列於學官，頒諸功令，豈朱子所及料乎？吾於是溯《大學》之源流，吾於是揭《大學》之精義。

余幼時讀「欲誠其意者，先致其知」，心嘗疑之，以爲意在内，致知在外，何以誠意必先致知？後得王陽明先生「致良知」之説，與誠意息息相通，乃豁然悟。於是知鄭、朱、王三家之説，義可溝通。鄭君云「事緣人所好而來」，「其知於善深則來善物，知於惡深則來惡物。」是合外内而言之也。朱子云：「用力之久，一旦豁然貫通，則衆物之表裏精粗無不到，而吾心之全體大用無不明。」陽明云「致吾心之良知於事事物物」〔一〕，「正其不正以歸於正」〔二〕，是皆兼心與物言，合外内之道也。後又得王心齋之言曰：「格物即物有本末之物，身與天下國家一物也。」〔三〕（當時謂之「淮南格物」。）又得阮文達

〔一〕王守仁《傳習録中・答顧東橋書》卷二文：「若鄙人所謂致知格物者，致吾心之良知於事事物物也。吾心之良知，即所謂天理也。致吾心良知之天理於事事物物，則事事物物皆得其理矣。致吾心之良知者，致知也。事事物物皆得其理者，格物也。是合心與理而爲一者也。」

〔二〕王守仁《大學問》文：「物者，事也，凡意之所發必有其事，意所在之事謂之物。格者，正也，正其不正以歸於正之謂也。正其不正者，去惡之謂也。歸於正者，爲善之謂也，夫是之謂格。」

〔三〕王艮《明儒王心齋先生遺集》卷一《答問補遺》文：「『自天子以至於庶人』至『此謂知之至也』一節，乃是釋『格物致知』之義。身與天下國家一物也，惟一物，而有『本末』之謂。『格』，絜度也，度於本末之間，而知『本亂而末治者否矣』，此『格物』也。」

之説曰：「物者，事也。格者，至也。事者，家國天下之事。履而至，止於其地，聖賢實踐之道。」〔一〕此解「格」字爲踐而履之，經歷家國天下之事，權衡衆理，泛應世變，深合《大學》「知類通達」之旨，與朱子意合。後儒泛言窮理，而於心物、身物、民物，轉置而不講，誤哉！

或問：「《古本大學》先提誠意，與慎獨之功奚以别？」曰：陽明言「意者行之始」〔二〕，而獨者意之始，自欺與自慊，無兩立之道。朱子注「非他人所及知，而己獨知之，故必謹之於此以審其幾」。〔三〕與《中庸》「莫見乎隱」節注「幽暗之中，細微之事，迹雖未形而幾則已動」義相發。蓋未發謂之中，已發謂之和，而獨者則在未發將發之際，周子所謂「動而未形、有無之間者，幾也。」〔四〕於此慎而察之，其善者擴而充之，微乎芒乎！陽明所謂「存天理，去人欲」，惟精惟一，道在是矣。

吾於是知《大學》好惡之端，通於《樂記》也。《樂記》曰：「人生而靜，天之性。感於物而動，性之

〔一〕阮元《揅經室集（一集）》卷二《大學格物説》文。按：「家國天下之事」後有「即止於五倫之至善、明德、新民皆事也。格有至義，即有止意」文。

〔二〕王守仁《傳習録中》卷二《答顧東橋書》曰：「夫人必有欲食之心然後知食：欲食之心即是意，即是行之始矣。」

〔三〕朱子《大學章句》注「故君子必慎其獨也」曰：「獨者，人所不知而己所獨知之地也。言欲自脩者知爲善以去其惡，則當實用其力，而禁止其自欺。使其惡惡則如惡惡臭，好善則如好好色，皆務決去，而求必得之，以自快足於己，不可徒苟且以殉外而爲人也。然其實與不實，蓋有他人所不及知而己獨知之者，故必謹之於此以審其幾焉。」

〔四〕周敦頤《通書·聖第四》文。

欲。物至知知，然後好惡形焉。」而《孟子》亦謂：「平旦之氣，好惡與人相近。」《大學》自「誠意」章「如惡惡臭，如好好色」，以下各章，皆以好惡作主，猶文章家綫索然。若「正心」章「忿懥」、「好樂」，「修身」章「好而知其惡，惡而知其美」，「治國」章「其所令反其所好，而民不從」，「平天下」章言「絜矩之道」，「民之所好好之，民之所惡惡之。」下引《秦誓》好彦聖、惡有技，斷之曰：「惟仁人爲〔一〕能愛人，能惡人。」又極言之曰：「好人之所惡，惡人之所好，是謂拂人之性。」可見好惡者，心術之本原，治平之樞紐也。若好惡不得其正，知誘物化，君子日退，小人日進，遂至作好作惡，偏陂反側，國之亂亡隨之矣。此皆由不讀《大學》而昧没其良知也。

吾於是知《大學》義利之辨，本於《周易》也。《易傳》曰「利者義之和」，「利物足以和義」；《論語》亦曰「見利思義」〔二〕。蓋利之合乎義者，爲天下之公利；利之背乎義者，爲一己之私利。《大學》終篇嚴辨義利，先之以「生財有大道」。曰「生之者衆」，警國民之怠惰性也；曰「爲之者疾」，警國民之遲緩性也。後人不能生財，不知理財，而惟務貪財，故繼之曰「不仁者以身發財」。吾國民迷誤於「發財」二字，於是知識日益短淺，志氣日益昏庸，品行日益墮落。哀哉！「長國家而務財用者」，必自小人始矣。小人發一己之私財，非務天下之公利也，「使爲國家，災害並至」。災者，天災也。害者，

〔一〕「爲」字脱，謹據《大學》補入。
〔二〕《論語・憲問》文。

人禍也。孰使之然者？非無善者也，無如之何矣！而百姓之被其殃者，焦頭爛額，不翅數百萬。哀哉！故復大呼而重言之曰：「此謂國不以利爲利，以義爲利也。」此吾夫子《易傳》之訓，而曾子之述師説，義利之辨，不綦嚴哉！

陽明先生曰：「吾復《古本大學》，實即注疏舊本，非立異也。」〔一〕斯言也，一語破的。余幼時治性理學，從陸清獻《三魚堂集》諸書入手。陸氏闢王學者也。故余昔年撰《大學大義》，亦多闢王學之説。中年後閲歷世變，始知陽明「致良知」之學，足以救心而救國，既著《陽明學術發微》一書，兹復於《古本大學》闡其旨，以補往日之過。端木夫子曰：「君子一言以爲智，一言以爲不智，言不可不慎也。」〔二〕

〔一〕王守仁《傳習録中・答羅整庵少宰書》卷二曰：「來教謂某『《大學》古本之復，以人之爲學但當求之於内，而程朱格物之説不免求之於外，遂去朱子之分章而削其所補之傳』。非敢然也。學豈有内外乎？《大學》古本乃孔門相傳舊本耳。朱子疑其有所脱誤，而改正補緝之。在某則謂其本無脱誤，悉從其舊而已矣。失在於過信孔子則有之，非故去朱子之分章而削其傳也。」

〔二〕《論語・子張》載子貢語。

中庸编

整理説明

本編收録唐先生《中庸大義》一卷，并附録一九三五年在無錫國專所講之《中庸講記》。《中庸大義》原收録在一九二三年刊出之《十三經讀本》；「提綱」則置於《十三經提綱》中，乃通讀《中庸》之必要知識；而《中庸大義》乃傳注，通釋《中庸》全篇，闡明大義。以故本編於《中庸》總綱要目俱在。

《中庸大義》之成書，在《大學大義》之後。唐先生於《自訂年譜》丁巳（一九一七年）五十三歲譜載：「冬，編《中庸大義》成，如《大學大義》例。惟鄭注本以『君子之道費而隱』屬於『索隱行怪』章；又末章分節多舛誤，不及朱注，特糾正之。又作《提綱》，推及於天人，本原於誠孝，自謂稍有功於世道也。」可見此乃先生經意力作，其本實事求是之鑑别，取朱子分章之法，異於《大學》之處理。

先生門人陳起紹、何葆恩爲作《提要》云：「此書先列鄭、朱二注，於其繁冗處稍删節之，次采黄氏元同《子思子輯解》，并旁采顧氏亭林、陸氏桴亭、陳氏蘭甫、孫氏夏峯、李氏二曲諸説，又參以己意，説明《中庸》與《大學》相表裏，二書不但爲道德之指歸，且皆政治之要領也。而其尤要者，發明仲尼祖述、憲章之旨，即作述禮樂之緒。孔子爲素王，《春秋》家説實即《禮》家舊説，有會於此。可知後儒疑孔子囿於『封建思想』，實未窺《中庸》之奥窔也。」則知先生會通《大學》《中庸》，推天道以明人事，而總歸《春秋》重旨，孔子心事之所在，此心之用，重樹堯舜文武一脈相承之王道大義，開誠佈公而再啓大同之至和至順，王制之至公至平至精，本之以顯。後世黄口，偏弊無知，妄肆攻擊爲「封建」，更進以全盤否定傳統。此先生於《中庸大義》所以瘏口嘵音，乃本其正面之淑世關懷，猶孔子作《春秋》撥亂世反之正之意，非斤斤文字之表以爭勝古人也。

先生强烈之淑世情懷，在國家多難之時，自任道統之責，挽救人心世道，期盼復國之有望，故特正視此堯舜所開出之道統相承。道統乃華夏亘古不絶之經義氣脈也，先生講學講義若一九三三年《中庸天命章五辨》，與先生門人崔龍一九三五年筆録之《中庸講記》，皆貫注此精神。又於一九三八年國難時期撰寫《顔、曾、思、孟四賢宗要》（刊於《茹經堂文集》四編卷四，已録入《唐文治文集》「經説類」），皆先生明道之所以然。其中深刻周至之詮解，其要處分别補入《中庸大義》相關章節之下，以「編者謹按」標識。

如此先生於《中庸》之真知灼見，大體具備。而原於《中庸大義》末，附録先生爲門人陳柱所作之《中庸通義序》，已載《文集》「序跋類」，並上舉三篇講義，除《中庸講記》載在本編，餘二編迻録在《文集》，故不並載，各歸本類，互參爲是。

整理本書，以《十三經讀本》所收之初刻者爲底本。書中所徵諸家之説，覆核勘正。道心惟微，責任有在，不敢輕怠，故多歷年所，歐陽艷華博士全程襄校，國光覆勘，始克成篇，特此謹誌。任何不當之處，大雅指正爲盼。

中庸大義

中庸大義序

【釋】本序又載《茹經堂文集》一編卷一。序文概括《中庸》「人道」大義，本天道而出，生生之德，存乎其中； 復提煉出「人道教育」之教化原則，本「中和」之道，存生德於政，則是仁政、王道、聖功之根本也。 此序貫通《中庸》《周易》大義，乃先生獨到之心得。

《中庸》其準《周易》而作乎？上經首《乾》《坤》言天道，下經首《咸》《恒》言人道，而《中庸》常兼天道、人道而言〔一〕。《易》以山、澤、雷、風、水、火子天地〔二〕，《中庸》則

〔一〕《中庸》兼攝天人之道，乃唐先生心得之論。

〔二〕《易》八卦是乾、坤、震、巽、坎、離、艮、兑。乾、坤爲天地，其它六卦分别以水、火、雷、風、山、澤爲象，由代表天地之乾、坤二卦組合，故稱六卦爲六子。《漢書·郊祀志下》謂：「《易》有八卦：乾、坤、六子。水、火不相逮，雷、風不相誖，山、澤通氣，然後能變化，既成萬物也。」六子之名出此。顔師古注具説八卦之倫理内涵云：「乾爲父，坤爲母，震爲長男，巽爲長女，坎爲中男，離爲中女，艮爲少男，兑爲少女，故云六子也。」唐先生説「子天地」，謂前六象皆生自天地，取義天地生生不已之德，與下句「無息」義相呼應。

言至誠無息。《易》言「遯世无悶，不見是而无悶」，《中庸》則言「遯世不見知而不悔」。《易》言「庸言之信，庸行之謹」，《中庸》則言「庸德之行，庸言之謹」。《易》言「素履之往，獨行願」，《中庸》則言「素其位而行，不願乎其外」。《易》言「學以序之，問以辨之，仁以行之」〔一〕，《中庸》則言「博學之，審問之，明辨之，篤行之」〔二〕。《易》言厚德、言恒久，《中庸》則言博厚、言悠久。《易》言致一〔三〕，《中庸》則言不貳。《易》言「與鬼神合其吉凶」，「知鬼神之情狀」〔四〕，《中庸》則言「體物而不可遺」，「質諸鬼神而無疑」。大哉《易》也！至哉《中庸》也！天道之奧，人道之本，其悉備於此乎。〔五〕

原人之所以配天者〔六〕，漢董子《春秋繁露》曰：「爲人者天也。」「人之形體，化天數而成。人之血氣，化天志而仁。人之德行，化天理而義。人之好惡，化天之暖清。

〔一〕《易·乾·文言傳》文：「君子學以聚之，問以辨之，寬以居之，仁以行之。」引文脱落「寬以居之」句。

〔二〕《中庸》原文作：「博學之，審問之，慎思之，明辨之，篤行之。」引文脱「慎思之」句。

〔三〕《易·繫辭下》文：「《易》曰：『三人行，則損一人。一人行，則得其友。』言致一也。」

〔四〕《易·繫辭上》文：「精氣爲物，遊魂爲變，是故知鬼神之情狀。」

〔五〕唐先生溝通《易傳》與《中庸》天人之道相通之八例，層層透見《中庸》義理之精宏。

〔六〕《中庸》本文：「凡有血氣者，莫不尊親，故曰配天。」

人之喜怒，化天之寒暑。」〔一〕又曰：「身猶天也。」「天以終歲之數〔二〕，成人之身。故小節三百六十六，副日數也。大節十二分，副月數也。内有五藏，副五行〔三〕數也。外有四肢，副四時數也。乍視乍瞑，副晝夜也。乍剛乍柔，副冬夏也。乍哀乍樂，副陰陽也。心有計慮，副度數也。行有倫理，副天地也。」〔四〕

余按：董子之説精矣。人之生也，心爲熱度象温带，背爲冷度象寒带，脈絡血行象川流，豈非尤明徵哉？然而更有進，人之神明，分天之神明也，是以《易》曰：「財成天地之道，輔相天地之宜。」《中庸》則曰「盡人性」、「盡物性」、「贊天地之化育」。「天地之大也，人猶有所憾」，孰覺其憾？人覺之也。孰彌其憾？人彌之也。憾無窮期，覺之彌之者亦無止境也。此皆人之責，而心之神明爲之也，故曰：「人者天地之心也。」〔五〕吾心之喜怒哀樂，渾渾焉，沌沌焉，忽焉而清明之，釐然而各當

〔一〕《春秋繁露》卷一一《爲人者天（第四十一）》文。
〔二〕「之數」二字脱，據《春秋繁露》文補入。
〔三〕「行」字脱，據《春秋繁露》文補入。
〔四〕《春秋繁露》卷十三《人副天數（第五十六）》文。
〔五〕《禮記·禮運》語。

焉。發而爲刑賞慶罰，紜紜焉，逐逐焉，忽焉而整理之，廓然而大公焉。天叙有典，天秩有禮，天命有德，天工人其代之〔一〕。致中和，天地位，萬物育〔二〕，皆原於天命之性，故曰配天。

人人有配天之責，而卒至於違天、悖天、弃天、絶天，子思子憫焉，於是發明天之道、人之道。「人之爲道而遠人，不可以爲道」，此蓋遥承乎《周易》之言天道、人道。孟子得子思子傳，曰：「人之爲道也，飽食煖衣〔三〕，逸居無教，則近於禽獸。」「人之所以異於禽獸者幾希。」又曰：「仁也者，人也。合而言之，道也。」此蓋遥承乎《中庸》之言人道。

痛乎哉！春秋之爲戰國，非一朝夕之故也。世衰道微，人善其所私學，士游談而不根，楊朱、墨翟之言盈天下。貪利險詐之徒，軒然無所顧忌。於是爭民施奪，殺機日開，爭地以戰，殺人盈野，爭城以戰，殺人盈城。仁義充塞，人將相食。六王畢，秦

〔一〕四句乃唐先生運化《書·皋陶謨》文：「無曠庶官，天工人其代之。天叙有典，敕我五典五惇哉！天秩有禮，自我五禮有庸哉！同寅協恭和衷哉！天命有德，五服五章哉！」

〔二〕三句《中庸》本文。

〔三〕「飽食」句原脱，據《孟子·滕文公上》文補入。

政出，焚書坑儒，而人道遂掃地以澌滅，痛乎哉！《周禮》有言，曰「國有鳥獸行則獮之」。天道生人而愛人，然人既自居於禽獸，則天亦無所施其愛，不得不禽畜而獸息之，禽獮而獸薙之。子思子憫焉，特於《中庸》開卷大書曰：「天命之謂性，率性之謂道，修道之謂教。」是性也，人性也。是道也，人道也。是教也，教人以爲人之道也。是故《中庸》一書，皆人道之教育也。

人之爲道，孝而已矣。孝者不學而能之良能，不慮而知之良知。即夫婦之愚不肖，可以與知而能行者也。「宜爾室家，樂爾妻孥」〔一〕，父母其順矣乎？爰推極於虞、舜之大孝，武王、周公之達孝，「父在觀其志」〔二〕，視於無形，聽於無聲〔三〕，「父殁觀其行」。喪則致哀，祭則致嚴〔四〕。嚴，肅敬也。事死如事生，事亡如事存〔五〕，「明則有禮樂，

〔一〕《中庸》引《詩·小雅·常棣》句。
〔二〕《論語·學而》載孔子語：「父在觀其志，父殁觀其行。」
〔三〕語出《禮記·曲禮上》：「爲人子者……聽於無聲，視於無形。」
〔四〕語出《孝經·紀孝行章》：「孝子之事親也，居則致其敬，養則致其樂，病則致其憂，喪則致其哀，祭則致其嚴。五者備矣，然後能事親。」
〔五〕《中庸》文。

幽則有鬼神」〔一〕，洋洋乎盛哉！孝之至也。反是而不順乎親，不信乎朋友。父母不以爲子，則朋友疏之也，人且絶之矣。蓋《孝經》之「至德要道」，基於和睦無怨，而君子之本立道生，始於不犯上、不作亂。和順之氣與横逆之氣，豈不較然大分哉！

凡人處家庭之際，周旋父母之間，曷爲而有悱惻纏緜之情，與夫愉快踴躍、依戀思慕之致？皆良知良能之所發也。天命之性，性斯生矣，生則惡可已也〔二〕？修道之教，教斯孝矣，德之本也，教之所由生也。擴而充之，則有以立天下之大本，可以保四海而致太平矣。故曰：「思事親不可以不知人，思之人不可以不知天。」此蓋人道之根於天命，教育者當引其固有之知能也。

人之爲道，誠而已矣。誠之之道，慎獨而已矣。《大學》「八條目」以修身爲本，而修身必以誠意爲本，誠之爲功大矣。「質諸鬼神而無疑，百世以俟聖人而不惑」〔三〕，誠也。「肫肫其仁，淵淵其淵，浩浩其天」，誠也。「維天之命，於穆不已」，誠也。「文王

〔一〕《禮記・樂記》文。

〔二〕《孟子・離婁上》載孟子曰：「仁之實，事親是也。義之實，從兄是也。智之實，知斯二者弗去是也。禮之實，節文斯二者是也。樂之實，樂斯二者，樂則生矣。生則惡可已也？惡可已，則不知足之蹈之，手之舞之。」

〔三〕《中庸》文。

之德之純」，亦誠也。君子所以戒慎不覩，恐懼不聞，必由隱以達見，由微以達顯者，豈好爲迂拘哉？察吾心之誠僞，即察吾心之善惡也。正學榛莽，飾僞朋興，「小人閒居爲不善，無所不至。見君子而后厭然」[一]，甚至以奸邪險詐之行，託爲光明正大之言，必經人再思之、三思之、四五思之，而後知其爲詐、知其爲險、知其爲奸邪！嗚呼！人道至此，社會寧有正直之士？寰宇詎有清明之望耶？

且夫主持人道者，樂人之生，不樂人之死，然而死者多而生者少。夫天下生者多而死者少，而吾反言之者，吾所謂生死，在乎心之理與氣，而不在乎身；在乎心之精神，而不在乎形體。誠者，心之理氣輔以行者也，理昧没而氣亦滅。誠者，心之精神也，精神存而百事興，精神亡而形乃徒存，是故誠僞之界，生死之關也。誠者，自成也。物之終始，不誠無物。穀梁子曰：「不若於言者，人絶之也。」[二]天下豈有不誠而可成爲言者？天下豈有不誠而可成爲人者？古人有言「作僞，心勞日拙」[三]，吾謂曰

[一]《大學》文

[二]《春秋穀梁傳》莊公元年文：「人之於天也，以道受命；於人也，以言受命。不若於道者，天絶之也。不若於言者，人絶之也。」

[三]《書・周官》文：「作德，心逸日休；作僞，心勞日拙。」「心勞」二字脱，據《尚書》文補。

拙亦云幸矣，苟一念不誠，而禍害即隨之。此主持人道者，所當大聲疾呼以救之者也[一]。

人之爲道，禮儀而已矣。禮儀之始，根於天叙。《左氏傳》劉子曰：「人受天地之中以生，所謂命也。是以有動作禮儀威儀之則，以定命也。」命即天命之性也，中即喜怒哀樂未發之中也，「動作禮義威儀之則」即率性之道也。又曰：「勤禮莫如致敬……敬在養神。」[二]養神之道，内以慎獨，外以行禮。「齊明盛服，非禮不動」[三]，所以養神也。「禮義三百，威儀三千」，皆所以養神也。敦厚崇禮[四]，豈惟君子當然，上下皆由之。「居上不驕，爲下不倍」，禮也。言足以興，默足以容[五]，合乎禮也。「愚而好自用，賤而好自專」，悖乎禮也。「動而世爲天下道，言而世爲天下法，行而世爲天下則」，動容周旋，悉中乎禮也。人道有禮則安，無禮則危。君子所以納民

[一] 此呼籲「治統」開誠佈公。
[二]《春秋左氏傳》成公十三年文。
[三]《中庸》文：「齊明盛服，非禮不動，所以修身也。」
[四]《中庸》文：「温故而知新，敦厚以崇禮。」
[五]《中庸》文：「是故居上不驕，爲下不倍。國有道，其言足以興。國無道，其默足以容。」

於軌物，而天下之所以長治而久安者，禮義而已。乾坤開闢以來，狉狉榛榛〔一〕，俗尚質野。迄乎唐虞之世，「敬敷五教」，「彝倫攸叙」〔二〕，而五倫始定。「君臣也，父子也，夫婦也，昆弟也，朋友之交也」，五者天下之達道也，天地之常經，不可得而變革者也。末俗澆漓，人心紕繆，乃敢昌言廢棄人倫，於是父子相殘，君臣相殺，夫婦相睽，兄弟交相瘉，朋友交相傾軋，而人道益苦，天下大亂。嗚呼！古之聖人爲禮教人，惟欲人之自別於禽獸。後之妄人棄禮誣民，惟恐人之或異於禽獸。子思子痛後世之流弊，故特揭之曰：「行同倫。」蓋人之所以爲人者，倫也，《相鼠》之詩曰：「人而無禮，胡不遄死？」人而無倫，何以爲禮？更何以爲人？然則主持人道者，舍人倫禮義，奚以救世哉〔三〕？

人道教育，政治而已矣。子曰：「人道敏政。」惟人道有以敏政，亦惟政有以敏人

〔一〕「狉狉榛榛」出柳宗元《封建論》文：「彼其初與萬物皆生，草木榛榛，鹿豕狉狉。」指草木叢披而豕鹿奔突的荒蠻景象。
〔二〕此二句分別見《書·堯典》與《洪範》。
〔三〕「救世」是唐先生學術所關懷者。

道，二者相爲表裏者也。「爲政在人，取人以身」，九經先修身，修身之道，「中和」而已[一]。《易傳》言純粹中正[二]，保合太和[三]，中和之時義大矣哉。在上者之喜怒哀樂，與夫一顰一笑，消息之幾[四]，皆關係天下之治亂，而上應乎天時。治世之陰陽寒暑俱不愆期[五]，亂世之陰陽寒暑舉失其時者，何也？天下皆中和之氣，則陰陽寒暑行以漸，發而爲和風甘雨也。天下皆乖戾之氣，則陰陽寒暑行以驟，發而爲疾風暴雨也。《洪範》休徵，曰「肅，時雨若」曰「聖，時風若」。肅者，敬得其中也；聖者，通得其和也。咎徵，曰「狂，恒雨若」，曰「蒙，恒風若」。狂者惑，失其中也；蒙者隔，失其和也。好風好雨[六]，百穀用成，豈倖致哉？皆中和也。

[一]《中庸》文：「中也者，天下之大本；和也者，天下之達道也。致中和，天地位焉，萬物育焉。」

[二]《易・乾・文言》：「剛健、中正、純粹，精也。」

[三]《易・乾》彖辭：「大哉乾元，萬物資始，乃統天……乾道變化，各正性命，保合太和（一作大和），乃利貞。」

[四]具體指《易》的十二消息卦，顯示天人交感之理。「消息之幾」是唐先生用語，詳論於《周易消息大義》。唐先生此用以明「《中庸》常兼天道、人道」的大義。

[五]指風調雨順。

[六]《書・洪範》文：「庶民惟星。星有好風，星有好雨。」孔穎達《尚書正義》謂：「以星喻民。」

天地之大，人猶有憾，非天地果有憾也，人事爲之也〔一〕。聖人知天地之憾，必以中和之道挽救之，彌補之，是故戒慎恐懼而罔敢懈。盡人性，盡物性，中和也。「經綸天下之大經，立天下之大本，知天地之化育」，中和也。由「闇然內省」推而至於不動不言，不賞不怒，篤恭而天下平，中和也。「無聲無臭」，中和之至也。孟子紹述子思子學，曰「有不忍人之心，斯有不忍人之政」，「人人親其親，長其長，而天下平」，中和之至也。後世違乎中而爲偏，悖乎和而爲激。愈偏則愈激，事變之顛倒，偏爲之也。風潮之澒洞〔二〕，激爲之也。一心一意之差，而百姓受其毒，悲夫！

「王天下有三重焉，其寡過矣乎」，「雖有其德，苟無其位，不敢作禮樂焉」，禮樂者，萌柢於中和者也。孔子「上律天時，下襲水土」〔三〕，中之至也。「萬物並育而不相害，道並行而不相悖」〔四〕，和之至也。鄭君釋「天下至聖」節，三歎言之，曰：「傷孔子

〔一〕唐先生主意所在。
〔二〕唐先生以時事爲言。
〔三〕《中庸》文：「仲尼祖述堯舜，憲章文武，上律天時，下襲水土。」
〔四〕《中庸》文：「萬物並育而不相害，道並行而不相悖。小德川流，大德敦化。此天地之所以爲大也。」

之有其德而無其命也。」雖然《中庸》之學説，傳諸萬世，其猶奚傷也？雖然，《中庸》之學説，後之人無有能信守之者，其能無傷也？

歲在屠維協洽寎月（一九一九年三月），唐文治自序

中庸（傳注）〔一〕

孔氏沖遠云：「按鄭《目録》云：『名曰《中庸》者，以其記中和之爲用也。庸，用也。孔子之孫子思伋作之，以昭明聖祖之德〔二〕。此於《别録》屬通論。』」〔三〕先師黄氏元同云：「中者無過不及之名。民所受天地以生，是性之體也。其用之在人，謂之庸。庸，常也，用也。」〔四〕

愚按：訓「庸」爲用，最爲精實。蓋「中庸」迺最有用之學，故以「位天地、育萬物、參贊化育」爲極功，《尚書》天工人代〔五〕，即其義也。

〔一〕「傳注」二字非原書標目，謹按本文體裁與全編義例標示。

〔二〕「德」字，原作「法」，今依《禮記正義》改正。

〔三〕孔穎達《禮記正義》引鄭玄《三禮目録》文。《中庸》在《禮記》第三十一篇。

〔四〕黄以周《子思子輯解·内篇·中庸》。唐先生師從黄以周於南菁書院。黄以周（一八二八～一八九九），浙江定海人，字元同，號儆季，其父黄式三，治《論語》《禮》《易》名家。唐先生撰有《黄元同先生學案》。

〔五〕《書·皋陶謨》文：「無曠庶官，天工人其代之。」

天命之謂性，率性之謂道，修道之謂教。

朱注：「命，猶令也。性，即理也。天以陰陽五行，化生萬物，氣以成形，而理亦賦焉，猶命令也。於是人物之生，因各得其所賦之理，以爲健順五常之德，所謂性也。率，循也。道，猶路也。人物各循其性之自然，則其日用事物之間，莫不各有當行之路，是則所謂道也。修，品節之也。性道雖同，而氣禀或異，故不能無過不及之差。聖人因人物之所當行者而品節之，以爲法於天下，則謂之教，若禮樂刑政之屬是也。」

先師黃氏元同云：「孔子曰：『天地之性人爲貴。人者其天地之德，陰陽之交，鬼神之會，五行之秀氣也。』〔一〕天以是氣賦於人，而理即具於其中，《烝民》詩所謂『有物有則』，初無理氣之可分也。《春秋左氏傳》曰：『民受天地之中以生，所謂命也。』則天命者，命此『中』。謂之性者，性其『中』也。中爲物之則，故傳又曰：『是以有動作禮義威儀之則，以定命也。』孔子曰：『夫有物必有則。』即率性之説也。性禀五行之秀氣，其存諸内者，曰仁、禮、義、信、智之五德，亦曰五性。其見諸外者，曰君臣、父

〔一〕《禮記·禮運》文。

子、兄弟、夫婦、朋友之五倫，亦曰五達道。道之推廣於家國天下民人者，曰禮、樂、刑、政，其教也。」〔一〕

愚按：《春秋穀梁傳》曰：「人之於天也，以道受命……不若於道者，若，順也。天絕之也。」「凡生於天地之間者，皆曰命」〔二〕。天以生物爲心〔三〕，故人各得其生生之理以爲性。率性非任性之謂也，率其固有之善而行之，使人人各得若其生生之性〔四〕，是乃所謂道也。因一人之道，推而至於天下共喻其道〔五〕，而學校立焉，所謂教也。性、道、教三字，專屬諸人〔六〕，朱注兼人物說，恐非。

陸氏桴亭云：「或問《中庸》言率性之謂道，故論性須是言義理精微之性，方可

〔一〕黃以周《子思子輯解・内篇・中庸》。

〔二〕《禮記・祭法》文：「大凡生於天地之間者，皆曰命。其萬物死，皆曰折；人死，曰鬼。」

〔三〕此本朱子《仁說》：「天地以生物爲心者，而人物之生，又各得夫天地之心以爲心者也。」宣示「仁」之義涵，此性理學根本大義。

〔四〕「若」，順行之謂。

〔五〕謂顯示共通之善良人性。

〔六〕謂意義專指人性開發過程，與外物無涉。

率。若夾襍氣質，安可率〔一〕？曰：今人看率性率字大錯。朱子曰：『率，循也。由也。言物各由其性之自然。』〔二〕則莫不有道，所以明道本在吾性中，《孟子》所謂『非由外鑠，我固有之』之意也。今人卻看作率意『率』字，動稱不學不慮，此釋氏『手持足行，無非道妙』之説，而學者不察，輒爲所惑，哀哉！」〔三〕

道也者，不可須臾離也，可離非道也。是故君子戒慎乎其所不睹，恐懼乎其所不聞。

鄭注：「道，猶道路也，出入動作由之，離之惡乎從也？」「小人閒居爲不善，無所不至也。君子則不然，雖視之無人，聽之無聲，猶戒慎恐懼自修正，是其不須臾離道。」

朱注：「道者，日用事物當行之理，皆性之德而具於心，無物不有，無時不然，所以不可須臾離也。若其可離，則爲外物而非道矣〔四〕。是以君子之心常存敬畏，雖不見聞，亦不敢忽，所以存天理之本然，而不使離於須臾之頃也。」

〔一〕此是義理之性與氣質之性之二分觀念。

〔二〕朱子原注無「由也」二字，作「言物各循其性之自然」。

〔三〕陸世儀《思辨録輯要》卷二七「人道類」。

〔四〕唐先生引朱注作「若其可離，則豈率性之謂哉」，檢朱子原文，諸本均作「若其可離，則爲外物而非道矣」，據朱子注文爲正。

先師黃氏元同云：「道出於性，人無智愚賢不肖，皆具此性。性不可離，亦安可離道？『不可者』，警戒之詞，非言道體。」〔一〕

愚按：師説至警切。道，所以率吾性而存天命也。須臾離道，即戕賊其性而悖天命也，故又曰「可離非道也」。《左氏傳》劉子曰：「勤禮莫如致敬，敬在善養神。」〔二〕《孟子》曰：「存其心，養其性，所以事天也。」〔三〕戒懼慎獨，所以養神而事天也。然則君子之功，豈偏於靜乎？曰：不然，此特言其體爾。曰「戒慎乎其所不睹」，則其所可睹者，戒慎更可知也；曰「恐懼乎其所不聞」，則其所可聞者，恐懼更可知也。

陸氏桴亭云：「或問：聖人亦戒慎恐懼否？曰：聖人明德常明，堯兢舜業，如何不戒慎恐懼？曰：聖人不思不勉，如何又須戒慎恐懼？曰：惟其戒慎恐懼，故能不

〔一〕黃以周《子思子輯解·內篇·中庸》。

〔二〕見《左傳·成公十三年》劉子語：「是故君子勤禮，小人盡力，勤禮莫如致敬，盡力莫如敦篤，敬在養神，篤在守業。」

〔三〕《孟子·盡心上》孟子語：「盡其心者，知其性也。知其性，則知天矣。存其心，養其性，所以事天也。殀壽不貳，修身以俟之，所以立命也。」

思不勉。戒慎恐懼，即明德常明。至誠，無息也。惟無息，故有弗思，思之即得；有弗行，行之即中。一息則不能不思不勉矣〔一〕。君子未能時時戒慎恐懼，而勉爲戒慎恐懼，所以期至於無息也。」〔二〕

李氏二曲云：「或問：識性方能率性，若不先有以識之，雖欲率，何從率？曰：識得識是誰識，即知率是誰率。識得良知即是性，依良知而行，不昧良知，即是率性，即是道。知良知之在人，未嘗須臾離，則知道原未嘗離，形雖不睹不聞之時，而良知未嘗因不睹不聞而稍離。所以戒慎恐懼者，不使良知因不睹不聞而稍昧也。」〔三〕

莫見乎隱，莫顯乎微，故君子慎其獨也。

朱注：「隱，暗處也。微，细事也。獨者，人所不知而已所獨知之地也。言幽暗之中，细微之事，跡雖未形而幾則已動，人雖不知，而已獨知之，則是天下之事無有著

〔一〕謂稍一息則未能如聖人之不思不勉之自然也。
〔二〕陸世儀《思辨録輯要》卷二七「人道類」。
〔三〕李顒《四書反身録·中庸》。

見明顯而過於此者。是以君子既常戒懼，而於此尤加謹焉。所以遏人欲於將萌，而不使其潛滋暗長〔一〕於隱微之中，以至離道之遠也。」

先師黄氏元同云：「『莫見乎隱』二句，申明所以戒慎恐懼之意。凡人祇知不睹不聞，隱耳微耳，不知此隱微中，人屬爾垣，鬼矚爾室，其爲顯見，莫是過焉。故君子必慎其獨。獨者，不睹不聞之地。慎即戒慎恐懼也。」〔二〕

愚按：《周易》大義，一消一息。消者正所以爲息也，故隱者正所以爲見也，微者正所以爲顯也。周子曰：「幾，善惡。」〔三〕又曰：「動而未形、有無之閒者，幾也。」〔四〕又曰：「誠精故明，神應故妙，幾微故幽。」〔五〕蓋聖人者，誠而神者也。君子者，善審幾者也。幾者，當念慮初起之時，善者則擴而充之，惡者則遏而絶之。故《易傳》曰：

〔一〕「潛滋暗長」，朱子原注作「滋長」。
〔二〕黄以周《子思子輯解・内篇・中庸》。
〔三〕周敦頤《通書・誠幾德第三》文：「誠，無爲。幾，善惡。」
〔四〕周敦頤《通書・聖第四》文。
〔五〕周敦頤《通書・聖第四》文。

「幾者動之微，吉之先見者也。」〔一〕《中庸》言率性之道，以至於不動而敬，不言而信，其功皆本於慎獨。《大學》言誠意正心，以至修齊治平，其功亦皆本於慎獨。未有不慎獨而能修己者也，未有不慎獨而能治人者也。「十目所視，十手所指」〔二〕，此曾子相傳之學説也。自後人破慎獨二字以爲空虛，而詐僞無忌憚之小人遂盈天下。夫揜其不善而著其善，「人之視己，如見其肺肝然」，此不足以欺人也，自欺而已。且不僅自欺也，欺天而已。欺天者不若於道，則天絶之矣。吾願後世君子深體力行，發明慎獨之學説，其於今日世界，或能有所挽救乎？〔三〕

李氏二曲云：「或問：《中庸》以何爲要？曰：『慎獨』爲要。因請示慎之之功。曰：子且勿求知慎，先宜知獨，獨明而後慎可得而言矣。曰：注言獨者，人所不知而己所獨知之地也。曰：不須引訓詁，須反己實實體認。凡有對即非獨，獨則無對，即

〔一〕《易·繫辭下》文。
〔二〕《大學》文。
〔三〕以道德學術救世是唐先生致意之處。

各人一念之靈明是也。天之所以與我者，與之以『此』也〔一〕。『此』爲仁義之根，萬善之源。徹始徹終，徹内徹外，更無他作主，惟『此』作主。慎之云者，朝乾夕惕，時時畏敬，不使一毫牽於情感，滯於名義，以至人事之得失，境遇之順逆，造次顛沛，生死患難，咸湛湛澄澄，内外罔間，而不爲所轉，夫是之謂慎。」〔二〕

喜怒哀樂之未發謂之中，發而皆中節謂之和。中也者，天下之大本也。和也者，天下之達道也。

鄭注：「中爲大本者，以其含喜怒哀樂，禮之所由生，政教自此出也。」

朱注：「喜怒哀樂，情也。其未發，則性也。無所偏倚，故謂之中。發皆中節，情之正也。無所乖戾，故謂之和。大本者，天命之性，天下之理，皆由此出，道之體也。達道者，循性之謂，天下古今之所其由，道之用也。此言性情之德，以明道不可離之意。」〔三〕

先太夫子黃氏薇香云：「喜怒哀樂之未發謂之中，其未與物接之時乎？發而皆

〔一〕「此」謂本心良知。
〔二〕李顒《四書反身録·中庸》。
〔三〕朱子以中和爲道之體用。

中節謂之和，其既與物接之時乎？」

愚按：李延平先生教人觀喜怒哀樂未發氣象〔一〕，朱子初年得力於此。迨作《中和舊説》，稍變其旨。實則學者涵養未能深邃，若觀喜怒哀樂未發氣象，於主静功夫最爲有益。發而皆中節，所謂聖人之喜以物之當喜，聖人之怒以物之當怒是也。故曰聖人之常，以其情順萬事而無情，衆人縱其欲而汩其情，則平旦之好惡有梏亡之矣。

愚嘗作《易微言篇》，云：「人事之吉凶悔吝，由於人心之喜怒哀樂相配而成。吉字有喜，故喜之字从吉。然喜者傷生，不可過也，故吉者不可恃也。志氣之師也，氣體之充也，理爲心之主，氣爲心之奴。人之心專以氣用事，奴者主之，未有不亡身破家者也，是爲大凶。悔恨多而哀戚生。然哀者，清明之氣也。兩軍相見，哀者勝矣。有悔斯可以貞也。吝者，羞也。樂不可極，樂而不止，未有不至於吝者也。人心之喜

〔一〕李氏之説載《延平答問・辛巳二月二十四日書》。李侗（一〇九三～一一六三），字願中，世號延平先生，南劍州劍浦人，繼承二程至楊時而至羅豫章一脈的静坐法，静觀自得，在静坐過程中，體會「喜怒哀樂未發前」氣象，即本性狀態。朱子曾師從問學，並爲編撰《李延平先生文集》。學術一脈相傳，唐先生所以如此立義。

怒哀樂，萬有不齊，故人事之吉凶悔吝，亦變遷而無定，皆配之以其分者也。《中庸》曰喜怒哀樂之未發謂之中，未發之性，卦畫之未成爻者也。畫而成爻，是爲已發之情。六十四卦三百八十四爻，皆歸於既濟定，所謂發而皆中節者也。天下之大本，不外乎陰陽剛柔之性。天下之達道，不外乎陰陽剛柔之情，悉得其當。黄帝、堯、舜垂衣裳而天下治者，蓋取諸乾坤之消息也。」〔一〕

李氏二曲云：「喜怒哀樂未發時，性本湛然虚明……已發氣象，一如未發氣象，即是太和元氣。」〔二〕又云：「未發時此心無倚無著，虚明寂定，此即人生本面目，不落有無，不墮方所，無聲無臭，渾然太極。延平之默坐體認，認乎此也。象山之先立其大，先立乎此也。白沙謂静中養出端倪，此即端倪也。未識此須静以察此，既識此須静以養此。静極而動，動以體此。應事接物，臨境驗此。此苟不失，學方得力，猶水有源，木有根。有源則千流萬派，時出而無窮；有根則枝葉暢茂，條達而不已。此之

〔一〕文在本書《周易編》之《易微言》第一節。
〔二〕李顒《四書反身録·中庸》。

謂立天下之大本。然靜不失此易，動不失此難……今吾人此心，往往〔一〕爲事物紛挐，靜時少，動時多，而欲常不失此，得乎？須屏緣息慮，一意靜養。靜養而能純，方保動而不失，方得動靜如一。」〔二〕

又按：近儒陳氏蘭甫云：「子思子但説喜怒哀樂未發之謂中，未嘗説思慮未發，未嘗説聞見未發也。不喜不怒不哀不樂之時，凡人皆有之，不必説到言外盡頭也。」〔三〕此説較諸李氏〔四〕，一則極其虛靈，一則極其切實，各有見地，各有體驗，未可因此而廢彼也。

致中和，天地位焉，萬物育焉。

朱注：「致，推而極之也。位者，安其所也。育者，遂其生也。自戒懼而約之，以至於至靜之中，無少偏倚，而其守不失，則極其中而天地位矣。自謹獨而精之，以至於應物之處，無少差謬，而無適不然，則極其和而萬物育矣。蓋天地萬物本吾一體，

〔一〕「往往」二字，李氏原文作「一向」。
〔二〕李顒《四書反身録·中庸》。
〔三〕陳澧《東塾讀書記》卷九《禮記》。「思慮」原文無「慮」字。
〔四〕指前引李顒《四書反身録》語。

吾之心正，則天地之心亦正矣。吾之氣順，則天地之氣亦順矣。故其效驗至於如此。此學問之極功，聖人之能事，初非有待於外，而修道之教亦在其中矣。」

先師黃氏元同云：「以率性之道，推而廣之於人。致中於未發，而思喜怒哀樂如何得其節？致和於已發，而求喜怒哀樂如何合乎中？至天地得其位，萬物被其育，中和之極致，即修道之教之極致也。」〔一〕

愚按：聖人盡性之學，祇在致中和。王者之刑賞慶罰，制禮作樂，皆本於喜怒哀樂。因一人之中和，而使萬物各得其所，中和之時義大矣哉！朱子曰：「吾之心正，則天地之心亦正矣。吾之氣順，則天地之氣亦順矣。」愚少時嘗疑其説，後悟朱子此説實本於《洪範》，蓋指爲人上者而言。《洪範》曰：「休徵：曰肅，時雨若。曰乂，時暘若……曰聖，時風若。」此即所謂致中和，天地位，萬物育者也。曰：「咎徵：曰狂，恒雨若。曰僭，恒暘若……曰蒙，恒風若。」此不能致中和，天地不能位萬物、不能育者也。然則爲人上者，可不戒懼乎哉？

〔一〕黃以周《子思子輯解·內篇·中庸》。

朱子云：「右第一章。子思述所傳之意以立言，首明道之本原出於天而不可易，其實體備於己而不可離，次言存養省察之要，終言聖神功化之極。蓋欲學者於此反求諸身而自得之，以去夫外誘之私，而充其本然之善，楊氏所謂一篇之體要是也。其下十章，蓋子思引夫子之言，以終此章之義。」

愚按：此章言「性情教育」，推原天命，實即人道教育也。人道以性情爲本。《大學》言修身在正心，不外乎去好樂忿懥諸弊；言齊家在修身，不外乎去哀矜敖惰諸弊。《孟子》言良心，則曰：「平旦之氣，其好惡與人相近也者，幾希。」可見修齊治平之道，以治性情爲最要。性情一有所偏，或流於乖戾，或流於浮囂，或失之因循，或失之畏葸。以之修身，則爲自誤，以之教人，則爲誤人，而天下因此胥受其害，此人道之蠹也，可不謹與。《孝經》曰：「天下和平，災害不生，禍亂不作。」〔一〕故明王治天下，必先致中和。而致中和之功，必先慎獨。一二人知慎獨，則一二人之心術正。千萬人知慎獨，則天下人之心術正。然則天下之學，固莫大乎慎獨。而言人道教育者，必

〔一〕《孝經·孝治章》文：「昔者明王之以孝治天下也……故得人之歡心，以事其親。夫然，故生則親安之，祭則鬼享之，是以天下和平，災害不生，禍亂不作，故明王之以孝治天下也如此。」

以性情爲本。言性情教育者，必以此章爲首務也。

編者謹按：唐先生於《紫陽學術發微》卷三《朱子心性學發微》之《中庸首章注》按語云：「此章注語，爲朱子一生得力處，其最精處有三，其可疑處亦有三。首章注『天以陰陽五行』一段，合理與氣言，包括《太極圖説》之藴，其精一也；二節注爲涵養，三節注爲省察，一則静之本，一則動之幾，其精二也；第四節分析性情之妙，與《孟子》中言心性學息息相通，其精三也。首節注衍三『物』字，後儒以爲品節物性，無所謂禮樂刑政，此固應行删正；第五節『自戒懼而約之』，『自謹獨而精之』，分配『天地位』、『萬物育』，立説未免太拘；至於『吾之心正，則天地之心亦正』，『吾之氣順，則天地之氣亦順』，後人亦多疑之。不知此蓋本《洪範》皇極而言，所謂『會其有極，歸其有極』，本身以作則，益足動人戒懼慎獨之心，其説亦極精微。」

仲尼曰：「君子中庸，小人反中庸。

鄭注：「庸，常也。用中爲常道也。反中庸者，所行非中庸，然亦自以爲中庸也。」

君子之中庸也，君子而時中。小人之中庸也，小人而無忌憚也。」

朱注：「君子之所以爲中庸者，以其有君子之德，而又能隨時以處中也。小人之所以反中庸者，以其有小人之心，而又無所忌憚也。蓋中無定體，隨時而在，是乃平常之理也。君子知其在我，故能戒謹不睹，恐懼不聞，而無時不中。小人不知有此，則肆欲妄行，而無所忌憚矣。」

先師黄氏元同云：「子思既引夫子言以結上意，又申其義曰『君子之中庸也』，以其人爲慎獨之君子，而又能隨時用『中』。小人亦自以爲中庸也，以其人爲反中庸之小人，而初無所忌憚也。然則中庸以戒慎恐懼而行，以無忌憚而滅。子思一再咏歎，其意深長矣……《釋文》云：王肅本作『小人之反中庸也』，非。」〔一〕

愚按：小人惟自以爲中庸，故無忌憚，「小人之中庸」句，自不當增反字。雖然，小人而自以爲中庸也，是猶知有中庸也，則更無忌憚之尤者也。嗚乎！小人之中庸也，此風蓋已古矣。竊願世之小人，幡然悔悟，敬畏天命，皆化而爲君子也。

孫氏夏峯云：「君子之中庸與小人之中庸，外表畧同，祇君子通體戒懼，無須臾之不中，純是未發氣象，故發皆中節，所謂時也。小人不知天命之可畏，全無忌憚，作用彌似，本體愈非，所以曰『反中庸』。反字正從似上看出，然非聖人不能

〔一〕黄以周《子思子輯解·内篇·中庸》卷一。謹按：朱子《中庸章句》謂：「王肅本作『小人之反中庸也』，程子亦以爲然。今從之。」黄以周不認同朱子説。

辨。蓋亂先王之法而破先王之道者，非闒茸猥瑣之流，正慮此無忌憚者之混迹於時中也。」〔一〕

陸氏桴亭云：「時中，率性也，無時而不敬也。無忌憚，不敬也。不敬，則不能率性矣。」〔二〕

朱子云：「右第二章……變和言庸者，游氏曰：『以性情言之，則曰中和。以德行言之，則曰中庸。』是也。然中庸之和，實兼中和之義。」

子曰：「中庸其至矣乎！民鮮能，久矣。」

鄭注：「鮮，罕也。言中庸爲道至美，顧人罕能久行。」

朱注：「過則失中，不及則未至，故惟中庸之德爲至，然亦人所同得，初無難事。但世教衰，民不興行，故鮮能之，今已久矣。《論語》無『能』字。」

先師黄氏元同云：「特揭『中庸』『鮮能』，以領下數節之意，明民之過與不及之多

〔一〕孫奇逢《四書近旨》卷二《君子之中庸章》。
〔二〕陸世儀《思辨録輯要》卷二七「人道類（三）」。

也。注以『能久』連讀〔一〕，即下『不能期月守之意』。近讀皆以『鮮能』爲句。」〔二〕

愚按：依「近讀」爲是。此「鮮能」與下文「鮮能知味」同。蓋天下過者爲橫民，不及者爲懦民，世必多能中庸之國民，而後天下可望其平。故教育國民，必以中庸爲主。《王制》：「廣谷大川異制，民生其間者異俗……修其教不易其俗，齊其政不易其宜。」修教齊政，皆所以導民於中庸也。

李氏二曲云：「民苟自依自己良能而行，是自率其性，任天而動，即是天民……否則自棄其天，自囿於凡，即是凡民。縱事事咸能，適以喪其良能，總是鮮能。」〔三〕

朱子云：「右第三章。」

子曰：「道之不行也，我知之矣。知者過之，愚者不及也。道之不明也，我知之矣。賢者過之，不肖者不及也。

朱注：「道者，天理之當然，中而已矣。知愚賢不肖之過不及，則生禀之異，而失

〔一〕指鄭玄注。

〔二〕黄以周《子思子輯解・内篇・中庸》。謹按：「近讀」指朱子注「民不與行，故鮮能之，今已久矣」的「民鮮能，久矣」斷句。而鄭玄注「人罕能久行」，則是「能久」連讀。

〔三〕李顒《四書反身録・中庸》。「自己」二字，據李氏原文補入。

其中也。知者知之過，既以道爲不足行；愚者不及知，又不知所以行，此道之所以常不行也。賢者行之過，既以道爲不足知；不肖者不及行，又不求所以知，此道之所以常不明也。」

愚按：周子《通書》云：「性者，剛柔、善惡，中而已矣。」〔一〕蓋知愚賢不肖，其剛柔之性，皆有所偏。故聖人立教，俾人自易其惡，自至其中者，不外劑其剛柔之偏，是以無過不及也。此教育之要旨也。

人莫不飲食也，鮮能知味也。

鄭注：「罕知其味，謂『愚者所以不及也』。過與不及，使道不行，惟禮能爲之中。」

先師黃氏元同云：「『莫不飲食』，《孟子》所謂『終身由之』是也。『鮮能知味』，《孟子》所謂『不知其道者衆』是也。」〔二〕

〔一〕周敦頤《通書·師第七》文：「或問曰：『曷爲天下善？』曰：『師。』曰：『何謂也？』曰：『性者，剛柔、善惡，中而已矣。』」此立師道之義，謂因材施教，使歸於中。唐先生以起下「聖人立教」的教育要旨。

〔二〕黃以周《子思子輯解·内篇·中庸》。

愚按：《大學》云：「心不在焉，食而不知其味。」可見失中者，皆由於放心，心放而形骸爲虛設。然則心之靈覺，豈不要哉？生人之學，莫大乎心理。心理得其中，天下之能事畢矣。《禮記・仲尼燕居》論師也過，商也不及，子曰：「禮乎禮！夫禮所以制中也。」〔一〕是鄭注所本〔二〕。

朱子云：「右第四章。」

子曰：「道其不行矣夫。」

鄭注：「閔無明君教之。」

朱注：「由不明，故不行。」

愚按：聖人平生，惟以行道爲志，故《禮運》篇曰：「大道之行也，與三代之英。」三代之英，中庸之士也。惜乎世多無忌憚之小人，沮阨中庸之道，是以道終不行。雖

〔一〕《禮記・仲尼燕居》載：「仲尼燕居，子張、子貢、子遊侍，縱言至於禮。……子曰：『師，爾過；而商也，不及。子產猶衆人之母也，能食之不能教也。』子貢越席而對曰：『敢問將何以爲此中者也？』子曰：『禮乎禮！夫禮所以制中也。』」

〔二〕黄以周《子思子輯解・内篇・中庸》：「《仲尼燕居》論師也過，商也不及，子曰：『禮乎禮！』夫禮所以制中也。是『後説』所本。」唐先生具言「後説」即鄭玄注。

然，道之在人心，終不可泯，在教育者一提倡之而矣。漢董生曰：「孔子爲魯司寇，諸侯害之，大夫壅之。孔子知言之不用，道之不行也，是非二百四十年之中，以爲天下儀表。」〔一〕此即行道之志，創道之功也。

朱子云：「右第五章。」

子曰：「舜其大知也與！舜好問而好察邇言，隱惡而揚善，執其兩端，用其中於民，其斯以爲舜乎！」

鄭注：「兩端，過與不及也。用其中於民，賢與不肖皆能行之也。」

朱注：「舜之所以爲大知者，以其不自用而取諸人也。邇言者，淺近之言，猶必察焉，其無遺善可知。然於其言之未善者則隱而不宣，其善者則播而不匿，其廣大光明又如此，則人孰不樂告以善哉。兩端，謂衆論不同之極致。蓋凡物皆有兩端，如小大厚薄之類，於善之中又執其兩端，而量度以取中，然後用之，則其擇之審而行之至矣。然非在我之權度精切不差，何以與此？」

先師黃氏元同云：「執中，即中庸之義。庸者，用其中爲常道也。注意上節道其

〔一〕司馬遷《史記・太史公自序》引。

不行，闕無明君教之。此舉舜之用中，使其民無賢不肖皆能行之，以示明君教民之極致。」〔一〕

愚按：《孟子》贊舜曰：「善與人同，舍己從人，樂取於人以爲善。」又曰：「取諸人以爲善，是與人爲善者也，故君子莫大乎與人爲善。」〔二〕蓋自來好善之君，無過於舜。好問，好聞善言也。好察邇言，好察善言也。隱惡，欲化惡以爲善也。揚善，欲人之益勉爲善也。執兩用中，賢與不肖皆能行以止於至善也。《論語》引堯之戒舜曰：「允執其中。」〔三〕言執兩端之中，非執空虛之理也。蓋舜之好善，至誠而已矣。下文云：「誠者，非自成己而已也，所以成物也。成己，仁也。成物，智〔四〕也。」蓋未有專見己之善而能成己者也。蓋未有專見人之不善而能成物者也。性之德也，合外内之道也。蓋率性之道，合人己而爲善者也。故時措之宜也，此其所以爲大知也，蓋

〔一〕黄以周《子思子輯解・内篇・中庸》。
〔二〕《孟子・公孫丑上》孟子語：「大舜有大焉，善與人同。舍己從人，樂取於人以爲善。自耕稼陶漁以至爲帝，無非取於人者。取諸人以爲善，是與人爲善者也。故君子莫大乎與人爲善。」
〔三〕《論語・堯曰》文。
〔四〕經文作「知」。

「自誠明謂之性」也。《孟子》曰：「雞鳴而起，孳孳爲善者，舜之徒也。」〔一〕士未有不好善而可以入於道者。虚心窮理，皆爲善之根基也。

李氏二曲云：「舜之所以爲舜，全在好問好察。吾人不能好問好察，其病有二。一則安於凡陋，未嘗以遠大自期。一則自高自大，耻於屈己下人。二病若除，自然好問好察。」又云：「知好問好察、用中於民是大智，則知不問不察、師心自用是大愚。」〔二〕

朱子云：「右第六章。」

子曰：「人皆曰予知，驅而納諸罟擭陷阱之中，而莫之知辟也。人皆曰予知，擇乎中庸而不能期月守也。」

朱注：「罟。網也。擭，機檻也。陷阱，坑坎也。皆所以揜取禽獸者也……期月，匝一月也。言知禍而不知辟，以況能擇而不能守，皆不得爲知也。」

先師黄氏元同云：「舜之好問察言，尚不敢自謂予智。予智自雄者，皆妄

〔一〕《孟子·盡心上》孟子語。
〔二〕李顒《四書反身録·中庸》。

人也。」〔一〕

愚按：「予智者」，好自用之心也。士之所以不能入於善者，皆曰「予智」而已矣。以罟擭陷阱不能辟，喻擇乎中庸不能守者。蓋人既不能信依中庸，乃日以機械變械變詐爲事，而己之機心，召天下之殺機，必致納於罟擭陷阱以死，是以機心自殺也，可哀也。若既擇乎中庸矣，乃爲世俗所轉移而不能守，機械之心亦得以乘之，久亦納諸罟擭陷阱之中，雖追悔而已無及，是盲從以蹈於死機，因以自殺者也，尤可哀也。此皆「予智」之心誤之也。

孫氏夏峯云：「陸氏象山謂：『名利如錦覆陷阱，使人貪而墮其中，到頭只贏得一個大不惺惺去。』〔二〕此語形容最切。又云：『與溺於利欲之人言猶易，與溺於意見之人言卻難。罟擭陷阱，能拾取禽獸者，餌昏之也。禍機能陷人者，利昏之也。隱怪能哭人者，意見昏之也。』」〔三〕

〔一〕黄以周《子思子輯解·内篇·中庸》。

〔二〕陸九淵原語：「爭知道名利如錦覆陷阱，使人貪而墮其中，到頭只贏得一個大不惺惺去。」孫奇逢引述亦同。唐先生引孫文，未録「到頭只贏得一個大不惺惺去」，今補入以足句意。

〔三〕孫奇逢《四書近旨》卷二《皆曰予知章》。

朱子云：「右第七章。」

子曰：「回之爲人也，擇乎中庸，得一善，則拳拳服膺而弗失之矣。」

朱注：「回，孔子弟子顔淵名。拳拳，奉持之貌。服，猶著也。膺，胸也。奉持而著之心胸之間，言能守也。」

愚按：《易·繫辭傳》云：「善不積，不足以成名。」爲善要在於能積，得而弗失，則積於心矣。一時而積一善，一日不知積幾許善矣。一日而積數善，一歲不知積幾許善矣。修德在此，成名亦在此。拳拳服膺者，誠懇之至也，此顔子之心學也，《易傳》：「子曰：顔氏之子，其殆庶幾乎？有不善未嘗不知，知之未嘗復行也。《易》曰：不遠復，无祇悔，元吉。」《論語》：「子曰：回也，其心三月不違仁。」〔一〕仁者，善之長也〔二〕。蓋顔子惟能常存此心，不違於仁，故能守而弗失。若心偶放，則失之矣。世之人終日放其心，甚至得一惡而服膺之，其不入於罟擭陷阱者，幾希矣。是故一心

〔一〕《論語·雍也》孔子語：「回也，其心三月不違仁，其餘則日月至焉而已矣。」三月不違仁，從顔淵「心」上見義，唐先生引以發揮德性意志之觀念，故下文皆在「心」立義。

〔二〕「仁者，善之長」，乃朱子理辨周敦頤《太極圖説》「仁義中正」之説。

之操舍，善惡之界也；一念之善惡，生死之界也。

朱子云：「右第八章。」

子曰：「天下國家可均也，爵禄可辭也，白刃可蹈也，中庸不可能也。」

朱注：「均，平治也。三者亦知、仁、勇之事，天下之至難也。然皆倚於一偏，故資之近而力能勉者，皆足以能之。至於中庸，雖若易能〔一〕，然非義精仁熟，而無一毫人欲之私者，不能及也。三者難而易，中庸易而難，此民之所以鮮能也。」

愚按：朱子訓均爲平治，恐非。平治天下，必歸諸中庸之士。此言天下國家可均者，蓋謂均貧富之産業也。强均貧富，則必均職業。夫人之職業可均乎？欲均職業，則必均聰明才智，夫人之聰明才智可均乎？斯議一興，憤激不平之徒出，不奪不饜，天下將大亂矣，悲夫！

《詩》云：「受爵不讓，至於已斯亡。」〔二〕《孟子》云：「勇士不忘喪其元。」辭爵禄、

〔一〕自「然皆倚於一偏」至此，朱子原注作：「然不必其合於中庸，則質之近似者皆能以力爲之。若中庸，雖不必皆如三者之難。」當以朱注爲正。

〔二〕《詩·小雅·角弓》：「民之無良，相怨一方；受爵不讓，至於已斯亡。」

蹈白刃，豈非天下至難之事？然須知人人皆以辭爵禄爲心，則事業誰復擔任之者？人人皆以蹈白刃爲心，則激烈之徒連踵，遊俠多而天下亦亂矣。故惟得其中，而後均天下國家，辭爵禄，蹈白刃，於義無所虧缺，於情無所偏著。苟失其中，則均天下國家，辭爵禄、蹈白刃，非爲名即爲利，非爲利即爲意氣，雖爲一時無識者所推許，而流弊無窮，深可惜也。

雖然，聖人云「中庸不可能」，未嘗云終不可能。中庸者，秉於生初者也，自在教育國民者，涵養熏陶，善劑其偏，庶幾中庸之士出，而彼之均天下國家、辭爵禄、蹈白刃者，亦皆進於範圍，而不至流於偏僻矣。《禮記·禮運》篇云：「外户而不閉，是謂大同。」其中庸之世乎？

李氏二曲云：「事功節義，人若能一一出之至性，率自平常，而胸中絶無事功、節義之見，方是真事功、真節義、真中庸。誰謂中庸必離事功、節義而後見耶？有此事功、節義，方足以維名教，振積風。若誤以迂庸爲中庸，則中爲執一無權之中，庸爲碌碌無能之庸，人人皆可能，人人皆中庸矣，何云不可能也？」[一]

[一] 李顒《四書反身録·中庸》。

朱子云：「右第九章。」

子路問强。

朱注：「子路，孔子弟子仲由也。子路好勇，故問强。」

愚按：强種、强國、强家、强身，皆聖賢豪傑之事也。故顧氏亭林云：「《洪範》六極『六曰弱』，鄭康成注：『愚懦不毅爲弱。』故子路問强。」〔一〕

子曰：「南方之强與？北方之强與？抑而强與？

鄭注：「言三者所以爲强者異也。抑，辭也。『而』之言女也，謂中國也。」

愚按：鄭注以而爲中國，恐非。此所謂而强者，非指地利而言，指道德之矯氣習而言也。

寬柔以教，不報無道，南方之强也，君子居之。

朱注：「寬柔以教，謂含容巽順以誨人之不及也。不報無道，謂横逆之來，直受之而不報也。南方風氣柔弱，故以含忍之力勝人爲强，君子之道也。」

愚按：寬柔以教，以寬柔爲教也。《老子》曰：「以天下之至柔，馳騁天下之至

〔一〕顧炎武《日知録》卷六。

剛。」斂藏退守，南方之强似之。

衽金革，死而不厭，北方之强也，而强者居之。

朱注：「衽，席也。金，戈兵之屬。革，甲冑之屬。北方風氣剛勁，故以果敢之力勝人爲强，强者之事也。」

愚按：《史記・遊俠列傳》曰：「設取予然諾，千里誦義，爲死不顧世。」言自設取予然諾之標準，千里外稱誦高義，雖死不顧世俗之論。北方之强似之。

故君子和而不流，强哉矯。中立而不倚，强哉矯。國有道不變塞焉，强哉矯。國無道，至死不變，强哉矯。

鄭注：「流，猶移也。塞，猶實也。國有道，不變以趨時。國無道，不變以辟害。有道無道，一也。矯，强貌。」

愚按：君子者，不囿於方隅者也。處世以和爲貴，然和而流，則與衆人皆濁矣。惟和而不流，所以爲中庸之道也。《孟子》曰「中天下而立」，中立不倚，有特立獨行之概，不隨世俗爲俯仰，所以爲中庸之道也。「不變塞焉」，至死不變，是篤信乎中庸之學，而守死善道者也。如何而能不變？則出處隱見，當審其幾焉。《易・乾》之象傳曰：「天行健，君子以自强不息。」此四者皆所以自强也。無論南方之强、北方之强，皆當以是陶鎔之也。

胡氏雲峯云：「流字、倚字、變字，皆與强字相反。不流、不倚、不變四不字，有骨力，是之謂自强。『南北以勝人爲强，其强也，囿於風氣之中。君子以自勝爲强，純乎義理而出於風氣之外，此變化氣質之功所以爲大也。』」〔一〕

朱子云：「右第十章。」

子曰：「素隱行怪，後世有述焉，吾弗爲之矣。」

朱注：「素，按《漢書》當作索，蓋字之誤也。《前漢·藝文志》：「孔子：『索隱行怪，後世有述焉，吾不爲之矣。』」顏師古曰：「索隱，求索隱暗之事。」〔二〕索隱行怪，言深求隱僻之理，而過爲詭異之行也。然以其足以欺世而盜名，故後世或有稱述之者。此知之過而不擇乎善，行之過而不用其中者也……聖人豈爲之哉！」

愚按：索隱者，《老子》所謂：「恍兮惚兮，其中有物，窈兮冥兮，其中有精。」《莊

〔一〕元儒胡炳文《四書通·中庸》。此條唐先生蓋轉引孫奇逢《四書近旨》卷一《子路問强章》。孫奇逢《四書近旨》於「南北以勝人爲强」前漏去「饒氏曰」，遂以爲皆胡炳文語。饒氏即朱子再傳之饒魯，見《宋元學案·雙峯學案》。

〔二〕此唐先生引《漢書》佐證朱子注。《漢書·藝文志》：「孔子曰：索隱行怪，後世有述焉，吾不爲之矣。」顏師古注：「《禮記》載孔子之言。索隱，求索隱暗之事，而行怪迂之道。」

子》所謂「至道之精，窈窈冥冥。至道之極，昏昏默默」〔一〕是也。行怪者，如陳仲之辟兄離母，王安石之囚首喪面而談《詩》《書》是也。此其質蓋偏於剛勝者，《老》《莊》亦因剛極而柔。深可惜也。吾弗爲之，以中庸之道準之也。

君子遵道而行，半塗而廢，吾弗能已矣。

朱注：「遵道而行，則能擇乎善矣。半塗而廢，則力之不足也。此其知雖足以及之，而行有不逮者也……已，止也。聖人於此，非勉焉而不敢廢，蓋至誠無息，自有所不能止也。」

愚按：人之生也。同得天命之性，莫不秉有聖賢豪傑之才，亦莫不負有聖賢豪傑之志。然而縱横數萬里，上下數千年。其能成就爲聖賢豪傑者，億萬中曾不得一二。何哉？大率誤於半塗而廢也。其始也，亦嘗立志遵道而行。而其終也，則懈怠而廢焉。學問無成，行詣不立，事功中輟，皆由於自廢。此其質蓋偏於柔勝者，尤可惜也。「吾弗能已」，以中庸之道策之也。

君子依乎中庸，遯世不見知而不悔，唯聖者能之。」

〔一〕《莊子・在宥》言「至道」之文。

愚按：《論語》曰「依於仁」，依者言相依而不失，不可須臾離也。《易·乾卦·文言傳》曰：「遯世无悶，不見是而无悶。」惟不見是而无悶，乃能不見知而不悔。悶者，悔之漸也。我之道德充裕，且可行先知先覺之事業，而世乃不以爲是，如是而无悶焉，乃所以爲潛德也。孔子又曰：「不易乎世，不成乎名。樂則行之，憂則違之。確乎其不可拔，潛龍也。」蓋道者，在我者也。知者在人者也。見知不見知，於我無絲毫之損益也。既有確乎不拔之定識、定力，猶安有悔於其心者哉？《論語》首章曰：「人不知而不愠，不亦君子乎！」其末章曰：「不知命，無以爲君子也。」聖人之學，以不求人知爲第一義。彼索隱行怪之徒，固誤於求知。即半塗而廢之人，亦誤於求知。何也？蓋索隱行怪者，在於立異以求表暴。至遵道而行之人，一有求知之念，馳心外慕，其道即半塗而廢矣。是以本經末章，以「闇然日章」爲求道之初基，而又「無聲無臭」爲道之極致也。聖乎聖乎！豈終不可能乎！

孫氏夏峯云：「遯世與避世别，避世必隱，遯世不必隱。君子有中庸之德，不大聲色，人自與之相違，如天山之兩相望而不相親，故曰遯。聖人則不悔而已。老氏

『知希我貴』〔一〕，多一層意思，去中庸之道遠矣。」〔二〕

朱子云：「右第十一章。」

君子之道費而隱。

朱注：「費，用之廣也。隱，體之微也。」

愚按：門人陳氏柱尊云：「費者，明也，《楚辭·招魂》注：費，光貌。廣也。《荀子·勸學篇》「地見其光」劉台拱云：光，廣也。隱者，細也，見《廣韻》。匿也。見《玉篇》。」〔三〕此極合古訓。

鄭注以此二語連屬上章，非是。

編者謹按：唐先生《顏、曾、思、孟四賢宗要》補充云：「王氏船山謂：『吾儒言隱顯，不言有無。道無寂滅。』讀此節與本經首章『莫見乎隱，莫顯乎微』二語，可證其義極精。」〔四〕

夫婦之愚，可以與知焉，及其至也，雖聖人亦有所不知焉。夫婦之不肖，可以能行焉，

〔一〕語出《老子》七十章「知我者希，則我者貴。」

〔二〕孫奇逢《四書近旨》卷二《索隱行怪章》。「去中庸之道遠矣」句，孫氏原作「去中庸道理遠甚」。「知希我貴」句出《老子》七十章「知我者希，則我者貴」。

〔三〕陳柱《中庸通義》按語。

〔四〕唐先生《茹經堂文集》四編卷四。

及其至也，雖聖人亦有所不能焉。天地之大也，人猶有所憾。故君子語大天下莫能載焉，語小天下莫能破焉。

愚按：夫婦之愚可以與知，良知也。夫婦之不肖可以能行，良能也。愛親敬長，匹夫匹婦亦能知之而能行之也。「及其至而聖人亦有所不知」，蓋物理之繁賾，聖人有所不及知也。「及其至而聖人亦有所不能」，蓋人功物曲之巧妙，聖人亦有所不及能也。雖然，聖人不必求盡知，不必求盡能也，惟務盡人之性，盡物之性，以彌世間之缺憾而已。人所憾於天地，張子《西銘》所謂「罷癃殘疾，惸獨無告者」是也〔一〕。聖人財成天地之道，輔相天地之宜，當爲天地彌其缺憾者也。至於天地位，萬物育，而人可無憾矣。故君子語之大者，謂天下載籍所不及載，博之至也，此謂語之大，非謂道之大也。語之小者，天下莫能破其説，精之至也，此謂語之小，非謂道之小也。所謂致廣大而盡精微也，即所謂費而隱也。

門人陳氏柱尊云：「聖人者，以聖人責己，以衆人責人。以聖人責己，故一人之飢，曰我飢之也；一人之寒，曰我寒之也；匹夫匹婦有不被堯舜之澤者，若己推而内

〔一〕張載《西銘》文：「凡天下罷癃殘疾，惸獨鰥寡，皆吾兄弟之顛連而無告者也。」

之溝中，此聖人之所憾也。以衆人責人，故人之憾與不憾，聖人不之計也。」〔二〕亦足備一說。

《詩》云：「鳶飛戾天，魚躍於淵。」言其上下察也。

朱注：「《詩》，《大雅·旱麓》之篇。鳶，鴟類。戾，至也。察，著也。子思引此詩，以明化育流行，上下昭著，莫非此理之用，所謂費也。然其所以然者，則非見聞所及，所謂隱也。」

愚按：古人引《詩》，皆觸類旁通，而不囿於一事，如《論語》子貢引《詩》「如切如磋，如琢如磨」，以喻「貧而樂道，富而好禮」。子夏引《詩》「巧笑倩兮，美目盼兮」，而即悟「禮後」，是也。此節言物各循其性之自然，所謂率性之道也。蓋言鳶而道在於鳶也，言魚而道在於魚也。然言鳶而道不限於鳶也，言魚而道不限於魚也。蓋言鳶而鳶之類，道無不在也；言魚而魚之類，道無不在也。且言鳶而非鳶之類，道無不在也；言魚而非魚之類，道無不在也。言其上下察也，見物之各循其性而得其所也。王符《潛夫論·德化》篇引此《詩》而申之曰：「君子修其樂易之德，上及飛鳥，下及淵

〔二〕陳柱《中庸通義》按語。

魚，無不歡忻説豫。」此聖人之德，化育萬物之全功也，至是而尚復何憾乎？

編者謹按：唐先生《顔、曾、思、孟四賢宗要》補充解釋云：「察字之義，近曾文正謂治事法有三，曰剖晰，曰簡要，曰總核。剖晰者，切磋琢磨，每一事來，須先剖成兩片，由兩片剖成四片，由四片剖成八片，愈剖愈精細。簡要者，事雖千端萬緒，而其要處，祇一二語，如人身雖大，而脈絡針穴不過數處，萬卷雖多而提要鉤元不過數句。總核者，日知其所亡，月無忘其所能，每日所治之事，至一二月當總核一次，總以後勝於前者爲進境，則事無不理矣。此節當與《盡人性盡物性章》參讀，贊天地化育，所以補人之缺憾也。」〔一〕

君子之道，造端乎夫婦，及其至也，察乎天地。

愚按：有天地然後有萬物，有萬物然後有男女，有男女然後有夫婦，故《周易》下經首《咸》《恒》。《咸》《恒》者，夫婦之大義也。上經首《乾》《坤》，《乾》《坤》，天地之大義也。君子之道，造端乎夫婦，及其至也，察乎天地，盡人道以通乎天道也。《易》三百八十四爻歸於既濟定，盡人合天之道無不賅，而其費而隱者，無不悉得其當矣。

〔一〕唐先生《茹經堂文集》四編卷四。

朱子云：「右第十二章。」

愚按：先儒釋此章，多破碎支離，或託於元妙，竊謂説經以實事求是爲要，故均無取焉。

編者謹按：唐先生《顔、曾、思、孟四賢宗要》補充解釋云：「造端夫婦，憫夫婦之愚不肖而教導之，以擴其知能也。察乎天地，補天地間之缺憾也。《易傳》云：『裁成天地之道，輔相天地之宜。』《孝經》云：『天地明察，神明彰矣。』所以挽救世運，轉否爲泰，必賴有仁孝明道之君子。」[一]

子曰：「道不遠人。人之爲道而遠人，不可以爲道。

朱注：「道者，率性而已，固衆人之所能知能行者也，故常不遠於人。若爲道者厭其卑近，以爲不足爲，而反務爲高遠難行之事，則非所以爲道矣。」

愚按：道者，人性也，人倫也。未有悖人性、外人倫而可以爲道者也。《老子》曰：「道可道，非常道。」常者，尚也。彼以「可道」爲非尚道，尚、上通。是違道而遠人

[一] 唐先生《茹經堂文集》四編卷四。

也。仁義者，人道也。《莊子》曰：「仁義又奚連連如膠漆纆索，而遊乎道德之間爲哉？」[一]韓子曰：「凡《老子》之所謂道德云者，去仁與義言之也，一人之私言也。」「吾儒之所謂道德云者，合仁與義言之也，天下之公言也。」[二]合仁與義而言之者，「道不遠人」也。去人與義言之者，違道而遠人也。

《詩》云：『伐柯伐柯，其則不遠。』執柯以伐柯，睨而視之，猶以爲遠，故君子以人治人，改而止。

朱注：「《詩》，《豳風·伐柯》之篇。柯，斧柄。則，法也。睨，邪視也。言人執柯伐木以爲柯者，彼柯長短之法，在此柯耳，然猶有彼此之別，故伐者視之，猶以爲遠者也。若以人治人，則所以爲人之道，各在當人之身，初無彼此之別。君子之治人也，即以其人之道，還治其人之身。其人能改，即止不治。蓋責之以其所知能行，非欲其遠人以爲道也，張子所謂『以衆人望人則易從』是也。」

愚按：執柯伐柯者，所執者已成之柯也，所伐者未成之柯也，故猶以爲遠也。若

[一]《莊子·駢拇》文。
[二]韓愈《原道》原文是：「凡吾所謂道德云者，合仁與義言之也，天下之公言也。《老子》之所謂道德云者，去仁與義言之也，一人之私言也。」「吾儒」，韓愈原文作「吾」。

人則稟性皆同，實無彼此之别，故不遠也。且執柯伐柯，非任木之性也，必待於繩削也，故猶遠也。若以人治人，則任人之性也，無待於繩削也，故不遠也。且執柯伐柯，不能爲再三之改也，再三改而柯受傷矣。若以人治人，則雖爲再三之改，而其人仍可進於道也，故改而即止也。

忠恕違道不遠，施諸己而不願，亦勿施於人。

朱注：「盡己之心爲忠，推己及人爲恕。違，去也……道，即其不遠人者是也。『施諸己而不願，亦勿施於人』，忠恕之事也。以己之心度人之心，未嘗不同，則道之不遠於人者可見……張子所謂『以愛己之心愛人則盡仁』是也。」

愚按：中心爲忠，謂内盡其心也。如心爲恕，推己之心亦如人之心也。《論語》孔子告曾子一貫，而曾子釋以忠恕者，[一]謂人與己爲一貫也。說見《大學大義》「絜矩節」。「施諸己而不願，亦勿施於人」，絜矩之道，天下之公理也。人生當世，己與人本無所謂間，惟有形骸之隔，而私意起焉。私意一起，浸至悖人道而不

[一]《論語·里仁》載：「子曰：『參乎！吾道一以貫之。』曾子曰：『唯。』子出。門人問曰：『何謂也？』曾子曰：『夫子之道，忠恕而已矣。』」唐先生約取文義。

願，惜哉惜哉！「己所不欲，勿施於人」，循公理而已矣。公理者，道也。不願者勿施於人，則其所願者能施於人可知也。孔子曰：「夫仁者，己欲立而立人，己欲達而達人。能近取譬，可謂仁之方也已。」爲仁之方，爲人之道也，此人道教育之最要者也。

君子之道四，丘未能一焉。所求乎子，以事父未能也。所求乎臣，以事君未能也。所求乎弟，以事兄未能也。所求乎朋友，先施之未能也。庸德之行，庸言之謹，有所不足，不敢不勉。有餘不敢盡，言顧行，行顧言，君子胡不慥慥爾？」

朱注：「求，猶責也。道不遠人，凡己之所以責人者，皆道之所當然也，故反之以自責而自修焉。庸，平常也。行者，踐其實。謹者，擇其可。德不足而勉，則行益力。言有餘而訒，則謹者益至。謹之至則言顧行矣，行之力則行顧言矣。慥慥，篤實貌。言君子之言行如此，豈不慥慥乎，讚美之也。凡此皆不遠人以爲道之事。張子所謂『以責人之心責己則盡道』是也。」

先師黄氏元同云：「《韓詩外傳》四曰：『有君不能事，有臣欲其忠。有父不能事，有子欲其孝。有兄不能敬，有弟欲其從令……言能知於人，而不能自知也。』《章

句》讀子、臣、弟、友句，與《韓詩》合。慥之言蹙，自急敕也。」〔一〕

愚按：子臣弟友，皆人倫之道也。未能者，謙辭也。《易·乾卦·文言傳》曰：「庸言之信，庸行之謹，閑邪存其誠。」與此相發明。行庸德，謹庸言，進於誠矣。《孝經》所謂「言滿天下無口過，行滿天下無怨惡」是也。有所不足，不敢不勉，指行而言，恥躬之不逮也。有餘不敢盡，指言而言，慎言而其有餘，則寡尤也。君子之道，與其言浮於行也，毋寧行浮於言。「故天下有道，則行有枝葉。天下無道，則言有枝葉。」〔二〕士君子一己之言行，而天下之有道無道係焉，故曰：「言行，君子之所以動天地也，可不慎乎？」〔三〕慥慥，先師訓爲蹙蹙。《論語》曰：「學如不及。」又曰：「子路有聞，未之能行，惟恐有聞。」皆敏速之義，雖與朱注不同，而亦足以策學者。

門人陳氏柱尊云：「《莊子·齊物論》篇釋庸字云：『庸也者，用也。用也者，通也。通也者，得也。』此云庸德、庸言，謂於用世而無不通、無不得者也。父慈子孝，兄

〔一〕黄以周《子思子輯解·内篇·中庸》。
〔二〕《禮記·表記》文。
〔三〕《易·繫辭上》文。

友弟恭，行之於身，則爲庸德。宣之於口，則爲庸言。然德雖庸，行之於身而易忽；言雖庸，告之於人而易誇。忽故於德也常不足，誇故於言也常有餘。世之小人不知求諸己，而常欲求諸人。不知求諸己，故虧德而不自知；常欲求諸人，故多言以欺世。是以言愈有餘，而德愈不足。君子則反是。知夫言之易爲也，是以謹之而不敢盡，蓋『耻躬之不逮』也。知夫德之難盡也，是以勉之而惟恐其不足，故『戒慎乎其所不睹，恐懼乎其所不聞』也。是以言彌謹，而德彌宏。故曰：『言顧行，行顧言，君子胡不慥慥爾。』……然則君子小人之判，固在乎力行，而不在乎多言矣。世之能言而不能行者，其亦知所愧夫！」〔一〕

朱子云：「右第十三章。」

君子素其位而行，不願乎其外。

朱注：「素，猶見在也。言君子但因見在所居之位，而爲其所當爲，無慕乎其外之心也。」

愚按：《易・艮》卦大象傳曰：「君子思不出其位。」位者天之所命，人之所以自

〔一〕陳柱《中庸通義》按語。

立也。思出其位，則行出其位。行出其位，則違天之命。既無以自立，即無以爲人矣。《履》卦之初爻曰：「素履往，无咎。」象傳曰：「素履之往，獨行願也。」素履者，所謂素位而行也。獨行願者，無慕乎在外之紛華，而獨行我本心之所願也。此《履》卦所以爲德之基也。

素富貴行乎富貴，素貧賤行乎貧賤，素夷狄行乎夷狄，素患難行乎患難，君子無入而不自得焉。

鄭注：「自得，謂所鄉不失其道。」

愚按：天命謂性，率性謂道。吾自樂吾之天，養吾之性，修吾之道，故曰自得，非因人富貴、貧賤、夷狄、患難之境而始有所得也。然而天懷之淡定，經富貴、貧賤、夷狄、患難之境而愈覺光明，其所以自得者愈深矣，故無入而不自得。吾心之功夫無止境也。

孫氏夏峯云：「人生適意之境，止有一富貴，其餘意外之遭，皆拂逆也。拂逆者不能堪，故多冀望於非分之獲，以寄愉快。不知非分之獲，亦與喪其所有者同害，况未必獲乎。君子於此有道焉，一日有一日之位，一位有一位之行。境雖逆，有道以居之也，雖逆，順也。境雖順，無道以居之也，雖順，逆也。此素位之君子

所以無入不自得也。」[一]

在上位不陵下，在下位不援上，正己而不求於人則無怨，上不怨天，下不尤人。

愚按：惟不陵下者，始能不援上。亦惟不援上者，始能不陵下。諂人者常驕人，不驕亦必不諂矣。惟正己始能不求，亦惟不求乃所以爲正。天下之有求於人者，皆邪心也，皆邪行也，未有求人而能正己者也。逢人即有求，所以多怨。不怨不尤，其功端在於正己。此君子之所以自修，即樂天養性之學也。

故君子居易以俟命，小人行險以徼幸。

鄭注：「易，猶平安也。俟命，聽天任命也。險，謂傾危之道。」

朱注：「徼，求也。幸，謂所不當得而得者。」

愚按：《易·繫辭傳》曰：「夫乾，天下之至健也。」德行恒易以知險，蓋天下之迷途多矣，而自君子居之，則皆易也；自小人行之，則皆險也。何也？蓋世界中固無所謂易、無所謂險也，視乎吾之心而已。君子處世，常覺其易者，心乎義也。義者，天下之正路也。心乎義，則其心易而其境無不易矣。小人處世，常覺其險者，心乎利也。

[一] 孫奇逢《四書近旨》卷二《素位而行章》。

利者，天下之危道也。心乎利，則其心險，而其境無不險矣。《孟子》曰：「修身以俟之，所以立命也。」君子之道，始於知命，繼而安命以俟命，又繼而立命，至於終則能造命矣。徼幸者之於富貴，亦或暫時得之，乃不久而大險隨之矣。嗟乎！人之處世，其願處於平安乎？抑願處於危險乎？欲知易與險之分，無他，義與利之間也。

子曰：「射有似乎君子，失諸正鵠，反求諸其身。」

朱注：「畫布曰正，棲皮曰鵠，皆侯之中，射之的也。子思引此孔子之言，以結上文之意。」

愚按：《孟子》曰：「射者正己而後發，發而不中，不怨勝己者，反求諸己而已矣。」曰正己，曰不怨，皆取本經之義。惟反求諸身，所以能不怨也。而孔子云似者，何也？似者，似焉而已。蓋民生而有血氣，則不能無爭。射者有形之爭，名利者無形之爭。然而射者之反求諸身，其志在於正鵠也。君子之反求諸身，其志非在於名利，蓋在於道德，在於學問，故曰似也。

朱子云：「右第十四章，子思之言也。凡章首無『子曰』字者放此。」

君子之道，辟如行遠必自邇，辟如登高必自卑。

愚按：此以孝道通天下，道必始自家庭之際也。本經下篇云：「立天下之大本。」鄭君彼注云：「大本，《孝經》也。」蓋教者發於天性，爲人道所最先。仁民愛物，基於親親。推恩四海，始於老老。下篇言不順乎親，則不信乎友，不獲乎上。又言惟天下至誠，爲能盡其性，能盡其性，則能盡人之性、盡物之性。盡其性者，盡孝道也，所謂自邇也、自卑也。盡人性、盡物性，至於參贊化育，所謂遠也、高也。孝之道大矣哉。《孝經》首章曰：「夫孝德之本也，教之所由生也。」《論語》曰：「君子務本。本立而道生，孝弟也者，其爲仁之本與。」[一]君子於此，可以知道之大本矣。

《詩》曰：「妻子好合，如鼓瑟琴。兄弟既翕，和樂且耽。宜爾室家，樂爾妻帑。」

朱注：「《詩》，《小雅·常棣》之篇。鼓瑟琴，和也。翕，亦合也。耽，亦樂也。帑，子孫也。」

愚按：此節注重一「和」字。《孝經》首章曰：「民用和睦，上下無怨。」蓋因一家之和氣，推而爲一國之和氣、天下之和氣，故能上下無怨。周公作《周禮》曰「和親康樂」[二]，惟

[一]《論語·學而》載有子語。
[二]《大戴禮記·朝事》文：「古者聖王昭義以別貴賤，以序尊卑，以體上下……及其萬民之利害爲一書，其禮俗、政事、教治、刑禁之逆順爲一書，其悖逆暴亂，作慝欲犯令者爲一書，其札喪、凶荒、厄貧爲一書，其康樂、和親、安平爲一書。凡此五物者，無國別異之，天子以周知天下之政。」

和而後能親，惟和親而後能康樂，和之道大矣哉。故本經曰：「和也者，天下之達道也。」反乎和則爲睽乖，人道睽乖，天下亂矣。

子曰：「父母其順矣乎！」

愚按：《孝經》首章曰：「先王有至德要道以順天下。」至德要道，本乎孝，而孝始於順。《孟子》之贊虞舜曰：「惟順於父母，可以解憂。」又曰：「大孝終身慕父母。」順者，慕之所發也。無所不慕，則無所不順，順之之道大矣哉。孝子之事父母也，和氣愉色，柔聲婉容，殷勤以將順，視於無形，聽於無聲，久之而其和且順也，亦在於無形無聲之中，兄弟怡怡，妻子熙熙，相觀而化，不待言矣。吾言治道，常神遊於唐虞之際。吾言孝道，常神遊於重華、曾子之庭。《孝經》曰：「孝悌之至，通於神明，光於四海。」夫是之謂君子之道，夫是之謂率性之道，夫是之謂行遠自邇、登高自卑之道，蓋人道之最重者也。

朱子云：「右第十五章。」

愚按：此章言和順以孝其親，以立人倫之本，《孝經》所謂「生則親安之」是也。下章言祭祀之盡孝，《孝經》所謂「祭則鬼享之」是也，是以「天下和平，災害不生，禍亂不作」，皆和氣之所感召也。又下三章舉大舜、文王、武王、周公以爲標準，四聖皆大孝人也。自宗廟饗之，推而及於諸侯、大夫及士庶人。自繼志述事，推而至於郊社之禮、禘嘗之義，其端皆自和順始，所謂行遠自邇，登高自卑也。義理文法，特爲邃密，朱子以爲承上章費隱而言，失之拘矣。

子曰：「鬼神之爲德，其盛矣乎！

愚按：顧氏亭林云：「王道之大，始於閨門，妻子合，兄弟和，而父母順，道之邇也、卑也。郊焉而天神假，廟焉而人鬼饗，道之遠也、高也。先王事父孝故事天明，事母孝故事地察，修之爲經，布之爲政。本於天，殽於地，列於鬼神，達於喪祭、射御、冠昏、朝聘而天下國家可得而正也。若舜若文、武、周公，所謂庸德之行，而人倫之至者也。故曰：『君子之道，造端乎夫婦。及其至也，察乎天地。』」〔一〕此説因順父母，而推及於致孝鬼神，可謂至精至大。

又按：顧氏以此章爲祭祀之鬼神，説極明碻。惟愚意以爲前二節係泛論天神地祇人鬼，至「使天下之人」以下，乃專指祭祀之神鬼而言。

視之而弗見，聽之而弗聞，體物而不可遺。

〔一〕顧炎武《日知録》卷六。

鄭注：「體，猶生也。可，猶所也。不有所遺，言萬物無不以鬼神之氣生也。」

朱注：「鬼神無形與聲，然物之終始，莫非陰陽合散之所爲，是其爲物之體，而物所不能遺也。其言體物，猶《易》所謂幹事。」言事之質幹。

愚按：鄭注謂萬物皆以鬼神之氣所生，此說極精。非獨子孫之統系也，凡宇宙間百物皆天地精氣之所寄，家庭中百物多祖若父精氣之所寄。《禮記》曰：「父殁而不能讀父之書，手澤存焉爾。母殁而桮棬不能飲焉，口澤之氣存焉爾。」不能，言不忍也。〔一〕書與桮棬，父母精氣之所寄也。其他如古聖賢之所發明作述者，皆可類推。明乎此，則愛敬之心油然而生矣。

使天下之人，齊明盛服，以承祭祀，洋洋乎如在其上，如在其左右。

朱注：「齊之爲言齊也，所以齊不齊而致其齊也。明，猶潔也。洋洋，流動充滿之意。能使人畏敬奉承，而發見昭著如此，乃其體物而不可遺之驗也。孔子曰：『其氣發揚於上爲昭明，君蒿悽愴，此百物之精也，神之著也。』見《禮記·祭義篇》。正謂此爾。」

愚按：齊明盛服以承祭祀，此非有使之者也，而若有使之者，何也？蓋天地之間之

〔一〕唐先生自注。

鬼神，可以役人心中之神明，而人心中之神明，可以感天地間之鬼神，誠爲之也。誠不至，則神不致。「肅然必有聞乎其容聲」，「愾然必有聞乎其歎息之聲」〔一〕，善哉《祭義》之言！可以爲孝子之法則矣。「洋洋」或以爲禮樂之美盛，或以爲孝子哀慕充滿，所謂將至必樂之意，皆可通。

顧氏亭林云：「人之有父母也，雞鳴問寢，左右就養無方，何其近也。及其既亡，而其容與聲不可得而接，於是或求之陰，或求之陽，然後僾然必有見乎其位，然後乃憑工祝之傳，而致賚於孝孫。生而爲父母，殁而爲鬼神。子曰：『爲之宗廟，以鬼饗之。』此之謂也。洋洋乎如在其上，如在其左右，由順父母而推之也。」〔二〕

《詩》曰：『神之格思，不可度思，矧可射思。』

朱注：「《詩》，《大雅・抑》之篇。格，來也。矧，況也。射，厭也。射，《詩》作斁。言厭怠而不敬也。思，語辭。」

〔一〕《禮記・祭義》文：「祭之日，入室，僾然必有見乎其位。周還出户，肅然必有聞乎其容聲。出户而聽，愾然必有聞乎其嘆息之聲。」

〔二〕顧炎武《日知録》卷六。

夫微之顯，誠之不可揜如此夫？」

愚按：微者，視之而弗見，聽之而弗聞也。顯者，使天下之人齊明盛服，以承祭祀也。因祭祀鬼神之自微至顯，推而至於居心處事之自微至顯，則慎獨之功爲要矣。「誠之不可揜」，「洋洋乎如在其上，如在其左右」，祭祀之誠也。鄭注以爲鬼神不言而誠，其説未安。余嘗讀《易・无妄》一卦，以爲无妄，誠也，元亨利貞是其本德也，而彖辭曷爲又言其「匪正有眚」？心常疑之。繼乃悟此文王戒人之作僞也。作僞者，非心之正，悖天之命，故曰：「天命不祐。」凡人性善，初念本誠，其作僞者，皆出於後起。故大象傳不言天下雷行无妄，而特加「物與」二字。物與无妄者，雷行之時，物皆生无妄之念，迨雷止而誠意消，詐僞萌矣。无妄，正也。僞无妄，邪也，最不可測者也。二爻之「不耕而思穫，不菑而思畬」，貪念也，即僞念也。三爻「或繫之牛，行人之得」，則詐僞深而流於盜竊矣。五爻「勿藥有喜」，天下之關係生命者莫如藥，藥而出於僞，故曰：「无妄之藥，不可試也。」然豈特藥而已，凡一言一行一事之作僞者，皆不可試，其害與藥無異也。《中庸》之學，以至誠爲主，誠字始見於此節。惟仁人能以祭祀之誠，推而至於行事之誠，雖不見不聞之中，儼然十目所視，十手所指，而不敢稍有自欺之念。夫然後誠於中，形於外，自微之顯，而成天下之至誠。《老子》曰：「載魂魄抱一，能無離乎？」一者，誠也。小人爭名奪利，詐僞日滋，志昏於中，氣浮於上，久之而離魂而落魄，皆不誠之所致也。君子之治心也，知鬼神之不可度不可射，即由於吾心之不可度不可射。一念之起，天命降監，則不誠之意寡矣。《易》曰：「聖人以此齊戒，以神明其德夫。」

朱子云：「右第十六章。」

子曰：「舜其大孝也與！德爲聖人，尊爲天子，富有四海之内。宗廟饗之，子孫保之。

朱注：「子孫，謂虞思、陳胡公之屬。」

愚按：《孟子》曰：「大孝終身慕父母，五十而慕者，予於大舜見之矣。」又引孔子曰：「舜其至孝矣。五十而慕。」蓋孝，明德也。明德之俊必大昌，天之所以報之也[一]。

李氏二曲云：「孝爲百行之首，修身立德爲盡孝之首。舜之大孝，在德爲聖人。故人子思孝其親，不可不砥礪其德。德爲聖人，則親爲聖人之親。德爲賢人，則親爲賢人之親。若碌碌虛度，德業無聞，身爲庸人，則親爲庸人之親。甚至寡廉鮮耻，爲

[一] 此善有善報之義。

小人匹夫之身，則親爲小人匹夫之親。虧體辱親，莫大乎是。縱曰奉五鼎之養，亦總是大不孝。」[一]

故大德必得其位，必得其禄，必得其名，必得其壽。

愚按：大德本於大孝。惟孝之至，乃成爲大德也。後漢延篤云：「仁人之於孝，猶手足之有腹心，枝葉之有根本也。」[二]故《論語》曰：「孝弟也者，其爲仁之本與！」是故推恩以保四海，猶腹心之達於手足，根本之達於枝葉也。腹心穩固，手足自然健强。根本盤深，枝葉自然峻茂。疊言必得，非有所覬望而倖致之也，修德自然之驗也。《尚書》云：「舜生三十，徵庸三十，在位五十載。」計舜年百有十歲。《詩·天保》之頌壽，可謂至矣，而其最要之詞曰：「羣黎百姓，徧爲爾德。」蓋未有德不逮於羣黎百姓，而能倖致遐福者也。爲人上者其勉之哉。

故天之生物，必因其材而篤焉。故栽者培之，傾者覆之。

[一] 李顒《四書反身録·中庸》。

[二]《後漢書》卷七〇《延篤列傳》文：「夫仁人之有孝，猶四體之有心腹，枝葉之有本根也。」唐先生記憶爲文，以「手足」爲「四體」，下文皆説「手足」，文脈通貫，以故保持先生原文。

朱注：「材，質也。篤，厚也。栽，植也。氣至而滋息爲培，氣反而游散則覆。」

愚按：因材而篤，所謂天演之公理也。凡培之覆之者，皆物之所自爲也。培者，扶之植之也。天之於物，所以扶之植之者，必其物有可以扶可以植之道。若本無可扶、本無可植，雖勉强以扶之植之，終必傾覆而後已，傳所謂「天之所廢，誰能興之」〔一〕也。反是以觀，則天之所興，又誰能廢之哉？古語云：「佑賢輔德，顯忠遂良。兼弱攻昧，取亂侮亡。」〔二〕賢德忠良，栽者是也。弱昧亂亡，傾者是也。而其佑之、輔之、顯之、遂之、兼之、攻之、取之、侮之者，皆其所自爲也〔三〕。天之於物，本無私愛私惡於其間，凡不能自立者，無非自外生成者也。然則人可不修德乎哉？

又按：朱注解培、覆二字，專指氣言，説甚精覈。愚更有進焉者，氣之在宇宙間，無形而不可見，而一身一家一國，莫不隨之以爲盛衰興亡。子思子特以栽培傾覆之

〔一〕《左傳・襄公二十三年》欒盈語。此語有特殊時代語境，根據王錫彤（一八六五～一九三八）《抑齋自述》載一九一一年十月十四日與袁世凱對話：「余嘗從容問曰：『公之出山，爲救國也。清廷親貴用事，賄賂公行，即無鄂禍（指武昌新軍策反），國能救乎？』公曰：『不能，天之所廢，誰能興之！』」《抑齋自述》之四「民國閑人」。

〔二〕《書・仲虺之誥》文。

〔三〕以上皆聯繫國情之言。

理，繫於舜大孝之下者，蓋孝，和氣也，善氣之根也。善氣之在一家一國，子孫歆之，百姓感之，而其家其國自然興且盛。惡氣之在一家一國，子孫歆之，百姓感之，而其家其國自然衰且亡。此其幾豈莫之致而至哉。《孟子》曰：「君子之澤五世而斬，小人之澤五世而斬。」澤者，氣之所涵濡而鬱積也。而有時斬不斬，或不限以五世者，善氣之充，有强有弱；惡氣之充，亦有强有弱，恒隨其分數以爲修短。云五世者，舉其大概也。是培與覆，至微之消息也。《易傳》云：「積善之家必有餘慶，積不善之家必有餘殃。」曰必有者，占之於其氣也。古語云：「作善降之百祥，作不善降之百殃。」[一]曰降，因其氣而降之也。君子善養氣，致中和而已矣。中和者，善氣也。致中和者，栽善氣也。天地位，萬物育，善氣之滋息爲之也，此人之所以與天合德也。近今以來，鮮有發明此學説者，吾以學理物理推之，而知此論必大昌於後世也。

孫氏夏峯云：「人謂吉凶休咎有數存焉，非人之所能必也。予謂吉咎之氣，從類而附。吉以陽，類從順。咎以陰，類應逆，此因材之天理有固然。由是觀之，人事而

[一]《書·伊訓》文。

已，豈有天哉？」〔一〕此説注重人事。亦足警世。

《詩》曰：『嘉樂君子，憲憲令德。宜民宜人，受禄於天。保佑命之，自天申之。』

鄭注：「憲憲，與盛之貌。保，安也。佑，助也。」

朱注：「《詩》，《大雅·假樂》之篇。假、嘉通。申，重也。」〔二〕

先師黄氏元同云：「民以百姓言，人以百官言。《論語》『修己以安百姓』與此同。」〔三〕

愚按：此詩爲頌祝之辭，注重在「憲憲令德」、「宜民宜人」二句。惟有令德，而後能宜於民人，而後能受禄於天。董子云：「爲政而宜於民，固當受禄於天。」〔四〕此説最精確。自古以來，未有不以民人爲念而能受禄久長者也，且非特不能受禄而已，傾覆將轉瞬而至也。〔五〕

〔一〕孫奇逢《四書近旨》卷二《舜其大孝章》。
〔二〕朱子章句原文有「假，當依此作嘉」，唐先生取其大意。
〔三〕黄以周《子思子輯解·内篇·中庸》。
〔四〕《漢書》卷五六《董仲舒傳》載對策語：「爲政而宜於民者，固當受禄於天。」
〔五〕此唐先生感慨時事之言，有對應的歷史事實。

故大德者必受命。

朱注：「受命者，受天命爲天子也。」

愚按：大德必受命，天人和氣之相感也。《孝經》云：「孝弟之至，通於神明，光於四海。《詩》云：『自西自東，自南自北，無思不服。』」如是，則天命隨之矣。

門人陳氏柱尊云：「據此章，則孔子以神道設教，益可知矣。古之聖人，皆以神道設教者也。有以天神設教者，故稱天皇氏。有以地神設教者，故稱地皇氏。有以人神設教者，故稱人皇氏。夏尚忠，忠法人，以人神設教者也。殷尚敬，敬法地，以地神設教者也。周尚文，文法天，以天神設教者也。義見《白虎通論》。此古代之宗教也。若孔子則集古宗教之大成者也，故其道通天地人。其言曰：『一貫三爲王。』董子曰：『三者，天地人也。而參通之者，王也。』見《春秋繁露·王道通三篇》。此言能參通天地人之神道者，則可以受命而王也。然而孔子之教，莫重乎孝者，董子曰：『天地人，萬物之本也。天生之，地養之，人成之。天生之以孝弟，地養之以衣食，人成之以禮樂。』見《春秋繁露·立元神篇》。夫天生之以孝弟，則能孝於父母，而後能事天地也，故曰：『夫孝，天之經也，地之義也。』能事天地，則天錫之福。故人之大德，莫大於孝。雖然，天道冥渺，不可測知，故曰：『死生有命，富貴在天。』是以顏回而必受天之命。

不必壽，盜跖不必夭；伯夷修名而餓死，孔子大德而匹夫。天命豈可必哉？然可必者道之常，不可必者時之變。孔子道其常者，欲以禍福勸善也；不言其變者，不欲以禍福自沮也。故賢者不惑於鬼，而不肖者有所畏乎神。嗚呼！此孔子所以爲大宗教家與？」〔一〕

朱子云：「右第十七章。」

子曰：「無憂者，其惟文王乎？以王季爲父，以武王爲子。父作之，子述之。

鄭注：「聖人以立法度爲大事，子能述成之，則何憂乎？堯舜之父子則有凶頑，禹湯之父子則寡令聞。父子相成，唯有文王。」

愚按：天下之福，莫大乎無憂。文王之無憂，在能紹成先業，而又有至聖之子善繼善述也。王季之事鮮所考，《皇矣》之詩贊之曰：「唯此王季，因心則友。則友其兄，謂善事泰伯仲雍。則篤其君。」又曰：「其德克明。」而《康誥》之贊文王曰：「克明德。」是文王之明，實紹成乎王季而益光大之也。武王能救民於水火，周公則兼三王

〔一〕陳柱《中庸通義》按語。

之事而修明之，其所述者爲尤大。鄭注以「立法度」爲言，愚謂周公之述，實兼法度、文章〔一〕。蓋古來聖君文思之精，庖犧、堯、舜而下，厥惟文王，於《周易》彖辭見之矣。周公述之，作《易》爻，經禮三百，曲禮三千，皆公所創述。而《豳風》《常棣》《敬之》《小毖》《思文》諸詩，文思杳微，爲後聖所莫能逮。故公明儀曰：「文王我師也，周公豈欺我哉？」〔二〕蓋兼法度、文章而師之也。大哉！周家之肇興，由於數聖人之作述，八百年之基業，豈偶然哉？然揆厥本原，不過家庭之際，父慈子孝，兄友弟恭而已矣。《小宛》之詩曰：「明發不寐，有懷二人。」《思齊》之詩曰：「雝雝在宮，肅肅在廟。」其皆無憂態度之徵與？

孫氏夏峯云：「羑里演《易》，正其憂患之心，何以云無憂也？惟能盡中庸之道，上承賢父，下開聖子，時宜無憂，故若見爲無憂，文王亦不自覺其無憂也。」〔三〕

武王纘大王、王季、文王之緒，壹戎衣而有天下，身不失天下之顯名。尊爲天子，富有四海之內，宗廟饗之，子孫保之。

〔一〕「法度」「文章」並重，乃唐先生所措意之處。
〔二〕《孟子·滕文公上》孟子引述。
〔三〕孫奇逢《四書近旨》卷二《文王無憂章》。

鄭注：「纘，繼也。緒，業也。戎，兵也。衣讀如殷，聲之誤也。齊人言殷聲如衣。虞夏商周，氏者多矣，今姓有衣者，殷之胄與？壹戎殷者，壹用兵伐殷也。」

愚按：武王何以能纘緒？愛民而已矣。《孟子》曰：「文王視民如傷……武王不泄邇，不忘遠。」不泄不忘，皆所以愛民，而善述先志也。故其言曰：「四方有罪無罪，惟我在。」又曰：「百姓有過，在予一人。」又曰：「非敵百姓也。」皆其愛民之至也。身不失天下之顯名，無利天下之心，而唯以愛民爲念也，遂永於後世矣。「富有四海之內，宗廟饗之，子孫保之」，愛民之報也。夫愛民乃所以爲大孝也。

武王末受命，周公成文、武之德，追王大王、王季，上祀先公以天子之禮。斯禮也，達乎諸侯、大夫，及士、庶人。父爲大夫，子爲士，葬以大夫，祭以士。父爲士，子爲大夫，葬以士，祭以大夫。期之喪達乎大夫，三年之喪達乎天子，父母之喪無貴賤一也。」

朱注：「末，猶老也。追王，蓋推文、武之意，以及乎王跡之所起也。先公，組紺以上至后稷也。上祀先公以天子之禮，又推大王、王季之意，以及於無窮也。制爲禮法，以及天下，使葬用死者之爵，祭用生者之祿。喪服自期以下，諸侯絶；大夫降；而父母之喪，上下同之，推己以及人也。」

愚按：孝子之至，莫大乎尊親。周公何以成文、武之德？尊親而已矣。追王太王、王季，上祀先公以天子之禮，皆所以尊親也。《孝經》曰：「昔者周公郊祀后稷以配天，宗祀文王於明堂以配上帝。是以四海之内，各以其職來祭。」夫聖人之德又何以加於孝乎？司馬子長《史記自序》曰：「天下稱頌周公，謂其能論歌文、武之德，宣周、召之風，達太王、王季之志意，爰及公劉以尊后稷也，蓋《思文》之詩所由作也。」此周公之大孝，即文王、武王之大孝也。成其孝，乃所以成其德也。特重喪祭之禮者，《論語》曰：「所重民食喪祭。」又曰：「慎終追遠，民德歸厚矣。」夫所貴乎天子者，必以一人之孝，推及於億萬人之孝，而使天下之人皆有以盡其孝思，夫然後事天明、事地察而成其爲大孝。喪禮、祭禮，所以經緯天下之孝道，感發人子之孝心者，「無貴賤」，一也。《詩》曰：「孝子不匱，永錫爾類！」其是之謂乎。

朱子云：「右第十八章。」

子曰：「武王、周公，其達孝矣乎！

愚按：達，通也。言通親之意焉爾。視於無形，聽於無聲，謂之達孝。變而通之，與時宜之，亦謂之達孝。《易・蠱》之初爻曰：「幹父之蠱，有子，考无咎。」象曰：

「幹父之蠱，以意〔二〕承考也。」言通親之意焉爾，其旨甚微，非窮理盡性者，不足以語此。朱注謂天下之人通謂之孝，恐未是。

夫孝者，善繼人之志，善述人之事者也。

愚按：善繼善述，所謂達也。文王三分有二，以服事殷，盡臣子之節，是爲千古之常經。而武王、周公弔民伐罪，應天順人，是爲天下之通義。是故文王之志與事在於「救民」，而武王、周公繼之述之。文王之志與事在於「尊親」，而武王、周公繼之述之。不必泥文王之所爲，而無非文王之志與事，故謂之達，故謂之善繼善述。善也者，心理同而行迹異，精神同而事業異也，此之謂大孝也。

春秋修其祖廟，陳其宗器，設其裳衣，薦其時食。

鄭注：「修，謂掃糞也。宗器，祭器也。裳衣，先祖之遺衣服也，設之當以授尸也。時食，四時祭也。」

愚按：事親之道，愛敬而已矣。修祖廟、陳宗器，敬意之所發也。設裳衣、薦時食，愛情之所發也。吾親逮存之日，未盡其愛敬之誠，至吾親既歿，而猶思補其愛敬

〔二〕「意」字脱，據《易傳》補。

之缺憾，嗚乎！蓋有恫於厥心者矣。《禮記·祭義》篇云：「春雨露既濡，君子履之，有怵惕之心。秋霜露既降，君子履之，有悽愴之心。」又曰：「齊之日，思其所樂，思其所嗜，肅然必有聞乎其容聲，愾然必有聞乎其歎息之聲。」蓋至設裳衣，薦時食，而吾親之音容如見矣。故愚嘗謂《祭義》一篇，人子所宜日三復也。

宗廟之禮，所以序昭穆也。序爵，所以辨貴賤也。序事，所以辨賢也。旅酬下爲上，所以逮賤也。燕毛，所以序齒也。

鄭注：「序，猶次也。爵，謂公、卿、大夫、士也。事，謂薦羞也。以辨賢者，以其事別所能也，若司徒羞牛、宗伯共雞牲矣。《文王世子》曰：『宗廟之中，以爵爲位，崇德也。』宗人授事以官，尊賢也。旅酬下爲上者，謂若《特牲饋食》之禮賓，弟子、兄弟之子各舉觶於其長也。逮賤者，宗廟之中，以有事爲榮也。燕，謂既祭而燕也。燕以髮色爲坐，祭時尊尊也，至燕親親也。齒，亦年也。」

愚按：《易傳》曰：「卑高以陳，貴賤位矣。」此《節》所謂位也。示人以定位，即示人以秩序也。此由宗廟之中，推而至於禮儀三百，莫不然也。推而至於朝廷鄉黨家國諸事，莫不然也。至定位紊而秩序淆，則人心散而天下亂矣。「序爵，所以辨貴賤」，鄭注引《文王世子》之辭，知古人之有爵而貴者，無非有德者也。

踐其位，行其禮，奏其樂，敬其所尊，愛其所親，事死如事生，事亡如事存，孝之至也。

鄭注：「踐，猶升也。其者，其先祖也。踐，或爲纘。」先師黃氏元同云：「纘、踐古通。《詩・崧高》『王纘之事』，《釋文》引《韓詩》作踐，是其例。奏樂有二時，一在降神前，一在薦獻後。所尊謂祖廟，所親謂子姓。」〔一〕

愚按：敬其所尊，愛其所親，皆所以補愛敬之缺憾也。《禮記・祭義》篇曰：「文王之祭也，事死者如事生，思死者如不欲生，忌日必哀，稱諱如見親，祀之忠也。如見親之所愛，如欲色然，其文王與？《詩》云，『明發不寐，有懷二人。』文王之詩也。」又曰：「樂以迎來，哀以送往……饗之必樂，已至必哀。」嗚呼！其至矣乎。

至是而吾親之志與事，有不呈露於吾親者乎？而繼志述事之意，自油然而生，善繼述之道，亦自因心而出矣。雖然，更有進者。「事死如事生，事亡如事存」，孝子之不得已也。與其於事死事亡之時而盡其心，何如於事生事存之時而盡其心乎？夫事生事存之時，而不克盡其心，則於事死事亡之時，後悔有不可言者矣。曾子曰：「親

〔一〕黃以周《子思子輯解・內篇・中庸》。

戚既没，此親戚，指父母而言。雖欲孝，誰爲孝乎？」〔一〕孝有不及，其此之謂與？

郊社之禮，所以事上帝也，宗廟之禮，所以祀乎其先也。明乎郊社之禮、禘嘗之義，治國其如示諸掌乎。

鄭注：「社，祭地神……序爵、辨賢，尊尊、親親，治國之要。」

愚按：《禮記》曰：「惟仁人爲能饗帝，孝子爲能饗親。」明乎郊社之禮，禘嘗之義，仁孝之至也。因仁孝而推之，《孟子》所謂「老吾老以及人之老，幼吾幼以及人之幼，天下可運於掌」是也。君子務本，故治天下必自仁孝始。

門人陳氏柱尊云：「治國之道，莫大乎禮。行禮之本，莫大乎敬……明乎禘嘗之義，則知所以敬乎祖先矣。明乎郊社之禮，則知所以敬天地矣。謂之明者，非徒循其節文也。明鬼神之德，無所不至，洋洋乎如在其上，如在其左右，而不敢須臾之離乎道也。不敢須臾離乎道，則正己而正人，治國何難哉？」又云：「王者之祭，莫重於郊天，故《春秋》之義，國有大喪者，止宗廟之祭，而不止郊祭。《春秋繁露·郊祭篇》語。百神之祭不卜，而郊獨卜。《春秋繁露·郊禮篇》語。故曰：『天者，百神之君也。王者之所最

〔一〕《曾子》文，見引於魏徵《羣書治要》卷三五。唐先生曾輯録《曾子大義》，故徵引他人之所不及。

尊也。』《春秋繁露·郊義篇》語。王者曷爲獨尊乎天？尊民也。何言乎尊民？人者天地之心也，天爲民以立君，尊天所以尊民也。故《春秋》置王於春之下，詘王以信天，即抑君以尊民也，其旨亦微矣哉。爰附論於此，以告世之議孔子者。」〔一〕

朱子云：「右第十九章。」

愚按：自《鬼神章》至此，本仁孝之源，而推及於神道設教，明乎郊社之禮、禘嘗之義，所謂通幽明之故，郊焉而天神格，廟焉而神鬼饗是也。近儒乃以孔子爲非宗教，不讀書而愚陋至此，可慨也。

哀公問政。

朱注：「哀公，魯君，名蔣。」

子曰：「文、武之政，布在方策。其人存，則其政舉。其人亡，則其政息。

鄭注：「方，版也。策，簡也。息，猶滅也。」

愚按：布，宣布也。人治法治，聚訟紛紜，實則二者不可偏廢。蓋重人治者，所以防不得人之弊；重法治者，所以防不守法之弊。然法無數十年而不變，化而裁之，

〔一〕陳柱《中庸通義》文。

使民宜之，是爲天下之通義。苟不得人，何以定法？且行法而不得其人，則法皆生弊，而益爲當世所詬病。故人存政舉，人亡政息，實大中不易之論也。

門人陳氏柱尊云：「道之大原出於天。天一日不亡，道亦一日不亡，然而殷紂以滅，文、武以興者，繇與不繇也。『文、武之政，布在方策』，方策一日不亡，文、武之政亦一日不亡。然而幽、厲以衰，宣王以興者，舉與不舉也。世之爲政者，苟非大無道之人，孰不願其國之安且治哉？然欲安而常危，欲治而常亂者，何也？任非其人也。」[一]

人道敏政，地道敏樹。夫政也者，蒲盧也。

朱注：「敏，速也。蒲盧，沈括以爲蒲葦是也。以人立政，猶以地種樹，其成速矣，而蒲葦又易生之物，其成尤速也。」

愚按：行政以速爲主，故《易》象，風雷爲益。天道速而四時行，地道速而生物暢，人道速而政治昌明，民氣發達，因循濡滯者，政治之賊也。

故爲政在人，取人以身，修身以道，修道以仁。

[一] 陳柱《中庸通義》文。

鄭注：「在於得賢人也……取人以身，言明君乃能得人。」

先師黄氏元同云：「修道以五性，曰以仁者，省文，仁從人二，古文作忎。《左傳》參和爲仁，與字義合……《周官·太宰》『以九兩繫邦國之民』，注云：『兩，猶耦也。所以協耦萬民。』仁從人二，二亦耦也，故以相人偶訓之。」〔一〕

愚按：取人以身，本身以作則也。人君不知修身，則不能得賢人，而讒諂面諛之人至矣。「與讒諂面諛之人居，國欲治，可得乎？」〔二〕本經首章言修道之爲教，此章言修道以仁，聖門必以仁爲教也。仁者善之長，己欲立而立人，己欲達而達人，推極於博施濟衆，使人各得其所也。有我即有人，故從人二。由二人而推至於千萬人，故古文作忎，一人之心，千萬人之心也。「協耦萬民」四字，何等有味。此即近世所謂平等是也。夫平等者，乃上之人對於下之辭，下之人不得以之而責上也。上之人能以平等待其民而協耦之，是乃所謂仁也。

仁者人也，親親爲大。義者宜也，尊賢爲大。親親之殺，尊賢之等，禮所生也。

〔一〕黄以周《子思子輯解·内篇·中庸》。

〔二〕《孟子·告子下》載孟子語。

朱注：「人，指人身而言。具此生理，自然便有惻怛慈愛之意，深體味之可見。宜者，分别事理，各有所宜也。禮，則節文斯二者而已。」

愚按：仁者人也，義者宜也，皆古訓也。親親尊賢，仁義中之先務也。殺與等，皆等差也，所謂理一而分殊也。《大學》言：「自天子以至於庶人，壹是皆以修身爲本。」又云：「其本亂而末治者，否矣。其所厚者薄，而其所薄者厚，未之有也。」蓋本末明而等差判，等差判而厚薄分，理之自然也。墨氏知理一而不知分殊，昧於等差，而本末厚薄之間，乃有時而倒置，失人道之中庸矣。

在下位，不獲乎上，民不可得而治矣！

鄭注：「此三句在下[一]，誤重在此。」

故君子不可以不修身。思修身，不可以不事親。思事親，不可以不知人。思知人，不可以不知天。

鄭注：「言修身乃知孝，知孝乃知人，知人乃知賢、不肖，知賢、不肖乃知天命所府佑。」府佑，謂輔佑也。

[一] 鄭玄注作「此句在下」。

愚按：上文言「修身以道，修道以仁」，孝弟者，爲仁之本也〔一〕。故思修身，不可以不事親，爲人自事親始。此明王所以必以孝治天下也。「事孰爲大？事親爲大。守孰爲大？守身爲大」〔二〕。不知人，則「燕朋逆其師，燕僻廢其學」〔三〕，而失其身。故思事親，不可以不知人。《詩》云：「昊天曰明，及爾出王。昊天曰旦，及爾游衍。」古語云：「作善降之百祥，作不善降之百殃。」〔四〕蓋知人道之極者，必知所以敬天之道矣。《孟子》曰：「知其性則知天矣。」然則知人者，蓋能盡其性以盡人之性，夫然後悟化育之功，而可以知天。知天知人，其功夫之層累高下，未可一言罄也。

天下之達道五，所以行之者三：曰君臣也，父子也，夫婦也，昆弟也，朋友之交也：五者天下之達道也。知、仁、勇三者，天下之達德也，所以行之者一也。

朱注：「達道者，天下古今所共由之路……達德者，天下古今所同得之理也。一則誠而已矣。達道雖人所共由，然無是三德，則無以行之。達德雖人所同得，然一有

〔一〕《論語・學而》載有子語：「君子務本，本立而道生。孝弟也者，其爲仁之本與！」
〔二〕《孟子・離婁上》文。
〔三〕《禮記・學記》文。
〔四〕《書・伊訓》文。

不誠，則人欲問之，而德非其德矣。」

先師黃氏元同云：「昆弟與兄弟，渾言通，析言別。昆弟者同父兄弟也……兄弟爲族親之通稱。」〔一〕

愚按：本經首章云：「和也者，天下之達道也。」所謂人道是也。孟子曰：「人之有道也，飽食煖衣，逸居而無教，則近於禽獸。聖人有憂之，使契爲司徒，教以人倫，父子有親，君臣有義，夫婦有別，長幼有序，朋友有信。」親也、義也、別也、序也、信也，皆所謂道也。有是道，斯可謂之人；無是道，則淪於禽獸矣。後世因蔑視君臣之義，遂併欲廢五倫，此昧於政治學之甚者也。說詳余所著《君臣釋義》〔二〕。自古大知大仁大勇之人，莫不行此五達道以維持於不敝也。

或生而知之，或學而知之，或困而知之，及其知之一也。或安而行之，或利而行之，或勉强而行之，及其成功一也。

鄭注：「利，謂貪榮名也。勉强，耻不若人。」

〔一〕黃以周《子思子輯解・內篇・中庸》卷一。

〔二〕唐先生遺文未見此題者，唯一九一〇年所撰《箕子論》涉及君臣大義。

朱注：「人性雖無不善，而氣禀有不同者，故聞道有蚤莫，行道有難易，然能自强不息，則其至一也。」

先師黄氏元同云：「生而知之者，知之至也。學而知之者，所謂好學近乎知者也。安而行之者，仁之至也。利而行之者，所謂力行近乎仁者也。好學力行，亦勇之至。困知勉行者，注謂能耻不若人，斯其爲知耻近乎勇者乎？下即接以故曰好學、力行、知耻之三近，是其文義之相承也。自魏晉間，『故曰』誤作『子曰』，王肅《家語》改竄其文爲一問一答，遂致一氣之文，使之隔閡。」〔一〕

愚按：學問之道，知行而已。即知即行，隨知隨行，進德造道之初基也。朱子主先知後行，王陽明先生主知行合一，皆有功於斯道。然世多知而不行者，則陽明之説爲尤要矣。《論語》云：「生而知之者，上也。學而知之者，次也。困而學之，又其次也。困而不學，民斯爲下矣。」説者謂生知安行爲樂，困知勉行爲苦。吾謂不然。天下惟困苦而得之者，其樂爲尤甚。故曰「及其知之一也」，「及其成功一也」，無甘苦之可分也。

〔一〕 黄以周《子思子輯解·内篇·中庸》。

子曰：「好學近乎知，力行近乎仁，知耻近乎勇。

朱子以「子曰」二字衍文。先師黄氏以爲當作「故曰」。今依《注疏》，未敢率改。

愚按：《孟子》曰：「學不厭，智也。」〔一〕學而不厭，自進於智。博施濟衆在乎行。立人、達人，亦在乎行。天下有道，則行有枝葉，故天下多實行家，其爲仁也易。天下多空論家，其爲仁也難。《孟子》曰：「人不可以無耻。」「不耻不若人，何若人有？」古來大勇之士，未有不從愧耻激勵而出者也。然則學非徒學，先貴乎好，如嗜欲之不可離，心與之洽，津津乎其有味也。行非徒行，要歸乎力。殫竭吾身之所能也，無一事之或蹈於空虚也。耻非徒耻，先貴乎知，有靈官之感覺也。其漠然無所動於中者，非人也，鞭策之而不起者也。是故「近者」所以進也，能好學則自然進乎知矣，能力行則自然進乎仁矣，能知耻則自然進乎勇矣。若不好學，不力行，不知耻，此終其身不足與入道者也。

吕氏曰：「愚者自是而不求，自私者殉人欲而忘反，懦者甘爲人下而不辭。故好

〔一〕《孟子·公孫丑上》載子貢讚頌孔子語。

學非知，然足以破愚；力行非仁，然足以忘私；知耻非勇，然足以起懦。」〔一〕

知斯三者，則知所以修身；知所以修身，則知所以治人；知所以治人，則知所以治天下國家矣。」

鄭注：「言有知、有仁、有勇，乃知修身，則修身以此三者爲基。」

愚按：《論語》曰：「苟正其身矣，於從政乎何有？不能正其身，如正人何？」天下萬事，皆從本身起點。身者，人之標準，即天下國家之標準也。世之爲治者，不仁不知，無耻無勇，不能修身而欲治人，不能治人而欲治天下國家，由是天下國家以亂，而身益隨之而亡，此所謂大愚不靈者也。

凡爲天下國家有九經，曰：修身也，尊賢也，親親也，敬大臣也，體羣臣也，子庶民也，來百工也，柔遠人也，懷諸侯也。

朱注：「經，常也。體，謂設以身處其地而察其心也。子，如父母之愛其子也。柔遠人，所謂無忘賓旅者也。」

〔一〕朱子《中庸章句》引。

先師黄氏元同云：「來，讀勞來之來，謂勸勉之。遠人，謂商賈行旅。」[一]

愚按：修身以仁義爲本。尊賢，義也。親親，仁也。《孟子》曰：「堯舜之仁，不偏愛人，急親賢也。」是親賢又義中之仁也。《孟子》曰：「湯之於伊尹，學焉而後臣之，故不勞而王。桓公於管仲，學焉而後臣之，故不勞而霸。」《國策》郭隗説燕昭王曰：「帝者與師處，王者與友處。」蓋尊賢者，尊師道也。凡其奔走趨承於我者，皆非賢也。子庶民之後，即繼以來百工。《周官・考工記》曰：「國有六職，百工居一。」[二]工業之重於中國也久矣，此九經者，皆《周官》之精蘊也。

吕氏云：「天下國家之本在身，故修身爲九經之本。然必親師取友，然後修身之道進，故尊賢次之。道之所進，莫先其家，故親親次之。由家以及朝廷，故敬大臣、體羣臣次之。由朝廷以及其國，故子庶民、來百工次之。由其國以及天下，故柔遠人、懷諸侯次之。此九經之序也。視羣臣猶吾四體，視百姓猶吾子，此視臣視民之别也。」[三]

[一] 黄以周《子思子輯解・内篇・中庸》。

[二] 《周禮・冬官・考工記》序：「國有六職，百工與居一焉。」

[三] 見引於朱子《中庸章句》。

修身則道立，尊賢則不惑，親親則諸父昆弟不怨，敬大臣則不眩，體羣臣則士之報禮重，子庶民則百姓勸，來百工則財用足，柔遠人則四方歸之，懷諸侯則天下畏之。

朱注：「道立，謂道成於己而可爲民表，所謂『皇建其有極』是也。不惑，謂不疑於理。不眩，謂不迷於事。敬大臣則信任專，而小臣不得以間之，故臨事而不眩也。來百工則通功易事，農末相資，故財用足。柔遠人則天下之旅皆悦，而願出於其塗，故四方歸。懷諸侯則德之所施者博，而威之所制者廣矣，故曰天下畏之。」

愚按：本經首章云「修道之謂教」，蓋「道立」則有以教天下國家，教行而風俗美，夫然後可以爲治。《孟子》曰：「君之視臣如手足，則臣視君如腹心。君之視臣如犬馬，則臣視君如國人。君之視臣如土芥，則臣視君如寇讎。」皆所謂報也。君視群臣爲一體，以心腹腎腸之寄，爲股肱耳目之司，團體之大，無逾於此，士有不觀感而贊襄我、匡救我者乎？「財用足」，朱注謂：「通功易事，農末相資。」末者，商也。蓋農出其原料，工以成之，商以行運之，《大學》所謂「爲之者疾，則財恒足」是也。遠人同居覆載之内，有人道以撫循之，德禮以感服之，則鄰國之民仰之若父母矣。

齊明盛服，非禮不動，所以修身也。去讒遠色，賤貨而貴德，所以勸賢也。尊其位，重

其禄，同其好惡，所以勸親親也。官盛任使，所以勸大臣也。忠信重禄，所以勸士也。時使薄斂，所以勸百姓也。日省月試，既禀稱事，所以勸百工也。送往迎來，嘉善而矜不能，所以柔遠人也。繼絶世，舉廢國，治亂持危，朝聘以時，厚往而薄來，所以懷諸侯也。

朱注：「官盛任使，謂官屬衆盛，足任使令也，蓋大臣不當親細事，故所以優之者如此。忠信重禄，謂待之誠而養之厚，蓋以身體之，而知其所賴乎上者如此也。既，讀曰餼。餼禀，稍食也。稱事，如《周禮・稿人職》曰『考其弓弩，以上下其食』是也。往則爲之授節以送之，來則豐其委積以迎之。朝，謂諸侯見於天子。聘，謂諸侯使大夫來獻。《王制》：『比年一小聘，三年一大聘，五年一朝。』厚往薄來，謂燕賜厚而納貢薄。」

愚按：「齊明盛服，非禮不動」，或疑其清静而迂拘，不知此即《易》所云「黄帝、堯、舜垂衣裳而天下治」，《論語》所云「無爲而治，恭己正南面而已」矣，蓋所以正其本端其體也，非真無爲也。大有爲者，寓於無形之中也。讒與色與貨，皆爲蔽賢之具。孔子曰：「放鄭聲，遠佞人，鄭聲淫，佞人殆。」司馬遷曰：「人君無智愚賢不肖，莫不欲求忠以自爲，舉賢以自輔，然亡國破家相隨屬，而聖君治國累世而不見者，其所謂忠者不忠，而所謂賢者不賢也。」〔一〕讒人罔極，交亂四國，曠觀全史，比比皆是，可勝痛哉？齊宣王惟好貨好色，是以不能用孟子。人第知好色之足以亡國，而不知黷貨之更足以亡國也。

「尊其位，重其禄」，而不授以官，正所以保其親也。「忠信重禄」，鄭注謂：「有忠信者重其禄。」足備一義。非重禄無以勸士之廉，非薄斂無以勸百姓之義。後世反其道以行之，而士之不知廉恥者多矣。古者官有試，士有試，而不知百工亦有省而有試。《周官》不曰紀工、勸工、而曰「考工」，其義可見。秦漢而後，此職既廢，士不能勤其手指，或薄工藝而不屑爲，於是自一絲一粟、一鍼一業，以至建築營造諸事，皆須仰給於人，吁，可慨也！

「嘉善矜不能」，爲人道當然之務。曰嘉曰矜，皆所以爲教也。

「繼絶世」數大端，皆爲《春秋》之要義，王者之遠模。後世之爲治者，以卑鄙狹隘之心，爲自私自利之計，觀此擴然大公之氣象，當可憬然悟，奮然改矣。

凡爲天下國家有九經，所以行之者一也。

〔一〕《史記·屈原賈生列傳》文。

朱注：「一者，誠也。一有不誠，則是九者皆爲虛文矣。」

愚按：天下國家之治亂，視乎爲治者心術之誠僞而已。誠則治，僞則亂。惟影響，誠者无妄也。无妄不可以爲僞，説見第十六章。凡人心思最初之念多誠，再三之念易僞，僞而飾爲无妄，則天命不祐矣。故曰：「无妄之行，窮之災也。」言其無可行也。是故天下爲仁義之言者，其言未嘗不仁義也。爲道德之言者，其言未嘗不道德也。爲仁義道德之事者，其事未嘗不道德仁義也。然而有爲而爲，皆僞也，則必自覆之而自露之。如行「九經」而出於僞，則「齊明盛服，非禮不動」，必如王莽之謙恭矣；「繼絶世，舉廢國」，必如鄭莊之奉許叔矣。心術作僞之爲害，可勝言哉！聖人言「九經」而要歸於誠，萬世不刊之論也。

凡事豫則立，不豫則廢。言前定則不跲，事前定則不困，行前定則不疚，道前定則不窮。

先師黄氏元同云：「跲，通佺，閉塞也。」[一]

愚按：此節實爲政治家之要領。不跲不困，不疚不窮，皆經驗之辭，非虛擬也。

[一] 張參《五經文字》説，見引黄以周《子思子輯解・内篇・中庸》。

然吾更有説焉。《易·豫》卦大象傳「雷出地奮」爲豫，是凡事之豫備，必須如雷之奮迅而出，乃克有濟。後人不察此義，以因循迂緩爲務，今日言豫備，明日言豫備，今歲言豫備，明歲言豫備，甚至經畫一事，閲數年而尚未能實行者，是需也，非豫也。豫者事之基，需者事之賊也。

又按：「言前定」、「事前定」之法，以先定秩序爲主。言以段落爲秩序，事以先後緩急爲秩序。而紀事之目，亦爲要法。總之，所謂前定者，當先定之於一心。

在下位，不獲乎上，民不可得而治矣。獲乎上有道，不信乎朋友，不獲乎上矣。信乎朋友有道，不順乎親，不信乎朋友矣。順乎親有道，反諸身不誠，不順乎親矣。誠身有道，不明乎善，不誠乎身矣。

愚按：居下位而期獲乎上，非媚上也。上下一心，而後民可得而治。《易傳》曰：「同聲相應，同氣相求。」若在上之人非志同而道合者，則措施阻滯，觀聽乖方，民不可得而治也。戰國時尚行選舉之法，故顔斶曰：「士生乎鄙野，推選則禄焉。」〔一〕朝廷與社會一以貫之。《易傳》曰：「人之所助者信也。」《論語》曰：「民無信不立。」若

〔一〕《齊宣王見顔斶》文，見載《戰國策·齊策四》。

其人不見信於社會者，必不能見信於朝廷，故曰：「不信乎朋友，不獲乎上矣。」不愛其親而愛他人，不敬其親而敬他人，如是則社會賤之惡之。家庭與社會，亦一以貫之者也。曾子曰：「親戚不悦，不敢外交。」[一]此親戚指父母而言。故曰：「不順乎親，不信乎朋友矣。」詐僞之事，起於家庭，而後及於交游朋友。《曲禮》曰：「幼子常視毋誑。」所以端其本也。是故言必有物，行必有恒，處事之誠也。

冬温夏清，昏定晨省，侍奉之誠也。喜而不忘，勞而不怨，視於無形，聽於無聲，立心之誠也。反乎此而爲詐僞，則父母惡之矣，故曰：「反諸身不誠，不順乎親矣。」吾心之良知，本純粹至善者也，然而無致知格物之功，則良知即闇塞焉，晻昧焉。

明善者，致知格物之功也。有格致之學，止於至善之域，夫然後能誠其身。否則此心如無星之稱、無黍之尺。讀書寡益，取友無方，此身安能自立於誠乎？夫良知者，即未發之中，其用至廣而至大。故家庭社會之闇塞，由吾心之良知以光明之。世界之晻昧，亦由吾心之良知以光明之。此其功蓋有別焉。人生有一時之明善，良知之乍露時也。有漸進之明善，讀書閲世，磨礱切磋，以達於誠者也。反是則拾其不善

[一]《大戴禮記·曾子疾病》文。

而著其善，良知汩没，爲自欺之小人矣。故曰：「不明乎善，不誠乎身矣。」

誠者，天之道也。誠之者，人之道也。誠者不勉而中，不思而得，從容中道，聖人也。誠之者，擇善而固執之者也。

愚按：聖門之學，誠而已矣。立誠之旨，發自孔子，子思子更詳言之，曰：「誠者天之道，誠之者人之道。」夫天之道，春夏秋冬，晦朔晝夜，不忒其候而已。周子曰：「大哉乾元，萬物資始，誠之源也。」〔一〕是天道也。人法天，以仁義禮智之德，歸極於信用。周子曰：「乾道變化，各正性命，誠斯立焉。」此人道也。周子曰：「元亨，誠之通。利貞，誠之復。」天道也。又曰：「誠精而明。」則人道也。於世界芸芸之中，而得聖人焉，不勉不思，從心所欲，而自中乎道，此其誠本於自然者也，根於天命之性也。又得賢人君子焉，聞一善言，見一善行，即擇而執之，拳拳服膺而弗失之，此其誠出於學力者也，本於修道之教也。夫萬事萬物雜出於吾前，孰者爲善？故貴乎擇。衆善之在天下，如流水然，不能執而行之，則善不爲我有，故貴乎執。執之懈而弗堅，旋即

〔一〕《易·乾卦·彖傳》謂：「大哉乾元，萬物資始。」周敦頤《通書》讚道：「誠之源也。」本段以下「周子語」皆出《通書》。

失之。故執之又貴乎固，此其所以爲誠。

博學之，審問之，愼思之，明辨之，篤行之。

朱注：「此誠之之目也。學、問、思、辨，所以擇善而爲知，學而知也。篤行，所以固執而爲仁，利而行也。」

愚按：學與問相因，非問不成爲學。「問之」之道，詳於《禮記·學記》篇，所謂「善問者如攻堅木，先其易者後其節目」是也。思與辨相因，非辨則徒思無益。「辨之」之道，非徒辨善惡是非也，首宜辨誠僞，是宜於已發之會，剖析精微。《易》曰：「幾者，動之微，吉之先見者也。」思者，動之幾也。辨者，辨其幾也。四者要歸，端在於行。

又按：此節指學、問、思、辨、行，尤重在博、審、愼、明、篤五字。學而不博，不足以爲學。問而不審，不足以爲問。推之於思、辨、行亦然。而行之不篤，尤爲不誠之根原，學人之大患。《論語》曰：「先行其言，而後從之。」又曰：「躬行君子。」蓋聖門重行爲最要之宗旨。「君子之道，闇然而曰章」，「不動而敬，不言而信」，篤行而已矣。

有弗學，學之弗能弗措也。有弗問，問之弗知弗措也。有弗思，思之弗得弗措也。有弗辨，辨之弗明弗措也。有弗行，行之弗篤弗措也。人一能之己百之，人十能之己千之。

朱注：「君子之學，不爲則已，爲則必要其成，故常百倍其功。此困而知，勉而行者也，勇之事也。」

愚按：《荀子·勸學》篇云：「鍥而不舍。」鍥者，刻也。惟誠摯之極，乃能刻入也。凡人之於學問，必視之如身心性命，始終不舍，而後可底於成。不然而悠悠忽忽，若存若亡，終身不能入道。夫人當志學之年，若不毅然自命，而俯仰千古，成聖成賢者，百不得一，何也？學之弗能而措，問之弗知而措。思之弗得，辨之弗明，行之弗篤而措也。吁，可懼也！「人一能之己百之，十能之己千之」，非言其效也，乃言其志也。言人有一能之，則己必百之；人有十能之，則己必千之也。

果能此道矣，雖愚必明，雖柔必强。

朱注：明者，擇善之功。强者，固執之效。

愚按：此道言學、問、思、辨、行也。「果能此道」果字，當依鄭注作「決」字解，言決定能於此道也。愚也，柔也，限於天者也。愚者明，柔者强，則以人事補天之缺也。至誠之道，可以補天，故可以配天。反是而爲詐僞，則欺人以自欺，明者且變而爲愚，强者且變而爲柔矣。夫讀書爲學，所以變化氣質也。乃人人言變化氣質，非特愚者不能明，柔者不能强，且明者轉變而爲愚，强者轉變而爲柔，是何也？積不善之極，積不誠之極也。嗚呼！誠僞之界，其可不懍懍乎！

朱子云：「右第二十章。此引孔子之言以繼大舜、文、武、周公之緒，明其所傳之一致，舉而措之亦猶是爾……章内語誠始詳，而所謂誠者，實此篇之樞紐也。」

自誠明，謂之性；自明誠，謂之教；誠則明矣，明則誠矣。

朱注：「自，由也。德無不實而明無不照者，聖人之德，所性而有者也，天道也。先明乎善，而後能實其善者，賢人之學，由教而入者也，人道也。誠則無不明矣，明則可以至於誠矣。」

愚按：此節應本經首章首節之義。性者，天命之性。教者，修道之教。自誠明者，不勉而中，不思而得者也。自明誠者，擇善故明，固執故誠也。誠明相因，惟不誠故不明。凡事因之顛倒，惟不明故不誠，乃以人道爲可欺也。天下有至誠者，則自然明，「不逆詐，不億不信，抑亦先覺者」也[一]；有至明者，自能漸進於誠，知至而後意誠也。人生世界之内，誠而已矣。周子曰：「誠，五常之本，百行之源也。」又曰：「五常

[一]《論語·憲問》：「子曰：『不逆詐，不億不信。抑亦先覺者，是賢乎。』」

百行，非誠非也，邪闇塞也。」[一]蓋非誠即邪，既闇塞矣，而又自以爲明，豈非大愚不靈也哉！

孫氏夏峯云：「性而得之，與教而得之，雖以之分天道人道，然其事同於誠明耳。誠明固相須而不容相離者也，則性教亦何以別哉？但得人天合一，正不必問功力先後。一部《中庸》，皆是著人從教下手，彼高天事而薄人功者，皆不明之甚者也。」[二]

朱子云：「右第二十一章。子思承上章夫子天道、人道之意而言也。」

唯天下至誠，爲能盡其性。能盡其性，則能盡人之性。能盡人之性，則能盡物之性。能盡物之性，則可以贊天地之化育。可以贊天地之化育，則可以與天地參矣。

鄭注：「盡性者，謂順理之使不失其所也。贊，助也。育，生也。助天地之化生，謂聖人受命在王位致太平。」

愚按：至德必歸於誠，大道必基於誠。此節應本經首章末節之義。盡性之學，致中而已。致其中而無所偏倚也，致其和而無所乖戾也，由是而推之盡人之性，所謂

[一] 周敦頤《通書》文。

[二] 孫奇逢《四書近旨》卷二《誠明謂性章》。

察於人倫也。推之盡物之性，所謂明於庶物也。天下有至誠者出，老有所安，友有所信，少有所懷，洎乎飛者飛，潛者潛，動者動，植者植，無物不備於我性分之中，即無物不在我位育中也。

《易傳》曰：「后以財成天地之道，輔相天地之宜，以左右民。」《尚書》曰：「天工人其代之。」人生天地之間，其責任本當代天以行事。凡天工之所不足者，則以人力補助之。天地之大也，人猶有所憾，此皆吾儒之責也。唐虞之世，「水火金木土穀惟修，正德利用厚生惟」，皆所以補天工之不逮也，故曰：「贊天地之化育。」然則性之爲學，廣矣大矣！

吾人毋浮慕也，當先立志於誠。「與天地參」，謂與天地並立爲三。《易傳》曰：「與天地合其德。」《禮運》曰：「人者天地之心也。」言天地之心之所寄託也。要知人身一小天地，人心一小天地，人人皆有與天地參之德，祇因爲人欲所蔽錮，遂致自窒其性，自戕其性，自棄其與天地參之功用，豈不重可惜哉？

朱子云：「右第二十二章。言天道也。」

其次致曲，曲能有誠，誠則形，形則著，著則明，明則動，動則變，變則化，唯天下至誠爲能化。

朱注：「致，推致也……形者，積中而發外。著，則又加顯矣。明，則又有光輝發越之盛也。動者，誠能動物。變者，物從而變。化，則有不知其所以然者。」

愚按：曲字有二義。或云即《曲禮》「威儀三千」，委曲繁重，致而行之，則漸能有成也。或云曲者性情之一偏，致者擴而充之之義，如惻隱、羞惡、辭讓、是非，四端之發見，擴充之以至於極，自然有成。二者以後説爲長。又推而言之，如伯夷之清，柳下惠之和，皆所謂曲也，皆能有成者也。

形、著、明、動、變、化六者，總結兩節。盡性有是六者之功效，致曲亦有是六者之功效。朱子云：「曲無不致，則德無不實，而形、著、動、變之功，自不能已。」專屬致曲而言，恐未是。形著明者，「睟然見於面，盎於背，施於四體」是也〔一〕。動變化者，「充實而有光輝之謂大，大而化之之謂聖」是也。

李氏二曲云：「曲是委曲。吾人良知良能之發，豈無一念一言一事之善，只是隨發隨已，不能委曲推致，與不學何異？所貴乎學者，正要在此處察識，此處著力。如

〔一〕《孟子·盡心上》載孟子云：「君子所性，仁、義、禮、智根於心，其生色也，睟然見於面，盎於背，施於四體，四體不言而喻。」

一念而善，即推而致之，以擴其念。一言之善，即推而致之，以踐其言。一事之善，即推而致之，令事事皆然。纖悉委曲，無一不致，猶水之必東，雖遇灣曲轉折，不能爲之障礙，纔得達海。」又云：「曲禮三千，皆所以致曲也。纖微不忽，善斯成性。不矜細行，終累大德。大德固不可踰閑，小德亦不可出入，此方是致曲。如此致曲，則所以收斂身心者，愈細愈密，久之道德積於中，器宇自別。人孰無良？覿德民醉。善心自興，有莫知其然而然者矣。」〔二〕

朱子云：「右第二十三章。言人道也。」

愚按：以上兩節，當併爲一章。

至誠之道，可以前知。國家將興，必有禎祥。國家將亡，必有妖孽。見乎蓍龜，動乎四體。禍福將至，善，必先知之；不善，必先知之。故至誠如神。

朱注：「禎祥者，福之兆。妖孽者，禍之萌。蓍，所以筮。龜，所以卜。四體，謂動作威儀之間，如執玉高卑，其容俯仰之類。凡此皆理之先見者也。然惟誠之至極，而無一毫私僞留於心目之間者，乃能有以察其幾焉。」

〔二〕李顒《四書反身録・中庸》文。

愚按：子思子非矜言前知也，特明至誠之效，而勉人以爲善耳。國家雖有禎祥之兆，然使其作不善，則將興之義亦滅。國家雖有妖孽之兆，然使其作善，則將亡之幾亦消。先儒謂：「必有二字，緊接興亡説，是從興亡分妖祥，非以妖祥卜興亡也。將興之國，雖妖不爲災。將亡之國，雖祥不爲福。雉升鼎耳，殷道以興；鸞集朝堂，隋煬以亡，豈不以人哉？蓋見祥而爲不善，則祥反爲妖；見妖而迎以德，則妖反爲福。」〔一〕其説可爲精覈。

《大易》陰陽消息之理，隨人心而變化，故卜筮之吉凶，亦視人心爲轉移。積善之極，而知其福之將至；積不善之極，而知其禍之將至，非真有鬼神省察於其間也。蓋報施之理，毫髮不爽，如形之與影，響之應答然，此至誠所以必先知之也。《易傳》曰：「無有遠近幽深，遂知來物……非天下之至神，其孰能與於此？」

朱子云：「右第二十四章。言天道也。」

誠者自成也，而道自道也。

愚按：誠者成也，此古訓也。人道以誠爲主，惟誠乃成爲人，不誠則不成爲人。

〔一〕孫奇逢《四書近指》卷三《至誠之道章》。

《春秋穀梁傳》曰：「人之於人也，以言受命……不若於言者，人絶之也。」[一]人絶之者，爲其言之不誠也。不成言，故不成人也。「而道自道」，鄭注訓爲道達，朱注謂：「道者，人之所當自行。」[二]二説未嘗不同。蓋道者五性之德，人惟有以自成，則吾性所固有者，自然能道達而推行於天下矣。

誠者物之終始，不誠無物，是故君子誠之爲貴。

愚按：誠者，人之精神，所以終萬物而始萬物者也。《老子》曰：「萬物並作，吾以觀其復。」此雖空虚之辭，而吾儒用之，則可以歸於誠。蓋作者始也，復者終也。觀其復，殫竭其精神也。惟老氏之説遁於虚，吾儒則必徵諸實耳。人之精神，猶物之精華。物失其精華，則腐敗而不成爲物。人失其精神，尚得成爲人乎？或曰：物者，事也。不誠則不能以成事[二]。要知天道不誠，不能生物；人道不誠，不能成事，其義本可兼賅也[三]。君子誠之爲貴，凡作僞者，皆小人也，皆惡人也，皆不成爲人者也。

[一]《春秋穀梁傳》莊公元年文：「人之於天也，以道受命；於人也，以言受命。不若於道者，天絶之也；不若於言者，人絶之也。」唐先生取「人之於人」立説。

[二]鄭注：「物猶事也，小人無誠，則不能成事。」「或曰」所言，指的是鄭玄注。

[三]唐先生本天道、人道合一之旨立義。

孫氏夏峯云：「自萬物言，誠通誠復，體物不遺也。自一身言，體受歸全，君子以誠終始吾身，即以誠終始萬物。《孟子》所謂『反身而誠，樂莫大焉』，誠之爲貴，宜如何置力乎？」[一]

誠者，非自成己而已也，所以成物也。成己仁也，成物知也，性之德也，合外内之道也，故時措之宜也。

愚按：至誠之道，爲善而已。取人爲善，所以成己也。與人爲善，所以成物也。虞、舜聞一善言，見一善行，若決江河，沛然莫之能禦，皆發於性之至誠。由是而衆人之善，萃於一己，是爲成己之仁。隱惡而揚善，執其兩端，用其中於民，皆發於心之至誠，由是而一己之善，公之於萬物，是爲成物之知。故孔子曰：「舜其大知也與！」仁與知皆性之德，率性而行，取善精熟，無間於人己，即無間於内外，故曰「合外内之道，時措之宜」者，造道之深，發而皆中節，君子而時中者也，至誠之極功也。

或曰：合外内之道，即格致之學。始則本乎内以察乎外，終則明乎外以養其内。西人務外而遺内，吾人則合外内而一貫，故曰吾道一以貫之。此蓋斷章取義之説也。

[一] 此「先儒」謂孫奇逢。文見孫奇逢《四書近旨》卷二《誠者自成章》。

朱子云：「右第二十五章。言人道也。」

故至誠無息。

愚按：《易・乾》卦象傳曰：「天行健，君子以自强不息。」乾言聖人之學，故曰：「閑邪存其誠。」又曰：「修辭立其誠。」終日乾乾，與時偕行，皆所以爲不息也。有息則間斷，而德行事業俱無所成矣。

孫氏夏峯云：「聖人與天地合德，總此一誠，天地得之而不貳，聖人得之而無息。不貳者不已，無息者不已。聖天自相印合也。」〔一〕

不息則久，久則徵。

朱注：「久，常於中也。徵，驗於外也。」

愚按：天下至要之功，莫如不息。稽天之潦不能終朝，一綫之溜可以穿石者，息與不息之殊也。世未有立心不久而可以成學問者，亦未有立心不久而可以成行詣者。《易傳》之贊《恒》卦曰：「恒亨，无咎，利貞，久於其道也。天地之道，恒久而不已也……日月得天而能久照，四時變化而能久成，聖人久於其道而天下化成。」然則久

〔一〕孫奇逢《四書近旨》卷二《至誠無息章》。「聖天自相印合」句，原文作「聖天自是印合」。

之時義，豈不大哉？久與不久者，一身精神之驗，學問成敗進退之驗，生人壽夭窮通之驗也。

或曰：「徵，當作徹。徹，達也。達則悠遠。下文「不見而」章數句，皆至誠之達。」〔一〕足備一解。

徵則悠遠，悠遠則博厚，博厚則高明。

朱注：「此皆以其驗於外者言之……存諸中者既久，則驗於外者益悠遠而無窮矣。悠遠，故其積也廣博而深厚；博厚，故其發也高大而光明。」

愚按：徵者，内外洞徹，精神悠然深遠，有獨到者矣。「悠遠則博厚」，深沈而後能厚重也。「博厚則高明」，厚重而後能光明也。《書·洪範》曰：「沈潛剛克，高明柔克。」竊謂沈潛之極，未有不高明者。若自詡高明，無厚重以爲之根柢，此氣質輕清者，學問所以多半途而廢。自古以來，成德者鮮，深可惜也。吾人何以矯之？至誠無息而已。

〔一〕王引之《經義述聞》卷一八《禮記下》云：「作徹者爲長。徹，達也。久則由一日以達終身，由一時以達萬世。故日久則徹，徹則悠遠。」

孫氏夏峯云：「悠遠、博厚、高明六字，意實相同，一時並集。以存諸中者言，則悠遠在高明、博厚之前。以見諸用者言，則悠久在博厚、高明之後。」〔一〕

博厚所以載物也，高明所以覆物也，悠久所以成物也。

朱注：「悠久，即悠遠，兼内外而言之也。本以悠遠致高厚，而高厚又悠久也。」

愚按：博厚所以載物者，博者大也，厚者重也，惟大且重，故能載物。《易傳》曰「含宏廣大，品物咸亨」是也。若狹而輕，則不能容物矣。高明所以覆物者，高明清靜之宇也。吾心有清靜大明之宇，則萬物來託庇之。若卑闇則低壓，物不能居其下矣。「悠久所以成物者」，《易傳》曰：「恒，雜而不厭。」《論語》曰：「爲之不厭，誨人不倦。」皆謂至誠之極，不厭不倦，乃可以悠久，乃所以爲成物之功。要知載物、覆物、成物，皆生人固有之性，當然之職，而究其所以然之功，至誠無息而已。

博厚配地，高明配天，悠久無疆。

鄭注：「後言悠久者，言至誠之德，既至博厚、高明，配乎天地，又欲其長久行之。」

〔一〕孫奇逢《四書近旨》卷二《至誠無息章》。

愚按：《易·坤》卦之象傳曰：「君子以厚德載物，所以配地也。」《離》卦之象傳曰：「大人以繼明照於四方，所以配天也。」《恒》卦之象傳曰：「君子以立不易方。」所以無疆也。人身之象天地，非獨頭圓足方，似天圓地方也，心象南方之温帶，背象北方之寒帶，脈絡象百川之流通。形色既象天地，則精神宜配天地。本精神以修德行，至誠無息而已。

如此者不見而章，不動而變，無爲而成。

朱注：「見，猶示也。」

愚按：不見、不動、無爲，非真不見、不動、無爲也，惟其見之極、動之極、有爲之極，内斂於静，退藏於密〔一〕，而人乃見其不見、不動而無爲也，而章而變而成之效，乃由此而出也。舜之無爲而治，非真無爲也。有南面，夫何爲者？「至誠無息」而已。

天地之道，可一言而盡也，其爲物不貳，則其生物不測。

朱注：「此以下，復以天地明至誠無息之功用。天地之道，可一言而盡，不過曰誠而已。不貳，所以誠也。誠故不息，而生物之多，有莫知其所以然者。」

〔一〕《易·繫辭上》文：「聖人以此洗心，退藏於密，吉凶與民同患。」

愚按：天地絪緼，萬物化醇。《易》曰：「三人行則損一人，一人行則得其友。言致一也。」古人之尊天曰太一，一者不貳也。許君《説文解字》云：「惟初太極，道立於一。造分天地，化成萬物。」生生之理，實始於一，一生二，二生三，三生萬物也。不測，狀其衆且多也。大哉！天地之道，元氣鼓蕩於無形，至誠無息而已。

天地之道博也，厚也，高也，明也，悠也，久也。

愚按：此言天地之道與人道相同，即引起下文生物之盛。

陸氏桴亭云：「問：博厚、高明、悠久，是單言天道。曰：此正是言天人合一處，言聖人與天地同一博厚、高明、悠久。而末舉文王以爲證，會得此意，則小德川流，大德敦化，總是聖人與天地同之也。」〔一〕

今夫天，斯昭昭之多，及其無窮也，日月星辰繫焉，萬物覆焉。今夫地，一撮土之多，及其廣厚，載華岳而不重，振河海而不洩，萬物載焉。今夫山，一卷石之多，及其廣大，草木生之，禽獸居之，寶藏興焉。今夫水，一勺之多，及其不測，黿鼉、蛟龍、魚鱉生焉，貨財殖焉。

〔一〕陸世儀《思辨録輯要》卷二三「天道類」。

鄭注：「昭昭，猶耿耿，小明也……振，猶收也。卷，猶區也。」

愚按：李氏申耆云：「日月星辰，各有一重天，其行度各有本輪，天繫之以行，故曰繫。」華、嶽，兩山名。江氏慎修云：「振河海而不洩，此地圜之説也。水附於地而流，地能收之，則地面四周有水，而永莫見其洩也。」〔一〕山之寶藏興，水之貨財殖，天地間之至富者，莫如山水，此《管子》之官山府海，所以爲富國策也。

又按：經文曰「及其無窮」，「及其廣厚」，「及其廣大不測」，何以無窮？何以廣厚？何以廣大不測？生生之理也。生生者，至誠無息而已。

《詩》云：「維天之命，於穆不已！」蓋曰天之所以爲天也。「於乎不顯，文王之德之純。」蓋曰文王之所以爲文也，純亦不已。

朱注：「《詩》，《周頌·維天之命》篇。於，歎辭。穆，深遠也。不顯，猶言豈不顯也。純，純一不雜也。引此以明至誠無息之意。程子曰：『天道不已，文王純於天道亦不已。純則無二無雜，不已則無間斷先後。』」

愚按：不顯與末章引《詩》「不顯惟德」同，言幽深玄遠之意。《詩》所贊「穆穆文

〔一〕見江永《曆學補論》卷一《論地圓》條。

王」，正與天道之深遠相合。子思子最善説《詩》。「蓋曰」，釋詩人之詞，體詩人之意也。天之所以爲天，不已也。文王之所以爲文，純也。第贊之曰「純亦不已」，而天之所以至誠無息，文王之所以至誠無息者，可知矣；而文王之所以配天者，可知矣；而後世聖賢所以體天下之德，所以學文王之德者，亦可知矣。善哉！子思子之爲《詩》也，「以意逆志」，孟子其善承師法者乎？

又按：「於穆不已」，天命之性也。德之純，率性之道兼修道之教也。《中庸》全書，言至誠而已。吾人自立於天地間，至誠無息而已。

朱子云：「右第二十六章。言天道也。」

愚按：此章言聖人配天之道，精微深至，學者當時三復而身體之也。

大哉聖人之道！

愚按：上章兼言聖人天地之道，此章專言聖人之道而詠歎之。

洋洋乎發育萬物，峻極於天。

朱注：「峻，高大也。此言道之極於至大無外也。」

愚按：發育萬物，其功在致中和。惟盡物之性，則可以贊天地之化育。先儒謂滿腔皆惻隱之心，則滿腔皆生意，發而皆中節，其德之高大，自能峻極於天，此吾性之分量，即吾道之分量也。

優優大哉。禮儀三百，威儀三千。

朱注：「優優，充足有餘之意。禮儀，經禮也。威儀，曲禮也。此言道之入於至小而無間也。」

先師黄氏元同云：「禮義今作禮儀，非。當從古文作禮義，亦謂之經禮。謂禮中之大經大義。故十七篇如冠、昏、鄉飲酒、燕、射、聘諸禮，作記者謂之冠義、昏義、鄉飲酒義、燕義、射義、聘義是也。威儀則禮義中之節目，亦謂之曲禮。《春秋傳》曰：『是以有動作禮義威儀之則。』字作義，猶存古。」〔一〕

愚按：此説最精覈。禮者敬而已矣，三千三百，無非主於敬也，此吾道之支流，即吾教之根本也。

待其人而後行。

愚按：《論語》曰：「人能弘道，非道弘人。」惟禮亦然。人能行禮，非禮行人也。世有謂制禮定法，而人自然行之者，懸虚之論也。

〔一〕黄以周《子思子輯解·内篇·中庸》。

故曰苟不至德，至道不凝焉。

朱注：「至德謂其人，至道指上兩節而言。凝，聚也，成也。」

愚按：人受天地之中以生，所謂命也。命有定静之處，是謂之凝。道有歸宿之處，亦謂之凝。凝之之道奈何？《左氏傳》劉子曰：「君子勤禮，莫如致勤敬，敬在養神。」《孟子》曰：「存其心，養其性，所以事天也。」養神以養德，至道凝矣。

故君子尊德性而道問學，致廣大而盡精微，極高明而道中庸，温故而知新，敦厚以崇禮。

朱注：「尊者，恭敬奉持之意。德性者，吾所受於天之正理。道，由也。温，謂故學之矣，復時習之也。」

先太夫子黄氏薇香云：「仁禮義智信爲五德，亦曰五性，故禮即爲德性。《春秋傳》曰：『民受天地之中以生，所謂命也。是以有動作禮義威儀之則，以定命也。』則禮之爲德性，昭昭矣。君子崇禮以凝道者也。知禮之爲德性也而尊之，知禮之宜問學也而道之，道問學所以尊德性也。其育物之道廣大，不外禮之精微。盡精微，所以致廣大也。其配天之道高明，不外禮之中庸。道中庸，所以極高明也。敦厚以崇禮者，燖温前世之古禮，考求後王之新禮，遵而行之，不偏古，不偏今，崇之必敦厚也。

後世君子，外禮而内德性，所尊或入於虚無，去禮而濫問學，所道或流於支離，此未知崇禮之爲要也。」

愚按：此説極平實。尊德性、道問學二者，自宋以後，分爲兩大學派，陸子静先生爲尊德性一派，朱子爲道問學一派。竊謂陸氏之學，固偏於德性，而朱子之學，實亦注重德性。讀其全書，自可考見。吾儒之學，必須合内外之道，譬如太極兩儀，不容偏廢。若借一端以標樹宗旨，分門别户，實爲不合。孟子深得子思之傳，其論德性，最爲精詳，曰：「好是懿德。」曰：「知其性，養其性。」又曰：「博學而詳説之。」又曰：「萬物皆備於我。」固未嘗偏重也。本經言天命之謂性，自誠明謂之性，而歸功於博學審問，可見作《中庸》者，未嘗分德性、文學爲二，述《中庸》者，更不宜分德性、文學爲二也。至後儒誤以光明寂照爲德性，以支離破碎者爲文學，則更謬以千里矣。

李氏二曲云：「問是問此德性，學是學此德性。若學問而不以德性爲事，縱向博雅人問盡古今疑義，學盡古今典籍，制作可侔姬公，删述不讓孔子，總是爲耳目所役，不惟於德性毫無干涉，適以累其德性。須是一掃支離蔽錮之習，逐日逐時，逐念逐事，在德性上參究體驗，克去有我之私，而析義於毫芒，以復其廣大精微，愈精微愈廣大。不溺於聲色貨利之汙，而一循乎中庸，以復其高明中庸，愈中庸愈高明。德性本吾故物，一意涵養德性，而濬其靈源。悟門既闢，見地自新。謹節文，矜細行，不躭空守寂，斯造詣平實。夫如是，德豈有不至、道豈有不凝乎？」〔一〕

是故居上不驕，爲下不倍。國有道，其言足以興。國無道，其默足以容。《詩》曰：「既明且哲，以保其身。」其此之謂與！

愚按：此《孝經》説也。《孝經・紀孝行章》曰：「居上不驕，爲下不亂。」惟不倍故不亂，「不好犯上而好作亂者，未之有也」。其言足以興，一言而興邦也；其默足以容，見容於世也。南容三復白圭，所以免於刑戮。先儒云：「禍從口出。」言語之賈禍，可畏哉。或問此章重在崇禮，豈行禮之君子，專以明哲保身爲事歟？曰：此正子思子不得已之言也。以孔子之大聖，其遇南子、陽虎，且不能不稍示以委蛇，況當子思子時，處士之橫議已興，戰國之殺機已兆。行禮之君子處此，豈可妄發議論，以致災逮厥身。夫明哲非毀方瓦合之謂，更非和光同塵之謂，惟危吾行，而訥於言，庶幾免於罪戾。《論語・鄉黨》篇詳言聖人之禮義威儀，末章結之曰：「色斯舉矣，翔而後集，孔子贊之曰：『山梁雌雉，時哉時哉！』」蓋斯舉後集，所以爲明哲而保身也。此

〔一〕李顒《四書反身録・中庸》。

章引《詩》作結，正子思子不得已之言也。

李氏二曲云：「邦無道，默固足以有容。若不韜光晦迹，終爲人所物色。須是無名可名，方免矰繳。」[一]

朱子云：「右第二十七，言人道也。」

子曰：愚而好自用，賤而好自專，生乎今之世，反古之道，如此者烖及其身者也。

鄭注：「反古之道，謂曉一孔之人，不知今王之新政可從。」

愚按：愚者恒多自用，惟自用乃益顯其愚。賤者恒多自專，惟自專乃益形其賤。生今反古，不知時也。吾人生世界内，負覺民、覺世之責，惟當因時以制宜，庶幾時措而不倍。而乃蔽塞焉，且頑固焉，災及其身矣。《易傳》曰「終日乾乾」，「與時偕行」，《孟子》曰：「孔子，聖之時者也。」時之爲義，大矣哉！吾願後世儒者，毋徒知泥古，而轉召人以輕古蔑古之漸也。

非天子，不議禮，不制度，不考文。

朱注：「此以下子思之言。禮，謂親疏貴賤相接之體也。度，品制。文，書名。」

[一] 李顒《四書反身録·中庸》。

愚按：此節甚屬可疑。孔子曰：「殷因於夏禮，所損益可知也。周因於殷禮，所損益可知也。」則不議禮之謂何矣？又曰：「行夏之時，乘殷之輅，服周之冕，樂則《韶》舞。」則不制度之謂何矣？至於考文，更屬儒者之事。孔子曰：「文不在兹乎。」又曰：「文獻不足故也。足則吾能徵之矣。」則不考文之謂何矣？竊意《禮記》一書，在王莽時增入者頗夥，此節或係後人竄入以阿莽者歟？或曰：議禮、制度、考文，孰與議之？孰與制之？孰與考之？非在下者而何？〔一〕

今天下車同軌，書同文，行同倫。

朱注：「今，子思自謂當時也。軌，轍迹之度。」

愚按：許叔重《説文叙》云：「依類象形謂之文，著於竹帛謂之書。」書同文者，通行籀篆，故謂同文也。倫，人倫也。《論語》「欲潔其身而亂大倫」，是行之不合乎中也。《説文叙》又云：「禮八歲入小學，保氏教國子，先以六書。及宣王太史籀著《大篆》十五篇，與古文或異。至孔子書《六經》，左丘明述《春秋傳》，皆以古文，厥意可得而説。其後諸侯力政，政，爭也。不統於王，惡禮樂之害己，而皆去其典籍。車涂異軌，

〔一〕此唐先生自任道統之責。

文字異形。」是則破壞車制，臆造文字，蓋自戰國始。至於爲我兼愛，卮言日出，人倫漸廢，秩序寖乖，尤爲可痛。子思子見世風日薄，流弊無窮，故特著是三者，見其時政治尚能統一也。

雖有其位，苟無其德，不敢作禮樂焉。雖有其德，苟無其位，亦不敢作禮樂焉。

愚按：此節言不敢作禮樂，非謂不敢述禮樂也。故下文即引孔子之學周禮以表明之。世衰道微，人人有出位之志，即人人有作禮樂之心，議論紛龐，莫衷一是，而天下遂亂。子思子言此，所以杜漸而防微也。

子曰：「吾説夏禮，杞不足徵也。吾學殷禮，有宋存焉。吾學周禮，今用之。吾從周。」

鄭注：「徵，猶明也。吾能説夏禮，顧杞之君不足與明之也。吾從周，行今之道。」

先師黄氏元同云：「《論語》云宋『不足徵』，此云『有宋存焉』者，子思居宋久，知其先王之禮猶有存者，如樂有《桑林》，詩賦《新宫》，正考甫得《商頌》十二篇於周之太師，合左師獻公合諸侯之禮六，皆先王之典籍也。然其可資考徵者，亦寥寥數事，故《論語》概謂之『不足徵』。子思嘗對魯繆公曰：『臣書所記臣祖之言，雖非正其辭，然

猶不失其意。』其此之謂也。」〔一〕

愚按：《周禮》乃周公所作。孔子言「吾從周」者，從周公也，合乎時也。

蔡氏虚齊云：「此節夫子所感者深矣。一以見先王一代制作，其良法美意，不能盡傳於今。一以見己不得取先王之遺典，集其大成，以垂大法於後。其曰：『今用之，吾從周』者，不得位而安『爲下不倍之道』耳……蓋其意甚遠，其抱負甚大也。」〔二〕

朱子云：「右第二十八章。承上章爲下不倍而言，亦人道也。」

王天下有三重焉。其寡過矣乎？

朱注：「吕氏曰：『三重，謂義禮、制度、考文，惟天子得以行之，則國不異政，家不殊俗，而人得寡過矣。』」

愚按：吕氏説未是。三重，當依鄭注，謂三王之禮。寡過，指行禮者而言。過者，過乎中庸也。《周易》爲寡過之書，而《損》《益》二卦，尤爲斟酌禮宜之根本，稍有所過，即失其中。損益之義，大矣哉！行禮者其寡過矣乎？懼而自省之辭也。

〔一〕黄以周《子思子輯解·内篇·中庸》。「合左師獻公合諸侯之禮六」句原脱，據黄以周文補。

〔二〕蔡清《四書蒙引》卷四。蔡清（一四五三～一五〇九），字介夫，號虚齋，謚文莊。以研治性理學名世。

上焉者，雖善無徵，無徵不信，不信民弗從。下焉者，雖善不尊，不尊不信，不信民弗從。

朱注：「上焉者，謂時王以前，如夏商之禮雖善，而皆不可考。下焉者，謂聖人在下，如孔子雖善於禮，而不在尊位也。」

愚按：朱注以上爲時，下爲位，其説未是。竊謂此上下皆指位而言。徵者何？徵諸庶民也。民者，王者之所天也。「天視自我民視，天聽自我民聽」，行三重而不徵之於民，縱使其善，然或非民意之所欲，則不信而弗從矣。下焉者其位不尊，不尊而欲自專，且無提倡之力，亦不信而弗從矣。《易傳》曰：「天尊地卑，乾坤定矣。」然而地天則爲泰，天地則爲否者，蓋地氣交於天，民心孚於上，斯爲泰。若天地不交，君人者虚擁號令於上，則爲否矣。此無徵不信之説也。《易・乾》卦之九二曰：「見龍在田。」傳以爲文明之象。然居是位者，不過庸言之信，庸行之謹而已。至於善世，則雖孔、孟其猶病諸。蓋由周公而上，上而爲君，故其事行。由周公而下，下而爲臣，故其事不能行。可見中國數千年來社會之力，遠不及朝廷也，此不尊不信之説也。

故君子之道，本諸身，徵諸庶民，考諸三王而不繆，建諸天地而不悖，質諸鬼神而無疑，百世以俟聖人而不惑。

愚按：《大學》云：「壹是皆以修身爲本。」《孟子》云：「天下之本在國，國之本在家，家之本在身。」古聖人有「身學」焉，所謂本身以作則也。「徵諸庶民」者，詢謀僉同也。《洪範》云：「謀及卿士，謀及庶人，卿士從，庶民從，是之謂大同。」行三重而不謀及庶民，法雖立而不行矣。「考諸三王而不繆者」，不繆者，不繆於時中也。「周公思兼三王以施四事，其有不合者，仰而思之。」〔一〕此於不合中求其合也。蓋立法以垂後者，千古之常經，而因時以制宜者，天下之通義，所以不繆於時中也。建，置也。建置於天地之間，而不悖乎天地之時中，先天而天弗違，後天而奉天時也。「質諸鬼神而無疑」，質先聖也。吾之制作之精神心理，與先聖之精神心理相契合也，雖卜筮，不違也。「百世以俟聖人而不惑」，俟後聖也。《禮記》云：「作者之謂聖，述者之謂明。」古之明聖，制作之業，後有明聖，不能易其言。此其德業之遠大，學問之閎通，豈謭淺小儒所能窺其萬一哉？

質諸鬼神而無疑，知天也。百世以俟聖人而不惑，知人也。

〔一〕《孟子·離婁下》孟子語：「禹惡旨酒，而好善言；湯執中，立賢無方；文王視民如傷，望道而未之見；武王不泄邇，不忘遠。周公思兼三王以施四事。其有不合者，仰而思之，夜以繼日；幸而得之，坐以待旦。」

愚按：「質諸鬼神而無疑」，通神明之德，悟造化之幾也。古者庖犧作八卦，神農爲市，黄帝、堯、舜垂衣裳而天下治，皆先聖之精神事業也。至後世聖人易書契，造宫室，則後聖之精神事業也。天行之理，千古不變，而人事則日新而月異，要各有窮變通久之理，皆後聖之責也。生斯世者，因時制宜而已。世之相去也，千有餘歲，得志行乎中國，若合符節，其揆一也，所以不疑而不惑也。是故天叙、天秩皆原於天理也。道揆法守，皆出於人心也。聖人知天知人，窮理盡性，以至於命也。

是故君子動而世爲天下道，行而世爲天下法，言而世爲天下則，遠之則有望，近之則不厭。

愚按：此即君子寡過之學也。寡過之要，首在行禮，不妄動，不妄言，不妄行。久之則動必以道，言必以法，行必以則。又久之則動容周旋中禮，言有物，行有恒，無在非禮，足爲萬世式矣，而其功必自寡過始。《孝經》曰：「非先王之法言不敢道，非先王之德行不敢行……口無擇言，身無擇行。言滿天下無口過，行滿天下無怨惡。」此曾子傳諸子思子，而子思子備述師法也。「言滿天下無口過，行滿天下無怨惡」，一衷於禮也，所以遠之則有望也。擇通斁，厭也。口無擇言，身無擇行，非禮弗言，非禮弗行也，所以近之則不厭也。若在我者無名，焉得而有望？在我者可厭，焉得而不厭乎？嗚呼！今之君子，没世名不稱，爲人所厭棄久矣，何也？蔑棄禮法，過山積也。

《詩》曰：「在彼無惡，在此無射。庶幾夙夜，以永終譽。」君子未有不如此，而蚤有譽於天下者也。

朱注：「《詩》，《周頌·振鷺》之篇。射，厭也。」射，《詩》作斁，通。

愚按：君子固不求名譽，然世必汲汲以求名譽者，亦未始非可造之士。人曷爲而爲人所惡？又曷爲而爲人所厭？自用也，自專也，自私自利也，逢人即有求也，所以爲人所厭惡也。爲人所厭惡，而求有譽於天下，難矣哉！君子務去其自用自專、自私自利，與夫有求無饜之心，是以夙夜兢兢，不愧於天，不怍於人，而令聞廣譽隨之矣。然則王天下而行三王之禮者，其可不戒懼而自省乎！其寡過矣乎！

朱子云：「右第二十九章。承上章居上不驕而言，亦人道也。」

仲尼祖述堯舜，憲章文武，上律天時，下襲水土。

鄭注：「此以《春秋》之義説孔子之德。孔子曰：『吾志在《春秋》，行在《孝經》。』二經固足以明之，孔子所述堯舜之道而制《春秋》，而斷以文王、武王之法度。《春秋傳》曰：『君子曷爲爲《春秋》？撥亂世，反諸正，莫近諸《春秋》。其諸君子樂道堯舜之道與？』……又曰：『王者孰謂，謂文王也。』此孔子兼包堯、舜、文、武之盛德而著之《春秋》，以俟後聖者也。律，述也。述天時，謂編年，四時具也。襲，因也。因水土，謂記諸夏之事，山川之異。」

愚按：此節皆所謂時也。昔者孔子嘆想大同，見《禮記·禮運》篇。蓋思堯舜之世也。堯舜禪讓，以天下爲公，其德遠矣。然其典章或有不宜於後世者，於是祖述之，以待後人之發明採擇而已。本經曰：「文、武之政，布在方策。」《論語》曰：「文、武之道未墜於地，在人。賢者識其大者，不賢識其小者。莫不有文、武之道焉。」〔一〕於是憲章之。憲章者，守其法也。春秋時，文、武之法，寖以破壞矣。顯明彰著，後學之責，即從先進之志也。「上律天時」，律者，法也。《尚書·堯典》曰：「以閏月定四時成歲。允釐百工，庶績咸熙。」《易·革》卦之象傳曰：「君子以治曆明時。」此上律之有形者也。更有進者，天之時，春夏秋冬而已，聖人法之爲喜怒哀樂，與時消息。其喜也，以事之當喜。其怒也，以事之當怒。其哀樂也，以事之當哀樂。物來順應，各得其「中和」，所謂「與四時合其序」也。「下襲水土」，襲者，因也，因水土所宜也。《王制》云：「廣谷大川異制，民生其間者異俗。修其教不易其俗，齊其政不易其宜。」凡

〔一〕《論語·子張》載子貢語。

宇宙間水土所宜，莫不有習慣之法，自古未有盡去習慣法而可以爲治者。聖人因其習慣，而爲之開化焉，爲之改良焉，爲之促其進步焉，此移風易俗之道，有因水土而異者也，故曰皆時也。

辟如天地之無不持載，無不覆幬，辟如四時之錯行，如日月之代明。

愚按：持，猶操持也。地心吸力，如持之也。幬，通燾。《説文》：「燾，溥覆照也。」錯，猶迭也。「辟如天地」二句，言其大也。何以大？致中和而已。《左氏傳》季札之論《韶樂》曰：「如天之無不幬也，如地之無不載也。」贊其中和之德也。「辟如四時」二句，言其久也。何以久？不息而已。《易傳》曰：「日月得天而能久照，四時變化而能久成。」贊其不息之功也。

萬物並育而不相害，道並行而相悖。小德川流，大德敦化。此天地之所以爲也。

朱注：「悖，猶背也……小德者，全體之分。大德者，萬殊之本。川流者，如川之流，脉絡分明，而往不息也。敦化者，敦厚其化。根本盛大，而出無窮也。」

愚按：物有並育而相害者，物之惡者也。道有並行而相悖者，道之偏者也。聖人致中和以育萬物，雷霆雨露，俱無所私，動植飛潛，各得其所，故不相害。道之在天下，「與人爲善」而已。但使其善也，即可存於天地間，亦即在吾道包含之内。本經所以言：「率性之謂道，修道之謂教。」第當無悖我性，即不至戕賊我心。乃因道不同，教不同，或嫉之，或忌之，入者主之，出者奴之，入者附之，出者污之，是自隘也。聖道不若是之小也，故不相悖。小德川流者，《禮記・學記》篇云：「三王之祭川也，皆先河而後海，或源也，或委也，此之謂務本。」蓋窮源竟委，格致之學也，故名之曰小德。大德敦化者，大而化之，敦者厚也，《易》言「敦臨」、「敦艮」、「安土敦乎仁」，皆言厚也。敦厚爲生命之者化，上下與天地同流，故名之曰大德。此天地之所以爲大，聖人之所以爲大也。昔《孟子》贊孔子，引宰我、子貢、有若三子之言，可謂盛矣。然不若子思子贊孔子，更爲廣大閎深也。

孫氏夏峯云：「不害不悖，即於並處見之。有害有悖，何以爲並育並行也？天地之化，散之爲物，運之爲道，而統之則爲德。德豈有大小哉？就其分處語之，天下莫能破焉，優優是也。就其合處言之，天下莫能載焉，洋洋是也。川流見生物之不測，敦化見爲物之不貳，此天地之所以爲大也。仲尼之德，一天地而已矣。」〔二〕

朱子云：「右第三十章，言天道也。」

〔二〕　孫奇逢《四書近旨》卷二《仲尼祖述章》。

唯天下至聖，爲能聰明睿知，足以有臨也。寬裕温柔，足以有容也。發强剛毅，足以有執也。齊莊中正，足以有敬也。文理密察，足以有别也。

鄭注：「言德不如此，不可以君天下也，蓋傷孔子有其德而無其命。」

朱注：「聰明睿知，生知之質。臨，居上而臨下也。其下四者，乃仁義禮智之德。文，文章也。理，條理也。密。詳細也。察。明辨也。」

愚按：「聖」字本訓爲通明。《論語》孔子曰：「何事於仁，必也聖乎！」此聖字遂爲大而化之之義。其所以繫於至誠者，至聖爲天下之至名，至誠乃天下之至德也。《易》曰：「知臨大君之宜。」象曰：「大君之宜，行中之謂也。」蓋惟聰明睿知，是以能行中庸。《尚書·堯典》曰：「直而温，寬而栗。」《論語》曰：「寬則得衆。」無寬裕温柔之德，即不足以容衆，《易傳》曰：「容民畜衆。」又曰：「容保民無疆。」容民者，君人唯一之度量也。發謂發皇。《尚書·皋陶謨》言九德，曰剛而塞，彊而義，擾而毅，非此不足以執德也。齊莊中正，即本經所謂「齊明盛服，非禮不動」。動必以禮，自能中正。敬者，列聖相傳之學，《堯典》屢言「欽哉」，欽即敬也。湯之德不過「聖敬日躋」，文之德不過「緝熙敬止」而已，學聖者其必學敬乎。文者物象之本，王者所以宣教布化於朝廷。理字從玉從里，蓋玉之紋理最細，里之經緯最明。窮理者精如治玉，孋如治里，則衆物之表裏精麤無不到，而吾心之全體大用無不明，自能退藏於密，而萬品以察矣，故曰：「足以有別也。」

溥博淵泉，而時出之。

愚按：溥博，廣大也。淵泉，深沈也。廣大而不深沈，其弊也流於浮，陽剛之過也。深沈而不廣大，其弊也流於刻，陰柔之過也。能以時出之，則一陰一陽之運行，與四時合其序矣。出，發見也。

編者謹按：唐先生在《顔、曾、思、孟四賢宗要》補充「時」義，代替「出，發見也」，云：「時者，聖人時中之德，本經所謂時措之宜也。」〔一〕

溥博如天，淵泉如淵，見而民莫不敬，言而民莫不信，行而民莫不説。

鄭注：如天，取其運照不已也。如淵，取其清深不測也。

愚按：如天，其大何如？如淵，其深何如？蓋萬彙託其包羅，百川歸其谿壑矣。民莫不敬、信、説者，蓋至聖能自保其信用。自修其敬德，自養其和悦，而民乃莫不敬、莫不信、莫不悦也，其相感者有素也。

〔一〕《茹經堂文集》四編卷四。

是以聲名洋溢乎中國，施及蠻貊，舟車所至，人力所通，天之所覆，地之所載，日月所照，霜露所隊，凡有血氣者，莫不尊親，故曰配天。

愚按：《尚書・皋陶謨》之贊堯曰：「帝光天之下，至於海隅蒼生，萬邦黎獻。」此所謂凡有血氣莫不尊親也。天以好生爲德，而至聖體之。血氣者，生機也。盈中國蠻貊，推而至於「舟車所至」六者，皆生機之所在也。以生理感生機，焉有不鼓舞而不尊之、親之者乎？此聲名之洋溢於宇宙間，即生機之洋溢於宇宙間也。配天者，《論語》曰：「巍巍乎！惟天爲大，惟堯則之。」休哉！唐虞之世，其庶幾乎。

又按：狄氏云：「天包地外，地處天中。地之所不載者，日月霜露固可得而及也，故以照、隊次所載言。《周髀》云：『兩極之下，日月已微，嚴霜、寒露所鍾』。日月之所不照者，猶霜露所可及也，故又以『所隊』次『所照』言，各句俱有倫序也。」〔一〕

〔一〕狄子奇，字惺庵，江蘇溧陽人，嘉慶、道光年間人，編《經學質疑》（又名《四書質疑》或《四書傳注辨疑》）四十卷，並《孔子編年》與《孟子編年》各四卷。唐先生引狄氏之説，實本李光地《榕村語録》卷八《中庸》二：「經書言句疊累，皆有次第。言天覆地載，盡矣，然人所指覆載，以目所見定耳。旁下豈無人物？日月則右升沉，無明晦也，故須云『日月所照』。日月循天中而行，温暖孳生萬物，《周髀》所言『兩極之下，日月已微，嚴霜、寒露所鍾』。然亦莫不有人物焉，故須言『霜露所墜』。」此乃「各句俱有倫序」之來源。

朱子云：「右第三十一章。承上章而言小德之川流，亦天道也。」

唯天下至誠，爲能經綸天下之大經，立天下之大本，知天地之化育，夫焉有所倚？

鄭注：「至誠，性至誠，謂孔子。大經，謂六藝而指《春秋》也。大本，《孝經》也。『安有所倚？』言無所偏倚也。」

朱注：「經、綸皆治絲之事。經者，理其緒而分之。綸者，比其類而合之也。」

愚按：《孟子》曰：「君子反經而已矣。」經者，常道也。世衰道，大經日紊，惟至誠有以經綸之。治天下也道，一經一緯而已。經緯昕〔一〕，秩序定焉。大本，鄭注以爲《孝經》。「君子務本。本立而道生。孝弟也者，其爲仁之本歟？」仁人之於孝，猶枝葉之有根本也〔二〕。「親親仁民，仁民愛物」，皆從此出，故曰大本。立之者，立天經地義也。天地之化育，生理也，生機也。殺，亦生也。至誠知之，以仁義禮智，上法「元亨利貞」之德〔三〕，由喜怒哀樂未發之中〔四〕，推而達於已發之和，「老吾老以及人之老，

〔一〕《小爾雅》：「昕，明也。」
〔二〕句出《後漢書·延篤傳》之《仁孝論》：「夫仁人之有孝，猶四體之有心腹，枝葉之有本根也。」
〔三〕此云「天德」。
〔四〕此曰「天性」。

幼吾幼以及人之幼」，馴至萬物各得其所。「損益盈虛，與時消息」[一]，「先天而天弗違，後天而奉天時」[二]，皆所謂知天地之化育也。知性而後知天也，夫焉有所倚，而至於窒礙不通乎？

門人陳氏柱尊云：「大經者何？《六經》也。孔子之道，具乎《六經》。日月之明，星辰之行，經實繫之。江河之流，華岳之高，經實繫之。鬼神之靈，陰陽之精，經實繫之。禽蟲之生，草木之榮，經實繫之。人倫之理，國家之紀，經實繫之。」[三]此說蓋宗鄭注。

按：《釋文》「論」本作「綸」。《易·屯》卦「君子以經綸」，鄭本作「論」，云：「論撰《書》《禮》《樂》，施政事。」[四]此注以大經爲六藝，是鄭本作「經論」，與《易》注同也。惟其説究嫌太泥，不若訓爲常道，包涵尤廣。

肫肫其仁，淵淵其淵，浩浩其天。

[一]《易·損》卦彖辭文。
[二]《易·乾·文言傳》文。
[三]陳柱《中庸通義》。
[四]陸德明《周易音義》作「經論」，見《經典釋文》卷二。陸氏注謂：「音倫。鄭如字，謂論撰《書》《禮》《樂》，施政事。」

朱注：「肫肫，懇至貌。淵淵，靜深貌。浩浩，廣大貌。」〔一〕

愚按：此言至誠之性情學問度量，最爲精至。學聖根基，實在於此，不可不深味而曲體之也。肫肫，仁之本也，非肫肫無以爲仁也。淵淵，淵之本也，非淵淵無以成淵也。浩浩，天之表也，非浩浩無以配天也。孔子曰：「爲之不厭，誨人不倦。」欲立立人，欲達達人，皆所謂肫肫也。老氏以煦煦爲仁，其所見小者。煦煦，其心不免於私。肫肫，其心純乎公也。由肫肫而進於淵淵，猶春生而至於秋斂也，非老氏所謂微妙元通，深不可識也。定靜安慮，退藏於密，其功邃矣，其萬物之宗乎？由淵淵而進於浩浩，如波瀾之迂迴靜瀲而達汪洋也。至是而至誠之量，無以加矣。惟堯之巍巍、蕩蕩，舜之與人爲善，始足擬之。顧其學之之道奈何？孟子言浩然之氣，曰：「以直養而無害，則塞於天地之間。」直，其正也。正直，至誠之本也。人能正直，養其浩浩之氣，與天相接，乃能配浩浩之天。

苟不固聰明聖知達天德者，其孰能知之？

〔一〕唐先生但取朱注訓故。原注謂：「肫肫，懇至貌，以經綸而言也。淵淵，靜深貌，以立本而言也。浩浩，廣大貌，以知化而言也。其淵其天，則非特如之而已。」

愚按：聰明聖知，生質之美也。達天德，學問之功也。天德者，乾德也。固者，其質其學，皆極於至誠也。「其孰能知之」者，知至誠之德業而實踐之也。

朱子云：「右第三十二章。承上章而言大德之敦化，亦天道也。前章言至聖之德，此章言至誠之道。然至誠之道，非至聖不能知；至聖之德，非至誠不能爲，則亦非二物矣。此篇言聖人天道之極致，至此而無以加矣。」

愚按：此章首節言至誠之功用，次節言至誠之學行氣象，末節歎至誠之德未易窺測。孔子之贊堯曰「無能名」〔一〕，讀此篇，亦幾「無能名」矣。

《詩》曰：「衣錦尚絅。」惡其文之著也。故君子之道，闇然而日章；小人之道，的然而日亡。君子之道，淡而不厭，簡而文，温而理，知遠之近，知風之自，知微之顯，可與入德矣。

鄭注：「言君子深遠難知，小人淺近易知……禪爲絅，錦衣之美，而君子以絅表之，爲其文章露見，似小人也……淡其味似薄也，簡而文，温而理，猶簡而辨，直而温

〔一〕《論語·泰伯》孔子語：「大哉堯之爲君也！巍巍乎唯天爲大，唯堯則之。蕩蕩乎民無能名焉。巍巍乎其有成功也，焕乎其有文章。」

也。自，謂所從來也。三知者，皆言其睹末察本，探端知緒也。入德，入聖人之德。」

愚按：惡其文之著，非僞也。此惡字即羞惡之心，發於至誠者也。蓋外有文而內無文，君子之深耻而痛惡也。惟闇然所以日章，惟的然所以日亡。的，自表見也。天下未有闇然而不日章者也，未有的然而不日亡者也。淡則易於厭，簡則近於無文，温則易和，和則易於失理。惟不厭而文而理，乃所以成其爲淡、爲簡、爲温。或者謂：遠近，指道里而言；風，自指風氣而言；微顯，指心術而言。愚謂：知遠之近，欲治其國先齊其家也。知風之自，欲齊其家先修其身也。《易傳》所謂：「風自火出，家人。君子以言有物而行有恒也。」知微之顯者。欲修其身者先正其心，欲正其心者先誠其意也。此子思子傳曾子之學説也。三「知」字，即所謂「知所先後」〔一〕，皆篤實之極功也。曰可以「入德」，可見入德者，必自不表暴始。篤實不欺，斯爲道器。自來文人學士，浮躁淺露，誤用聰明，終身無入德之望，如草木榮華之飄風，可惜也。此節蓋類《孟子》所謂「可欲之謂善」。

李氏二曲云「一切世味淡得下，方於道味親切。苟世味不淡，理欲夾雜，則道味

〔一〕《大學》文：「物有本末，事有終始，知所先後，則近道矣。」

亦是世味，淡而不厭，非知道者其孰能之？」〔一〕

《詩》云：「潛雖伏矣，亦孔之昭。」故君子内省不疚。無惡於志，君子之所不可及者，其唯人之所不見乎！

鄭注：「孔，甚也。昭，明也……疚，病也。」

朱注：「《詩》，《小雅·正月》之篇。『無惡於志』猶言無愧於心，此君子謹獨之事也。」

愚按：《詩》曰：「鼓鐘於宫，聲聞於外。」〔二〕伏者，昭之基也，是故君子慎其所藏也。内省不疚，無惡於志。「疚」字、「惡」字最有味。疚者，病也。針氊不安之念，發自良知。不疚，則可復吾心光明之體矣。惡者，憾也。痛恨自責之意，亦發自良知。無惡，則可復吾心正大之體矣。「入德」之後，必繼以養性之功。本經首章言天命之性，即繼以慎獨。獨者，人之所不見也。「十目所視，十手所指。」皆人之所不見也，而其所可見者，莫大乎是也。蓋天下之最可畏者，莫如人所不見之地。漢楊震所謂「天

〔一〕李顒《四書反身録·中庸》。
〔二〕逸詩，見引於《韓詩外傳》及《史記》。

知地知」是也〔一〕。人皆曰自由。夫思想自由，最所不禁。然使終日皆貪淫邪妄之念，爲法律外之思想，其可乎？即不然，而終日皆「憧憧往來」〔二〕之念。繼戒憧憧往來之念，非無念也。其所養者，皆光明正大之志也，所以不可及也。此節較闇然日章之君子，工夫加密，蓋類《孟子》所謂「有諸己之謂信」。

《詩》曰：「相在爾室，尚不愧於屋漏。」故君子不動而敬，不言而信。

鄭注：「相，視也。室西北隅謂之屋漏。視女在室獨居者，猶不愧於屋漏。屋漏非有人也，況有人乎？」

朱注：「《詩》，《大雅·抑》之篇……承上文又言君子之戒謹恐懼，無時不然，不待言動而後敬信，則其爲己之功益加密矣。」

愚按：尚，上也。君子下不愧於人，是以上不愧於天。不若於道者，天絶之。君子養性以修道。本心之良知與天地之善氣，息息相通，故能對越上帝而不愧。不動而敬，非以不動爲主也，雖不動時，自然敬也。不言而信，非以不言爲主也，雖不言

〔一〕《後漢書·楊震傳》載楊震：「道經昌邑，故所舉荆州茂才王密爲昌邑令，夜懷金十斤以遺震。震曰：『故人知君，君不知故人，何也？』密曰：『暮夜無知者。』震曰：『天知，地知，我知，子知，何謂無知者！』密愧而出。」

〔二〕《易·咸》卦辭云：「憧憧往來，朋從爾思。」

時，自然敬也。「禮曰毋不敬，儼若思」，儼若思則無所不敬，故不動而敬。《易》曰：「履信，思乎順。」履信，則無所不信，故不言而信。是皆由平日之敬天畏民，不妄動，不妄言，浸而久之，乃能臻此境界。此節較内省不疚之君子，工夫加密，蓋類《孟子》所謂「充實之謂美」。

《詩》曰：「奏假無言，時靡有爭。」是故君子不賞而民勸，不怒而民畏於鈇鉞。

鄭注：「假，大也。此《頌》也。言奏大樂於宗廟之中，人皆肅敬。金聲玉色，無有言者，以時太平，和合無所爭也。」

朱注：「《詩》，《商頌・烈祖》之篇。奏，進也。承上文而遂及其效，言進而感格於神明之際，極其誠敬，無有言説，而人自化之也。威，畏也。鈇，莝斫刀也。鉞，斧也。」

愚按：上三節皆言修己之功，此則推其效於民，其德爲深遠矣。「奏假無言」，一誠之相感也。非以無言爲尚也，時靡有爭，一人讓，一時興讓也。不賞不怒，其道奚由？蓋天下之事以賞爲事者，其勢有難繼；專以怒爲事者，其神爲尤勞。濫賞濫罰，無非以勢力與民相爭，民乃不勸。不怒而民威於鈇鉞者，惟賴誠意之感孚。蓋由平日積累使然，非一朝一夕之故。且由性情心理之相印，更非牢籠要結之所能致也。

《大學》《爾雅》之釋《詩》曰：「如切如磋者，道學也。如琢如磨者，自修也。瑟兮僩兮者，恂慄也。赫兮喧兮者，威儀也。」道學自修，恂慄威儀，皆治民之本也。此節較不動而敬之君子，工夫加密，蓋類《孟子》所謂「充實而有光輝之謂大」。

《詩》曰：「不顯惟德，百辟其刑之。」是故君子篤恭而天下平。

朱注：「《詩》，《周頌・烈文》。不顯……幽深玄遠之意。承上文言天子有不顯之德，而諸侯法之，則其德愈深而效愈遠矣。篤，厚也。篤恭，言不顯其敬也。篤恭而天下平，乃聖人至德淵微，自然之應，中庸之極功也。」

愚按：奏假無言，「肫肫其仁」也。不顯惟德，「淵淵其淵」也。朱注以「不顯」爲幽深玄遠之意，蓋文王小心翼翼，「徽柔懿恭」〔一〕，而更能淵默靜深，所以爲百王之式也。「文王我師也」，古人豈欺我哉〔二〕！「篤恭」二字，何等精神！愚嘗謂《思齊》之詩「雝雝在宫，肅肅在廟」，文王德行之精神也。「肆成人有德，小子有造」，文王教育之精神，即平天下之根本也。「文王我師也」，斯言誠有味哉！此節較奏假無言之君子，

〔一〕《書・無逸》文：「徽柔懿恭，懷保小民，惠鮮鰥寡。」
〔二〕《孟子・滕文公上》孟子引公明儀語：「文王我師也，周公豈欺我哉！」唐先生運裁此句。

工夫加密，蓋《孟子》所謂「大而化之之謂聖」。

《詩》曰：「予懷明德，不大聲以色。」子曰：「聲色之於以化民，末也。」《詩》曰：「德輶如毛。」毛猶有倫。「上天之載，無聲無臭」，至矣。

鄭注：「輶，輕也。言化民常以德，德之易舉而用，其輕如毛耳。」

朱注：「《詩》，《大雅·皇矣》之篇。引之以明上文所謂『不顯之德』者，正以其『不大聲與色』也。又引孔子之言，以爲『聲色』乃化民之末務，今但言不大之而已，則猶有聲色者存，是未足以形容『不顯』之妙。不若《烝民》之詩所言『德輶如毛』，則庶乎可以形容矣。而又自以爲謂之毛，則猶有可比者，是亦未盡其妙。不若《文王》之詩所言『上天之事，無聲無臭』，然後乃爲『不顯』之至耳。」

愚按：此乃「浩浩其天」也。明德者，文王之教，愚於《詩經提綱》及《大學大義》中，曾詳言之。「不大聲以色」，聖人之與天合德也。天不言，而四時行，百物生，天之所以爲天也。聖人不言，而所過化，所存神，聖人之所以爲聖也。此與「維天之命節」遥相應。「維天之命，於穆不已」，自其運用而言。「上天之載，載，始也。無聲無臭」，自其主宰而言也。本經以天命之性始，以上天之載終，蓋天命之性，人得之以爲喜怒哀樂未發之中，所謂人受天地之中以生也。「上天之載」，天道之始，聖人用之以「無思無爲，寂然不動，感而遂通天下之故」，所謂天下之至神也〔一〕，無非盡人道以合天道也。然要之無聲無臭，非終無也。周子《太極圖説》曰：「無極而太極。」自無而之有也。文王之教，見於《易·乾》卦之彖辭，曰「元亨利貞」。孔子引伸之曰「自强不息」，又曰「乾道變化」，然則所謂「無聲無臭」者，自有其不息者在，自有其變化者在，要皆元亨利貞四德之運行，豈終歸於無哉？《老子》曰「聖人處無爲之事，行不言之教」，遂以「無名爲天地之始」，則墮於空虛矣。此節爲聖人德化之極至，蓋《孟子》所謂「聖而不可知之謂神」。朱子以爲承上文形容不顯之德，似覺太泥。

朱子云：「右第三十三章。子思因前章極致之言，反求其本，復自下學爲己謹獨之事，推而言之，以馴致乎篤恭而天下平之盛。又贊其妙，至於無聲無臭而後已焉。蓋舉一篇之要而約言之，其反覆丁寧示人之意，至深切矣，學者其可不盡心乎？」

先太夫子黄氏薇香《誠説》云：「子思子因誠身必先明善，申之曰自明誠，而《中庸》大旨，則教人以誠而已矣。『戒慎恐懼』，『須臾不離』，君子所以稱『時中』者，思誠也。小人未必欲『反中庸』，而卒反之，不思誠也。帝舜之『用中』，誠者也。顔子『擇

〔一〕《易·繫辭》文：「《易》，無思也，無爲也，寂然不動，感而遂通天下之故，非天下之至神，其孰能與於此？」

善固執』，思誠者也。子路問强，告以不變塞。塞，實也，即誠也。『依乎中庸，遯世不悔』，無道不變之誠也。夫婦雖愚不肖，及思誠之至，得聖人之所不知、不能。聖人之誠，及於鳶飛魚躍，補天地之所憾，誠無間於大小也。庸言、庸德之慥慥，誠也。素位者之正己無怨，誠也。以一家言，由妻子之無睽心，致兄弟之樂且久，而父母遂順，此誠之自邇而遠，自卑而高，見於人事也。而誠之大者，幽足以達鬼神，帝舜、文王、武王、周公，天神格，宗廟饗，統之以誠，鬼神之盛。人視之不見，安敢不見而遺之？人聽之不聞，安敢不聞而遺之？人以心體物，知其不可遺，則不可度，不可射，誠自不可已，故曰夫微之顯，誠之不可揜。揜，止也。『哀公問政』數章之言，誠不待贅。『大哉聖人』數章，君子誠於崇禮，天子誠於作禮樂，作禮樂與致中和遥應。禮以制中，樂以敦和，誠意已瞭，祖述憲章，特言仲尼，與首章遥應。一則曰『惟天下至聖』，故結之曰『苟不固聰明聖智達天德者，其孰能知之』。末章引《詩》，言化民之誠，聲色之大，非誠也。《詩》曰：『上天之載，無聲無臭。』言文王孚萬邦，誠如天也。解《中庸》者，當知『不見而章，不動而變』，皆誠之所格。而或以『戒慎恐懼』爲佛法之『常惺惺』，或以『無聲無臭』歸之寂滅，皆諱言思者也。竊以爲孟子改《中庸》『誠之』爲『思誠』，士蓋有思誠而未誠者矣，安見不思而誠之哉？誠者不思而得，謂有時不思，而誠無間斷也。思誠者有所間斷，思以續之者也。如謂誠者不思，失子思子之意，如教誠之者不思，又豈孟子之意?」

謹按：此説極精。惟以「聲色化民」、「德輶如毛」爲非誠，恐非經意，蓋經傳以此證「無聲無臭」之妙，非菲薄是二端也。

附録：中庸講記

【釋】此篇講記乃唐先生在無錫國專之講授記録，原載《國專月刊》第二卷第四期(一九三五年，頁二三～二五)。原編者崔龍按語云：「中華民國二十四年秋季開學，課外請業於茹經先生者，都凡五十七人，實開課外請業未有之盛。龍幸得列末座，心竊喜之。先生每日曜，集禮堂，講性理之學。多士濟蹌，雍容康樂，絃誦之聲，達於户外，而陽和滿室，華髮盈顛，躬侍杖履，親聞謦欬，小子之欣喜又何如也！雖然，風雨如晦，亂靡有定，我心匪石，夙夜憂皇，但先生救世之苦心，與夫譚經之微義，敢不識之，用資惕勵？安知興唐輔弼，不在河汾？百爾君子，願共勉旃。」

今日爲古曆重陽節，諸生舍登高而來聽講，且所講者爲理學，殊可喜也。諸生知登高之所昉乎？非桓景之登高辟災，非孟嘉之登高落帽。不知登高二字，即昉於今日將講之《中庸》。《中庸》曰：「辟如行遠必自邇，辟如登高必自卑。」嗚呼！登高之意深矣。諸生當思登學問於至高之境、登道德於至高之境，國家之地位，如何登高之？民族之地位，如何登高之？即就《中庸》而言，讀「行遠自邇」以下諸章，當法文、武、周公，則政治自然登高矣；讀《哀公問政》諸章，當知爲學之慎思明辨，一歸至誠，則學問自然登高矣。如此則今日聽講所得之登高，勝於衆人之登高萬萬矣。

今開講《中庸》，其大旨分四大綱，曰教授《四書》之程序、曰《中庸》名義、曰《中庸》傳授淵源、曰《中庸》救世大義。

一、教授《四書》之程序

《中庸》本在《小戴記》四十九篇中，至宋程子、朱子始提出之，謂之《四書》。《朱子語録》論讀《四書》之先後曰《論語》、曰《孟子》、曰《大學》、曰《中庸》。由斯可知《中庸》不特與《大學》有關係，實與《論》《孟》有關係。按：《論語》爲孔子門人所記，故較淺顯，少言心性，至孟子即大暢厥言，然豈孟子高於孔門？非也。實有兩因，一、《論語》曰「七十從心所欲」，又曰「回也其心三月不違仁」，至精微也；若言性則曰「夫子言性與天道，不可得而聞也」，又曰「性相近，習相遠也」，此性指國性而言，故下文即言「學道愛人」，爲孔門「下學上達」之家法也；二、述《論語》時尚未如戰國之亂，故孔子僅於《易經》言心性之學；至孟子時天下雲擾，殺機已開，孟子目擊時艱，大聲疾呼曰良知、曰良能、曰本性、曰性善，直作當頭棒喝，使世人省。蓋孔孟有同一救世之苦心，所異者時代之不同耳，故今日講《論語》，須篤守程、朱家法，講《孟子》必參酌陸、王學説也。（以上《論》《孟》。）

至若《大學》言心，屬發明者，所以致用也，故言不及性。《中庸》言性，屬蘊蓄者，所以體驗也，故言不及心。《大學》全篇只有一性字（是謂拂人之性），《中庸》無一心字。不知《大學》「明明德」即性也，《中庸》「喜怒哀樂未發之謂中」，即心也。心性固不能相離，所以爲詳爲略，亦時代不同之故也。《四書》述作時代之不同，故教法亦隨之不同，《大學》「長國家而務財用者」爲一段，即陶淑國性之法也；《中庸》作時，已較作《大學》時爲亂，而《大學》外本内末，痛心言之，《中庸》似反不激切，何也？蓋子思子時近戰國，益自韜晦，知人性偏激之禍，方興未艾，於是本聖祖《大易》，推演發明，以至誠淑國性，不可索隱，不可行怪，一歸於中庸之道，其用心苦且深矣。而「仲尼祖述堯舜」一段，嘆孔子有德無位，其微義益可推闡也。（以上《學》《庸》。）

二、《中庸》名義

「中」，《左傳》：「民受天地之中以生，所謂命也。」天命之謂性也。《禮運》「誠者天地之心也」，謂天地之心所寄。終日飲天之氣、食地之質，而得天地之中氣，居天地之正位，此心推而廣之，萬事萬物，可以應付矣。

「庸」，鄭君謂以中用之於人謂之庸。庸者用也，必歸之於實用也。程子謂：「不偏之謂中，不易之爲庸。」至郭忠孝稍變師法謂：「守道不變之謂庸。」朱子出，謂：「庸，平常也。」人咸疑之，不知其説本於孔子。《大易・乾・文言傳》「龍德而中正者也，庸言之信，庸行之謹」，即《中庸》庸德之行也。況稱物平施，非後世作平常解。《老子》曰：「道可道，非常道；名可名，非常名。」道家視常最重，即吾儒《大易・坎》卦「君子以常德行」，古常作恒字解。恒，豈易言哉？

以上數説，程、郭稍差，鄭君本中庸「執兩用中」之語，朱子本之《大易》，學者可以兼採。唯人之氣質不同，教之之方自當各別，高明者當以朱子篤實之，沈潛者當以鄭君發揚之。

三、《中庸》傳授源流

《史記·孔子世家》謂《中庸》子思子所作，有曰爲曾子所作，實不可信。《孔叢子》謂子思子十六歲作，《史記》則謂六十六歲作，恐《孔叢子》脱文也。即以文義而論，《小戴記》中《表記》《坊記》《緇衣》皆子思子所作，筆法皆與《中庸》相近，而精義則似孫，由此可知《表記》等爲子思子早年所作，《中庸》其在晚年乎？六十六歲定不訛也。

《中庸》原在《小戴記》中，前已言之，今皆言自程、朱始别爲《四書》，其最初單獨提出，遠在炎漢。按《漢書·藝文志》已有《中庸説》上下二篇，《隋書·經籍志》載梁武帝亦有《中庸注》，唯不詳卷數，可知别《中庸》爲獨立者，固不必程、朱始。

《中庸》注本，當以宋朱子《集注》爲最精，元明則罕有作者。至清初李光地安溪先生有《古本大學章句》，分爲四記，尚未甚善；又有《中庸説》，究喜怒哀樂之中則精矣，紫陽而後，一人而已。乾嘉諸老，辨章考據，舊業拋荒，《中庸》之學，幾幾衰矣！其傳授源流蓋如此。

四、《中庸》救世大義

救世大義，分深淺二層。

「天命之謂性」，性不離氣質而言，否則流爲空虛矣。蓋離氣質必溯先天，溯先天必自人物。未生以前，尚有何性可言？氣質有陽剛、有陰柔，若不歸之於中，陽剛則流於偏激，陰柔則漸於畏葸，故周子曰：「陰陽剛柔，善惡歸於中而已。」《洪範》言政治爲最古，非特箕子所傳，實爲大禹所遺；其三德「正直、剛克、柔克」，非中無以持之。能中則能柔以克剛，剛以克柔矣。此淺言《中庸》可以救世也。

陶淑國性，必先陶淑民性。《小戴記·孔子閒居》篇子夏侍坐「三至三無」之教，即挽喜怒哀樂於中之道。此中唯怒爲最難，故必以《詩》《禮》陶冶之。國性淑，則志氣塞乎天地之間。「三王之德，參乎天地」，即《中庸》贊育天地之化育也；「天無私覆，地無私載，日月無私照」，即《中庸》「堯舜」一章之義也。人心能如此，天下平治。此深言《中庸》可以救世之一也。

孟子得力於《中庸》者，即在志氣。曰「持其志，無暴其氣」，是就本身而言，予以爲治國亦如此，一人之氣不可暴，一國之氣尤不可暴。「心弗忘，弗助長」，忘，不及也；助長，過也，皆非中庸之道也。今日我國政治，心忘固可憂，助長暴氣尤可危也。蓋「君子之德風，小人之德草」，在上如此，民性自日流於偏激而不返。拔本塞源，苗將槁矣。此深言《中庸》可以救世之二也。

昔子思子見春秋將流爲戰國，故以「致中和」告天下，孟子則已至無可如何，痛哭而道「良知」。今予敢大聲疾呼曰：「今日救世，須守中庸二字，不可偏激也。」天方降亂，民流溝壑，安知不戰國又來、秦政重見？余老矣！救世之責，惟有望於諸生。而尤有爲諸生告者，錢子泉先生固嘗謂予說太高，必先自救而後救世。然則，諸生當如何自救救人也？勉之勉之，余日望之。